HISTOIRE

DE LA DÉCADENCE ET DE LA CHUTE

DE

L'EMPIRE ROMAIN,

TRADUITE DE L'ANGLAIS

D'ÉDOUARD GIBBON;

NOUVELLE ÉDITION,

ENTIÈREMENT REVUE ET CORRIGÉE,

PRÉCÉDÉE D'UNE NOTICE SUR LA VIE ET LE CARACTÈRE DE GIBBON,
ET ACCOMPAGNÉE DE NOTES CRITIQUES ET HISTORIQUES
RELATIVES, POUR LA PLUPART, A L'HISTOIRE
DE LA PROPAGATION DU CHRISTIANISME,

PAR M. F. GUIZOT.

Tome Huitième.

A PARIS,

CHEZ LEDENTU, LIBRAIRE,

QUAI DES AUGUSTINS, N° 31.

1828.

HISTOIRE

DE LA DÉCADENCE ET DE LA CHUTE

DE L'EMPIRE ROMAIN.

VIII.

PARIS.—IMPRIMERIE DE CASIMIR,
Rue de la Vieille-Monnaie, n° 12.

HISTOIRE

DE LA DÉCADENCE ET DE LA CHUTE

DE

L'EMPIRE ROMAIN,

TRADUITE DE L'ANGLAIS

D'ÉDOUARD GIBBON.

NOUVELLE ÉDITION,

ENTIÈREMENT REVUE ET CORRIGÉE, PRÉCÉDÉE D'UNE NOTICE SUR LA VIE ET LE CARACTÈRE DE GIBBON, ET ACCOMPAGNÉE DE NOTES CRITIQUES ET HISTORIQUES RELATIVES, POUR LA PLUPART, A L'HISTOIRE DE LA PROPAGATION DU CHRISTIANISME,

PAR M. F. GUIZOT.

TOME HUITIÈME.

A PARIS,

CHEZ LEDENTU, LIBRAIRE,

QUAI DES AUGUSTINS, N° 31.

MDCCCXXVIII.

HISTOIRE

DE LA DÉCADENCE ET DE LA CHUTE

DE L'EMPIRE ROMAIN.

CHAPITRE XLII.

État du monde barbare. Établissement des Lombards sur le Danube. Tribus et incursions des Esclavons. Origine, empire et ambassades des Turcs. Fuite des Avares. Chosroès 1er ou Nushirwan, roi de Perse. Prospérité de son règne, et ses guerres avec les Romains. Guerre Colchique ou Lazique. Les Éthiopiens.

Notre évaluation du mérite personnel se calcule d'après les facultés ordinaires des hommes. Les plus ambitieux efforts du génie et de la vertu, soit dans la vie active ou dans la vie spéculative, se mesurent moins sur leur grandeur réelle que sur la hauteur où ils parviennent au-dessus du niveau de leur siècle et de leur pays ; et la stature, à laquelle on ne ferait point attention chez un peuple de géans, doit paraître très-remarquable dans une race de pygmées. Léonidas et ses trois cents guerriers se sacrifièrent aux Thermopyles ; mais l'éducation de leur enfance, de leur adolescence et de leur virilité, avait préparé et presque assuré ce mémorable sacrifice ; et chaque Spartiate

<small>Faiblesse de l'empire de Justinien.
A. D. 527-565.</small>

dut approuver plutôt qu'admirer un acte de devoir dont huit mille de ses concitoyens et lui-même auraient été également capables (1). Le grand Pompée put inscrire sur ses trophées qu'il avait vaincu deux millions d'ennemis en bataille rangée, et réduit quinze cents villes, depuis le lac Méotis jusqu'à la mer Rouge (2); mais la fortune de Rome volait devant ses aigles, les nations étaient subjuguées par leur propre frayeur, et les invincibles légions qu'il commandait s'étaient formées par des conquêtes habituelles et par une discipline de plusieurs siècles. Sous ce rapport, on peut avec raison mettre Bélisaire au-dessus des héros des anciennes républiques. La contagion de son temps produisit ses imperfections ; ses vertus lui appartenaient, il ne les dut qu'à la nature ou à la réflexion. Il s'éleva sans maîtres ou sans rivaux ; et les forces qu'on lui confia avaient si peu de proportion avec les

---

(1) Ce sera un plaisir et non une tâche pour les lecteurs, de recourir, en cette occasion, à Hérodote (l. VII, c. 104, 134, p. 550, 615). La conversation de Xerxès et de Démarate auprès des Thermopyles est une des scènes les plus intéressantes et les plus morales de l'histoire. La punition de Démarate, prince du sang royal de Lacédémone, qui servait dans l'armée du grand roi, était de voir avec douleur et avec remords les vertus de son pays.

(2) *Voyez* cette inscription orgueilleuse dans Pline (*Hist. nat.*, VII, 27). Peu d'hommes ont mieux goûté les plaisirs de la gloire et les amertumes de la honte; et Juvénal (*Sat.* X) ne pouvait offrir un exemple plus remarquable des vicissitudes de la fortune et de la vanité des désirs humains.

victoires qu'on lui demandait, que l'orgueil et la présomption de ses adversaires firent les seuls avantages de sa situation à leur égard. Sous ses ordres, les sujets de l'empereur méritèrent souvent le nom de Romains ; toutefois les orgueilleux Goths, qui affectaient de rougir d'avoir à disputer le royaume d'Italie à une troupe de tragédiens, de pantomimes et de pirates (1), les appelaient des Grecs, terme de mépris qui annonçait des qualités peu guerrières. Il est vrai que le climat de l'Asie a toujours été moins favorable que celui de l'Europe à l'esprit militaire ; le luxe, le despotisme et la superstition, énervaient les populeuses provinces de l'Orient, et les moines y coûtaient plus alors et y étaient en plus grand nombre que les soldats. Les forces régulières de l'empire s'étaient élevées autrefois jusqu'à six cent quarante-cinq mille hommes; sous le règne de Justinien, elles n'étaient plus que de cent cinquante mille ; et ces troupes, quelque nombreuses qu'elles puissent paraître, se trouvaient clairsemées en Espagne, en Italie, en Afrique, en Égypte, sur les bords du Danube, sur la côte de l'Euxin et sur les frontières de la Perse. Les citoyens étaient épuisés, et cependant le soldat ne recevait point sa

---

(1) Γραικους..... εξ ων τα προτερα ουδενα ες Ιταλιαν ηκοντα ειδον, οτι μη τραγωδους, και ναυτας λωποδυτας. Le terme de *pirates* rend d'une manière trop noble cette dernière épithète de Procope. *Écumeurs de mer* est le mot propre; il signifie des gens qui dépouillent, soit pour voler, soit pour insulter. Démosthènes, *contra Conon. in Reiske, orator. græc.*, t. II, p. 1264.

solde; sa misère n'était adoucie que par de pernicieux priviléges de rapine et d'oisiveté; et la fraude de ces agens qui, sans courage et sans danger, usurpent les émolumens de la guerre, retenait ou interceptait son tardif paiement. Dans cette position, la misère publique et particulière fournissait des recrues aux troupes de l'État; mais en campagne, et surtout en présence de l'ennemi, leur nombre diminuait considérablement. Pour suppléer à ce qui manquait de courage national, on avait recours à la fidélité précaire et à la valeur indisciplinée des Barbares mercenaires. L'honneur militaire même, qui s'est maintenu souvent après la perte de la vertu et de la liberté, était presque anéanti. Les généraux, multipliés à un point dont on n'avait pas eu d'exemple dans les anciens temps, ne travaillaient qu'à prévenir les succès ou à ternir la réputation de leurs collègues; et l'expérience leur avait appris que le mérite pouvait exciter la jalousie de l'empereur, et que l'erreur ou même le crime avait droit de compter sur sa bienveillante indulgence (1). Dans ce siècle avili, les triomphes de Bélisaire, et ensuite ceux de Narsès, brillent d'un éclat auquel on ne peut rien comparer; mais autour de ces triomphes, la honte et les calamités se présentent de toutes parts sous leurs plus sombres couleurs. Tandis que le lieutenant de Justinien subju-

---

(1) *Voyez* les troisième et quatrième livres de la guerre des Goths. Tels étaient ces abus que l'auteur des Anecdotes ne peut exagérer.

guait les royaumes des Goths et des Vandales, l'empereur, timide (1) malgré son ambition, cherchait à balancer les forces des Barbares les unes par les autres : pour fomenter leur division, il mettait en usage la flatterie et la fausseté ; et sa patience et sa libéralité les excitaient à de nouvelles offenses (2). On apportait à ses généraux les clefs de Carthage, de Rome et de Ravenne, au moment où les Perses détruisaient Antioche, et où Justinien tremblait pour la sûreté de Constantinople.

<small>État des Barbares.</small>

Les succès de Bélisaire contre les Goths nuisirent eux-mêmes à l'État, puisqu'ils renversèrent l'importante barrière du Haut-Danube, que Théodoric et sa fille avaient gardée si fidèlement. Pour défendre l'Italie, les Goths évacuèrent la Pannonie et la Norique, qu'ils laissèrent dans une situation paisible et florissante. L'empereur d'Orient réclamait la souveraineté de ces deux provinces ; mais leur possession fut abandonnée à quiconque voudrait les envahir. Les rives opposées du Danube, les plaines de la Haute-Hongrie et les collines de la Transylvanie, étaient occupées, depuis la mort d'Attila, par des

---

(1) Agathias, l. v, p. 157, 158. Il borne cette faiblesse de l'empereur et de l'empire à la vieillesse de Justinien ; mais, hélas ! Justinien ne fut jamais jeune.

(2) Cette funeste politique que Procope attribue à l'empereur (*Anecdot.*, c. 19), se trouve en effet dans une lettre de Justinien à un prince scythe, qui était en état de la comprendre. Αγαν προμηθη και αγχινουστατον, dit Agathias (l. v, p. 170, 171).

Les Gépides.

tribus des Gépides, qui craignaient les armes des Goths et méprisaient, non pas, à la vérité, l'or des Romains, mais les secrets motifs auxquels ils devaient leurs subsides annuels. Ces Barbares s'emparèrent aussitôt des fortifications qui gardaient le fleuve et qui se trouvaient désertes depuis le départ des Goths ; ils plantèrent leurs drapeaux sur les murs de Sirmium et de Belgrade ; et le ton ironique de leur apologie aggravait cette insulte faite à la majesté de l'empire. « Vos domaines sont si étendus, ô César ! disaient-ils à l'empereur, vos villes sont en si grand nombre, que vous cherchez continuellement des nations auxquelles vous puissiez, dans la paix ou dans la guerre, abandonner ces inutiles possessions. Les braves Gépides sont vos fidèles alliés ; et s'ils ont anticipé vos dons, ils ont montré une juste confiance en vos bontés. » Le moyen de vengeance qu'adopta Justinien justifia leur présomption. Au lieu de soutenir les droits du souverain chargé de protéger ses sujets, l'empereur engagea un peuple étranger à envahir les provinces romaines situées entre le Danube et les Alpes, et l'ambition des Gépides fut réprimée par les Lombards (1), dont la puissance et la réputation

---

(1) *Gens Germanâ feritate ferocior*, dit Velleius-Paterculus, en parlant des Lombards (II, 106), *Langobardos paucitas nobilitat, quòd plurimis ac valentissimis nationibus cincti, non per obsequium, sed præliis et periclitando tuti sunt.* (Tacite, *de Moribus German.*, c. 40. Voyez aussi Strabon, l. VII, p. 446.) Les meilleurs géographes les placent au-

augmentaient chaque jour. La dénomination corrompue de Lombards a été propagée au treizième siècle par des marchands et des banquiers italiens, issus de ces guerriers sauvages appelés dans l'origine *Langobards*, à cause de la longueur et de la forme particulière de leurs barbes. Je ne veux ni révoquer en doute ni prouver leur descendance des Scandinaves (1); je ne veux pas non plus les suivre dans leurs migrations à travers des pays inconnus et une foule d'aventures merveilleuses. A peu près dans le temps d'Auguste et de Trajan, on aperçoit un rayon de lumière au milieu des ténèbres de leur histoire, et on les trouve pour la première fois entre l'Elbe et l'Oder. Plus farouches encore que les Germains, ils se plaisaient à répandre l'effroi, en laissant croire que leurs têtes avaient la forme de celles des chiens, et qu'après une bataille ils buvaient le sang de leurs ennemis vaincus. Pour recruter leur faible population, ils adoptaient les plus vaillans d'entre leurs es-

Les Lombards.

---

delà de l'Elbe, dans l'évêché de Magdebourg et la moyenne Marche de Brandebourg; cette position s'accorde avec la remarque patriotique de M. le comte de Hertzberg, qui observe que la plupart des conquérans barbares sortirent des pays qui recrutent aujourd'hui les armées de la Prusse.

(1) Paul Warnefrid, surnommé *le Diacre*, fait descendre les Goths et les Lombards des Scandinaves; il est attaqué sur cet article par Cluvier, originaire de Prusse (*German. antiq.*, l. III, c. 26, p. 102, etc.), et défendu par Grotius, qui avait été ambassadeur de Suède en France. *Prolegom. ad hist. Goth.*, p. 28, etc.

claves; et leur bravoure, sans secours étranger, maintenait leur indépendance au milieu de leurs puissans voisins. Parmi les tempêtes du Nord qui submergèrent tant de noms et tant de peuples, la petite barque des Lombards se tint à flot; ils descendirent peu à peu vers le Midi et vers le Danube; et quatre siècles après, on les voit reparaître avec leur ancienne valeur et leur ancienne célébrité. Leurs mœurs conservaient leur férocité première. Malgré les lois de l'hospitalité, un prince des Hérules fut égorgé sous les yeux et par l'ordre de la fille du roi, blessée de quelques paroles insultantes qu'il s'était permises contre elle, et dont les espérances avaient été trompées par ses proportions peu héroïques. Le roi des Hérules, frère de ce malheureux prince, imposa un tribut aux Lombards pour venger cet assassinat. L'adversité ranima chez eux le sentiment de la modération et de la justice; et l'insolence avec laquelle les Hérules, établis dans le midi de la Pologne, usèrent de leur victoire, fut bientôt punie par leur défaite et leur dispersion (1). Les victoires des Lombards leur valurent l'amitié des empereurs; et, à la sollicitation de Justinien, ils passèrent le Danube, afin de réduire, suivant leur traité, les villes de la

---

(1) Deux faits du récit de Paul-diacre (l. 1, c. 20) ont rapport aux mœurs de cette nation: 1° *Dum ad* TABULAM *luderet*, tandis qu'il jouait aux dames; 2° *Camporum viridantia lina*: la culture du lin suppose une division des propriétés, du commerce, de l'agriculture et de l'industrie.

Norique et les forteresses de la Pannonie. Mais l'amour du pillage les porta bientôt au-delà des vastes limites de ces provinces ; ils errèrent sur la côte de la mer Adriatique jusqu'à Dyrrachium ; et leur brutale familiarité alla jusqu'à entrer dans les villes et les maisons des Romains, leurs alliés, pour y saisir les captifs qui s'étaient échappés de leurs mains. La nation désavoua et l'empereur excusa ces actes d'hostilité, qu'on voulut attribuer à la fougue de quelques aventuriers; mais les Lombards se trouvèrent bientôt engagés plus sérieusement dans une guerre de trente années, qui ne se termina que par l'anéantissement des Gépides. Ces deux peuples plaidèrent souvent leur cause devant le trône de Constantinople ; et l'artificieux Justinien, qui haïssait presque également tous les Barbares, prononçait une sentence partiale et équivoque, et, par des secours tardifs et inefficaces, prolongeait adroitement la guerre. Leurs forces étaient redoutables, puisque les Lombards, qui envoyaient au combat plusieurs *myriades* de soldats, se disaient les plus faibles, et réclamaient à ce titre la protection des Romains. Les Lombards et les Gépides montraient une égale intrépidité; mais telle est l'incertitude du courage, que les deux armées furent soudain saisies d'une terreur panique, qu'elles s'enfuirent l'une et l'autre, et que les princes rivaux demeurèrent avec leurs gardes au milieu de la plaine vide. On convint d'une trêve de peu de durée ; mais bientôt la fureur se ranima des deux côtés, et le souvenir de leur honteuse fuite rendit le premier combat plus désespéré et plus meurtrier. Quarante mille Barbares périrent dans la bataille décisive qui anéantit la puissance des Gépides, fit changer d'objet aux craintes et aux vœux de Justinien, et développa les talens d'Alboin, jeune prince des Lombards, qui devint ensuite vainqueur de l'Italie (1).

<small>Les Esclavons.</small> On peut réduire aux deux grandes familles des BULGARES (2) et des ESCLAVONS, les sauvages établis ou errans au temps de Justinien dans les plaines de la Russie, de la Lithuanie et de la Pologne. Selon les écrivains grecs, les premiers, qui touchaient à l'Euxin et au lac Méotis, tiraient des Huns leur origine et leur nom (3); et il serait inutile de répéter ici le tableau

---

(1) J'ai employé, mais sans essayer de les concilier, les faits qu'on trouve dans Procope (*Goth.*, l. II, c. 14; l. III, c. 33, 34; l. IV, c. 18, 25), dans Paul-diacre (*de Gestis Langobardorum*, l. I, c. 1-23; *in* Muratori, *Script. rerum italicarum*, t. I, p. 405-419), et dans Jornandès (*de Success. regnorum*, p. 242). Le lecteur doué de patience pourra tirer quelques lumières de Mascou (*Hist. des Germ.* et *Annot.* 23), et de M. du Buat (*Hist. des Peuples*, etc., t. IX, X, XI).

(2) J'adopte la dénomination de Bulgares, d'après Ennodius (*in Panegyr. Theodor. Opp. Sirmond.*, tom. I, p. 1598, 1599), d'après Jornandès (*de Rebus getic.*, c. 5, p. 194, et *de Reg. success.*, p. 242), d'après Théophane (p. 185), et les Chroniques de Cassiodore et de Marcellin. Le nom de Huns est trop vague. Les tribus des Cutturguriens et des Utturguriens forment de trop petites divisions, et offrent des noms trop désagréables à l'oreille.

(3) « Les *Bulgares*, qui, selon les auteurs byzantins, seraient une branche des *Ougres* (Thunmann, *Histoire des*

si simple et si connu des mœurs des Tartares, archers habiles et audacieux : ils buvaient le lait de leurs jumens, et ils mangeaient la chair de leurs agiles et infatigables coursiers ; leurs troupeaux suivaient ou plutôt dirigeaient les mouvemens de leurs camps errans, le pays le plus éloigné ou le plus difficile n'était pas à l'abri de leurs incursions ; et quoiqu'ils fussent étrangers à la crainte, ils avaient une grande habitude de l'art de la fuite. La nation était formée de deux tribus puissantes, qui se combattaient avec une haine fraternelle. Elles se disputaient avidement l'amitié ou plutôt les largesses de l'empereur Justinien ; et on raconte qu'un ambassadeur porteur des instructions verbales de son ignorant souverain (1), les distinguait

---

Peuples de l'est de l'Europe, p. 36), mais qui offrent bien plus de traits de ressemblance avec les Turcs (Engel, *Hist. univers. Allem.*, XLIX, 252, 298), tiraient sans doute leur nom du fleuve sur lequel ils habitaient ordinairement. Leur premier pays, ou la Grande-Bulgarie, était arrosé par le Volga. On montre près de Kasan quelques restes de leur capitale. Ils demeurèrent ensuite sur le Kuban, et enfin sur le Danube, où ils subjuguèrent, vers l'an 500, les Slavons-Serviens établis sur le Bas-Danube. Soumis à leur tour par les Avares, ils s'affranchirent de ce joug en 635 ; leur empire comprit alors les *Cutturgores,* restes des Huns établis vers les Palus-Méotides. La Bulgarie danubienne, dénombrement de ce vaste État, se rendit long-temps redoutable à l'empire byzantin. » *Précis de la Géogr. univ.*, par M. Malte-Brun, t. 1, p. 351. (*Note de l'Éditeur.*)

(1) Procope, *Goth.*, l. IV, c. 19. Ce message verbal, dans lequel il se reconnaît pour un Barbare sans lettres,

sous l'emblême du chien fidèle et du loup vorace. La richesse des Romains excitait également la cupidité des Bulgares de toutes les dénominations ; ils s'arrogeaient un vague empire sur tout ce qui portait le nom d'Esclavons, et leur marche rapide ne put être arrêtée que par la mer Baltique ou bien par le grand froid et l'extrême pauvreté des pays du Nord; mais il paraît qu'une même race d'Esclavons est toujours demeurée en possession des mêmes pays. Leurs diverses peuplades, soit même qu'elles se trouvassent éloignées ou ennemies, parlaient la même langue, c'est-à-dire un idiome irrégulier et désagréable à l'oreille : on les reconnaissait à leur ressemblance ; ils n'étaient pas basanés comme les Tartares, et pour la taille et le teint ils approchaient, quoique avec quelque différence, de la stature élevée et de la peau blanche des Germains. Ils habitaient quatre mille six cents villages (1) répandus dans les provinces de la Russie et de la Pologne ; leurs huttes étaient construites à la hâte de bois mal taillés, seuls matériaux dont ils pussent faire usage dans un pays manquant de pierres et de fer. Ce serait faire

---

est rapporté par Procope sous la forme d'une épître ; le style en est sauvage, figuré et original.

(1) Ce nombre est le résultat d'une liste particulière qu'offre un fragment manuscrit de l'année 550, trouvé dans la bibliothèque de Milan. L'obscure géographie de ce temps a exercé la patience du comte du Buat (t. XI, p. 69-189). Le ministre français se perd souvent dans des déserts où il aurait besoin d'un guide saxon ou polonais.

honneur peut-être à ces huttes élevées ou plutôt cachées au fond des bois, sur les bords des rivières et des marais, que de les comparer aux habitations du castor : elles leur ressemblaient par une double issue, dont l'une du côté de la terre, et l'autre du côté de l'eau ; ces issues servaient également de sortie à un animal moins propre, moins actif et moins social que ce merveilleux quadrupède. La fertilité du sol, plutôt que le travail des naturels, fournissait à la rustique opulence des Esclavons. Ils possédaient beaucoup de moutons et de bêtes à cornes d'une forte taille ; et leurs champs, où ils semaient du millet et du panis (1), leur donnaient une nourriture plus grossière et moins nourrissante que le pain : ils enfouissaient ce trésor pour le soustraire au pillage continuel de leurs voisins ; mais dès qu'un étranger arrivait parmi eux, ils lui en donnaient volontiers une partie ; et ce peuple, dont le caractère se présente d'ailleurs sous des couleurs peu favorables, était recommandable par sa chasteté, sa patience et son hospitalité. Ils adoraient comme leur divinité suprême un dieu maître invisible du tonnerre. Les rivières et les nymphes des eaux obtenaient un culte

---

(1) *Panicum, milium.* (*Voy*. Columelle, l. II, c. 9, p. 430, édit. de Gesner ; Pline, *Hist. nat.*, XVIII, 24, 25.) Les Sarmates faisaient une espèce de bouillie avec du millet, mêlé à du lait ou à du sang de jument. Au milieu des richesses de la culture moderne, le millet sert à nourrir la volaille et non pas les héros. *Voyez* les *Dictionnaires* de Bomare et de Miller.

subordonné, et leur culte public se composait de vœux et de sacrifices. Ils ne voulaient reconnaître ni despote, ni prince, ni magistrat; mais leur peu d'expérience et la violence de leurs passions ne leur permettaient pas de se former un système de lois communes ou de défense générale. Ils montraient quelques égards volontaires à la vieillesse et à la valeur; mais chaque tribu, chaque village, offrait une république séparée; et, comme on ne pouvait forcer personne, il fallait persuader tout le monde. Ils combattaient à pied, presque nus, et sans autre arme défensive qu'un lourd et incommode bouclier. Leurs armes offensives étaient l'arc, un carquois rempli de petites flèches empoisonnées, et une longue corde qu'ils jetaient de loin adroitement, et avec laquelle ils saisissaient leur ennemi par un nœud coulant. L'ardeur, l'agilité et la hardiesse des fantassins esclavons, les rendaient redoutables à la guerre: ils nageaient, ils plongeaient, ils demeuraient long-temps sous l'eau, en respirant à l'aide d'une canne creusée, et cachaient souvent dans une rivière ou dans un lac une embuscade qu'on était loin d'y soupçonner; mais c'étaient là des talens d'espions ou de maraudeurs. L'art militaire était étranger aux Esclavons; leur nom était obscur, et leurs conquêtes ont été sans gloire (1). J'ai dessiné quelques traits géné-

---

(1) *Voyez* sur le nom, la situation et les mœurs des Esclavons, un témoignage du sixième siècle dans Procope (*Goth.*, l. II, c. 26; l. III, c. 14.) *Voyez* aussi ce qu'en dit

raux du portrait des Esclavons et des Bulgares, mais sans chercher à fixer les bornes des lieux habités par ces peuplades, que les Barbares eux-mêmes ou connaissaient à peine ou respectaient peu. On les jugeait plus ou moins dignes d'attention, selon qu'ils se trouvaient plus ou moins voisins de l'empire; et les Antes (1), tribus d'Esclavons qui fournirent à Justinien une occasion d'ajouter un nom de plus à la liste de ses conquêtes (2), occupaient les plaines de la Moldavie et de la Valachie. Ce fut contre les Antes qu'il éleva les fortifications du Danube; et l'empereur ne négligea rien pour s'assurer l'alliance d'un peuple établi sur la route directe des incursions des peuples septentrionaux, auxquels servait de canal cet intervalle qui s'étend, durant un espace de deux

---

l'empereur Maurice (*Stratagemat.*; l. 11, c. 5, *apud* Mascou, *Annotat.* 31.) Je ne sache pas que les Stratagèmes de Maurice aient été imprimés ailleurs qu'à la suite de l'édition de la Tactique d'Arrien, par Scheffer, à Upsal, 1664 (Fabric., *Bibl. græc.*, l. iv, c. 8, t. iii, p. 278); livre rare, et que jusqu'ici je n'ai pu me procurer.

(1) *Antes eorum fortissimi..... Taysis qui rapidus et vorticosus in Histri fluenta furens devolvitur.* (Jornandès, c. 5, p. 194, édit. Muratori; Procope, *Goth.*, l. iii, c. 14, et *de Ædific.*, l. iv, c. 7.) Le même Procope dit que les Goths et les Huns étaient voisins, γειτονουντα, du Danube (*de Ædif.*, l. iv, c. 1).

(2) Le titre d'*Anticus* que prit Justinien dans les lois et les inscriptions, fut adopté par ses successeurs; et le respectueux Ludwig le justifie (*in Vit. Justinian.*, p. 515). Il a fort embarrassé les gens de loi du moyen âge.

cents milles, entre les montagnes de la Transylvanie et le Pont-Euxin. Mais les Antes n'avaient ni le pouvoir ni la volonté de contenir ce torrent; et cent tribus d'Esclavons armés à la légère arrivaient sur les traces de la cavalerie des Bulgares, qu'ils égalaient presque en vitesse. Pour le prix d'une pièce d'or par soldat, ils se procuraient une retraite sûre et facile à travers le pays des Gépides, maîtres du passage du Haut-Danube (1). Les espérances ou les craintes des Barbares, leur union ou leur discorde intestine, un ruisseau qui gelait ou qui n'avait pas assez de profondeur pour s'opposer à leur passage, une récolte de blés ou de vins qui excitait leur convoitise, la prospérité ou l'embarras des Romains, telles furent les causes de ces incursions des Barbares qui se renouvelaient chaque année avec les mêmes ravages, et qu'il serait ennuyeux de raconter en détail (2). L'année, et peut-être le mois où Ravenne ouvrit ses portes, fut marquée par une incursion si désastreuse des Huns et des Bulgares, qu'elle effaça presque le souvenir de leurs incursions antérieures. Ils se répandirent des faubourgs de Constantinople au golfe de l'Ionie; ils détruisirent trente-deux villes ou châteaux; ils rasèrent Potidée, que les Athéniens

---

(1) Procope, *Goth.*, l. IV, c. 25.

(2) Procope dit qu'une incursion des Huns arriva en même temps qu'une comète : il s'agit peut-être de la comète de 531. (*Persic.*, l. II, c. 4.) Agathias (l. V, p. 154, 155) emprunte de son prédécesseur quelques faits sur les premières incursions des Barbares.

avaient bâtie, et que Philippe avait assiégée, et repassèrent le Danube, traînant à la queue de leurs chevaux cent vingt mille des sujets de Justinien. Dans une incursion postérieure, ils percèrent le mur de la Chersonèse de Thrace, ils démolirent les édifices et égorgèrent les habitans ; ils traversèrent hardiment l'Hellespont, et retournèrent ensuite auprès de leurs camarades, chargés des dépouilles de l'Asie. Un autre détachement, qui parut aux Romains une horde effrayante, s'avança sans trouver d'obstacles du passage des Thermopyles à l'isthme de Corinthe, et l'histoire n'a pas daigné recueillir le détail de l'événement qui acheva la ruine de la Grèce. Les ouvrages que fit élever Justinien pour protéger ses sujets, mais à leurs dépens, ne servirent qu'à faire remarquer la faiblesse des parties qui demeurèrent négligées ; et les garnisons abandonnaient ou les Barbares escaladaient les murs que la flatterie disait imprenables. Trois mille Esclavons, qui eurent l'insolence de se diviser en deux troupes, découvrirent la faiblesse et la misère de ce règne triomphant. Ils passèrent le Danube et l'Hèbre ; ils vainquirent les généraux romains qui osèrent s'opposer à leur marche, et ils pillèrent impunément les villes de la Thrace et de l'Illyrie, dont chacune avait un assez grand nombre d'armes et d'habitants pour accabler cette misérable troupe d'assaillans. Quelques éloges que puisse mériter cette audace des Esclavons, elle fut souillée par les cruautés qu'ils commirent de sang-froid contre leurs prisonniers. On dit que sans distinction de rang, d'âge et de sexe, ils empalaient leurs captifs ou les écorchaient vifs ; qu'ils les suspendaient entre quatre poteaux où ils les faisaient mourir à coups de massue ; qu'ils les enfermaient dans des bâtimens spacieux, et les y laissaient périr dans les flammes avec le butin et le bétail qui auraient retardé la marche de ces farouches vainqueurs (1). Il faut peut-être réduire le nombre de leurs atrocités ; peut-être en a-t-on exagéré les horribles détails, et peut-être furent-ils excusés quelquefois par le terrible droit de représailles. Lorsque les Esclavons assiégèrent Topirus (2), poussés à bout par la défense obstinée de cette place, ils y massacrèrent quinze mille hommes : toutefois ils épargnèrent les femmes et les enfans, et ils retenaient toujours les captifs les plus précieux pour les employer au travail, ou en tirer une rançon. La servitude de ces captifs n'était pas rigoureuse ; et leur délivrance, qu'ils obtenaient bientôt, s'achetait à un prix modéré. Comme sujet et historien de Justinien, Procope a exhalé sa juste indignation sous la forme de la plainte ou du reproche ; il ne craint pas d'assurer

---

(1) Les cruautés des Esclavons sont racontées ou exagérées par Procope (*Goth.*, l. III, c. 29, 38). Nous pouvons, sur la douceur et la générosité de leur conduite envers leurs prisonniers, citer l'autorité un peu plus récente de l'empereur Maurice (*Stratagem.*, l. II, c. 5).

(2) Topirus était située près de Philippes, dans la Thrace ou la Macédoine, en face de l'île de Thasos, et à douze journées de Constantinople. Cellarius, t. 1, p. 676, 840.

que, dans un règne de trente-deux ans, chacune des incursions annuelles des Barbares enleva deux cent mille hommes à l'empire romain. La population entière de la Turquie européenne, qui embrasse à peu près les provinces de Justinien, n'offre peut-être pas les six millions d'habitans qui sont le résultat de cette incroyable évaluation (1).

Au milieu de ces obscures calamités, l'Europe sentit le choc d'une révolution qui fit connaître pour la première fois le nom et la nation des Turcs. Le fondateur de ce peuple guerrier, qui avait été, ainsi que Romulus, allaité par une louve, devint ensuite père d'une nombreuse postérité; et la représentation de cet animal sur les bannières des Turcs a conservé la mémoire ou plutôt donné l'idée d'une fable inventée par les bergers du Latium et ceux de la Scythie, sans que les uns et les autres se fussent concertés. On trouve à deux mille milles de la mer Caspienne, de la mer Glaciale, de la mer de la Chine et de celle du Bengale, une chaîne de montagnes remarquable, qui est le centre et peut-être le sommet de l'Asie, et que, dans les langues des diverses nations, on appelle Imaüs (2),

Origine des Turcs, et leur empire en Asie. A. D. 545, etc.

---

(1) Si l'on en croit le témoignage malveillant des *Anecdotes* (c. 18), après ces incursions, les provinces situées au sud du Danube ressemblaient aux déserts de la Scythie.

(2) On lit dans quelques auteurs depuis Caf jusqu'à Caf, ce qui, dans une géographie plus raisonnable, signifierait peut-être de l'Imaüs au mont Atlas. Selon la philosophie superstitieuse des mahométans, la base du mont Caf est une émeraude, dont la réflexion produit l'azur des cieux. Ils

Caf et Altaï, les montagnes d'or et la ceinture de la terre. Les flancs des collines produisent des minéraux, et les Turcs, la portion la plus méprisée des esclaves du grand khan des Geougens, y travaillaient le fer pour les usages de la guerre (1). Mais leur servitude ne pouvait durer que jusqu'à l'époque où un chef audacieux et éloquent persuaderait à ses compatriotes que ces armes, qu'ils forgeaient pour leurs maîtres, pouvaient devenir en leurs mains les instrumens de la liberté et de la victoire. Ils sortirent en effet de leurs montagnes (2), et un sceptre fut la récompense de cet avis. Chaque année on chauffait un

disent que cette montagne est douée d'une action sensitive dans ses racines ou nerfs, et que leur vibration, qui dépend de Dieu, cause les tremblemens de terre. D'Herbelot, p. 230, 231.

(1) La Sibérie fournit le fer le meilleur et le plus abondant du monde entier, et les Russes exploitent plus de soixante mines dans les parties méridionales de cette province. (Strahlenberg, *Hist. de Sibérie*, p. 342, 387; *Voyage en Sibérie*, par l'abbé Chappe d'Auteroche, p. 603-608, éd. *in*-12. Amsterdam, 1770.) Les Turcs offraient de vendre du fer aux Romains; cependant les ambassadeurs romains, par une étrange obstination, persistèrent à croire que c'était un artifice; et que leur pays n'en produisait point. Menander, *in Excerpt. legat.*, p. 52.

(2) De Irgana-Kon (Abulghazi-khan, *Hist. généalog. des Tátars*, part. II, c. 5, p. 71-77; c. 15, p. 155). La tradition qu'ont conservée les Mogols des quatre cent cinquante années qu'ils passèrent dans les montagnes, est d'accord avec les époques chinoises de l'Histoire des Huns et des Turcs (de Guignes, t. 1, part. 2, p. 376), et des

morceau de fer ; le prince et les nobles maniaient successivement un marteau de forgeron, et cette cérémonie transmit d'âge en âge l'humble profession et l'orgueil raisonnable des premiers Turcs. Bertezena, qui les tira de l'esclavage, signala sa valeur et fit éclater la leur dans les combats livrés aux tribus voisines. Mais lorsqu'il osa demander en mariage la fille du khan, on rejeta avec dédain cette insolente proposition d'un esclave et d'un artisan. L'alliance beaucoup plus noble d'une princesse de la Chine, qu'il épousa ensuite, le consola de ce dédain ; et la bataille qui anéantit presque totalement la nation des Geougens établit dans la Tartarie l'empire plus redoutable des Turcs. Ils régnèrent sur le Nord ; mais leur attachement fidèle à la montagne de leurs aïeux fut de leur part un aveu de la vanité des conquêtes. Le camp de leur roi s'éloignait rarement hors de la vue du mont Altaï, d'où l'Irtish descend pour arroser les riches pâturages des Kalmouks (1), qui nourrissent les moutons et les bœufs les plus gros du monde entier. Le sol en est fertile, et le climat doux et tempéré. Cet heureux pays ne connaissait ni les tremblemens de terre ni la peste ; le trône de l'empereur était

---

vingt générations qui s'écoulèrent depuis leur établissement jusqu'à Zingis.

(1) Le pays des Turcs, aujourd'hui le pays des Kalmouks, se trouve bien décrit dans l'*Hist. généalogique*, etc. (p. 521-552). Les notes curieuses du traducteur français ont été étendues et mises en ordre dans le second volume de la version anglaise.

tourné vers l'orient, et un loup d'or, élevé sur une pique, semblait garder l'entrée de sa tente. Un des successeurs de Bertezena fut tenté d'imiter le luxe et la superstition de la Chine ; mais le simple bon sens d'un de ses conseillers barbares le fit renoncer au projet de bâtir des villes et des temples. « Les Turcs, lui dit celui-ci, n'égalent pas en nombre la centième partie des habitans de la Chine : si nous balançons leur puissance et si nous échappons à leurs armes, c'est parce que, livrés à la guerre et à la chasse, nous errons sans demeures fixes. Sommes-nous en force, nous nous avançons et nous faisons des conquêtes ; sommes-nous faibles, nous nous retirons et nous nous tenons cachés. Si les Turcs s'emprisonnaient dans les murs d'une ville, la perte d'une bataille détruirait leur empire. Les bonzes ne prêchent que la patience, l'humilité et la renonciation au monde. Ce n'est pas là, ô roi ! la religion des héros. » Ils adoptèrent avec moins de répugnance la doctrine de Zoroastre ; mais la plus grande partie de la nation suivit sans examen les opinions ou plutôt les usages de ses ancêtres. Ils n'accordaient qu'à la Divinité suprême les honneurs du sacrifice ; ils reconnaissaient dans leurs hymnes grossiers ce qu'ils devaient à l'air, au feu, à l'eau et à la terre ; et les prêtres tiraient quelques profits de l'art de la divination. Leurs lois non écrites étaient sévères et impartiales : ils condamnaient le voleur à une restitution décuple ; ils punissaient de mort l'adultère, la trahison, le meurtre ; mais aucune peine ne leur paraissait trop sévère pour la lâcheté, crime impardonnable et rare parmi eux. Comme ils réunissaient sous leurs étendards les nations qu'ils avaient assujetties, ils comptaient orgueilleusement par millions les hommes et les chevaux dont se composait leur cavalerie; une de leurs armées contenait quatre cent mille soldats effectifs, et en moins de cinquante ans ils furent, dans la paix et dans la guerre, alliés des Romains, des Persans et des Chinois. Ce qu'on dit de la forme et de la situation du pays qui touchait à leurs limites septentrionales, d'un peuple de chasseurs et de pêcheurs, qui avaient des traîneaux menés par des chiens et des habitations enfoncées dans la terre, pouvait convenir au Kamtschatka. Ils ignoraient l'astronomie; mais une observation faite par des savans chinois, avec un gnomon de huit pieds, place le camp de leur roi au quarante-neuvième degré de latitude, et suppose qu'ils s'avancèrent jusqu'à trois ou au moins jusqu'à dix degrés du cercle polaire (1). La plus brillante de leurs conquêtes vers le midi, fut celle des Nephtalites ou des Huns blancs, nation guerrière et policée, qui possédait les villes commerçantes de Bochara et de Samarcande, qui avait vaincu le monarque de Perse, et porté ses armes victorieuses sur les rives et peut-être jusqu'à l'embouchure de l'Indus. Du côté de l'occident, la cavalerie turque s'avança jusqu'au lac Méotis; elle traversa ce lac sur

---

(1) Visdelou, p. 141, 151. Quoique ce fait appartienne rigoureusement à une tribu subordonnée qui parut ensuite, j'ai cru devoir le placer ici.

la glace. Le khan qui habitait au pied du mont Altaï, ordonna d'assiéger Bosphorus (1), ville soumise volontairement à Rome, et dont les princes avaient été jadis alliés d'Athènes (2). A l'orient, les Turcs attaquaient la Chine toutes les fois que la vigueur de ce gouvernement se relâchait. L'histoire nous apprend qu'ils abattaient leurs faibles ennemis, comme la faux fait tomber dans un champ le chanvre et les herbages, et que les mandarins applaudirent à la sagesse d'un empereur qui repoussa les Barbares avec des lances d'or. L'étendue de l'empire des Turcs détermina un de leurs souverains à établir sous lui trois principautés subordonnées, confiées à des princes de son sang, qui oublièrent bientôt ce qu'ils lui devaient de reconnaissance et de fidélité. Le luxe, fatal à tous les peuples, excepté à un peuple industrieux, avait énervé les conquérans; la Chine exhorta les nations vaincues à recouvrer leur indépendance, et le règne des Turcs ne dura que deux siècles. C'est à une époque bien postérieure que cette nation et son empire ont reparu dans les contrées méridionales de l'Asie;

---

(1) Procope, *Persic.*, l. 1, c. 12; l. 11, c. 3. M. de Peyssonnel (*Observations sur les Peuples barbares*, p. 99, 100) dit que la distance entre Caffa et l'ancienne ville de Bosphorus est de seize grandes lieues tartares.

(2) On trouve dans un mémoire de M. de Boze (*Mém. de l'Acad. des Inscript.*, t. VI, p. 549-565) la liste des anciens rois et des médailles du Bosphore Cimmérien. L'oraison de Démosthènes contre Leptines (Reiske, *Orator. græc.*, t. 1, p. 466, 467) parle de la reconnaissance d'Athènes.

et je laisserai dans l'oubli les dynasties qui succédèrent à leurs premiers souverains, puisque leur histoire n'a point de rapport avec la décadence et la chute de l'empire romain (1).

Les Turcs, dans leurs rapides conquêtes, attaquèrent et subjuguèrent la nation des Ougres et des Varchonites établis sur les bords du Til, qu'on surnommait le Noir, à cause de la couleur de ses eaux et de ses sombres forêts (2). Le khan des Ougres fut tué avec trois cent mille de ses sujets, et leurs cadavres jonchèrent une étendue de quatre journées de chemin; ceux de leurs compatriotes qui échappèrent à ce massacre, se soumirent à la force et à la clémence des Turcs; et un petit corps d'environ vingt mille guerriers préféra l'exil à la servitude. Ils suivirent le Volga, dont les bords leur étaient bien connus. Ils entretinrent l'erreur des nations qui les confondaient avec les Avares, et ils répandirent la

Les Avares fuient devant les Turcs, et s'approchent de l'empire d'Orient.

---

(1) Les détails, recueillis du chinois, qu'on vient de lire sur l'origine et les révolutions de l'empire turc, sont tirés de M. de Guignes (*Hist. des Huns*, t. 1, part. 2, p. 357-462), et de Visdelou (*Suppl. à la Bibl. orient. de d'Herbelot*, p. 82-114). Menander (p. 108-164) et Théophylacte Simocatta (l. VII, c. 7, 8) ont recueilli le peu de mots qu'en ont dit les Grecs et les Romains.

(2) Le Til ou Tula, selon M. de Guignes (t. 1, part. 2, p. 58 et 352), est un petit mais précieux ruisseau du désert, qui tombe dans l'Orhon, Selinga, etc. *Voyez* Bell (*Voyage de Pétersbourg à Pékin*, vol. II, p. 124); toutefois sa description du Keat, sur lequel il s'embarqua jusqu'à l'Oby, offre le nom et les caractères de la rivière Noire (p. 139).

terreur sous ce nom redouté, qui toutefois n'avait pas sauvé du joug des Turcs les véritables Avares (1). Après une longue marche, ils arrivèrent au pied du Caucase, dans le pays des Alains (2) et des Circassiens, où ils entendirent parler pour la première fois de la splendeur et de la faiblesse de l'empire romain. Ils prièrent humblement le roi des Alains, leurs confédérés, de les mener à cette source de richesses, et, avec la permission du gouverneur de la Lazique, leur ambassadeur fut conduit à Constantinople par le Pont-Euxin. Tous les habitans de la capitale se précipitèrent au devant d'eux, pour examiner avec curiosité et avec effroi l'étrange figure de ces Barbares. Des rubans nouaient avec grâce leur longue chevelure qui tombait en tresses sur leur dos; mais ils avaient d'ailleurs le costume des Huns. Lorsqu'ils furent admis à l'audience de Justinien, Candish, le premier des ambassadeurs, adressa ces paroles à l'empereur :

Leur ambassade à Constantinople. A. D. 558.

« Vous voyez devant vous, ô puissant prince! les représentans de la plus forte et de la plus nombreuse

---

(1) Théophylacte, l. vii, c. 7, 8. Toutefois M. de Guignes lui-même n'a pu retrouver les véritables Avares; et quoi de plus imposant que cette nation appelée par Théophylacte les *faux Avares*? Les Turcs ont reconnu que les Ougres fugitifs avaient droit de prendre ce nom. Menander, p. 108.

(2) On trouve les Alains dans l'*Histoire généalogique des Tartares*, p. 617, et dans les *Cartes* de d'Anville. Ils s'opposèrent à la marche des généraux de Zingis autour de la mer Caspienne, et ils furent détruits dans une grande bataille. *Hist. de Gengis-khan*, l. iv, c. 9, p. 447.

des nations, des invincibles, des irrésistibles Avares. Nous voulons mourir à votre service, et nous sommes en état de vaincre et de détruire tous les ennemis qui troublent aujourd'hui votre repos; mais nous attendons pour prix de notre alliance, et pour récompense de notre valeur, des largesses précieuses, des subsides annuels et de fertiles domaines. » Justinien régnait depuis plus de trente ans, et il en avait au moins soixante-quinze, lorsque cette ambassade se présenta devant lui. Son esprit et son corps étaient faibles et languissans; et le vainqueur de l'Afrique et de l'Italie, peu occupé d'assurer le bien-être futur de ses peuples, ne songeait qu'à finir sa carrière au sein de la paix, même de celle qui devait compromettre sa gloire. Il prononça au sénat un discours étudié : il y annonça la résolution de dissimuler l'insulte et d'acheter l'amitié des Avares; et le sénat applaudit, comme les mandarins de la Chine, à l'incomparable sagesse et à la rare prévoyance du souverain. On prépara pour ces Barbares des objets de luxe capables de les captiver : des vêtemens de soie, des lits moelleux et brillans, des chaînes et des colliers incrustés d'or. Les ambassadeurs partirent de Constantinople satisfaits d'une si magnifique réception; et Valentin, un des gardes de l'empereur, fut envoyé à son tour comme ambassadeur dans leur camp situé au pied du Caucase. Comme leur destruction ou leur succès était également avantageux à l'empire, il les engagea à former une invasion dans les pays ennemis de Rome; on les excita sans peine, par des dons et des promesses, à une entreprise analogue à leur passion dominante. Ces fuyards, que la terreur précipitait loin des armes turques, passèrent le Tanaïs et le Borysthène, et pénétrèrent dans le centre de la Pologne et de l'Allemagne, violant la loi des nations et abusant des droits de la victoire. En moins de dix ans, leurs camps se trouvèrent assis sur les rives du Danube et de l'Elbe; ils exterminèrent plusieurs tribus de Bulgares et d'Esclavons, et ce qui resta de ces deux nations devint tributaire et vassal sous le drapeau des Avares. Le chagan (c'est ainsi que se nommait leur roi) affectait toujours de cultiver l'amitié de l'empereur, et Justinien songeait à les établir dans la Pannonie, afin de balancer la force des Lombards; mais la vertu ou la perfidie d'un Avare annonça la secrète inimitié et les ambitieux desseins de ses compatriotes; et ils se plaignirent hautement de la politique timide et jalouse de la cour de Constantinople, qui retenait leur ambassadeur et leur refusait les armes qu'on leur avait permis d'acheter dans la capitale de l'empire (1).

Ambassades des Turcs et des Romains. A. D. 569-582.

C'est peut-être à une ambassade des vainqueurs des Avares (2) qu'il faut attribuer le changement qui

---

(1.) Les détails sur les ambassades et les premières conquêtes des Avares, se trouvent dans Ménandre, *Excerpt. legat.*, p. 99, 100, 101, 154, 155; Théophane, p. 196; *Historia Miscella*, l. xvi, pag. 109; et saint Grégoire de Tours, l. iv, c. 23, 29; dans les *Historiens de France*, tom. ii, p. 214, 217.

(2) Théophane (*Chron.*, p. 204) et l'*Historia Miscella*

se fit remarquer alors dans la disposition des empereurs. Le ressentiment des Turcs n'était point ralenti par l'énorme distance qui mettait les Avares à l'abri de leurs armes. Leurs ambassadeurs suivirent les pas des vaincus à travers le Jaïk, le Volga, le mont Caucase, la mer de l'Euxin, et jusqu'à Constantinople; ils arrivèrent enfin devant le successeur de Constantin, pour lui demander de ne pas embrasser la cause d'une troupe de rebelles fugitifs. Le commerce eut aussi quelque part à cette négociation; et les Sogdoïtes, alors tributaires des Turcs, profitèrent de l'occasion pour ouvrir, par le nord de la mer Caspienne, une nouvelle route à l'exportation des soies de la Chine dans l'empire romain. Les Persans, préférant la navigation par l'île de Ceylan, avaient arrêté les caravanes de Bochara et de Samarcande; ils avaient brûlé avec dédain les soies qu'elles portaient. Des ambassadeurs turcs moururent en Perse; on crut qu'ils étaient morts empoisonnés, et le khan permit à Maniach, prince des Sogdoïtes, son fidèle vassal, de proposer à la cour de Byzance un traité d'alliance contre leur ennemi commun. Maniach et ses collègues se distinguaient des grossiers sauvages du Nord par la richesse de leurs présens et de leurs vêtemens, fruit

---

(l. XVI, p. 110), selon l'interprétation que donne M. de Guignes (t. I, part. II, p. 254), *semblent* parler d'une ambassade turque auprès de Justinien; mais il est sûr que celle de Maniach, dans la quatrième année du règne de Justin., successeur de Justinien, est la première qui vint à Constantinople. Ménander, p. 108.

du luxe de l'Asie. Leurs lettres, écrites en caractères et en langue scythes, annonçaient un peuple instruit au moins des premiers rudimens de la science (1). Ils firent l'énumération des conquêtes des Turcs; ils offrirent leur amitié et leurs secours ; et, pour montrer leur bonne foi, ils dévouèrent aux plus affreux malheurs eux et Disabul leur maître, s'ils manquaient à leur parole. Les ambassadeurs d'un monarque puissant et éloigné furent accueillis par l'empereur d'une manière hospitalière. La vue des vers à soie et des métiers qui travaillaient la matière précieuse que fournissent ces insectes, anéantit les espérances des Sogdoïtes ; l'empereur renonça ou parut renoncer aux fugitifs Avares ; il accepta l'alliance des Turcs, et un de ses ministres porta au pied du mont Altaï la ratification du traité. Sous les successeurs de Justinien, l'amitié des deux nations s'accrut par des rapports fréquens et sincères ; les vassaux du khan les plus favorisés eurent aussi la permission de traiter avec la cour de Byzance ; et cent six Turcs qui étaient venus

---

(1) Les Russes ont remarqué de grossiers caractères hiéroglyphiques sur les médailles, les tombeaux, les idoles, les rochers, les obélisques, etc., trouvés aux environs de l'Irtish et du Jenissea. (Strahlenberg, *Hist. de la Sibérie*, p. 324, 346, 406, 429). Hyde (*de Religione veter. Persarum*, p. 521, etc.) a donné deux alphabets du Thibet et des Eygours. Je soupçonne depuis long-temps que *toutes* les connaissances des Scythes, *quelques-unes* et peut-être *une grande partie* des connaissances des Indiens, sont venues des Grecs de la Bactriane.

à Constantinople à différentes époques, en partirent en même temps pour retourner dans leur patrie. L'histoire n'indique pas le temps qu'il fallait pour se rendre de cette ville au mont Altaï ; il eût été difficile de donner les détails de cette route qui traversait les déserts, les montagnes, les rivières et les marais sans nom de la Tartarie ; mais il nous reste une description curieuse de la réception qu'on fit aux ambassadeurs romains dans le camp des Turcs. Lorsqu'on les eut purifiés avec du feu et de l'encens, d'après un usage qu'on observait encore sous les fils de Zingis, on les admit à l'audience de Disabul. La tente de ce prince se trouvait au fond d'une vallée de la montagne d'Or ; il était assis dans un fauteuil monté sur des roulettes, auquel on pouvait au besoin atteler un cheval. Dès qu'ils eurent remis leurs présens aux officiers chargés de les recevoir, ils exposèrent, dans une harangue pompeuse, les vœux de l'empereur romain pour que la victoire accompagnât les armes des Turcs, pour que leur règne fût long et prospère, et que, sans jalousie et sans tromperie, une alliance étroite se perpétuât à jamais entre les deux nations les plus puissantes de la terre. La réponse de Disabul ne fut pas moins amicale ; et les ambassadeurs se placèrent à côté de lui à un festin qui dura la plus grande partie de la journée. Des tapisseries de soie environnaient la tente ; et on servit une liqueur tartare qui ressemblait du moins au vin par ses qualités enivrantes. Le repas de la journée suivante fut plus somptueux : les tapisseries de soie de la seconde tente représentaient en broderie diverses figures; la chaise du prince, les coupes et les vases, étaient d'or; des colonnes d'un bois doré soutenaient un troisième pavillon; un lit d'un or pur y reposait sur quatre paons du même métal; et devant la tente on voyait, sur des chariots, des plats, des statues et des bassins d'argent massif et d'un travail admirable, monument de la valeur des Turcs plutôt que de leur industrie. Lorsque Disabul marcha à la tête de ses armées vers la frontière de la Perse, les envoyés romains suivirent le camp des Turcs durant plusieurs jours, et on ne les renvoya qu'après leur avoir accordé la préséance sur un ambassadeur du grand roi, dont les clameurs immodérées interrompirent le silence du banquet royal. La puissance et l'ambition de Chosroès cimentèrent l'union des Turcs et des Romains, situés des deux côtés sur les confins de ses États; mais ces nations éloignées écoutèrent bientôt leurs intérêts particuliers sans se souvenir de leurs sermens et de leurs traités. Tandis que le successeur de Disabul célébrait les obsèques de son père, il reçut les ambassadeurs de l'empereur Tibère, qui venaient lui proposer d'envahir la Perse, et soutinrent avec fermeté les reproches violens et peut-être justes de cet orgueilleux Barbare. « Vous voyez mes dix doigts, leur dit le khan en les appliquant sur sa bouche; vous autres Romains, vous avez un aussi grand nombre de langues, mais ce sont des langues de tromperie et de parjure. Vous me tenez un langage, et vous en tenez un autre à mes sujets; et chaque nation est trompée tour à tour par votre perfide éloquence. Vous précipitez vos alliés dans la guerre et dans les périls ; vous jouissez de leurs travaux, et vous négligez vos bienfaiteurs. Retournez promptement chez vous, et dites à votre maître qu'un Turc est incapable de proférer et de pardonner un mensonge, et qu'il recevra bientôt le châtiment qu'il mérite. Tandis qu'il sollicite mon amitié par des paroles flatteuses et perfides, il s'est ligué avec mes fugitifs Varchonites. Si je daigne marcher contre ces misérables esclaves, le bruit de nos fouets les fera trembler. Mes innombrables cavaliers les écraseront comme des fourmis sous les pieds de leurs chevaux. Je sais la route qu'ils ont suivie pour envahir une partie de votre empire, et je ne serai point trompé par ce vain préjugé que le Caucase sert de barrière aux Romains, et que cette barrière est imprenable ; je suis instruit du cours du Niéster, du Danube et de l'Hèbre. Les nations les plus guerrières ont cédé aux Turcs ; et tous les pays qu'éclaire le soleil, depuis son lever jusqu'à son coucher, forment mon héritage. » Malgré cette menace, les Turcs et les Romains ne tardèrent pas à renouveler une alliance conseillée par leurs mutuels intérêts. Mais l'orgueil du khan dura plus que sa colère ; et en annonçant à son ami l'empereur Maurice la nouvelle d'une conquête importante, il se qualifia de maître des sept races, et de souverain des sept climats de la terre (1).

---

(1) Tous ces détails sur les ambassadeurs des Turcs et des Romains, si curieux dans l'histoire des mœurs des hommes,

État de la Perse. A. D. 500-530.

Le titre de roi du monde a produit souvent des disputes entre les souverains de l'Asie ; et ces disputes mêmes prouvent qu'il n'appartenait à aucun des compétiteurs. Le royaume des Turcs était borné par l'Oxus ou le Gihon, et cette grande rivière séparait le Touran de la monarchie rivale d'Iran ou de la Perse, moins étendue, mais contenant peut-être des forces et une population plus nombreuses. Les Perses, qui alternativement attaquèrent et repoussèrent les Turcs et les Romains, étaient toujours gouvernés par la maison de Sassan, monté sur le trône trois siècles avant le règne de Justinien. Kabades ou Kobad, son contemporain, avait fait la guerre avec succès contre l'empereur Anastase ; mais des dissensions civiles et religieuses troublèrent le règne de ce prince. D'abord prisonnier de ses sujets, et exilé ensuite parmi les ennemis de la Perse, il recouvra sa liberté en prostituant sa femme, et il remonta sur le trône avec le secours dangereux et mercenaire des Barbares qui avaient tué son père. Les nobles sentirent que Kobad ne pardonnerait jamais à ceux qui l'avaient chassé, peut-être même à ceux qui l'avaient rétabli. Le peuple fut trompé et excité par le fanatisme de Mazdak (1),

---

sont tirés des Extraits de Ménandre (p. 106-110, 151-154, 161-164), où l'on regrette souvent le défaut d'ordre et de liaison.

(1) *Voy.* d'Herbelot, *Bibl. orient.*, p. 568, 929; Hyde, *de Relig. vet. Persar.*, c. 21, p. 290, 291; Pococke, *Specimen Hist. Arab.*, p. 70-71; Eutychius, *Annal.*, t. II, p. 176; Texeira, *in Stevens, Hist. of Pers.*, l. 1, c. 34.

qui prêchait la communauté des femmes (1) et l'égalité de tous les hommes, tandis qu'il appropriait à l'usage de ses sectaires les domaines les plus fertiles et les femmes les plus belles. Ces désordres, que fomentèrent ses lois et son exemple (2), remplirent d'amertume la vieillesse du monarque de Perse ; et ses craintes étaient augmentées par le sentiment secret du projet qu'il avait formé de changer l'ordre de succession suivi jusqu'alors en faveur de son troisième fils, celui qu'il aimait le plus, et qui s'est rendu si célèbre sous les noms de Chosroès et de Nushirwan. Pour relever encore ce jeune homme dans l'esprit des peuples, il pria l'empereur Justin de l'adopter. L'espoir de la paix disposait la cour de Byzance à y consentir, et Chosroès allait se procurer un titre spécieux à l'héritage de son père adoptif ; mais le questeur Proclus fit sentir les maux qui pouvaient résulter de ce projet. On éleva une difficulté sur la question de savoir si l'adoption se ferait comme une cérémonie civile ou comme une cérémonie mili-

---

(1) Le bruit de cette nouvelle loi sur la communauté des femmes se propagea bientôt en Syrie (Asseman., *Biblioth. orient.*, t. III, p. 402) et dans la Grèce. Procope, *Persic.*, liv. 1, c. 5.

(2) Il offrit sa femme et sa sœur au prophète ; mais les prières de Nushirwan sauvèrent sa mère ; et le prince indigné, se souvenant toujours de l'humiliation où sa piété filiale l'avait réduit : *Pedes tuos deosculatus*, dit-il ensuite à Mazdak, *cujus fetor adhuc nares occupat*. Pocock, *Specimen Hist. Arab.*, p. 71.

taire (1). La négociation fut brusquement rompue ; cette offense demeura profondément gravée dans l'esprit de Chosroès, qui avait pris la route de Constantinople, et qui se trouvait déjà sur les bords du Tigre. Le père de Chosroès ne survécut pas longtemps à l'événement qui avait trompé ses désirs. On lut le testament dans l'assemblée des nobles ; et une faction puissante, préparée à le soutenir, éleva, sans égard aux droits de primogéniture, Chosroès sur le trône de la Perse. Il l'occupa pendant quarante-huit ans d'un règne prospère (2), et les nations de l'Orient ont proclamé d'âge en âge la JUSTICE de Nushirwan. Mais dans l'opinion des sujets et dans celle des rois eux-mêmes, la justice d'un monarque ne l'oblige

Règne de Nushirwan ou Chosroès. A. D. 531 - 579.

---

(1) Procope, *Persic.*, l. 1., c. 11. Proclus n'eut-il pas trop de prévoyance? Les dangers qu'il craignait n'étaient-ils pas imaginaires? L'excuse du moins qu'on adopta était injurieuse à une nation qui savait lire : οὐ γράμμασι οἱ βάρβαροι τοὺς παῖδας ποιοῦνται ἀλλ' ὁπλῶν σκευῇ. Je doute beaucoup qu'il y eût des formes d'adoption en Perse.

(2) Pagi (tom. 11, pag. 543-626) a affirmé, d'après Procope et Agathias, que Chosroès Nushirwan monta sur le trône la cinquième année du règne de Justinien, A. D. 531, avril 1; A. D. 532, avril 1; mais Jean Malala (t. 11, p. 211) nous donne la véritable chronologie, qui est d'accord avec celle des Grecs et des Orientaux. Kabades ou Kobad, après un règne de quarante-trois ans et deux mois, tomba malade le 8, et mourut le 13 septembre (A. D. 531), à l'âge de quatre-vingt-deux ans. Selon les Annales d'Eutychius, Nushirwan régna quarante-sept ans et six mois ; et si cela est, il faut placer sa mort au mois de mars de l'année 579.

que rarement au sacrifice de ses passions et de ses intérêts. Les vertus de Chosroës furent celles d'un conquérant qui, dans le choix de la paix et de la guerre, est excité par l'ambition et retenu par la prudence, qui confond ensemble la grandeur et le bonheur d'une nation, et qui immole tranquillement des milliers d'hommes à la réputation ou au plaisir d'un seul. On qualifierait aujourd'hui de tyrannie l'administration domestique du juste Nushirwan. Ses deux frères aînés avaient été privés de leurs droits à la couronne : placés depuis cette époque entre le rang suprême et la condition de sujets, ils craignaient pour leur vie et étaient redoutés de leur maître. La frayeur ainsi que la vengeance pouvait les porter à la rebellion : on les accusa d'une conspiration ; l'auteur de leurs maux se contenta de la preuve la plus légère, et Chosroës assura son repos en ordonnant la mort de ces deux princes malheureux, de leurs familles et de leurs adhérens. Un vieux général, touché de compassion, sauva et renvoya un jeune innocent ; et cet acte d'humanité, révélé par son fils, lui fit perdre le mérite d'avoir soumis douze nations à la Perse. Le zèle et la prudence de Mébodes avaient affermi le diadême sur la tête de Chosroës ; mais ayant un jour tardé d'obéir aux ordres du roi jusqu'à ce qu'il eût achevé une revue dont il était occupé, on lui ordonna tout de suite de se rendre au trépied de fer placé devant la porte du palais (1) :

---

(1) Procope, *Persic.*, liv. 1; c. 23; Brisson, *de Regn.*

on était puni de mort lorsqu'on soulageait ou qu'on approchait la victime qui s'y trouvait. L'orgueil inflexible et la froide ingratitude du fils de Kobad se plurent à y laisser languir plusieurs jours Mébodes avant de lui envoyer son arrêt; mais le peuple, et surtout celui de l'Orient, est disposé à pardonner et même à applaudir à la cruauté des princes qui frappent les têtes élevées, ces esclaves ambitieux que leur choix volontaire a dévoués à vivre des sourires et à mourir du coup d'œil irrité d'un monarque capricieux. Nushirwan ou Chosroès mérita le surnom de Juste par la manière dont il exécuta les lois qu'il n'eut pas la tentation de violer, et dont il punit les crimes qui attaquaient sa dignité en même temps que le bonheur des individus. Son gouvernement fut ferme, sévère et impartial. Un des premiers soins de son règne fut de dissiper les dangereuses maximes de la communauté ou de l'égalité des biens ; il restitua les terres et les femmes que les sectaires de Mazdak avaient usurpées ; et les peines modérées qu'il infligea aux fanatiques ou aux imposteurs confirmèrent les droits domestiques de la société. Au lieu de donner toute sa confiance à un ministre favori, il établit quatre visirs dans les quatre grandes provinces de son empire, l'Assyrie, la Médie, la

---

Pers., pag. 494. C'est à la porte du palais d'Ispahan qu'on envoie ou qu'on envoyait les hommes disgraciés ou condamnés à la mort. Chardin, *Voyage en Perse*, tome IV, pages 312, 313.

Perse et la Bactriane. Lorsqu'il avait à choisir des préfets, des juges et des conseillers, il s'efforçait de faire tomber le masque qu'on porte toujours devant les rois ; il désirait substituer les droits du talent aux distinctions accidentelles de la naissance et de la fortune. Il déclara, en termes propres à produire de l'effet, son intention de préférer les hommes qui portaient les pauvres dans leur sein, et de bannir la corruption des tribunaux, comme on excluait les chiens du temple des mages. On renouvela et on publia le code de lois d'Artaxercès 1er : on ordonna aux magistrats de le suivre ; mais la certitude d'être punis sur-le-champ fut le meilleur gage de leur vertu. Mille agens publics ou secrets du trône surveillaient leur conduite et écoutaient leurs paroles ; et les provinces de Perse, des frontières de l'Inde à celles de l'Arabie, furent souvent éclairées de la présence d'un prince qui affectait de vouloir, par la rapidité et l'utilité de sa course, imiter le soleil, son frère. Il jugea que l'éducation et l'agriculture méritaient principalement ses soins. Dans toutes les villes de la Perse, on entretenait et on instruisait, aux dépens du public, les orphelins et les enfans des pauvres : on mariait les filles aux plus riches citoyens de leur classe ; et selon les talens divers des garçons, on les employait aux arts mécaniques, ou ils étaient élevés à des emplois plus honorables. Il donna des secours aux villages abandonnés ; il distribua du bétail, de la semence et des instrumens de labourage, aux paysans et aux fermiers qui se trouvaient hors d'état de cultiver leurs terres; sous son règne, le rare et inestimable tribut des eaux fut partagé avec économie et avec habileté sur l'aride terrain de la Perse (1). La prospérité de ce royaume fut la suite et la preuve de ses vertus. Ses vices furent ceux du despotisme oriental; et, dans la longue rivalité entre Chosroès et Justinien, l'avantage du mérite et de la fortune fut presque toujours du côté du Barbare (2).

Son amour pour les lettres.

Nushirwan, célèbre par sa justice, l'est aussi par son savoir : on disait de toutes parts qu'un disciple de Platon occupait le trône de la Perse, et cette étrange nouvelle séduisit et trompa les sept philosophes grecs qui se rendirent à sa cour. Croyaient-ils

---

(1) En Perse, le prince des eaux est un officier de l'État. Le nombre des puits et des canaux souterrains est aujourd'hui fort diminué, et la fertilité du sol a diminué dans la même proportion. Dans ces derniers temps, quatre cents puits se sont perdus près de Tauris, et on en comptait jadis quarante-deux mille dans la province de Khorasan. Chardin, t. III, p. 99, 100; Tavernier, t. I, p. 416.

(2) Ce que nous avons dit du caractère et du gouvernement de Chosroès, est exprimé quelquefois dans les propres termes de d'Herbelot (*Bibl. orient.*, pag. 680, etc., d'après Khondemir); d'Eutychius (*Annal.*, t. II, p. 179, 180), qui est très-détaillé; d'Abulpharage (*Dynast.*, VII, pag. 94, 95), qui est très-pauvre; de Tarikh-Schikhard (pag. 144-150); de Texeira (*in Stevens*, liv. I, chap. 35); d'Asseman. (*Bibl. orient.*, tom. III, pag. 404-410); et de l'abbé Fourmont (*Hist. de l'Acad. des Inscript.*, t. VII, p. 325-334), qui a traduit un Testament authentique ou supposé de Nushirwan.

donc qu'un prince occupé sans relâche des soins de la guerre et du gouvernement, discuterait avec une habileté égale à la leur les questions abstraites qui amusaient le loisir des écoles d'Athènes? Pouvaient-ils espérer que la philosophie dirigeât la conduite et réprimât les passions d'un despote instruit dès son enfance à regarder sa volonté absolue et capricieuse comme la seule règle du devoir moral (1)? Les études de Chosroès s'étaient bornées à de vaines et superficielles connaissances; mais son exemple éveilla la curiosité d'un peuple ingénieux, et les lumières se répandirent dans la Perse (2). Il fonda une académie de médecine à Gondi-Sapor, située aux environs de la ville royale de Suze. Cette académie devint peu à peu une école de poésie, de philosophie et de rhétorique (3). On écrivit les Annales de la monarchie (4); et tandis que l'histoire récente et authenti-

---

(1) Mille ans avant sa naissance, les juges de Perse avaient prononcé solennellement : τω βασιλευοντι Περσεων εξειναι ποιεειν το αν βουληται. (Hérodote, l. III, c. 31, p. 210, édit. de Wesseling.) Cette maxime constitutionnelle n'avait pas été négligée comme une vaine et stérile théorie.

(2) Agathias (l. II, c. 66-71) montre beaucoup de savoir et de grands préjugés sur la littérature de la Perse, sur les versions grecques, sur les philosophes et les sophistes, sur le savoir ou l'ignorance de Chosroès.

(3) Asseman., *Bibl. orient.*, tom. IV, pag. DCCXLV, VI, VII.

(4) Le Shah Nameh ou le livre des Rois, contient peut-être les matériaux originaux de l'histoire qui fut traduite en grec par Sergius (Agathias, l. V, p. 141), conservée après la conquête des mahométans, et mise en vers, l'an 954,

que donnait d'utiles leçons au prince et au peuple, on remplit l'histoire des premiers âges des géans, des dragons et des héros fabuleux des romans orientaux (1). Tout étranger doué de savoir ou de confiance était honoré de l'entretien du monarque et enrichi par ses libéralités : il récompensa noblement un médecin grec (2) en lui accordant la délivrance de trois mille captifs ; et Uranius, l'un des sophistes qui se disputaient la faveur du prince, irrita par sa richesse et son insolence ses rivaux moins heureux que lui. Nushirwan suivait ou du moins respectait la religion des mages, et l'on aperçoit sous son règne quelques traces de persécution (3). Il se permettait toutefois

---

par Ferdoussi, poëte persan. *Voyez* Anquetil, *Mém. de l'Acad. des Inscript.*, t. XXXI, p. 379; et sir William Jones, *Hist. of Nader Shah*, p. 161.

(1) Au cinquième siècle, le nom de Restom ou de Restam, héros qui avait la force de douze éléphans, était familier chez les Arméniens. (Moïse de Chorène, *Hist. Arménienne*, l. II, c. 7, p. 96, édit. de Whiston.) Au commencement du septième, le roman de Rostam et Isfendiar, écrit en langue persane, avait un grand succès à la Mecque (*Koran*, édit. de Sale, c. 31, p. 335). Cependant Maracci (*Refut. Alcoran.*, pages 544-548) ne nous donne pas cette exposition du *ludicrum novæ historiæ*.

(2) Procope, *Goth.*, liv. IV, chap. 10. Un médecin grec, nommé Étienne d'Édesse, était le médecin favori de Kobad. (*Pers.*, l. II, c. 26.) Le roi de Perse tirait depuis long-temps ses médecins de la Grèce, et Hérodote raconte les aventures de Démocèdes de Crotone (l. III, c. 125-137).

(3) *Voyez* Pagi, t. II, p. 626. L'un des traités qu'il signa

de comparer les dogmes des différentes sectes ; et les disputes théologiques auxquelles il présida souvent, diminuèrent l'autorité des prêtres, et éclairèrent l'esprit du peuple. Les plus célèbres écrivains de la Grèce et de l'Inde furent traduits par ses ordres en langue persane, idiome plein de douceur et d'élégance, dont Mahomet recommande de se servir en paradis, quoique l'ignorance et la présomption d'Agathias le représentent comme un idiome sauvage et contraire à l'harmonie (1). Au reste, cet historien grec pouvait s'étonner avec raison qu'on eût traduit exactement et en entier les ouvrages de Platon et d'Aristote, dans un dialecte étranger, peu fait pour exprimer l'esprit de liberté et les subtilités des recherches philosophiques ; et si la raison du philosophe de Stagyre a la même obscurité ou la même clarté dans toutes les langues, la manière dramatique et le mérite des dialogues du disciple de Socrate (2) paraissent tenir essentiellement à la grâce

---

contenait un article honorable concernant les sépultures des catholiques et la tolérance qu'il leur accordait dans ses États. (Ménandre, *in Excerpt. legat.*, p. 142.) Nushizad, fils de Nushirwan, fut chrétien, rebelle et...... martyr. D'Herbelot, p. 681.

(1) Consultez sur la langue persane et ses trois dialectes, Anquetil, p. 339-343, et Jones, pag. 153-185. Αγρια τινι γλωττη και αμουσοτατω; tel est le caractère qu'Agathias (l. II, p. 66) attribue à un idiome renommé dans l'Orient pour sa douceur poétique.

(2) Agathias désigne en particulier le Gorgias, le Phé-

et à la perfection de son style attique. Nushirwan, portant ses recherches sur tout ce qui pouvait augmenter les lumières, apprit que les fables morales et politiques de l'ancien brame Pilpay se conservaient avec un respect mystérieux, parmi les trésors des rois de l'Inde. Il envoya secrètement le médecin Perozes sur les bords du Gange, et lui enjoignit de se procurer, à quelque prix que ce fût, la communication de cet ouvrage précieux. Perozes eut l'adresse d'en obtenir une copie qu'il traduisit avec soin (1), et ces fables furent lues et admirées dans une assemblée de Nushirwan et de ses nobles. L'original, écrit dans la langue de l'Inde, et la traduction en langue persane, ont disparu dès long-temps; mais la curiosité des califes arabes a conservé ce monument respectable; ils lui ont donné une nouvelle

---

don, le Parménides et le Timée. Renaudot (Fabricius, *Bibl. græc.*, t. XII, pag. 246-261) ne parle pas de cette version d'Aristote en langue barbare.

(1) J'ai vu trois copies de ces Fables en trois langues diverses : 1° une traduction en grec, faite par Siméon Seth, A. D. 1100, d'après l'arabe, et publiée par Starck à Berlin, en 1697, in-12; 2° une traduction latine, d'après le grec, intitulée : *Sapientia Indorum*, et insérée par le père Poussin à la fin de son édition de Pachymère, p. 547-620, édit. Roman; 3° une traduction en français, d'après le turc, dédiée, en 1540, au sultan Soliman. Contes et fables indiennes de Pilpay et de Lokman, par MM. Galland et Cardonne. *Paris*, 1778, trois vol. in-12. M. Warton (*Hist. of English Poetry*, vol. I, pag. 129, 131) a sur cette matière des idées plus étendues.

vie dans le dialecte moderne de la Perse, dans les idiomes de la Turquie, de la Syrie, du peuple hébreu et du peuple grec; et plusieurs versions l'ont successivement répandu dans les diverses langues modernes de l'Europe. Les fables de Pilpay, ainsi traduites, n'offrent plus le caractère particulier, les mœurs ni la religion des Indous ; et leur mérite réel est bien au-dessous de la concision élégante de Phèdre et des grâces naïves de La Fontaine. L'auteur a développé, dans une suite d'apologues, quinze maximes de morale et de politique ; mais leur composition est embarrassée ; la narration est prolixe, et la moralité triviale et de peu d'utilité. Pilpay a cependant le mérite d'avoir inventé une fiction agréable, qui orne la vérité, et qui adoucit peut-être à l'oreille des rois la rudesse de l'instruction. Les Indiens, voulant, par cette même méthode, avertir les monarques qu'ils n'ont de forces que celles de leurs sujets, avaient imaginé le jeu des échecs, qui s'introduisit encore dans la Perse sous le règne de Nushirwan (1).

Le fils de Kobad monta sur le trône au milieu d'une guerre avec l'empereur d'Orient, et les inquiétudes que lui donnait sa position domestique le déterminèrent à accorder une suspension d'armes que Justinien était impatient d'acheter. Chosroès vit les ambassadeurs romains à ses pieds; il accepta onze mille livres d'or pour prix d'une paix *perpétuelle* ou in-

Paix et guerre avec les Romains.
A. D.
533-539.

---

(1) *Voyez* l'*Historia Shahiludii* du docteur Hyde. *Syntag. Dissert.*, t. II, p. 61-69.

définie (1) : on régla des échanges réciproques ; le roi de Perse se chargea de garder les postes du Caucase, et la démolition de Dara fut suspendue, à condition que le général de l'Orient ne résiderait jamais dans cette place. L'ambition de l'empereur eut soin de profiter de cet intervalle de repos qu'elle avait demandé. Ses conquêtes en Afrique furent le premier fruit de son traité ; et l'avidité de Chosroès put être flattée par le don d'une portion considérable des dépouilles de Carthage, que ses ambassadeurs réclamèrent sur le ton de la plaisanterie et comme un présent d'amitié (2) ; mais les trophées de Bélisaire troublaient le sommeil du grand roi, qui apprit avec étonnement, avec jalousie et avec frayeur, que la Sicile, l'Italie et Rome elle-même avaient été soumises à Justinien en trois campagnes. Peu formé dans l'art de violer les traités, il excita en secret son vassal, l'audacieux et rusé Almondar. Ce prince des Sarrasins, qui résidait à Hira (3), n'avait pas été com-

---

(1) La paix perpétuelle (Procope, *Persic.*, l. 1, c. 21) fut signée ou ratifiée la sixième année du règne de Justinien et sous son troisième consulat (A. D. 533), entre le 1er janvier et le 1er avril (Pagi, tome II, page 550). Marcellin, dans sa Chronique, prend le langage des Mèdes et des Persans.

(2) Procope, *Persic.*, l. 1, c. 26.

(3) Almondar, roi de Hira, fut déposé par Kobad, et rétabli sur le trône par Nushirwan. La beauté de sa mère la fit surnommer *l'Eau céleste*, dénomination qui devint héréditaire, et qu'on accorda aux princes arabes de la Syrie

pris dans la paix générale, et il entretenait toujours une guerre obscure contre Aréthas, son ennemi, chef de la tribu de Gassan et allié de l'empire. Il s'agissait d'un vaste pâturage dans la partie du désert située au sud de Palmyre. Un tribut immémorial pour les moutons qu'on y envoyait semblait attester les droits d'Almondar, et le Gassanite alléguait le nom latin de *strata*, chemin pavé, comme un témoignage incontestable de la souveraineté et des travaux des Romains (1). Les deux monarques appuyèrent la cause de leurs vassaux respectifs; et, sans attendre un lent et douteux arbitrage, l'Arabe, secondé par la Perse, enrichit son camp errant des dépouilles et des captifs de la Syrie. Justinien, au lieu de repousser Almondar, essaya de le corrompre, tandis qu'il appelait des extrémités de la terre les nations de l'Éthiopie et de la Scythie, pour les engager à envahir les domaines de son rival : mais le secours de pareils alliés était éloigné et précaire; et la découverte de cette correspondance justifia les plaintes des Goths et des Arméniens, qui implorèrent presque en même temps la protection de Chosroës. Les descendans d'Arsace, encore nombreux en Ar-

---

pour une plus noble cause, leur libéralité au milieu d'une famine. Pocock, *Specimen Hist. Arab.*, p. 69, 70.

(1) Procope, *Persic.*, l. II, c. 1. Nous ignorons l'origine et l'objet de ce *strata*, chemin pavé qui se prolongeait sur un espace de dix journées, depuis l'Auranitide jusqu'à la Babylonie. *Voyez* une note latine dans la carte de l'empire d'Orient par Delille. Wesseling et d'Anville n'en parlent pas.

ménie, avaient été excités à défendre les restes de leur liberté nationale et de leurs droits héréditaires ; et les ambassadeurs de Vitigès avaient traversé l'empire en secret, pour aller exposer le danger imminent et presque inévitable du royaume d'Italie. Ils se réunirent dans les mêmes plaintes; elles étaient bien fondées, et elles eurent du succès. « Nous venons, dirent-ils, plaider devant votre trône vos intérêts ainsi que les nôtres. L'ambitieux et perfide Justinien veut être le seul maître de la terre. Depuis le moment où cette paix perpétuelle, qui compromet la liberté du genre humain, a été signée, ce prince, qui se dit votre allié et se conduit comme votre ennemi, a également insulté ceux qui lui sont attachés et ceux qui le haïssent, et il a rempli le monde de troubles et de sang. N'a-t-il pas attenté aux priviléges de l'Arménie, à l'indépendance de Colchos, et à la sauvage liberté des montagnes Tzaniennes ? N'a-t-il pas envahi avec la même avidité la ville de Bosphore sur les Méotides glacées, et la vallée des Palmiers sur les côtes de la mer Rouge ? Les Maures, les Vandales et les Goths, ont été opprimés tour à tour, et chaque nation a vu d'un œil tranquille la ruine de ses voisins. Prince, saisissez le moment favorable : l'Orient n'est pas défendu, et les armées de Justinien se trouvent avec son célèbre général dans les régions éloignées de l'Occident. Si vous hésitez et si vous différez, Bélisaire et ses troupes victorieuses reviendront des bords du Tibre aux rivages du Tigre, et il ne restera plus à la Perse que la mi-

sérable consolation d'être dévorée la dernière (1). »
Ces raisons déterminèrent aisément Chosroès à suivre
l'exemple qu'il désapprouvait; mais ce roi, ambitieux
de la gloire militaire, dédaigna d'imiter un rival qui,
tranquille et en sûreté, donnait ses ordres sanglans
du fond de son palais de Byzance.

Quels que fussent les sujets de plainte de Chosroès, *Il envahit la Syrie. A. D. 540.*
il abusa de la confiance des traités, et l'éclat de ses
victoires (2) put seul couvrir les reproches de dissimulation et de fausseté qu'on était en droit de lui
faire. L'armée persane, assemblée dans les plaines
de Babylone, évita sagement les villes fortifiées de la
Mésopotamie : elle suivit la rive occidentale de l'Euphrate jusqu'au moment où la ville de Dara, qui
avait peu d'étendue, mais une population nombreuse, osa arrêter la marche du grand roi. La trahison et la surprise ouvrirent à l'ennemi les portes
de cette ville ; et dès que Chosroès eut souillé son
cimeterre du sang des habitans, il renvoya l'ambassadeur de Justinien, en le chargeant de dire à son

―――

(1) J'ai réuni dans une courte harangue les deux discours
des Arsacides de l'Arménie et des ambassadeurs des Goths.
Procope, dans son histoire publique, paraît convaincu que
Justinien donna véritablement lieu à cette guerre. *Persic.*,
l. II, c. 2, 3.

(2) Procope raconte en détail, et sans lacunes, l'invasion
de la Syrie, la ruine d'Antioche, etc. (*Persic.*, l. II, c. 5-
14.) Les Orientaux fournissent quelques secours. D'Herbelot
(p. 680) aurait dû rougir lorsqu'il les a blâmés d'avoir fait
Justinien et Nushirwan contemporains. D'Anville (*l'Euphrate
et le Tigre*) explique d'une manière claire cette guerre.

maître en quel lieu il avait laissé les Perses. Il voulait toujours passer pour humain et équitable ; voyant une noble matrone violemment traînée à terre avec son enfant, il soupira, il pleura, et implora la justice divine contre l'auteur de ces calamités. Il y fit douze mille captifs, qu'il vendit quatre cents marcs d'or. L'évêque de Sergiopolis, ville des environs, garantit cette somme, et l'année suivante, l'insensible cupidité de Chosroès lui fit porter la peine de cet engagement généreusement contracté, mais impossible à remplir. Il s'avança vers le milieu de la Syrie ; un faible corps de troupes qui disparut à son approche lui ôta les honneurs de la victoire ; et comme il ne pouvait espérer de retenir ce pays sous sa domination, il y déploya toute la rapacité et toute la cruauté d'un brigand. Il assiégea successivement Hiérapolis, Bœrée ou Alep, Apamée et Chalcis. Chacune de ces villes paya une somme proportionnée à sa force et à son opulence, et leur nouveau maître les assujettit aux termes de la capitulation sans les observer lui-même. Élevé dans la religion des mages, il trafiqua sans remords du sacrilége, et après avoir enlevé l'or et les pierreries d'un morceau de la vraie croix, il abandonna le bois à la dévotion des chrétiens d'Apamée. Quatorze années auparavant, un tremblement de terre avait fait d'Antioche un monceau de ruines. Justinien venait de rebâtir cette ruine de l'Orient sous le nom nouveau de Théopolis. Les bâtimens qui s'élevaient de toutes parts dans son enceinte, sa population toujours croissante, avaient déjà presque

Ruines d'Antioche.

effacé le souvenir de ce désastre. Antioche se trouvait défendue d'un côté par la montagne, et de l'autre par l'Oronte; mais une colline dominait la partie la plus accessible : la méprisable crainte de découvrir sa faiblesse à l'ennemi y fit négliger les précautions nécessaires ; et Germanus, neveu de l'empereur, ne voulut point hasarder sa personne et sa dignité dans les murs d'une ville assiégée. Les habitans conservaient l'esprit frivole et satirique de leurs ancêtres; un renfort de six mille soldats les enorgueillit; ils dédaignèrent une capitulation avantageuse qu'on leur offrait, et, du haut de leurs remparts, ils insultèrent par des clameurs immodérées la majesté du grand roi. Ses innombrables troupes escaladèrent les murs sous ses yeux; les mercenaires romains s'enfuirent par la porte opposée, dite de Daphné; et la noble résistance des jeunes citoyens d'Antioche ne servit qu'à aggraver les malheurs de leur patrie. Chosroès descendit de la montagne voisine avec les ambassadeurs de Justinien, qui ne l'avaient pas encore quitté : il affecta de déplorer d'une voix plaintive l'obstination et la ruine de cette peuplade malheureuse; mais le massacre continuait, et il ordonna de brûler la ville. S'il épargna la cathédrale, ce fut par avarice et non par esprit de piété : il sauva, par une exemption plus honorable, l'église de Saint-Julien et le quartier qu'habitaient les ambassadeurs : le vent qui changea préserva aussi quelques rues éloignées; et les murs qu'on laissa dans leur entier servirent encore d'asile aux habitans, et

attirèrent bientôt sur eux de nouveaux malheurs.
Le fanatisme avait détruit les ornemens du bosquet
de Daphné; mais Chosroès respira un air plus pur au
milieu de ses ombrages et au bord de ses fontaines ;
et quelques idolâtres qu'il menait à sa suite, se permirent impunément des sacrifices aux nymphes de
cette agréable retraite. L'Oronte tombe dans la Méditerranée, à dix-huit milles au-dessous d'Antioche.
L'orgueilleux monarque alla contempler le terme de
ses conquêtes; et, après s'être baigné seul dans la
mer, il offrit un sacrifice d'actions de grâces au soleil,
ou plutôt au créateur du soleil adoré par les mages.
Si cet acte de superstition blessa les préjugés des
Syriens, ils furent charmés de la complaisance et
même de l'empressement avec lequel il assista aux
jeux du cirque; et comme il avait ouï dire que Justinien protégeait la faction des *Bleus*, son ordre absolu
assura la victoire aux *Verts*. Le peuple tira de la discipline de son camp un sujet de consolation plus
réel ; on lui demanda vainement la grâce d'un soldat
qui avait trop fidèlement imité les rapines de Nushirwan le Juste. Fatigué enfin, quoique non rassasié
de pillage, il s'avança vers l'Euphrate; il établit un
pont volant aux environs de Barbalissus, et consacra
trois jours au passage de sa nombreuse armée. A son
retour, il fonda, à une journée du palais de Ctésiphon, une nouvelle ville qui perpétua les noms de
Chosroès et d'Antioche. Les captifs syriens y retrou-
vèrent la forme et la position des maisons de leur
pays ; on éleva, pour leur usage, des bains et un

cirque ; et une colonie de musiciens et de conducteurs de chars établit en Assyrie tous les plaisirs d'une capitale grecque. Chosroès pourvut libéralement à l'entretien de ces heureux exilés, qui jouirent du singulier privilége de donner la liberté aux esclaves qu'ils reconnaîtraient pour leurs parens. La Palestine et les saintes richesses de Jérusalem attirèrent ensuite l'ambition ou plutôt l'avarice de Chosroès. Constantinople et le palais des Césars ne lui semblaient plus imprenables ou éloignés ; et, dans son imagination, ses troupes remplissaient déjà l'Asie-Mineure, et ses vaisseaux couvraient le Pont-Euxin.

Ces espérances se seraient peut-être réalisées, si le vainqueur de l'Italie n'eût été rappelé pour défendre l'Orient (1). Tandis que Chosroès suivait ses desseins ambitieux sur la côte de l'Euxin, Bélisaire, avec une armée sans paye ni discipline, campait au-delà de l'Euphrate, à six milles de Nisibis. Il forma le projet d'attirer les Perses hors de leur imprenable citadelle, et, profitant de ses avantages en rase campagne, d'intercepter leur retraite ou de pénétrer avec les fuyards dans la place. Il s'avança, l'espace d'une journée, sur le territoire de la Perse ; il réduisit la forteresse de Sisaurane. Le gouverneur et huit

Défense de l'Orient par Bélisaire.
A. D. 541.

---

(1) *Voyez* l'*Histoire publique de* Procope (*Persic.*, l. II, c. 16, 18, 19, 20, 21, 24, 25, 26, 27, 28). En admettant quelques exceptions, il est raisonnable de se refuser aux insinuations malveillantes des *Anecdotes* (c. 2, 3), avec les notes d'Alemannus, auxquelles je renvoie toujours.

cents cavaliers d'élite allèrent servir l'empereur dans ses guerres d'Italie. Arethas et ses Arabes, soutenus de douze cents Romains, eurent ordre de passer le Tigre et de ravager les moissons de l'Assyrie, province fertile, qui depuis long-temps n'avait pas éprouvé les calamités de la guerre : mais les plans de Bélisaire furent déconcertés par l'intraitable indocilité d'Arethas, qui ne revint point au camp et n'envoya aucune nouvelle de ses opérations. Le général romain, attendant avec inquiétude, demeurait immobile dans les mêmes positions : le temps d'agir s'écoulait, et le soleil brûlant de la Mésopotamie enflammait des ardeurs de la fièvre le sang de ses soldats européens. Cette diversion, toutefois, avait eu quelque succès, en forçant Chosroès à revenir précipitamment défendre ses États ; et si le talent de Bélisaire eût été secondé par la discipline et la valeur, ses victoires auraient satisfait les désirs ambitieux du public, qui lui demandait la conquête de Ctésiphon et la délivrance des captifs d'Antioche. A la fin de la campagne, il fut rappelé par une cour ingrate ; mais les dangers furent tels au printemps de l'année suivante, qu'il fallut le renvoyer à la tête des troupes. Le héros, presque seul, se rendit au camp avec une extrême célérité, pour arrêter, par son nom et sa présence, l'invasion de la Syrie. Il trouva les généraux romains, et entre autres un neveu de Justinien, emprisonnés par leur frayeur dans les murs de Hiérapolis. Au lieu d'écouter leurs timides avis, Bélisaire leur ordonna de le suivre à Europus, où il voulait rassembler ses forces et exécuter tout ce que la Providence lui inspirerait contre l'ennemi. La fermeté de son maintien sur les bords de l'Euphrate empêcha Chosroès de marcher vers la Palestine ; et Bélisaire reçut avec adresse et avec dignité les ambassadeurs ou plutôt les espions du monarque de Perse. La plaine située entre Hiérapolis et la rivière était couverte d'escadrons de cavalerie, composés de six mille chasseurs grands et forts, s'occupant de leur chasse sans paraître craindre aucun ennemi. Les ambassadeurs aperçurent sur la rive opposée mille cavaliers arméniens qui semblaient garder le passage du fleuve. La tente de Bélisaire était de la toile la plus grossière ; elle offrait le modeste équipage d'un guerrier qui dédaignait le luxe de l'Orient. Les diverses nations enrôlées sous ses drapeaux campaient autour de lui, et l'art avait disposé leur apparent désordre. Les Thraces et les Illyriens se présentaient au front ; les Hérules et les Goths dans le centre ; les Maures et les Vandales terminaient la perspective ; et leurs tentes, placées à quelque distance l'une de l'autre, trompaient sur leur véritable nombre. Leur costume léger semblait annoncer l'activité ; un soldat tenait un fouet, un second tenait une épée, un troisième avait un arc, un quatrième maniait sa hache de bataille ; et l'ensemble du tableau montrait l'intrépidité des troupes et la vigilance du général. Chosroès fut en effet trompé par l'adresse et intimidé par le génie du lieutenant de Justinien. Ne sachant point quelles étaient les forces d'un adversaire dont il connaissait le mérite, il craignit une bataille décisive dans un pays éloigné, d'où peut-être aucun de ses soldats n'aurait pu porter en Perse ces tristes nouvelles. Le grand roi se hâta de repasser l'Euphrate; et Bélisaire pressa sa retraite en affectant de s'opposer à cette mesure si salutaire à l'empire, et qu'une armée de cent mille hommes aurait eu de la peine à empêcher. L'ignorance et l'orgueil purent croire, sur le rapport de l'envie, qu'on avait laissé échapper les Perses; mais la conquête de l'Afrique et du royaume des Goths est moins glorieuse que cette victoire qui ne coûta point de sang, et qui appartient en entier au général, puisque le hasard et la valeur des soldats n'y eurent aucune part. Lorsqu'on envoya, pour la seconde fois, Bélisaire de la guerre de Perse à la guerre d'Italie, on put connaître toute l'étendue de son mérite, qui avait suppléé au défaut de la discipline et du courage. Quinze généraux, sans accord et sans talens, conduisirent au milieu des montagnes de l'Arménie trente mille Romains qui n'obéissaient point aux signaux, et qui ne gardaient ni leurs rangs ni leurs enseignes. Quatre mille Perses, retranchés au camp de Dubis, vainquirent, presque sans combat, cette multitude désordonnée; la route fut jonchée de leurs armes inutiles, et leurs chevaux succombèrent à la rapidité de leur fuite. Mais les Arabes qui combattaient en faveur des Romains eurent l'avantage sur leurs compatriotes du parti opposé. Les Arméniens reconnurent l'empereur pour leur maître; les villes de Dara et d'Édesse résistèrent à un assaut et à un siége régulier, et la peste suspendit les calamités de la guerre. Une convention tacite ou formelle entre les deux souverains protégea la tranquillité de la frontière de l'Orient ; et les armes de Chosroès se bornèrent à la guerre de Colchos ou guerre Lazique, racontée beaucoup trop minutieusement par les historiens du temps (1).

Description de la Colchide, de la Lazique ou de la Mingrélie.

La longueur de l'Euxin (2), de Constantinople à l'embouchure du Phase, est de neuf journées de navigation ou de sept cents milles. Le Phase a sa

---

(1) Procope (*Persic.*, l. II, c. 15, 17, 28, 29, 30 ; *Goth.*, l. IV, c. 7-16) et Agathias (l. II, III et IV, p. 55-132, 141) racontent longuement, et d'une manière ennuyeuse, la guerre Lazique et les combats des Romains et des Persans sur le Phase.

(2) Salluste avait écrit en latin, et Arrien en grec, le *Périple* ou la circumnavigation de l'Euxin. 1° M. de Brosses, premier président du parlement de Dijon, a refait avec un soin *singulier* le premier de ces ouvrages, qui n'existe plus. (*Hist. de la républ. rom.*, t. II, l. III, p. 199-298.) Il se hasarde à se mettre à la place de l'historien romain. Pour composer sa description de l'Euxin, il a employé tous les fragmens de l'original et tous les auteurs grecs et latins que Salluste a pu copier ou qui ont pu le copier. Ce travail annonce du talent, de la patience et de l'adresse, et le mérite de l'exécution fait oublier la bizarrerie du projet. 2° Le Périple d'Arrien est adressé à l'empereur Adrien (*in Geog. min.* de Hudson, t. I), et il contient tout ce que le gouverneur du Pont avait vu de Trébisonde à Dioscurias, les informations qu'il avait reçues sur le pays depuis Dioscurias jusqu'au Danube, et tout ce qu'il savait de la partie qui s'étend du Danube à Trébisonde.

source dans le Caucase d'Ibérie, la chaîne de montagnes la plus élevée et la plus escarpée de toute l'Asie : il en descend si rapidement, que, dans un espace peu étendu, on a construit sur son cours plus de cent vingt ponts. Il ne devient paisible et navigable qu'à Sarapana, à cinq journées du Cyrus, qui vient des mêmes montagnes, mais qui suit une direction contraire et va se perdre dans la mer Caspienne. La proximité de ces deux rivières a donné lieu à une route pour les marchandises précieuses de l'Inde qu'on suivait autrefois, ou du moins dont les anciens nous ont laissé le plan. Les cargaisons descendaient l'Oxus, traversaient la mer Caspienne, remontaient le Cyrus, et le courant du Phase les portait dans l'Euxin et la Méditerranée. Comme le Phase reçoit successivement les eaux de la plaine de Colchos, sa vitesse diminue en même temps qu'il augmente de force : il a soixante brasses de profondeur à son embouchure, et sa largeur est d'une demi-lieue; mais une petite île couverte de bois se trouve au milieu du canal : son eau, après avoir déposé un sédiment terreux ou métallique, flotte sur la surface des vagues de la mer, et n'est plus susceptible de corruption. Dans un cours de cent milles, dont quarante sont navigables pour les plus gros navires, il partage la célèbre Colchide (1)

---

(1) Outre ce que disent en passant sur ce pays, selon l'occasion, les poètes, les historiens, etc., de l'antiquité, on peut consulter les descriptions de la Colchide par Strabon (l. XI, p. 760-765), et par Pline (*Hist. nat.*, VI, 5, 19, etc.).

ou la Mingrélie (1), défendue de trois côtés par les montagnes de l'Ibérie et de l'Arménie, et dont la côte maritime se prolonge à deux cents milles, depuis les environs de Trébisonde jusqu'à Dioscurias et aux confins de la Circassie. Une humidité excessive y relâche le sol et l'atmosphère ; vingt-huit fleuves, outre le Phase et les rivières qu'il reçoit, y portent leurs eaux à la mer ; et le bruit sourd qui se fait entendre lorsqu'on frappe la terre, semble indiquer les canaux souterrains entre l'Euxin et la mer Caspienne. Dans les lieux où l'on sème du blé ou de l'orge, le sol est trop mou pour soutenir l'action de la charrue ; mais le *gom*, menu grain qui ressemble au millet et à la graine de coriandre, est la nourriture ordinaire du peuple, et il n'y a que le prince et les nobles qui mangent du pain. Cependant les vignobles y sont en plus grand nombre que les champs cultivés ; et la grosseur des ceps ainsi que

---

(1) J'ai suivi trois descriptions modernes de la Mingrélie et des pays adjacens : 1º une du père Arch. Lamberti (*Relations de Thevenot*, part. 1, p. 31-52, avec une carte) ; il a les lumières et les préjugés d'un missionnaire ; 2º une seconde de Chardin (*Voyages en Perse*, t. 1, p. 54, 68-168) ; ses observations sont judicieuses, et ses aventures dans ce pays sont encore plus instructives que ses observations ; 3º une troisième de Peyssonel (*Observations sur les Peuples barbares*, p. 49, 50, 51, 58, 62, 64, 65, 71, etc. ; et un traité plus récent *sur le Commerce de la mer Noire*, tom. II, p. 1-53) : il avait résidé long-temps à Caffa en qualité de consul de France, et son érudition a moins de prix que ses observations personnelles.

la qualité du vin, y annoncent une heureuse terre qui n'a pas besoin des secours du cultivateur. Cette vigueur de végétation tend continuellement à couvrir le pays d'épaisses forêts. Les bois des collines et le lin des plaines donnent en abondance les matériaux nécessaires à la construction des navires; les quadrupèdes sauvages et domestiques, le cheval, le bœuf et le cochon, y sont singulièrement prolifiques, et le nom du faisan annonce qu'il est venu des bords du Phase. Les mines d'or qu'on rencontre au sud de Trébisonde, et qu'on exploite avec un assez grand bénéfice, occasionèrent une dispute entre Justinien et Chosroès; et il y a lieu de croire qu'une veine de ce métal précieux doit se trouver également répandue dans le cercle des collines, quoique ces trésors secrets soient négligés par la paresse des Mingréliens ou cachés par leur prudence. Les eaux sont remplies de particules d'or, et on a soin de les passer dans des cribles de peaux de mouton; mais cet expédient, qui a peut-être produit une fable merveilleuse, présente une faible idée de la richesse que donnait une terre vierge à la puissance et à l'industrie des anciens rois. Nous ne pouvons croire à leurs palais d'argent et à leurs chambres d'or; mais on dit que le bruit de leur opulence excita la cupidité audacieuse des Argonautes (1). La tradition assure, avec

---

(1) Pline, *Hist. nat.*, l. xxxiii, 15. Les mines d'or et d'argent de la Colchide attirèrent les Argonautes. (Strabon, l. 1, p. 77.) Chardin, avec toute sa sagacité, ne trouva de l'or

quelque apparence de raison, que l'Égypte établit sur les bords du Phase une colonie instruite et civilisée (1), qui fabriquait des toiles, construisait des navires, et inventa les cartes géographiques. L'imagination des modernes a rempli de villes et de nations florissantes l'isthme situé entre l'Euxin et la mer Caspienne (2); et un écrivain ingénieux, d'après une ressemblance de climat et des rapports de commerce qu'il a cru y apercevoir, n'a pas craint de prononcer que la Colchide était la Hollande des anciens (3).

Mais ce n'est qu'au milieu de l'obscurité des conjectures ou des traditions qu'on voit briller les richesses de la Colchide, et son histoire authentique n'offre qu'un tableau continu de misère et de grossièreté. Si on parlait cent trente langues dans le marché de Dioscurias (4), c'étaient les idiomes imparfaits d'autant de tribus ou de familles sauvages

Mœurs des naturels du pays.

---

nulle part, ni dans les mines ni dans les rivières. Toutefois un Mingrélien perdit une main et un pied, pour avoir montré à Constantinople quelques échantillons d'or natif.

(1) Hérodote, l. II, c. 104, 105; p. 150, 151; Diodore de Sicile, l. I, p. 33, édit. de Wesseling; Denis. Perieget., 689; et Eustath., *ad loc. Scholiast. ad Apollonium Argonaut.*, l. IV, 282-291.

(2) Montesquieu, *Espr. des Lois*, l. XXI, c. 6. *L'isthme... couvert de villes et de nations qui ne sont plus.*

(3) Bougainville (*Mém. de l'Ac. des Inscr.*, t. XXVI, p. 33), sur le voyage d'Hannon et le commerce de l'antiquité.

(4) Un historien grec, Timosthènes, avait affirmé, *in eam CCC nationes dissimilibus linguis descendere*; et le modeste Pline se contente d'ajouter: *et posteà à nostris CXXX*

séparées l'une de l'autre dans les vallées du Caucase; et leur séparation, qui diminuait l'importance de leurs rustiques capitales, doit en avoir augmenté le nombre. Aujourd'hui un village de la Mingrélie n'est qu'un assemblage de huttes environnées d'une haie de bois; les forteresses sont situées au fond des forêts: la ville principale, qu'on nomme Cyta ou Cotatis, est composée de deux cents maisons; mais il n'appartient qu'aux rois de s'élever jusqu'à l'excès de magnificence que suppose un bâtiment en pierre. Douze navires de Constantinople, et environ soixante barques chargées des produits de l'industrie du pays, mouillent chaque année sur la côte; et la liste des exportations de la Colchide a fort augmenté depuis l'époque où les naturels n'avaient que des esclaves et des peaux à échanger contre du blé et du sel que leur fournissaient les sujets de Justinien. On n'y aperçoit pas la moindre trace des arts, des sciences ni de la navigation de l'ancienne Colchide. Peu de Grecs désirèrent ou osèrent suivre les pas des Argonautes, et, même en y regardant de près, on voit disparaître ce qu'on avait pris pour les traces de la colonie égyptienne. La circoncision n'est en usage que chez les mahométans des côtes de l'Euxin; et les cheveux crépus et la peau basanée des Africains ne défigurent plus la race la plus parfaite de la terre. C'est dans la Géorgie, la Mingrélie et la Circassie,

---

interpretibus negotia ibi gesta (VI, 5); mais ensuite le mot *nunc deserta* couvre une multitude d'anciennes fictions.

contrées voisines, que la nature a placé, du moins d'après notre opinion, le modèle de la beauté dans les contours, la couleur de la peau, l'accord des traits et l'expression du visage (1). Selon la destination des deux sexes, les hommes y paraissent formés pour le travail, et les femmes pour l'amour : le sang des nations méridionales de l'Asie s'est épuré, et leur race s'est perfectionnée par cette multitude de femmes que les environs du Caucase leur fournissent depuis si long-temps. La Mingrélie proprement dite, qui n'est qu'une partie de l'ancienne Colchos, a exporté long-temps douze mille esclaves par année. Le nombre des prisonniers ou des criminels n'aurait pu suffire à une si grande consommation; mais le bas peuple y vit dans la servitude. La fraude et la violence demeurent impunies dans une communauté sans lois; et les marchés se trouvaient toujours remplis par un abus de l'autorité civile et de l'autorité paternelle. Un pareil trafic (2), qui réduit l'homme à la condition du bétail, peut encourager le mariage

---

(1) Buffon (*Hist. nat.*, tom. III, p. 433-437.) présente le suffrage unanime des naturalistes et des voyageurs sur ce point. Si au temps d'Hérodote les habitans de ces pays étaient μελαγχροες et ουλοτριχες (et il les avait observés avec soin), ce fait précieux est un exemple de l'influence du climat sur une colonie étrangère.

(2) Un ambassadeur de la Mingrélie arriva à Constantinople avec deux cents personnes; mais il les mangea (il les vendit) une à une, jusqu'au moment où il n'eut plus à sa suite qu'un secrétaire et deux valets. (Tavernier; t. 1, p. 365.) Un autre Mingrélien vendit aux Turcs douze prê-

et la population, puisqu'une nombreuse progéniture y enrichit d'avides et barbares parens; mais cette source impure de richesses doit empoisonner les mœurs nationales, effacer le sentiment de l'honneur et de la vertu, et presque anéantir l'instinct de la nature : aussi les chrétiens de la Géorgie et de la Mingrélie sont-ils les plus dissolus des hommes, et leurs enfans en bas âge, qu'achètent les étrangers, sont-ils déjà instruits à imiter les vols de leurs pères et la prostitution de leurs mères. Toutefois, au milieu de la plus grossière ignorance, les naturels du pays montrent de la sagacité et une grande adresse de corps : quoique le défaut d'union et de discipline les expose à l'invasion de leurs voisins plus puissans, les habitans de la Colchide ont toujours montré de l'audace et de l'intrépidité. Ils servaient à pied dans l'armée de Xerxès; ils portaient une dague et une javeline, un casque de bois, et un bouclier de peaux non préparées; mais leurs troupes sont presque toutes composées de cavalerie. Le dernier des paysans dédaigne de marcher à pied; les nobles ont communément deux cents chevaux, et le prince de la Mingrélie en possède plus de cinq mille. La Colchide a toujours été un royaume héréditaire, et l'autorité du souverain n'est contenue que par la turbulence de ses sujets. S'ils lui étaient soumis, il pourrait mettre en campagne une armée nombreuse; mais il est dif-

---

tres et sa femme pour acheter une maîtresse. Chardin, t. 1, p. 66.

ficile de croire que la seule tribu des Suaniens fût composée de deux cent mille soldats, ou que la population de la Mingrélie soit aujourd'hui de quatre millions de personnes (1).

Les habitans de la Colchide se vantaient jadis d'avoir mis un terme aux conquêtes de Sésostris, et la défaite de ce roi d'Égypte est moins incroyable que sa marche toujours heureuse jusqu'au pied du Caucase. Ils cédèrent sans aucun effort mémorable aux armes de Cyrus; ils suivirent, dans des guerres éloignées, le drapeau du grand roi, et ils lui offraient, tous les cinq ans, un tribut de cent jeunes garçons et d'autant de jeunes filles, le plus beau produit du pays (2). Cependant il recevait ce don comme l'or et l'ébène de l'Inde, l'encens des Arabes, ou les nègres et l'ivoire de l'Éthiopie. Les habitans de la Colchide n'étaient pas soumis à la domination d'un satrape, et ils continuèrent à se regarder comme indépendans et à l'être en effet (3). Après la chute

Révolutions de la Colchide.

Sous les Perses. Avant J.-C. 500.

___

(1) Strabon, l. XI, p. 765; Lamberti, *Relation de la Mingrélie*. Au reste, il ne faut pas donner dans une extrémité opposée, en supposant avec Chardin que vingt mille habitans peuvent fournir à une exportation annuelle de douze mille esclaves : absurdité indigne de ce judicieux voyageur.

(2) Hérodote, l. III, c. 97. *Voyez* dans le livre VII, c. 79, leurs services et leurs exploits durant l'expédition de Xerxès contre les Grecs.

(3) Xénophon, qui avait combattu les habitans de la Colchide durant sa retraite (*Retraite des dix mille*, l. IV, p. 320, 343, 348, édit. de Hutchinson; et Forster's *Dissert.*, p. 53-58, in Spelman's *English Version*, vol. II), les appelle αὐτονομοι;

de l'empire de Perse, Mithridate, roi de Pont, ajouta la Colchide à ses vastes domaines sur l'Euxin. Lorsque les naturels osèrent demander que son fils régnât sur eux, il fit charger de chaînes d'or ce jeune ambitieux, et un de ses serviteurs alla gouverner la Colchide à sa place. Les Romains, en poursuivant Mithridate, s'avancèrent jusqu'aux bords du Phase, et leurs galères remontèrent cette rivière jusqu'au moment où ils atteignirent le camp de Pompée et ses légions (1); mais le sénat et ensuite les empereurs dédaignèrent de réduire en province romaine ce pays éloigné et inutile. Dans l'intervalle qui s'écoula entre Marc-Antoine et le règne de Néron, on permit à la famille d'un rhéteur grec de régner dans la Colchide et dans les royaumes adjacens; et lorsqu'il n'y eut plus de rejetons de la race de Polémon (2), le Pont oriental, qui conserva son nom, ne s'étendait plus que jusqu'aux environs de Trébisonde. Des dé-

{Sous les Romains. Avant J.-C. 60.}

---

avant la conquête de Mithridate, Appien les nommait εθνος αρειμανές. *De Bell. Mithridat.*, l. xv, t. 1, p. 661, de la dernière édition, qui est la meilleure, par Jean Schweighæuser. Leipzig, 1785, 3 vol. gros *in-8°*.

(1) Appien (*de Bell. Mith.*) et Plut. (*in Vit. Pomp.*) parlent de la conquête de la Colchide par Mithridate et Pompée.

(2) Nous pouvons suivre les progrès et la chute de la famille de Polémon dans Strabon (l. xi, p. 755; l. xii, p. 867), Dion-Cassius ou Xiphilin (p. 588, 593, 601, 719, 754, 915, 946, édit. Reimar); Suétone (*in Neron.*, c. 18, *in Vespas.*, c. 8); Eutrope (vii, 14); Josèphe (*Antiq. judaïc.*, l. xx, c. 7, p. 970, édit. Havercamp); et Eusèbe (*Chron.*, avec les Remarques de Scaliger, p. 196).

tachemens de cavalerie et d'infanterie gardaient, par-delà, les fortifications de Hyssus, d'Apsarus, du Phase, de Dioscurias ou Sébastopolis et de Pytius, et six princes de la Colchide reçurent leurs diadêmes des lieutenans de l'empereur. L'un de ces lieute-nans, l'éloquent et philosophe Arrien, reconnut et décrivit la côte de l'Euxin, sous le règne d'Adrien. La garnison qu'il passa en revue à l'embouchure du Phase, était composée de quatre cents légionnaires choisis : des murs et des tours de brique, un double fossé et les machines de guerre placées sur les rem-parts, rendaient cette place inaccessible aux Barba-res ; mais Arrien jugea que les faubourgs, construits par des marchands et des soldats retirés, avaient besoin de quelque défense extérieure (1). Lorsque la force de l'empire diminua, les Romains en sta-tion sur le Phase furent rappelés ou chassés. La tribu des Laziques (2), dont la postérité parle un

<small>Voyage d'Arrien. A. D. 130.</small>

---

(1) Au temps de Procope, les Romains n'avaient point de forteresse sur le Phase. Pytius et Sébastopolis furent éva-cuées, d'après un bruit qui courut de l'arrivée des Persans (*Goth.*, l. IV, c. 4); mais Justinien renvoya ensuite des troupes dans la dernière de ces places (*de Ædific.*, l. IV, c. 7).

(2) Au temps de Pline, d'Arrien et de Ptolomée, les Laziques formaient une tribu particulière, et ils étaient limitrophes de la Colchide au nord. (Cellarius, *Geog. antiq.*, t. II, p. 22.) Sous le règne de Justinien, ils se répandirent, ou du moins ils dominèrent sur tout le pays. Ils se trouvent aujourd'hui dispersés le long de la côte, vers Trébisonde, et ils forment une peuplade grossière qui s'adonne à la

dialecte étranger et habite la côte maritime de Trébisonde, réduisit sous sa domination l'ancien royaume de Colchos, et lui donna son nom. Un voisin puissant, qui avait acquis par les armes et les traités la souveraineté de l'Ibérie, ne tarda pas à les subjuguer. Le roi de la Lazique devint tributaire; il reçut son sceptre des mains du monarque de Perse; et les successeurs de Constantin acquiescèrent à cette prétention injurieuse, qu'on faisait valoir comme un droit sur lequel on alléguait une prescription immémoriale.

Conversion des Laziques. A. D. 522. Au commencement du sixième siècle, ils reprirent de l'influence par l'introduction du christianisme, que les Mingréliens professent encore aujourd'hui avec zèle, sans comprendre les dogmes ou sans observer les préceptes de leur religion. Après la mort de son père, Zathus obtint la dignité royale, par la faveur du grand roi; mais ce pieux jeune homme, abhorrant les cérémonies des mages, vint chercher dans le palais de Constantinople le baptême des orthodoxes, une femme de noble race et l'alliance de l'empereur Justin. On lui donna le diadème en grande cérémonie; et son manteau et sa tunique de soie blanche bordée d'or, représentaient, dans une riche broderie, la figure de son nouveau protecteur. Justin dissipa les soupçons de la cour de Perse, et excusa la révolte de la Colchide, en faisant valoir l'honorable prétexte de l'hospitalité et de la religion. L'intérêt des

---

pêche, et qui parle un idiome particulier. Chardin, p. 149; Peyssonel, p. 64.

deux empires imposait aux habitans de la Colchide l'obligation de garder les passages du Caucase, où un mur de soixante milles est aujourd'hui défendu par les soldats mingréliens, qu'on relève tous les mois (1).

Mais l'avarice et l'ambition des Romains dénaturèrent bientôt cette honorable alliance : dégradés du rang d'alliés, les Laziques sentirent le poids de la dépendance que leur rappelaient chaque jour les paroles et les actions de leurs nouveaux maîtres. Ils virent s'élever, à une journée au-delà de l'Apsarus, la forteresse de Pétra (2), qui dominait la côte maritime au sud du Phase. La Colchide fut livrée à la licence des mercenaires étrangers qui devaient la protéger par leur valeur; un vil et tyrannique monopole anéantit le commerce; et Gubazes, le prince du pays, ne fut plus qu'un fantôme de roi, soumis aux officiers de Justinien. Trompés dans les espérances qu'ils avaient fondées sur les vertus des chrétiens, les Laziques indignés eurent quelque confiance

Révolte et repentir des habitans de la Colchide. A. D. 542-549.

---

(1) Jean Malala, *Chron.*, t. II, p. 134-137; Théophane, p. 144; *Hist. Miscell.*, l. xv, p. 103. Le fait est authentique, mais la date est trop récente. En parlant de leur alliance avec la Perse, les Laziques contemporains de Justinien se servent de termes qui indiquent des temps très-anciens : εν γραμμασι μνημεια, προγονοι. — Ces mots pouvaient-ils se rapporter à une alliance dissoute depuis moins de vingt ans?

(2) Il ne reste aucun vestige de Pétra, si ce n'est dans les écrits de Procope et d'Agathias. On peut retrouver la plupart des villes et des châteaux de la Lazique en comparant leur nom et leur position avec la carte de Mingrélie qu'a donnée Lamberti.

dans la justice d'un mécréant. Après avoir obtenu l'assurance secrète que leurs ambassadeurs ne seraient pas livrés aux Romains, ils sollicitèrent publiquement l'amitié et les secours de Chosroès. L'habile monarque, apercevant tout de suite les avantages qu'il pouvait tirer de la Colchide, médita un plan de conquête, que reprit mille ans après Schah-Abbas, le plus sage et le plus puissant de ses successeurs (1). Son ambition était enflammée par l'espérance d'avoir une marine à l'embouchure du Phase, de dominer le commerce et la navigation de l'Euxin, de ravager la côte du Pont et de la Bithynie, de gêner et peut-être d'attaquer Constantinople, et d'engager les Barbares de l'Europe à seconder ses armes et ses vues contre l'ennemi commun du genre humain. Sous le prétexte d'une guerre avec les Scythes, il conduisit secrètement ses troupes sur les frontières de l'Ibérie ; des habitans de la Colchide les attendaient pour les guider au milieu des bois et le long des précipices du Caucase ; et, à force de travail, un sentier étroit devint un grand chemin spacieux pour la cavalerie et même les éléphans. Gubazès mit sa personne et son sceptre aux pieds du roi de Perse : les habitans de la Colchide imitèrent la soumission de leur prince ; et

---

(1) *Voyez* les Lettres amusantes du voyageur Pietro della Valle (*Viaggii*, t. II, p. 207, 209, 213, 215, 266, 286, 300 ; t. III, p. 54, 127). En 1618, 1619 et 1620, il conversa avec Schah-Abbas, et l'encouragea fortement à l'exécution d'un projet qui aurait uni la Perse et l'Europe contre les Turcs, leur ennemi commun.

lorsque la garnison romaine vit les murs de Pétra ébranlés, elle prévint par une capitulation la fureur du dernier assaut. Mais les Laziques découvrirent bientôt que leur impatience les avait entraînés dans des maux plus insupportables que les calamités auxquelles ils cherchaient à se soustraire. S'ils s'affranchirent du monopole du sel et du blé, ce fut par la perte de ces deux articles précieux. L'autorité d'un législateur romain fit place à l'orgueil d'un despote oriental, qui voyait avec le même dédain les esclaves qu'il avait élevés et les rois qu'il avait humiliés devant les marches de son trône. Le zèle des mages introduisit dans la Colchide l'adoration du feu ; leur intolérance provoqua la ferveur d'un peuple chrétien ; et les préjugés de la nature ou de l'éducation lui rendirent odieux l'usage d'exposer les morts au sommet d'une tour élevée pour en faire la pâture des corbeaux et des vautours (1). Instruit de cette haine qui s'accroissait chaque jour et qui retardait l'exécution de ses grands desseins, Nushirwan le Juste avait donné l'ordre secret d'assassiner le roi des Laziques, de transplanter ses sujets dans une terre

---

(1) *Voyez* Hérodote (l. 1, c. 140, p. 69), qui parle avec défiance ; Larcher (t. 1, p. 399-401), *Notes sur Hérodote*; Procope (*Persic.*, l. 1, c. 11), et Agathias (l. 11, p. 61, 62). Cet usage, conforme au Zend-Avesta (Hyde., *de Relig. Pers.*, c. 34, p. 414-431), démontre que la sépulture des rois de Perse (Xénophon, *Cyropéd.*, l. VIII, p. 658 ; τι γαρ τουτου μακαριωτερον του τη γη μιχθηναι) est une fiction grecque, et que leurs tombeaux n'étaient que des cénotaphes.

éloignée, et d'établir sur les bords du Phase une colonie guerrière et affectionnée. Avertis par leur vigilante inquiétude, les habitans de la Colchide prévirent et prévinrent leur ruine. La prudence plutôt que la bonté de Justinien agréa leur repentir; et il ordonna à Dagisteus d'aller, à la tête de sept mille Romains et de mille guerriers zaniens, chasser les Perses de la côte de l'Euxin.

Siége de Pétra. A. D. 549-551.

Le siége de Pétra, que le général romain entreprit immédiatement après, avec le secours des Laziques, est un des exploits les plus remarquables de ce siècle. La ville était située sur une roche escarpée, au bord de la mer, et communiquait avec la terre par un chemin très-difficile et très-étroit. La difficulté de l'approche rendait l'attaque presque impossible. Le roi de Perse avait ajouté de nouveaux ouvrages aux fortifications de Justinien, et des retranchemens couvraient les endroits les plus accessibles. Le vigilant Chosroès avait déposé dans cette forteresse un magasin d'armes offensives et défensives, suffisant pour armer cinq fois plus de monde que n'en contenait la garnison, et que n'en offrait même l'armée des assiégeans. Elle contenait de la farine et des provisions salées pour cinq ans; elle manquait de vin, mais elle y suppléait par le vinaigre et par une liqueur forte qu'on tirait du grain; et un triple aqueduc avait échappé aux recherches de l'ennemi, qui ne soupçonna pas même son existence : mais la plus ferme défense du fort de Pétra consistait dans la valeur de quinze cents Perses, qui résistèrent aux assauts des

Romains. Ceux-ci, ayant trouvé une partie du sol moins dure, y creusèrent une mine, et bientôt les murs de la forteresse, suspendus et vacillans, ne reposèrent plus que sur le faible appui des étais placés par les assiégeans. Dagisteus toutefois retardait la dernière attaque jusqu'à ce qu'il eût fait spécifier d'une manière assurée la récompense qu'il pouvait attendre; et la ville fut secourue avant le retour du messager envoyé à Constantinople. La garnison était réduite à quatre cents hommes, et on n'en comptait pas plus de cinquante qui fussent sans maladies ou sans blessures; mais leur inflexible constance avait caché leurs pertes à l'ennemi, et souffert sans murmurer la vue et l'odeur des cadavres de leurs onze cents compagnons. Après leur délivrance, ils bouchèrent à la hâte, avec des sacs de sable, les brèches faites par l'ennemi; ils remplirent de terre la mine, ils élevèrent un nouveau mur soutenu par une forte charpente, et les trois mille hommes nouvellement arrivés se préparèrent à soutenir un second siége. L'attaque et la défense furent conduites avec habileté et avec obstination, et chaque parti tira d'utiles leçons du souvenir de ses fautes passées. On inventa un bélier d'une construction légère et de beaucoup d'effet : quarante soldats le transportaient et le faisaient agir ; et à mesure que les coups multipliés de cette machine ébranlaient les pierres du rempart, les assiégeans les enlevaient avec de longs crochets de fer. Les assiégés faisaient tomber une grêle de dards sur la tête des assaillans; mais ce qui nuisit surtout à ceux-ci, fut une composition de soufre et de bitume que le peuple de la Colchide pouvait nommer avec quelque raison *huile de Médée*. Des six mille Romains qui montèrent à l'escalade, le premier fut Bessas, leur général, brave vétéran, âgé de soixante-dix ans. Le courage de ce chef, sa chute et le péril imminent dans lequel il se trouvait, les animèrent d'une ardeur irrésistible ; et la supériorité de leur nombre accabla la garnison persane, sans vaincre son intrépidité. Le sort de ces braves gens mérite quelques détails de plus. Sept cents avaient été tués durant le siége, et il n'en restait que deux mille trois cents pour défendre la brèche. Mille soixante-dix périrent par le fer et par le feu dans le dernier assaut ; des sept cent trente qu'on fit prisonniers, on n'en trouva que dix-huit qui ne portassent pas les marques d'honorables blessures. Les cinq cents autres se réfugièrent dans la citadelle ; qu'ils défendirent sans espérer d'être secourus ; et ils aimèrent mieux expirer au milieu des flammes, que de souscrire à la plus honorable capitulation qu'on leur offrait, sous la condition de servir dans les troupes romaines. Ils moururent en obéissant aux ordres de leur prince ; tant d'actions de bravoure et de fidélité durent exciter leurs compatriotes à montrer le même désespoir, et leur faire espérer de plus heureux succès. L'ordre qui fut donné sur-le-champ de démolir les ouvrages de Pétra, fit connaître la surprise et les appréhensions qu'avait inspirées au vainqueur une semblable défense.

La guerre de Colchos, ou la guerre Lazique.
A. D.
549-556.

Un Spartiate aurait loué et contemplé avec attendrissement la vertu de ces héroïques esclaves ; mais les ennuyeuses hostilités et les succès alternatifs des Romains et des Persans ne peuvent retenir longtemps l'attention de la postérité au pied des montagnes du Caucase. Les soldats de Justinien obtenaient des avantages plus éclatans et plus multipliés, mais l'armée du grand roi recevait de continuels renforts ; et enfin l'on y compta huit éléphans et soixante-dix mille hommes, en y comprenant douze mille Scythes alliés et plus de trois mille Dilémites, descendus volontairement des montagnes de l'Hyrcanie, et redoutables soit dans les combats à distance ou corps à corps. Cette armée leva avec quelque précipitation et quelque perte le siége d'Archéopolis, ville dont les Grecs avaient inventé ou altéré le nom ; mais elle occupa les défilés de l'Ibérie : elle asservit la Colchide par ses forts et ses garnisons ; elle dévora le peu de subsistances qui restait au peuple, et le prince des Laziques s'enfuit dans les montagnes. Les troupes romaines ne connaissaient ni foi ni discipline ; leurs chefs indépendans les uns des autres, revêtus d'un pouvoir égal, se disputaient la prééminence du vice et de la corruption. Les Persans suivaient sans murmurer les ordres d'un seul chef, qui obéissait implicitement aux instructions de son maître. Mermeroès, leur général, se distinguait entre les héros de l'Orient par sa sagesse dans les conseils et sa valeur dans les combats ; sa vieillesse et l'infirmité qui le privait de l'usage de ses jambes, ne pouvaient diminuer l'activité de son esprit, ni même celle de son corps :

porté dans une litière au front des lignes, il inspirait la terreur à l'ennemi et une juste confiance à ses troupes, toujours victorieuses sous ses drapeaux. Après sa mort, le commandement passa à Nacoragan, orgueilleux satrape; qui, dans une conférence avec les généraux de l'empereur, avait osé déclarer qu'il disposait de la victoire d'une manière aussi absolue que de l'anneau de son doigt. Une telle présomption annonçait et devait naturellement amener une honteuse défaite. Les Romains, repoussés peu à peu jusqu'au bord de la mer, campaient alors sur les ruines de la colonie grecque du Phase; et de forts retranchemens, la rivière, l'Euxin et une flotte de galères, les défendaient de tous côtés. Le désespoir réunit tous les esprits et anima tous les courages; ils résistèrent à l'assaut des Persans, et la fuite de Nacoragan fut précédée ou suivie du massacre de dix mille de ses plus braves soldats. Échappé à son vainqueur, il tomba dans les mains d'un maître inexorable, qui punit sévèrement l'erreur de son choix : l'infortuné général fut écorché vif, et sa peau rembourrée fut exposée sur une montagne; avertissement terrible pour ceux à qui on confierait par la suite la gloire et la fortune de la Perse (1). Toutefois le prudent Chos-

---

(1) Le supplice de l'écorchement n'a pu être introduit en Perse par Sapor. (Brisson, *de Regn. Persic.*, l. II, p. 578.) On n'a pu l'adopter d'après le conte ridicule de Marsyas, le joueur de flûte phrygien, plus ridiculement cité comme exemple par Agathias (l. IV, p. 132, 133).

roès abandonna peu à peu la guerre de Colchos, persuadé avec raison qu'il ne pouvait réduire ou du moins garder un pays éloigné, contre les vœux et les efforts de ses habitans. La fidélité de Gubazes eut à soutenir les plus rudes épreuves. Il souffrit patiemment toutes les rigueurs de la vie sauvage, et rejeta avec dédain les offres spécieuses de la cour de Perse. Le roi des Laziques avait été élevé dans la religion chrétienne; sa mère était la fille d'un sénateur : durant sa jeunesse il avait rempli dix ans les fonctions de silentiaire du palais de Byzance (1); on lui redevait une partie de son salaire, et ces arrérages qu'il avait à réclamer étaient pour lui un motif de fidélité en même temps que de plainte. Cependant la longue durée de ses maux lui arracha l'aveu de la vérité; et la vérité était une accusation contre les lieutenans de Justinien, qui, au milieu des lenteurs d'une guerre ruineuse, avaient épargné ses ennemis et foulé aux pieds ses alliés. Leurs rapports mensongers persuadèrent à l'empereur que son infidèle vassal méditait une seconde défection; on surprit un ordre de l'envoyer prisonnier à Constantinople : on y inséra une clause perfide, qui autorisait à le tuer en cas de résistance; et Gubazes, sans armes et sans soupçonner le

---

(1) Il y avait dans le palais de Constantinople trente silentiaires, qu'on nommait *hastati ante fores cubiculi*, της σιγης επισταται, titre honorable, qui donnait le rang de sénateur sans en imposer les devoirs. *Cod. Theod.*, l. VI, tit. 23; Godefroy, *Comment.*, t. II, p. 129.

danger qui le menaçait, fut poignardé au milieu d'une entrevue qu'il croyait amicale. Dans les premiers momens de sa fureur et de son désespoir, le peuple de la Colchide aurait sacrifié au désir de la vengeance l'intérêt de son pays et celui de sa religion; mais l'autorité et l'éloquence de quelques hommes sages obtinrent un délai salutaire. La victoire du Phase répandit de nouveau la terreur des armes romaines, et l'empereur eut soin de laver au moins son nom d'un meurtre si odieux. Un juge du rang de sénateur fut chargé de faire une enquête sur la conduite et sur la mort du roi des Laziques; il parut sur un tribunal élevé, environné des ministres et des exécuteurs de la justice. Cette cause extraordinaire se plaida en présence des deux nations, selon les formes de la jurisprudence civile, et un peuple offensé reçut quelque satisfaction par la condamnation et la mort des moindres coupables (1).

Négociations et traités entre Justinien et Chosroès.
A. D. 540-561.

Durant la paix, le roi de Perse cherchait toujours des prétextes de recommencer la guerre; mais dès qu'il avait pris les armes, il montrait le désir de signer un traité honorable et sûr pour lui. Les deux monarques entretenaient une négociation trompeuse au milieu des plus violentes hostilités; et telle était

---

(1) Agathias (l. III, p. 81, 89; l. IV, p. 108-116) fait dix-huit ou vingt pages de fausse rhétorique sur les détails de ce jugement. Telle est son ignorance ou sa légèreté, qu'il néglige la raison la plus forte contre le roi des Laziques, son ancienne révolte.

la supériorité de Chosroès, que tandis qu'il traitait les ministres romains avec insolence et avec mépris, il obtenait les honneurs les plus inouïs pour ses ambassadeurs à la cour impériale. Le successeur de Cyrus s'attribuait la majesté du soleil d'Orient, et, suivant la même métaphore, il permettait à son jeune frère Justinien de régner sur l'Occident, avec l'éclat pâle et réfléchi de la lune. La pompe et l'éloquence d'Isdigune, un des chambellans du roi, répondaient à ce style gigantesque. Sa femme et ses filles l'accompagnaient avec une nombreuse suite d'eunuques et de chameaux. Deux satrapes portant des diadêmes d'or faisaient partie de son cortége; cinq cents cavaliers, les plus valeureux de la Perse, composaient sa garde; et le Romain qui commandait à Dara eut la sagesse de ne pas admettre dans sa place plus de vingt personnes de cette caravane guerrière et ennemie. Isdigune, après avoir salué l'empereur et remis ses présens, passa dix mois à Constantinople sans discuter aucune affaire sérieuse. Au lieu de l'enfermer dans son palais et de l'y faire servir par des gens affidés, on lui laissa parcourir la capitale, sans mettre autour de lui ni espions ni soldats; et la liberté de conversation et de commerce qu'on permit à ses domestiques blessa les préjugés d'un siècle qui observait à la rigueur le droit des gens, sans confiance et sans courtoisie (1). Par une faveur sans exemple, son

(1) Procope indique à ce sujet l'usage de la cour des Goths, établie alors à Ravenne (*Goth.*, liv. 1, c. 7). Les ambas-

interprète, qui était dans la classe des serviteurs auxquels un magistrat romain ne donnait aucune attention, s'assit à la table de Justinien à côté de son maître; et on assigna environ mille livres d'or pour la dépense du voyage et le séjour de cet ambassadeur à Constantinople. Cependant les efforts d'Isdigune, répétés à différentes reprises, ne purent établir qu'une trêve imparfaite, toujours payée et renouvelée au prix des trésors de la cour de Byzance. Des hostilités infructueuses désolèrent les sujets des deux nations durant plusieurs années, jusqu'à l'époque où Justinien et Chosroès, fatigués de la guerre l'un et l'autre, s'occupèrent du repos de leur vieillesse. Dans une conférence tenue sur la frontière, les deux partis firent valoir, sans espérer aucune confiance, la grandeur, la justice et les intentions pacifiques de leurs souverains respectifs ; mais la nécessité et l'intérêt dictèrent un traité qui stipula une paix de cinquante ans ; il fut écrit en langue grecque et en langue persane, et douze interprètes attestèrent son exactitude. Un des articles fixait jusqu'où devait s'étendre la liberté du commerce et celle de la religion : les alliés de l'empereur et ceux du grand roi furent également compris dans les avantages qu'il accordait et les devoirs qui

---

sadeurs étrangers ont été traités avec la même méfiance et la même rigueur en Turquie (Busbequius, *epist.* 3, p. 149, 242, etc.), en Russie (*Voyages* d'Olearius) et à la Chine. Récit de M. de Lange dans les *Voyages de Bell*, vol. II, p. 189-311.

en étaient la suite. On prit les précautions les plus scrupuleuses afin de prévenir et de terminer les disputes qui pouvaient s'élever sur les confins des deux empires. Après vingt ans d'une guerre désastreuse, quoique poussée avec peu de vigueur, les limites demeurèrent les mêmes, et on persuada à Chosroès de renoncer à ses dangereuses prétentions sur la souveraineté de Colchos et les États qui en dépendaient. Riche des trésors accumulés de l'Orient, il arracha cependant aux Romains une somme annuelle de trente mille pièces d'or; et la petitesse de la somme ne permit pas d'y voir autre chose qu'un tribut sous la forme la plus honteuse. Dans un débat antérieur, un des ministres de Justinien, rappelant le char de Sésostris et la roue de la fortune, observa que la vanité et l'ambition du roi barbare avait été exaltée outre mesure par la réduction d'Antioche et de quelques villes de la Syrie. « Vous vous trompez, répliqua le modeste Persan; le roi des rois, le maître du monde, regarde avec mépris de si misérables acquisitions; et des dix nations subjuguées par ses armées invincibles, les Romains lui paraissent les moins formidables (1). » Selon les Orientaux, l'empire de Nushirwan s'étendait de Ferganah dans la

---

(1) Procope (*Persic.*, l. II, c. 10, 13, 26, 27, 28; *Goth.*, l. II, c. 11, 15), Agathias (l. IV, p. 141, 142) et Ménandre (*in Excerpt. legat.*, p. 132-147) développent fort au long les négociations et les traités entre Justinien et Chosroès. Consultez aussi Barbeyrac, *Hist. des anciens Traités*, t. II, p. 154, 181-184, 193-200.

Transoxiane, à l'Yémen ou Arabie-Heureuse. Il subjugua les rebelles de l'Hyrcanie, réduisit les provinces de Cabul et de Zablestan, situées sur les bords de l'Indus, détruisit la puissance des Euthalites, termina par un traité honorable la guerre contre les Turcs, et admit la fille du grand khan au nombre de ses épouses légitimes. Victorieux et respecté de tous les princes de l'Asie, il donna audience dans son palais de Madain ou Ctésiphon aux ambassadeurs du monde. Ils déposèrent humblement au pied de son trône, comme don ou comme tribut, des armes, de riches vêtemens, des pierreries, des esclaves ou des aromates, et il daigna accepter du roi de l'Inde dix quintaux de bois d'aloès, une fille esclave haute de sept coudées, et un tapis plus doux que la soie, formé, dit-on, de la peau d'un serpent d'une espèce extraordinaire (1).

<small>Conquête de l'Abyssinie. A. D. 522.</small> On reprochait à Justinien son alliance avec les peuples de l'Éthiopie, comme s'il eût voulu admettre une tribu de nègres sauvages dans le système politique des nations civilisées. Mais on doit distinguer les Axumites ou la peuplade de l'Abyssinie, amie de l'empire romain, des naturels de l'Afrique (2). La

---

(1) D'Herbelot, *Bibl. orient.*, p. 680, 681, 294, 295.

(2) *Voy.* Buffon, *Hist. nat.*, t. III, p. 449. Ces traits et ce teint des Arabes qui se perpétuent depuis trois mille quatre cents ans (Ludolph., *Hist. et Comment. Æthiop.*, l. 1, c. 4) dans la colonie d'Abyssinie, autorisent l'opinion que la race ainsi que le climat doivent avoir contribué à la formation des nègres des environs.

nature a donné aux nègres un nez aplati, de la laine au lieu de cheveux, et imprimé sur leur peau un noir ineffaçable. Mais le teint olivâtre des Abyssins, leurs cheveux, la forme de leur visage et leurs traits, les font clairement connaître pour une colonie arabe; et la similitude de la langue et des mœurs, le souvenir d'une ancienne émigration, et le peu d'intervalle qui se trouve entre les côtes de la mer Rouge, viennent à l'appui de cette conjecture. Le christianisme avait tiré cette nation de la barbarie africaine (1); son commerce avec l'Égypte et les successeurs de Constantin (2) avait introduit chez elle les élémens des arts et des sciences; ses navires allaient trafiquer à l'île de Ceylan (3); et sept royaumes obéissaient au Négus ou

----

(1) Les missionnaires portugais Alvarez (*Ramusio*, t. 1, fol. 204, rect. 274 vers.), Bermudez (Purchas's *Pilgrims*, vol. 2, l. v, c. 7, p. 1149-1188), Lobo (*Relation*, etc., par M. Legrand, avec quinze Dissertations; Paris, 1728) et Téllez (*Relation de Thévenot*, part. IV) ne pouvaient dire sur l'Abyssinie moderne que ce qu'ils avaient vu ou ce qu'ils avaient inventé. L'érudition de Ludolph en vingt-cinq langues (*Hist. Æthiop.*, Francfort, 1681; *Commentarius*, 1691; *Appendix*, 1694) fournit peu de chose sur l'histoire ancienne de ce pays. Au reste, les chansons et les légendes nationales célèbrent la gloire de Caled ou Ellisthæus, conquérant de l'Yémen.

(2) Procope (*Persic.*, l. 1, c. 19, 20) et Jean Malala (t. II, p. 163-165, 193-196) rapportent les négociations avec les Axumites ou les Éthiopiens. L'historien d'Antioche cite la narration originale de l'ambassadeur Nonnosus, dont Photius (*Bibl. Cod.* 3) nous a conservé un extrait curieux.

(3) Cosmas Indicopleustes (*Topograph. christian.*, l. II,

prince souverain de l'Abyssinie. Un conquérant éthiopien attenta pour la première fois à l'indépendance des Homérites, possesseurs de l'opulente et heureuse Arabie ; il prétendait tirer ses droits héréditaires de la reine de Saba (1), et le zèle de la religion sanctifiait ses vues ambitieuses. Les Juifs, puissans et actifs dans leur exil, avaient séduit l'esprit de Dunaan, prince des Homérites. Ils l'avaient excité à venger sur les chrétiens la persécution exercée dans l'empire contre leurs malheureux frères; quelques négocians romains furent maltraités, et plusieurs chrétiens de Negra (2) obtinrent la couronne du martyre (3). Les Églises d'Arabie implorèrent la protection du roi des

---

p. 132, 138, 139, 140; l. xi, p. 338, 339) donne des particularités très-détaillées sur le commerce des Axumites à la côte de l'Inde et de l'Afrique, et à l'île de Ceylan.

(1) Ludolph., *Hist. et Comment. Æthiop.*, l. ii, c. 3.

(2) La ville de Negra ou Nag'ran, dans l'Yémen, est environnée de palmiers, et se trouve sur le grand chemin, entre Saana (la capitale) et la Mecque; elle est éloignée de la première de dix journées d'une caravane de chameaux, et de la seconde de vingt journées. Abulféda, *Descript. Arab.*, p. 52.

(3) Le martyre de saint Arethas, prince de Negra, et de ses trois cent quarante compagnons, est embelli dans les légendes de Métaphraste et de Nicéphore Calliste, copiées par Baronius (A. D. 522, n°s 22-26; A. D. 523, n°s 16-29), et réfutées avec un soin qui ne les a pas tirées de l'obscurité par Basnage (*Hist. des Juifs*, t. xii, l. viii, c. 2, p. 333-348), qui donne des détails sur la situation des Juifs en Arabie et en Éthiopie.

Abyssins. Le Négus passa la mer Rouge avec une flotte et une armée; il ôta au prosélyte des Juifs son royaume et la vie, et anéantit une race de princes qui avait gouverné plus de vingt siècles les climats reculés de la myrrhe et de l'encens. Le vainqueur proclama sur-le-champ le triomphe de l'Évangile; il demanda un patriarche orthodoxe, et montra un tel attachement pour l'empire romain, que Justinien se flatta de détourner au profit de l'empire le commerce de la soie par le canal de l'Abyssinie, et de pouvoir soulever les forces des Arabes contre le roi de Perse. Nonnosus, issu d'une famille d'ambassadeurs, fut chargé par l'empereur de cette commission importante. Il évita sagement le chemin plus court, mais plus dangereux, des déserts sablonneux de la Nubie; il remonta le Nil, s'embarqua sur la mer Rouge, et débarqua sain et sauf à Adulis, l'un des ports de l'Afrique. D'Adulis à la ville royale d'Axum il n'y a pas plus de cinquante lieues en ligne droite; mais les sinuosités des montagnes forcèrent l'ambassadeur d'employer quinze jours à ce voyage; et dans son passage au travers des forêts, il vit une multitude d'éléphans sauvages, qu'il évalua vaguement au nombre d'environ cinq mille. La capitale, selon sa relation, était grande et peuplée; et le village d'Axum est encore célèbre par le couronnement du prince, par les ruines d'un temple chrétien, et seize ou dix-sept obélisques avec des inscriptions grecques (1). Cependant le Né-

Leur alliance avec Justinien.
A. D. 533.

---

(1) Alvarez (*in Ramusio*, t. 1, fol. 219 vers., 2221 vers.) vit

gus le reçut en pleine campagne, assis sur un char élevé, traîné par quatre éléphans magnifiquement équipés, et environné de ses nobles et de ses musiciens. Il portait un habit de toile et un chapeau ; il tenait dans sa main deux javelines et un bouclier léger ; et bien que son vêtement ne couvrît pas entièrement sa nudité, il étalait toute la magnificence barbare dans ses chaînes d'or, ses colliers et ses bracelets garnis de perles et de pierreries. L'envoyé de Justinien fléchit les genoux ; le Négus le releva, l'embrassa, baisa le sceau et lut la lettre de l'empereur ; accepta l'alliance des Romains en brandissant ses armes, et déclara une guerre éternelle aux adorateurs du feu ; mais il éluda ce qui regardait le commerce de la soie ; et, malgré les assurances et peut-être les vœux des Abyssins, ces menaces d'hostilités s'exhalèrent sans aucun effet. Les Homérites ne voulaient pas abandonner leurs bocages parfumés pour se porter dans un désert de sable et braver toutes sortes de fatigues, afin de combattre une nation redoutable qui ne les avait point offensés. Loin d'étendre ses conquêtes, le roi d'Éthiopie ne put garder ses possessions. Abrahah, esclave d'un négociant romain établi à Adulis, s'empara du sceptre des Homérites ; les avantages du cli-

---

Axum en 1520, dans son état florissant, *luogo molto buono e grande*. Ce fut dans ce même siècle que cette ville fut ruinée par une invasion des Turcs. On n'y compte aujourd'hui que cent maisons ; mais la cérémonie du couronnement du roi lui conserve le souvenir de sa grandeur passée. Ludolph., *Hist. et Comment.*, l. II, c. 11.

mat séduisirent les troupes d'Afrique, et Justinien sollicita l'amitié de l'usurpateur, qui reconnut, par un léger tribut, la suprématie du prince. Après une longue suite de prospérités, la puissance d'Abrahah fut renversée devant les portes de la Mecque; ses enfans furent dépouillés par le roi de Perse, et les Éthiopiens entièrement chassés du continent de l'Asie. Ces détails sur des événemens obscurs et éloignés ne sont pas étrangers à la décadence et à la chute de l'empire romain. Si une puissance chrétienne s'était maintenue en Arabie, elle eût étouffé Mahomet dès ses premiers pas, et l'Abyssinie aurait empêché une révolution qui a changé l'état civil et religieux du monde entier (1).

---

(1) Il faut chercher le récit des révolutions de l'Yémen au sixième siècle dans Procope, *Persic.*, l. 1, c. 19, 20; Théophane de Byzance, *apud* Phot.; *Cod.* 63, p. 80; saint Théophane, *in Chronograph.*, p. 144, 145, 188, 189, 206, 207, qui fait d'étranges méprises; Pocock, *Specimen Hist. Arab.*, p. 62, 65; d'Herbelot, *Bibl. orient.*, p. 12-477; et le Discours préliminaire et le Koran de Sale, c. 105. Procope fait mention de la révolte d'Abrahah; et sa chute est un fait historique, quoiqu'on l'ait défiguré par des miracles.

CHAPITRE XLIII.

Révoltes de l'Afrique. Rétablissement du royaume des Goths par Totila. Prise et reprise de Rome. Conquête définitive de l'Italie par Narsès. Extinction des Ostrogoths. Défaite des Francs et des Allemands. Dernière victoire, disgrâce et mort de Bélisaire. Mort et caractère de Justinien. Comète, tremblemens de terre et peste.

Ce que nous venons de dire des diverses nations établies dans la portion du globe qui se prolonge depuis le Danube jusqu'aux bords du Nil, a montré de toutes parts la faiblesse des Romains; et l'on peut s'étonner avec raison qu'ils prétendissent à étendre les limites d'un empire dont ils ne pouvaient plus défendre les anciennes frontières : mais les guerres, les conquêtes et les triomphes de Justinien, sont les débiles et pernicieux efforts de la vieillesse qui épuise les restes de sa force, et hâte le terme de la vie. Ce prince se félicita d'avoir remis l'Afrique et l'Italie sous la domination de la république; mais les malheurs qui suivirent le départ de Bélisaire montrèrent l'impuissance du conquérant et achevèrent la ruine de ces malheureuses contrées.

Troubles de l'Afrique. A. D. 535-545.

Justinien avait jugé que ses nouvelles conquêtes devaient satisfaire aussi magnifiquement son avarice que son orgueil. Un avide ministre des finances suivait de près les pas de Bélisaire; et les Vandales ayant brûlé les anciens registres des tributs, son imagination se donnait carrière sur le calcul et la répartition arbitraire des richesses de l'Afrique (1). L'augmentation des impôts destinés à enrichir un souverain éloigné du pays, la restitution forcée de toutes les terres qui avaient appartenu à la couronne, ne tardèrent pas à dissiper l'ivresse de la joie publique; mais l'empereur se montra insensible aux plaintes modestes du peuple, jusqu'au moment où les clameurs des soldats mécontens vinrent le tirer de son sommeil et de sa sécurité. Un grand nombre d'entre eux avaient épousé des veuves et des filles de Vandales; ils réclamaient comme doublement à eux, à titre de conquête et de propriété, les domaines que Genseric avait assignés à ses troupes victorieuses. Ils n'écoutèrent qu'avec dédain les représentations froides et intéressées de leurs officiers, qui leur représentèrent vainement que la libéralité de Justinien les avait tirés de l'état sauvage ou d'une condition servile, qu'ils

---

(1) Procope est mon seul guide sur les troubles de l'Afrique, et je n'en désire pas d'autre. Il fut témoin oculaire des événemens mémorables de son temps, ou en recueillit avec soin les différens récits. Il raconte dans le second livre de la guerre des Vandales, la révolte de Stoza (c. 14-24); le retour de Bélisaire (c. 15), la victoire de Germanus (c. 16, 17, 18), la seconde administration de Salomon (c. 19, 20, 21); le gouvernement de Sergius (c. 22, 23), d'Aréobindus (c. 24), la tyrannie et la mort de Gontharis (c. 25, 26, 27, 28); et je n'aperçois dans ses différens portraits aucun symptôme de flatterie ou de malveillance.

s'étaient enrichis des dépouilles de l'Afrique, des trésors, des esclaves et du mobilier des Barbares vaincus; et que l'ancien et légitime patrimoine des empereurs ne devait être employé qu'au maintien de ce gouvernement, duquel dépendaient, en dernière analyse, leur sûreté et leur récompense. La mutinerie avait pour instigateurs secrets mille soldats, la plupart Hérules, qui, ayant adopté la doctrine d'Arius, se trouvaient excités par le clergé de cette secte; et le fanatisme, par son pouvoir destructeur de tout principe, consacrait la cause du parjure et de la rebellion. Les ariens déploraient la ruine de leur Église, triomphante en Afrique durant plus d'un siècle; et ils étaient justement indignés des lois du vainqueur, qui leur interdisait le baptême de leurs enfans et l'exercice de leur culte religieux. La plus grande partie des Vandales choisis par Bélisaire oublièrent, dans les honneurs du service de l'Orient, leur pays et leur religion; mais quatre cents d'entre eux, animés d'un généreux courage, obligèrent les officiers de la marine à changer de route à la vue de l'île de Lesbos; ils relâchèrent au Péloponèse; et, après avoir échoué leur navire sur une côte déserte de l'Afrique, ils arborèrent sur le mont Aurasius l'étendard de l'indépendance et de la révolte. Tandis que les troupes de la province refusaient d'obéir aux ordres de leurs supérieurs, on conspirait à Carthage contre la vie de Salomon, qui y occupait avec honneur la place de Bélisaire; et les ariens avaient pieusement résolu de sacrifier le tyran au pied des autels, durant la fête de Pâques et l'imposante célébration des saints mystères. La crainte ou le remords arrêta le poignard des assassins, mais la patience de Salomon les enhardit; et dix jours après on vit éclater dans le cirque une sédition furieuse, qui désola ensuite l'Afrique pendant plus de dix années. Le pillage de la ville et le massacre de ses habitans, sans distinction, ne furent suspendus que par la nuit, le sommeil et l'ivresse. Le gouverneur se sauva en Sicile avec sept personnes, parmi lesquelles on comptait l'historien Procope. Les deux tiers de l'armée eurent part à cette rebellion, et huit mille insurgens, assemblés dans les champs de Bulla, élurent pour leur chef un simple soldat nommé Stoza, qui possédait à un degré supérieur les vertus d'un rebelle. Sous le masque de la liberté, son éloquence guidait ou du moins entraînait les passions de ses égaux. Il se mit au niveau de Bélisaire et du neveu de Justinien, en osant se mesurer avec eux sur le champ de bataille. Il fut défait; mais ces généraux avouèrent que Stoza était digne d'une meilleure cause et d'un commandement plus légitime. Vaincu dans les combats, il employa avec dextérité l'art de la négociation; il débaucha une armée romaine, et fit assassiner, dans une église de Numidie, les chefs qui avaient compté sur ses infidèles promesses. Lorsqu'il eut épuisé toutes les ressources de la force ou de la perfidie, il gagna, avec quelques Vandales désespérés, les déserts de la Mauritanie; il obtint la fille d'un prince barbare, et, en faisant répandre le bruit de sa mort, échappa à la poursuite de ses ennemis. L'autorité personnelle de Bélisaire, la dignité, le courage et la douceur de Germanus, neveu de l'empereur, la vigueur et le succès de l'administration de l'eunuque Salomon, rétablirent la soumission dans le camp, et maintinrent, durant quelque temps, la tranquillité de l'Afrique ; mais les vices de la cour de Byzance faisaient sentir leur influence jusque dans cette province éloignée : les soldats se plaignaient de ne recevoir ni solde ni secours ; et quand les désordres publics furent au point favorable à ses desseins, Stoza reparut vivant, en armes et aux portes de Carthage. Il fut tué dans un combat singulier ; et, au milieu des angoisses de la mort, il sourit en apprenant que sa javeline avait percé le cœur de son adversaire. L'exemple de Stoza, et la persuasion que le premier roi fut un soldat heureux, échauffèrent l'ambition de Gontharis : celui-ci promit, dans un traité particulier, de partager l'Afrique avec les Maures, si, avec leur dangereux secours, il pouvait monter sur le trône de Carthage. Le faible Aréobinde, incapable de gouverner, soit durant la paix, soit durant la guerre, était arrivé à l'emploi d'exarque par son mariage avec la nièce de Justinien. Une sédition des gardes le renversa tout à coup, et ses abjectes supplications provoquèrent le mépris de l'inexorable rebelle sans exciter sa pitié. Après un règne de trente jours, Gontharis fut poignardé à son tour par Artaban, au milieu d'un festin ; et, ce qui est assez singulier, un prince arménien, de la famille royale des Arsacides, rétablit à Carthage l'autorité de l'empire romain. Tous les détails de la conspiration qui arma la main de Brutus contre les jours de César, sont curieux et importans pour la postérité; mais le crime ou le mérite de ces assassins, révoltés ou fidèles à leur prince, ne pouvaient intéresser que les contemporains de Procope, que l'amitié ou le ressentiment, l'espérance ou la crainte, avaient personnellement engagés dans les révolutions de l'Afrique (1).

Ce pays retombait rapidement dans l'état de barbarie d'où l'avaient tiré les colonies phéniciennes et les lois de Rome; et chaque degré de la discorde intestine était marqué par quelque déplorable victoire de l'homme sauvage sur la société civilisée. Les Maures (2) ne connaissaient pas les lois de la justice, mais ils ne pouvaient supporter l'oppression. Leur vie errante et leurs immenses déserts trompaient les armes ou éludaient les chaînes d'un conquérant, et l'expérience prouvait assez qu'on ne devait compter ni sur leurs sermens ni sur leur reconnaissance.

Rebellion des Maures. A. D. 543 – 558.

---

(1) Toutefois je ne dois pas refuser à Procope le mérite de peindre d'une manière animée l'assassinat de Gontharis. L'un des meurtriers montra des sentimens dignes d'un patriote romain. « Si je tombe d'un premier coup, dit Artasires, tuez-moi sur-le-champ, de peur que les douleurs de la torture ne m'arrachent l'aveu de mes complices. »

(2) Procope, dans le cours de sa narration, parle quelquefois des guerres contre les Maures (*Vandal.*, liv. II, chap. 19, 23, 25, 27, 28; *Gothic.*, l. IV, c. 17), et Théodat nous instruit de plus de quelques succès et de quelques revers dont la date se rapporte aux dernières années de Justinien.

Effrayés par la victoire du mont Aurasius, ils s'étaient momentanément soumis; mais s'ils respectaient le caractère de Salomon, ils détestaient et méprisaient l'orgueil et l'incontinence de Cyrus et de Sergius, ses deux neveux, auxquels il avait imprudemment confié les gouvernemens de Tripoli et de la Pentapole. Une tribu de Maures campait sous les murs de Leptis, afin de renouveler son alliance et de recevoir du gouverneur les présens accoutumés. Quatre-vingts de leurs députés furent introduits dans la ville comme alliés; mais sur un vague soupçon de conspiration on les égorgea à la table de Sergius, et le cri de guerre et de vengeance retentit dans toutes les vallées du mont Atlas, depuis les deux Syrtes jusqu'aux bords de l'océan Atlantique. Une offense personnelle, l'injuste exécution ou le meurtre de son frère, rendit Antalas ennemi des Romains. La défaite des Vandales avait autrefois signalé sa valeur; il montra en cette occasion des sentimens de justice et de prudence remarquables dans un Maure. Tandis qu'il réduisait Adrumète en cendres, il avertit l'empereur que le rappel de Salomon et de ses indignes neveux assurerait la paix de l'Afrique. L'exarque sortit de Carthage avec ses troupes; mais à six journées de cette ville, et aux environs de Tébeste (1),

---

(1) Aujourd'hui Tibesch, dans le royaume d'Alger. Elle est arrosée par une rivière, le Sujerass, qui tombe dans le Mejerda (Bagradas). Tibesch est encore remarquable par ses murs de grandes pierres semblables à ceux du Colisée

il fut étonné de la supériorité du nombre et de la contenance farouche des Barbares. Il proposa un traité, sollicita une réconciliation, et offrit de se lier par les sermens les plus solennels. « Par quels sermens peut-il se lier? interrompirent les Barbares avec indignation; jurera-t-il sur les Évangiles, livres que la religion chrétienne regarde comme divins? C'est sur ces livres que Sergius, son neveu, avait engagé sa foi à quatre-vingts de nos innocens et malheureux frères. Avant que les Évangiles nous inspirent de la confiance une seconde fois, nous devons essayer quel sera leur pouvoir pour punir le parjure et venger leur honneur compromis. » Leur honneur fut vengé dans les champs de Tébeste par la mort de Salomon et la perte totale de son armée. De nouvelles troupes et des généraux plus habiles réprimèrent bientôt l'insolence des Maures : dix-sept de leurs princes furent tués à la même bataille, et les bruyantes acclamations du peuple de Constantinople célébrèrent la soumission incertaine et passagère de leurs tribus. Des incursions successives avaient réduit les possessions romaines en Afrique à un tiers de l'étendue de l'Italie ; toutefois les empereurs ro-

---

de Rome, par une fontaine et un bosquet de châtaigniers. Le pays est fertile ; et on trouve dans le voisinage les Bérébères, tribu guerrière. Il paraît, d'après une inscription, que la route de Carthage à Tébeste fut construite sous le règne d'Adrien, par la troisième légion: Marmol, *Description de l'Afrique*, tom. II, p. 442, 443; Shaw's *Travels*, pag. 64, 65, 66.

mains continuèrent à régner plus d'un siècle sur Carthage et la fertile côte de la Méditerranée : mais les victoires et les défaites de Justinien devenaient également funestes au genre humain; et telle était la dévastation de l'Afrique, qu'en plusieurs cantons un voyageur pouvait errer des jours entiers sans rencontrer une créature humaine, soit amie, soit ennemie. La nation des Vandales, qui avait compté un moment cent soixante mille guerriers, outre les femmes, les enfans et les esclaves, avait disparu ; une guerre impitoyable avait anéanti un nombre de Maures encore plus grand; et le climat, les divisions intestines et la rage des Barbares, vengeaient cette destruction sur les Romains et leurs alliés. Lorsque Procope débarqua en Afrique pour la première fois, il admira la population des villes et des campagnes, et l'activité du commerce et de l'agriculture. En moins de vingt ans, cette scène de mouvement s'était changée en une solitude silencieuse; les riches citoyens s'étaient réfugiés en Sicile et à Constantinople; et l'historien secret assure que les guerres et le gouvernement de Justinien coûtèrent cinq millions d'hommes à l'Afrique (1).

Révolte des Goths. A. D. 540. La jalousie de la cour de Byzance n'avait pas permis à Bélisaire d'achever la conquête de l'Italie ; et son brusque départ ranima le courage des Goths (2),

---

(1) Procope, *Anecd.*, c. 18. Les divers événemens de la guerre d'Afrique attestent cette triste vérité.

(2) Procope continue dans le second livre de son His-

qui respectaient son génie, ses vertus, et même l'estimable motif qui avait forcé le sujet de Justinien à les tromper et à rejeter leurs vœux. Ils avaient perdu leur roi (perte toutefois peu considérable), leur capitale, leurs trésors, les provinces qui s'étendaient de la Sicile aux Alpes, et deux cent mille guerriers avec leurs chevaux et leurs riches équipages; mais tout n'était pas perdu, tant que Pavie était défendue par un millier de Goths qu'animaient l'honneur, l'amour de la liberté et le souvenir de leur ancienne grandeur. Le commandement en chef fut offert, d'une voix unanime, au brave Uraias; lui seul regarda les malheurs de son oncle Vitigès comme un motif d'exclusion. Sa voix fit tomber les suffrages sur Hildibald, qui à son mérite personnel joignait le titre de parent du roi d'Espagne Theudes, dont on espérait, avec peu de fondement, que les secours soutiendraient les intérêts communs de la nation des Goths. Le succès de ses armes dans la Ligurie et la Vénétie paraissait justifier ce choix; mais il montra bientôt qu'il était incapable de pardonner ou de commander à son bien-

---

toire (c. 30) et dans le troisième (c. 1-40) le récit de la guerre des Goths, depuis la cinquième jusqu'à la quinzième année de Justinien. Comme les événemens sont moins intéressans que dans la première période, son récit est alors la moitié moins étendu pour un intervalle de temps une fois plus considérable. Jornandès et la chronique de Marcellin sont de quelque secours. Sigonius, Pagi, Muratori, Mascou et du Buat, donnent des lumières, et j'en ai profité.

faiteur. Sa femme fut vivement blessée de la beauté, des richesses et de la fierté de l'épouse d'Uraias, et la mort de ce vertueux patriote excita l'indignation d'un peuple libre. La hardiesse d'un assassin exécuta la sentence portée par la nation, en coupant la tête à Hildibald au milieu d'un banquet. Les Rugiens, tribu étrangère, s'arrogèrent le droit de donner la couronne; et Totila, neveu du dernier roi, entraîné par la vengeance, fut prêt à se livrer aux Romains avec la garnison de Trevigo; mais on persuada facilement à ce jeune homme valeureux et accompli de préférer le trône des Goths au service de Justinien; et dès qu'on eut délivré le palais de Pavie de l'usurpateur nommé par les Rugiens, il rassembla cinq mille soldats, et entreprit de rétablir le royaume d'Italie.

Victoires de Totila, roi d'Italie.
A. D.
541-544.

Les onze généraux égaux en pouvoir, qui succédèrent à Bélisaire, négligèrent d'écraser les Goths faibles et désunis, jusqu'à ce qu'enfin les progrès de Totila et les reproches de Justinien les tirèrent de leur inaction. Les portes de Vérone furent secrètement ouvertes à Artabaze, qui y entra à la tête de cent soldats perses au service de l'empereur. Les Goths abandonnèrent la ville. Les généraux romains s'arrêtèrent à soixante stades pour régler le partage du butin. Tandis qu'ils disputaient sur cet article, l'ennemi, s'apercevant du petit nombre des vainqueurs, fondit sur les Perses qui furent accablés à l'instant; et ce fut en sautant du haut des remparts qu'Artabaze conserva une vie dont il fut privé, peu

de jours après, par la lance d'un Barbare qui l'avait
défié à un combat singulier. Vingt mille Romains se
mesurèrent avec les forces de Totila près de Faenza,
et sur les collines de Mugello, qui fait partie du territoire de Florence. Des hommes libres combattant
pour reconquérir leur pays, voyaient devant eux des
troupes mercenaires dont le courage languissant n'offrait pas même le mérite d'une servitude vigoureuse
et bien disciplinée. Dès le premier choc, les Romains
abandonnèrent leurs drapeaux, jetèrent leurs armes,
et se dispersèrent de tous côtés avec une vitesse qui
diminua leur perte, mais qui acheva de les couvrir
de honte. Le roi des Goths, rougissant de la lâcheté
de ses ennemis, suivit rapidement le chemin de l'honneur et de la victoire. Il passa le Pô, traversa l'Apennin, remit à un autre temps l'importante conquête
de Ravenne, de Florence et de Rome; et, continuant
sa route par le centre de l'Italie, il vint former le
siége ou plutôt le blocus de Naples. Les chefs romains, emprisonnés chacun dans leurs villes et s'im-
putant l'un à l'autre ce revers, n'osaient troubler son
entreprise; mais l'empereur, effrayé de la détresse
et du danger où se trouvaient ses conquêtes d'Italie,
envoya au secours de Naples une flotte de galères et
un corps de soldats de la Thrace et de l'Arménie.
Ces troupes débarquèrent dans la Sicile, qui les ap-
provisionna de ses riches magasins; mais les délais
du nouveau commandant, magistrat qui n'entendait
rien à la guerre, prolongèrent les maux des assiégés;
et les secours qu'enfin il laissa timidement s'échapper

vers eux, furent successivement interceptés par les navires armés que Totila avait placés dans la baie de Naples. Le principal officier des Romains fut traîné au pied du rempart, la corde au cou, et là, d'une voix tremblante, il exhorta les citoyens à implorer, comme lui, la merci du vainqueur. Les habitans demandèrent une trêve et promirent de rendre la place, si dans l'espace d'un mois ils ne voyaient arriver aucun secours. L'audacieux Barbare leur accorda trois mois au lieu d'un, persuadé, avec raison, que la famine hâterait le terme de leur capitulation. Après la réduction de Naples et de Cumes, la Lucanie, la Pouille et la Calabre, se soumirent au roi des Goths. Totila conduisit son armée aux portes de Rome; et, après avoir établi son camp à Tivoli, à vingt milles de la capitale, il engagea tranquillement le sénat et le peuple à comparer la tyrannie des Grecs avec le bonheur dont on jouissait sous la domination des Goths.

Contraste de vices et de vertus. Les succès de Totila peuvent être en partie attribués à la révolution que trois années d'expérience avaient produite dans l'esprit des peuples de l'Italie. D'après l'ordre ou du moins au nom d'un empereur catholique, le pape (1), leur père spirituel, avait été arraché de l'Église de Rome, et on l'avait laissé

---

(1) Silvère, évêque de Rome, fut d'abord transporté à Patara, dans la Lycie, et mourut ensuite de faim (*sub eorum custodiâ inediâ confectus*) dans l'île de Palmaria, A. D. 538, le 20 juin. (*Liberat. in Breviar.*, c. 22; Anastase,

mourir de faim ou assassiné dans une île déserte (1).
A la place du vertueux Bélisaire, onze chefs, également corrompus et différant seulement par la variété de leurs vices, accablaient Rome, Ravenne, Florence, Pérouse, Spolette, etc., du poids d'une autorité qu'ils n'employaient que pour satisfaire leur avarice ou leur incontinence. On avait chargé du soin d'augmenter le revenu du fisc, Alexandre, financier subtil, bien versé dans la fraude et les vexations des écoles de Byzance, et qui tirait son surnom de *Psalliction (les ciseaux)*, de l'habileté avec laquelle il diminuait le poids des monnaies d'or sans en effacer l'empreinte (2). Au lieu d'attendre le retour de la paix et de l'industrie, il chargea les biens des citoyens d'impôts accablans; toutefois ses extorsions actuelles ou celles qu'il donnait lieu de craindre, inspiraient moins de haine que les recherches rigoureuses et arbitraires exercées sur les personnes et les propriétés de ceux qui, sous les rois goths,

---

in Silverio; Baronius, A. D. 540, n° 2, 3; Pagi, *in Vit. Pont.*, tom. 1, pag. 285, 286.) Procope (*Anecdot.*, c. 1) n'impute cette mort qu'à l'impératrice et à Antonina.

(1) Palmaria est une petite île en face de Terracine et de la côte des Volsques. Cluvier, *Ital. antiq.*, l. III, c. 7, p. 1014.

(2) Comme le logothète Alexandre et la plupart de ses collègues dans l'ordre civil et militaire se trouvaient, à l'époque où écrivit Procope, disgraciés ou sans crédit, il n'a eu que peu de chose à ajouter dans ses *Anecdotes* (c. 4, 5, 18) à la liberté satirique avec laquelle il les traite dans l'*Histoire des Goths*, l. III, c. 1, 3, 4, 9, 20, 21, etc.

avaient eu part à la recette et à la dépense du trésor public. Ceux des sujets de Justinien qui échappèrent à ces vexations partielles, ne purent se soustraire à la rapacité des soldats, qui, trompés et méprisés par Alexandre, cherchaient dans le maraudage une ressource contre l'indigence et la faim ; et les habitans des campagnes n'eurent plus de sûreté à espérer que dans les vertus d'un Barbare (1). Totila était continent et frugal ; ses amis ou ses ennemis ne furent jamais déçus dans l'espoir qu'ils fondèrent sur sa fidélité ou sur sa clémence. Les cultivateurs de l'Italie obéirent avec joie à une proclamation du roi des Goths qui leur enjoignait de suivre leurs importans travaux ; et leur promettait que, sans payer au-delà des taxes ordinaires, ils se verraient, par la valeur et la discipline de ses troupes, entièrement à l'abri des maux de la guerre. Il attaqua successivement toutes les villes fortifiées ; et quand il les avait soumises, il en démolissait les fortifications, afin d'épargner au peuple les maux d'un nouveau siége, de priver les Romains des ressources qu'ils pouvaient trouver dans l'art de défendre les places, et de terminer en pleine campagne, d'une manière plus égale et plus noble, la longue querelle des deux nations. Les captifs et les déserteurs romains se lais-

---

(1) Procope (l. III, c. 2, 8, etc.) rend avec plaisir une ample justice au mérite de Totila. Les historiens romains, depuis Salluste et Tacite, se plaisaient à oublier les vices de leurs compatriotes, en peignant les vertus des Barbares.

sèrent aisément persuader de passer sous les drapeaux d'un ennemi libéral et affable ; il attira les esclaves par une inviolable promesse de ne les jamais livrer à leurs maîtres ; et des mille guerriers de Pavie se forma bientôt, dans le camp de Totila, un nouveau peuple qui porta également le nom de peuple goth. Il remplit de bonne foi les articles de la capitulation, sans chercher et sans tirer aucun avantage des expressions équivoques ou des événemens imprévus. Les troupes de la garnison de Naples avaient stipulé qu'elles seraient renvoyées par mer ; les vents contraires ne le permirent pas, mais on leur fournit généreusement des chevaux, des vivres et un sauf-conduit jusqu'aux portes de Rome. Les femmes des sénateurs, saisies dans les maisons de campagne de la Campanie, furent renvoyées sans rançon à leurs maris ; on punit de mort quiconque attentait à la pudeur des femmes ; et dans le régime salutaire qu'il imposa aux Napolitains affamés, le conquérant remplit les fonctions d'un médecin attentif et plein d'humanité. Les vertus de Totila méritent une égale estime, soit qu'elles lui aient été inspirées par les idées d'une saine politique, par des principes de religion, ou par l'instinct de l'humanité. Il harangua souvent ses troupes ; il leur répétait sans cesse que la corruption d'un peuple entraîne sa ruine, que la victoire est le fruit des vertus morales ainsi que des vertus guerrières, et que le prince et même la nation sont coupables des crimes qu'ils négligent de punir.

Bélisaire commande en Italie pour la seconde fois.
A. D. 544-548.

Les amis et les ennemis de Bélisaire demandaient avec la même ardeur qu'on le chargeât du soin de sauver le pays qu'il avait subjugué : on renvoya en effet contre les Goths l'ancien commandant de l'Italie, et ce fût pour lui une marque de confiance ou une espèce d'exil. Héros sur les bords de l'Euphrate, esclave dans le palais de Constantinople, Bélisaire accepta, quoique avec répugnance, la pénible tâche de soutenir sa réputation, et de réparer les fautes des chefs qui l'avaient remplacé. La mer était ouverte aux Romains. Les navires et les soldats furent rassemblés à Salone près du palais de Dioclétien; Bélisaire fit la revue générale de ses troupes à Pola en Istrie, où il les laissa reposer quelques jours, et ensuite, côtoyant la mer Adriatique, il entra dans le port de Ravenne, et envoya des ordres plutôt que des secours aux villes subordonnées. Son premier discours public s'adressa aux Goths et aux Romains : il leur annonçait au nom de l'empereur que ce prince avait suspendu pour quelque temps la conquête de la Perse et prêté l'oreille aux prières de ses sujets d'Italie; il indiqua avec ménagement les causes et les auteurs des derniers désastres; il s'efforça de dissiper la crainte d'être puni sur le passé, et l'espoir de l'impunité sur l'avenir; et il travailla avec plus de zèle que de succès à établir une ligue d'affection et d'obéissance parmi tous ceux qui dépendaient de son gouvernement. Il ajouta que Justinien, son gracieux maître, se trouvait disposé à pardonner et à récompenser, et qu'il était de leur devoir, ainsi que de leur intérêt, de détromper leurs compatriotes séduits par les artifices de l'usurpateur. Aucun soldat n'eut la tentation d'abandonner les drapeaux du roi des Goths. Bélisaire découvrit bientôt qu'il avait été envoyé pour être le témoin oisif et impuissant de la gloire d'un jeune Barbare, et sa lettre à l'empereur peint naturellement et vivement les angoisses d'une âme généreuse. « Très-excellent prince, lui mande-t-il, nous sommes arrivés en Italie, manquant d'hommes, d'armes, de chevaux et d'argent, c'est-à-dire, dénués de tout ce qu'il faut pour la guerre. Lors de notre dernière course dans les villages de la Thrace et de l'Illyrie, nous avons rassemblé, avec des difficultés extrêmes, environ quatre mille recrues, qui ne sont pas vêtues, et qui ne savent ni manier les armes ni faire le service d'un camp. Les soldats que j'ai trouvés dans la province sont mécontens, timides et épouvantés. Dès qu'on leur annonce l'ennemi, ils abandonnent leurs chevaux et jettent leurs armes. On ne peut lever aucun impôt, puisque l'Italie est dans les mains des Barbares. La suspension de paiement nous a privés du droit de donner des ordres et même des avis. Soyez sûr, redoutable seigneur, que la plus grande partie de vos troupes a déjà passé sous l'étendard des Goths. Si la présence seule de Bélisaire pouvait terminer la guerre, vos désirs seraient satisfaits. Bélisaire est au milieu de l'Italie; mais si vous voulez triompher, il faut bien d'autres préparatifs : le titre de général n'est qu'un vain nom, lorsqu'il n'est pas accompagné de forces militaires. Il serait à propos de me rendre mes vétérans et mes gardes domestiques. Je ne puis entrer en campagne qu'après l'arrivée d'un renfort de troupes légères et de troupes pesamment armées; et ce n'est qu'avec de l'argent comptant que vous pouvez vous procurer un corps considérable de la cavalerie des Huns, dont nous avons un besoin indispensable (1). » Un officier en qui Bélisaire avait confiance, partit de Ravenne pour hâter et amener les secours; mais le messager négligea sa mission, et un mariage avantageux le retint à Constantinople. Poussé à bout par les délais, trompé dans toutes ses espérances, Bélisaire repassa la mer Adriatique, et attendit à Dyrrachium l'arrivée des troupes qu'on levait avec lenteur parmi les sujets et les alliés de l'empire. Après les avoir reçues, ses forces ne suffisaient pas encore à la délivrance de Rome, que le roi des Goths serrait de toutes parts. Les Barbares couvraient la voie Appienne, longue de quarante journées de marche; et Bélisaire, à qui la prudence ordonnait d'éviter une bataille, préféra la route de mer, plus prompte et plus sûre, qui, en cinq jours, devait le porter de la côte de l'Épire à l'embouchure du Tibre.

Rome assiégée par les Goths. A. D. 546, mai.

Après avoir réduit par la force ou par les traités les villes inférieures des provinces du centre de

---

(1) Procope, l. III, c. 12. L'âme d'un héros se fait sentir dans cette lettre, et on ne doit pas confondre ces morceaux authentiques et originaux, avec les harangues si travaillées, et souvent si vides, des historiens de Byzance.

l'Italie, Totila se disposa, non à donner un assaut à
l'ancienne capitale de l'empire, mais à l'environner
et à l'affamer. Rome était défendue par la valeur,
mais opprimée par l'avarice de Bessas, vieux général d'extraction gothique, qui avec trois mille soldats
garnissait la vaste circonférence de ses antiques murailles. Il trafiquait de la misère du peuple, et se réjouissait en secret de la durée du siége. C'était pour
augmenter sa fortune qu'on avait rempli les greniers.
La charité du pape Vigile avait acheté en Sicile et
fait embarquer une provision considérable de grains :
les navires échappèrent aux Barbares, mais ils tombèrent entre les mains d'un gouverneur avide, qui
donnait aux soldats une faible ration, et vendait le
reste aux plus riches des habitans. Le médimne, ou
la cinquième partie d'un *quarter* de froment, se vendait sept pièces d'or ; un bœuf, butin rare et précieux
enlevé aux ennemis, se paya jusqu'à cinquante : le
progrès de la famine accrut encore cette valeur exorbitante, et engagea souvent l'avarice des mercenaires à se priver encore de la faible portion de vivres à
peine suffisante pour soutenir leur existence. Une
pâte insipide et malsaine, qui contenait trois fois plus
de son que de farine, apaisait la faim des pauvres ;
ils se virent réduits peu à peu à se nourrir de chevaux,
de chiens, de chats et de souris, à manger les herbes,
et même les orties qui croissaient au milieu des ruines
de la ville. Une foule de spectres pâles, exténués,
accablés par la maladie, se rassembla autour du palais du gouverneur : ils lui remontrèrent vainement

que le devoir d'un maître est de nourrir ses esclaves ; ils le supplièrent humblement de pourvoir à leur subsistance, ou de leur permettre de sortir de la place, ou enfin de prononcer sur-le-champ l'arrêt de leur mort. Bessas répondit, avec la tranquillité d'un homme insensible, qu'il ne pouvait nourrir les sujets de l'empereur, qu'il compromettrait sa sûreté en les renvoyant, et que les lois ne lui permettaient pas de les faire mourir. Ils auraient pu cependant apprendre d'un de leurs concitoyens que la faculté de mourir est une de celles dont ne peut nous priver un tyran. Déchiré par les cris de cinq enfans qui lui demandaient du pain, il leur ordonna de le suivre ; il se rendit tranquillement et en silence sur l'un des ponts du Tibre, et, après s'être couvert le visage, il se précipita dans la rivière, sous les yeux de sa famille et du peuple romain. Bessas vendait aux citoyens riches et pusillanimes la permission de sortir de la ville (1) ; mais la plupart de ces fugitifs expiraient sur les grands chemins, ou se trouvaient arrêtés par des détachemens de Barbares. Sur ces entrefaites, l'artificieux gouverneur, pour calmer le mécontentement et rani-

---

(1) Procope ne dissimule pas la cupidité de Bessas (l. III, c. 17, 20). Il expia la perte de Rome par la glorieuse conquête de Petra (*Goth.*, l. IV, c. 12) ; mais il porta sur les bords du Phase les vices qu'il avait montrés sur les rives du Tibre, et l'historien parle avec la même équité de son mérite et de ses défauts. Le châtiment que l'auteur du roman de *Bélisaire* inflige à l'oppresseur de Rome est plus conforme à la justice qu'à l'histoire.

mer l'espoir des Romains, faisait répandre que des flottes et des armées venaient à leur secours des extrémités de l'Orient. La nouvelle certaine du débarquement de Bélisaire dans le port du Tibre les tranquillisa davantage ; et, sans examiner quelles étaient ses forces, ils comptèrent sur l'humanité, la bravoure et l'habileté de ce grand général.

Totila avait eu soin de préparer des obstacles dignes d'un tel adversaire. A quatre-vingt-dix stades au-dessous de la ville, et dans la partie la plus étroite du Tibre, il avait joint les deux bords par de fortes poutres qui formaient une espèce de pont sur lequel il plaça deux tours élevées, qu'il garnit des plus braves d'entre les Goths, et qu'il munit d'une grande provision d'armes de trait et de machines d'attaque. Une grosse et forte chaîne de fer empêchait l'approche du pont et celle des tours, et ses deux extrémités, sur les deux bords de la rivière, étaient défendues par un nombreux détachement d'archers d'élite. L'entreprise que forma Bélisaire de forcer ces barrières et de secourir la capitale, offre un exemple remarquable de sa hardiesse et de son habileté. Sa cavalerie partit du port, et s'avança le long du chemin public, afin de contenir les mouvemens et de distraire l'attention de l'ennemi : il plaça son infanterie et ses munitions sur deux cents gros bateaux : chacun de ces bateaux avait un rempart élevé, de grosses planches percées d'une grande quantité de petits trous qui devaient donner passage aux armes de trait. A son front deux grands navires, joints

Tentative de Bélisaire.

l'un à l'autre, soutenaient un château flottant qui dominait les tours du pont, et était chargé de feux de soufre et de bitume. La flotte, conduite par le général en personne, remonta paisiblement le courant de la rivière. Son poids rompit la chaîne, et les ennemis qui gardaient les bords furent massacrés ou dispersés. Dès qu'elle eut touché la principale barrière, le brûlot s'attacha au pont; les flammes consumèrent une des tours avec deux cents Goths. Les assaillans poussèrent des cris de victoire, et Rome était sauvée, si la sagesse de Bélisaire n'eût été rendue inutile par la mauvaise conduite de ses officiers. Il avait envoyé ordre à Bessas de seconder ses opérations par une sortie faite à propos, et il avait enjoint à Isaac, son lieutenant, de ne point quitter le port. Mais l'avarice rendit Bessas immobile, tandis que l'ardeur du jeune Isaac le livra aux mains d'un ennemi supérieur en nombre. Bélisaire apprit bientôt cette défaite, dont on exagérait le malheur. Il s'arrêta; et dans ce seul instant de sa vie il fit paraître quelques émotions de surprise et de trouble, et donna à regret l'ordre de la retraite pour sauver sa femme Antonina, ses trésors, et le seul port qu'il eût sur la côte de Toscane. Les angoisses de son esprit lui donnèrent une fièvre ardente et presque mortelle, et Rome fut abandonnée sans protecteur, à la merci ou au ressentiment de Totila. La longue durée de cette guerre avait aigri la haine nationale : le clergé arien fut ignominieusement chassé de Rome. L'archidiacre Pélage revint sans succès du camp des Goths, où il avait été en ambassade ; et un évêque de Sicile, l'envoyé ou le nonce du pape, perdit les deux mains pour s'être permis des mensonges utiles au service de Rome et de l'État.

La famine avait diminué la force et affaibli la discipline de la garnison de Rome. Elle ne pouvait tirer aucun service d'un peuple mourant, et la cruelle avarice du marchand avait à la fin absorbé la vigilance du gouverneur. Quatre soldats d'Isaurie qui se trouvaient en sentinelle, descendant du haut des murs avec une corde, tandis que leurs camarades dormaient et que leurs officiers étaient absens, proposèrent en secret au roi des Goths d'introduire ses troupes dans la ville. On les reçut avec froideur et avec défiance : ils revinrent sains et saufs ; ils retournèrent deux fois chez l'ennemi ; la place fut examinée deux fois : la conspiration fut révélée, mais on ne voulut pas y faire attention ; et dès que Totila fut d'accord avec les conjurés, ceux-ci ouvrirent la porte Asinaire et laissèrent entrer les Goths. Craignant quelque trahison ou quelque embuscade, ils demeurèrent en bataille jusqu'à la pointe du jour ; mais Bessas et ses troupes avaient déjà pris la fuite ; et lorsqu'on pressa le roi de harceler leur retraite, il répondit avec sagesse que rien n'était si agréable que la vue d'un ennemi en fuite. Les patriciens auxquels il restait encore des chevaux, Decius, Basilius, etc., accompagnèrent le gouverneur : les autres, parmi lesquels Procope nomme Olybrius, Oreste et Maxime, se réfugièrent dans l'église de Saint-Pierre ; mais

Rome prise par les Goths. A. D. 546, déc. 17.

lorsqu'il assure qu'il ne resta que cinq cents personnes dans la place, on peut concevoir quelque doute sur la fidélité de l'historien ou sur celle du texte. Le jour vint éclairer la victoire complète des Goths, et leur monarque se rendit en dévotion au tombeau du prince des apôtres; mais tandis qu'il priait au pied de l'autel, vingt-cinq soldats et soixante citoyens furent égorgés sous le vestibule. L'archidiacre Pélage (1) se présenta devant lui, les évangiles à la main, et dit: « Seigneur, ayez pitié de votre serviteur. — Pélage, lui répondit Totila avec un sourire insultant, votre orgueil s'abaisse donc maintenant au langage de la prière? — Je suis un suppliant, lui répliqua le prudent archidiacre; Dieu nous a soumis à votre pouvoir; et, en qualité de vos sujets, nous avons droit à votre clémence. » Son humble prière sauva les Romains, et la pudeur des jeunes filles et des matrones romaines fut sauvée de la fureur des soldats; mais on leur permit de piller la ville, après qu'on eut réservé pour le trésor royal les dépouilles les plus précieuses. Les maisons des sénateurs étaient remplies d'or et d'argent, et la honteuse et coupable

---

(1) Durant le long exil de Vigile, et après la mort de ce pape, l'Église de Rome fut gouvernée d'abord par l'archidiacre Pélage, ensuite (A. D. 555) pape Pélage, qui passait pour n'être pas innocent des violences exercées contre son prédécesseur. *Voyez* les Vies originales des Papes, sous le nom d'Anastase; Muratori (*Script. rer. italicarum,* t. III, part. I, p. 130-131), qui raconte plusieurs incidens curieux des siéges de Rome et des guerres d'Italie.

avidité de Bessas se trouva n'avoir travaillé que pour le profit du vainqueur. Dans cette révolution, les fils des consuls éprouvèrent la misère qu'ils avaient rebutée ou qu'ils avaient soulagée ; ils errèrent, couverts de haillons, au milieu des rues de la ville, et mendièrent leur pain, peut-être sans succès, à la porte des maisons de leurs pères. Rusticiana, fille de Symmaque et veuve de Boëce, avait généreusement sacrifié ses richesses pour soulager les maux de la famine ; mais on l'accusa auprès des Barbares d'avoir excité le peuple à renverser les statues du grand Théodoric ; et cette vénérable matrone eût payé de sa vie l'insulte faite à la mémoire du roi des Goths, sans le respect qu'inspirèrent à Totila sa naissance, ses vertus, et même le pieux motif de sa vengeance. Il prononça le lendemain deux discours, dont l'un contenait les éloges et les avertissemens adressés à ses Goths victorieux ; dans l'autre, il traita les sénateurs comme les plus vils des esclaves : il leur reprocha leur parjure, leur folie et leur ingratitude ; et il déclara, d'un ton sévère, que leurs biens et leurs dignités étaient à juste titre acquis à ses compagnons d'armes. Cependant il consentit à oublier leur révolte ; et pour reconnaître sa clémence, les sénateurs adressèrent à leurs tenanciers et à leurs vassaux des lettres circulaires où ils leur enjoignaient expressément d'abandonner les enseignes des Grecs, de cultiver en paix leurs terres, et d'apprendre de leurs maîtres à obéir au roi des Goths. Il fut inexorable pour la ville qui avait arrêté si long-temps le cours de ses victoires ; il fit démolir, en différens endroits, environ un tiers de ses murailles ; il préparait des feux et des machines pour détruire ou renverser les plus beaux monumens de l'antiquité, et l'univers apprit avec effroi qu'un décret allait changer Rome en un pâturage pour les troupeaux. Les remontrances fermes et modérées de Bélisaire suspendirent l'exécution de cet arrêt. Il exhorta le prince barbare à ne pas souiller sa gloire par la destruction de ces monumens qui honoraient les morts et charmaient les vivans; et Totila, d'après les conseils d'un ennemi, se détermina à conserver Rome pour servir d'ornement à son empire, ou comme un précieux gage de paix et de réconciliation. Lorsqu'il eut déclaré aux envoyés de Bélisaire sa résolution d'épargner la ville, il plaça une armée à cent vingt stades des murs, afin d'observer les mouvemens du général romain. Il s'avança avec le reste de ses forces dans la Lucanie et dans la Pouille, et occupa, au sommet du Garganus (1), un des camps d'Annibal (2). Les sénateurs

---

(1) Le mont Garganus, aujourd'hui le mont Saint-Angelo, dans le royaume de Naples, se prolonge à trois cents stades dans la mer Adriatique. (Strab., l. vi, 436.) Il avait été célèbre dans les siècles d'ignorance par les apparitions, les miracles et l'église de l'archange saint Michel. Horace, né dans la Pouille ou la Lucanie, avait vu les chênes et les ormes s'agiter en mugissant par la violence du vent de nord qui soufflait sur cette côte élevée. *Carmin.* II, 9; *epist.* II, 1, 201.

(2) Je ne puis déterminer exactement la position de ce

furent traînés à sa suite, et bientôt après resserrés dans les forteresses de la Campanie : les citoyens, leurs femmes et leurs enfans, partirent pour le lieu de leur exil; et durant quarante jours, Rome n'offrit qu'une affreuse solitude (1).

Rome fut bientôt reprise par une de ces actions que l'opinion publique qualifie quelquefois, selon l'événement, de téméraires ou d'héroïques. Après le départ de Totila, Bélisaire sortit du port à la tête de mille cavaliers : il tailla en pièces ceux des ennemis qui osèrent le combattre, et visita avec compassion et avec respect les ruines désertes de la ville *éternelle*. Résolu de garder un poste qui attirait les regards du monde entier, il appela la plus grande partie de ses troupes auprès de l'étendard qu'il éleva sur le Capitole. L'amour de la patrie et l'espoir d'y trouver de la nourriture y ramena les anciens habitans, et les clefs de Rome furent envoyées une seconde fois à l'empereur Justinien. La partie des murs démolie par les Goths fut réparée avec des matériaux grossiers et mal assortis; on refit le fossé ; on garnit les chemins

<small>Bélisaire reprend Rome. A. D. 547, février.</small>

---

camp d'Annibal; mais les Carthaginois campèrent long-temps et souvent aux environs d'Arpi. Tite-Live, XXII, 9, 12; XXIV, 3, etc.

(1) *Totila... Romam ingreditur.... ac evertit muros, domos aliquantas igni comburens, ac omnes Romanorum res in prædam accepit, hos ipsos Romanos in Campaniam captivos abduxit. Post quam devastationem, XL aut amplius dies, Roma fuit ita desolata, ut nemo ibi hominum, nisi (nullæ?) bestiæ morarentur.* Marcellin, *in Chron.*, pag. 54.

d'une multitude de pointes de fer pour blesser les pieds des chevaux (1); et comme on ne pouvait se procurer sur-le-champ de nouvelles portes, l'entrée fut gardée, à la manière des Spartiates, par un rempart des plus braves soldats. En vingt-cinq jours, Totila arriva de la Pouille à marches forcées pour venger sa honte et son injure. Bélisaire l'attendit. Les Goths donnèrent trois fois un assaut général, et trois fois ils furent repoussés : ils perdirent la fleur de leurs troupes. L'étendard royal fut près de tomber entre les mains de l'ennemi, et la gloire de Totila tomba comme elle s'était élevée avec la fortune de ses armes. Tout ce que pouvaient faire le courage et l'habileté avait été accompli par le général romain ; c'était maintenant à Justinien à terminer, par un effort vigoureux et fait à propos, la guerre entreprise par son ambition. L'indolence, peut-être l'impuissance d'un prince plein de mépris pour ses ennemis et de jalousie contre ses serviteurs, prolongeaient les malheurs de l'Italie. Après un long silence, il ordonna à Bélisaire de laisser à Rome une garnison insuffisante, et de se transporter dans la province

---

(1) Les *tribuli* (chausse-trapes ou chevaux de frise) sont de petites machines de fer à quatre pointes, l'une fixée en terre, et les trois autres élevées verticalement ou d'une manière oblique. (Procope, *Gothic.*, liv. III, c. 24; Juste-Lipse, Poliorcète, ων, liv. V, chap. 3.) Ces machines ont pris le nom de *tribuli* de la chausse-trape ou chardon étoilé, plante qui porte un fruit épineux, et qui est commune en Italie. Martin, *ad. Virgil. Georg.*, 1, 153, vol. II, p. 33.

de Lucanie, dont les habitans, enflammés par le zèle de la religion catholique, avaient secoué le joug des ariens, leurs vainqueurs. Ce héros, dont ne pouvait triompher la puissance des Barbares, fut vaincu dans cette ignoble guerre par les délais, la désobéissance et la lâcheté de ses officiers. Il se reposait dans ses quartiers d'hiver à Crotone, bien persuadé que sa cavalerie gardait les deux passages des collines de la Lucanie. Ces passages furent livrés ou mal défendus, et la célérité de la marche des Goths laissa à peine à Bélisaire le temps de se sauver sur la côte de Sicile. On rassembla enfin une flotte et une armée pour secourir Ruscianum ou Rossano (1), forteresse située à soixante stades des ruines de Sybaris, et dans laquelle les nobles de la Lucanie avaient cherché un asile. A la première tentative, une tempête dispersa la flotte romaine. La seconde fois elle approcha du bord; mais elle vit les collines remplies d'archers, le lieu du débarquement défendu par une forêt de lances, et le roi des Goths impatient de livrer bataille. Le vainqueur de l'Italie se retira en soupirant, et continua de languir sans gloire et dans l'inaction jusqu'au moment où Antonina, qui

---

(1) Le nom de Ruscia, le *Navale Thuriorum*, fut transféré à soixante stades de là à Ruscianum (Rossano), archevêché qui n'a point de suffragant. Le territoire de la république de Sybaris compose aujourd'hui les domaines du duc de Corigliano. *Voyez* Riedesel, *Voyages dans la grande Grèce et en Sicile*, p. 166-171, édit. angl.

était allée demander des secours à Constantinople, obtint son rappel après la mort de l'impératrice.

{Dernier rappel de Bélisaire. A. D. 548, sept.} Les cinq dernières campagnes de Bélisaire durent affaiblir la jalousie de ses compétiteurs, qu'avait éblouis et irrités l'éclat de ses premiers exploits. Au lieu d'affranchir l'Italie de la domination des Goths, il avait erré en fugitif le long de la côte, sans oser pénétrer dans l'intérieur du pays, ni accepter les défis réitérés de Totila. Toutefois, dans l'opinion du petit nombre de ceux qui savent distinguer les projets et les événemens et comparer les moyens avec ce qu'il s'agit d'exécuter, il parut un plus grand capitaine qu'à l'époque de prospérité où il mena deux rois captifs devant le trône de Justinien. Son âge ne ralentissait point sa valeur. L'expérience avait mûri sa sagesse ; mais il semble que son humanité et sa justice cédèrent à l'empire des circonstances. La parcimonie ou la pauvreté de l'empereur le força à s'écarter de ces règles qui lui avaient mérité l'amour et la confiance des Italiens. Il ne se soutint, durant cette dernière guerre, qu'en opprimant Ravenne, la Sicile et tous les fidèles sujets de l'empire ; et sa sévérité envers Hérodien, soit qu'elle fût injuste ou méritée, porta cet officier à livrer Spolette à l'ennemi. L'avarice d'Antonina, distraite autrefois par l'amour, la dominait alors tout entière. Bélisaire lui-même avait toujours pensé que, dans un siècle corrompu, les richesses soutiennent et embellissent le mérite personnel ; et on ne peut imaginer qu'il souilla son honneur pour les intérêts publics sans s'approprier une partie des dépouilles. Il avait échappé au glaive des Barbares ; mais le poignard des conjurés l'attendait à son retour (1). Après avoir châtié le tyran de l'Afrique, Artaban, comblé d'honneurs et de richesses, se plaignit de l'ingratitude des cours. Il aspira à la main de Præjecta, nièce de l'empereur, qui désirait de récompenser son libérateur ; mais son mariage antérieur était un obstacle que fit valoir la piété de Théodora. Les flatteurs irritaient en lui l'orgueil d'une extraction royale, et le service dont il se faisait un titre annonçait assez qu'il était capable d'actions audacieuses et sanguinaires. Il résolut la mort de Justinien ; mais les conjurés la différèrent jusqu'à l'instant où ils pourraient surprendre Bélisaire désarmé et sans escorte dans le palais de Constantinople. On n'espérait pas de vaincre sa fidélité si long-temps éprouvée ; et on craignait avec raison la vengeance ou plutôt la justice de ce vieux général, qui pouvait assembler promptement une armée dans la Thrace, punir les assassins, et peut-être jouir du fruit de leurs crimes. Le délai donna lieu à des confidences indiscrètes et à des aveux qu'arracha le remords. Le sénat condamna Artaban et ses complices : la clémence de Justinien ne leur infligea d'autre peine que celle de les détenir prisonniers dans son palais, jusqu'au mo-

---

(1) Procope (*Gothic.*, l. III, c. 31, 32) raconte cette conspiration avec tant de liberté et de bonne foi dans son Histoire publique, qu'il n'a rien ajouté de plus dans les Anecdotes.

ment où il pardonna cet attentat contre son trône et sa vie. Si l'empereur pardonnait ainsi à ses ennemis, il dut embrasser cordialement un ami dont on ne se rappelait alors que les victoires, et que rendait plus cher à son prince le danger commun qui venait de les menacer. Bélisaire se reposa de ses travaux dans le rang élevé de général de l'Orient et de comte des domestiques; et les plus anciens des consuls ou des patriciens cédèrent respectueusement la préséance à l'incomparable mérite du premier des Romains (1). Le premier des Romains était toujours l'esclave de sa femme; mais cet esclavage de l'habitude et de l'affection devint moins avilissant lorsque la mort de Théodora en eut écarté le honteux sentiment de la crainte. Joannina, leur fille et la seule héritière de leur fortune, était fiancée à Anastase, petit-fils ou plutôt neveu de l'impératrice (2), dont l'indulgence avait favorisé leurs amours et hâté leurs plaisirs. Théodora

---

(1) Les honneurs accordés à Bélisaire sont rappelés avec joie par son secrétaire Procope (*Goth.*, l. III, c. 35; l. IV; c. 21). Le titre de στρατηγος est mal traduit, du moins en cette occasion, par *præfectus prætorio;* et comme il s'agit d'une charge militaire, on le rendrait d'une manière plus exacte et plus convenable par *magister militum.* Ducange, *Gloss. græc.,* p. 1458, 1459.

(2) Alemannus (*ad Hist. Arcan.*, p. 68), Ducange (*Fam. Byzant.*, pag. 98), et Heineccius (*Hist. juris civilis,* p. 434), parlent tous trois d'Anastase comme du fils de la fille de Théodora, et leur opinion est fondée sur le témoignage non équivoque de Procope. (*Anecd.,* chap. 4, 5, θυγατριδω répété deux fois.) Toutefois j'observerai, 1° qu'en 547, Théo-

eut à peine rendu le dernier soupir, qu'on oublia ses volontés; Bélisaire et Antonina ne voulurent plus consentir à ce mariage; et l'honneur, et peut-être le bonheur de Joannina furent sacrifiés à la vengeance d'une mère insensible, qui rompit cette union que n'avaient pas sanctifiée les cérémonies de l'Église (1).

Lorsque Bélisaire quitta l'Italie, Pérouse était assiégée, et peu de villes résistaient aux armes des Goths. Ravenne, Ancône et Crotone, étaient au nombre de celles qui continuaient à se défendre; et lorsque Totila demanda en mariage une des princesses de France, on lui répondit que le roi d'Italie ne mériterait ce titre qu'au moment où il serait reconnu par le peuple romain : ce reproche le piqua. Trois mille des plus braves soldats défendaient la capitale. Ils massacrèrent le gouverneur, soupçonné de monopole; et une députation du clergé annonça à Justinien que, si on ne pardonnait pas cette violence, et si on diffé-

Rome prise de nouveau par les Goths. A. D. 549.

---

dora pouvait difficilement avoir un petit-fils en âge de puberté; 2º qu'on ne connaît point du tout cette fille et son mari; 3º que Théodora cachait ses bâtards, et que son petit-fils, issu de Justinien, aurait été l'héritier présomptif de l'empire.

(1) Les αμαρτηματα ou fautes du héros en Italie et après son retour sont dévoilées, απαρακαλυπτως, et vraisemblablement exagérées, par l'auteur des *Anecdotes*; c. 4, 5. La jurisprudence incertaine de Justinien favorisait les desseins d'Antonina. Sur la loi du mariage et du divorce, cet empereur était *trocho versatilior*. Heineccius, *Elem. juris civil., ad ordinem Pandect.*, part. IV, nº 233.

rait le paiement de la solde des troupes, elles souscriraient aux propositions séduisantes de Totila. Mais l'officier qui fut chargé ensuite du commandement de la place (il se nommait Diogènes), mérita leur estime et leur confiance; et les Goths, au lieu d'une conquête facile, trouvèrent une résistance vigoureuse de la part des soldats et du peuple, qui souffrirent patièmment la perte du port et de tous les secours qu'ils recevaient par mer. Le siége de Rome eût peut-être été levé, si la libéralité de Totila envers les Isauriens n'eût excité à la trahison quelques-uns de leurs avides compatriotes. Pendant une nuit obscure, ceux-ci ouvrirent en secret la porte de Saint-Paul, tandis que les trompettes des Goths se faisaient entendre d'un autre côté. Les Barbares se précipitèrent dans la ville, et la garnison qui s'enfuyait fut arrêtée avant qu'elle eût gagné la porte de Centumcellæ. Un soldat élevé à l'école de Bélisaire, Paul de Cilicie, se retira avec quatre cents hommes dans le môle d'Adrien. Ces braves gens repoussèrent les Goths; mais ils étaient menacés de la famine, et leur aversion pour la chair de cheval les confirma dans la résolution désespérée de risquer une sortie décisive. Cependant leur courage céda insensiblement à l'offre d'une capitulation. Ils reçurent, en s'engageant au service de Totila, les arrérages de la solde que leur devait l'empereur, et conservèrent leurs armes et leurs chevaux. Leurs chefs, s'étant excusés sur une louable affection pour leurs familles, qu'ils avaient laissées dans l'Orient, furent renvoyés avec honneur, et la clémence du vainqueur épargna plus de quatre cents guerriers qui s'étaient réfugiés dans les églises. Le roi des Goths ne songeait plus à renverser les édifices de Rome (1), où il voulait établir le siége de son gouvernement; il rappela le sénat et le peuple; il leur fournit des vivres en abondance; et, revêtu d'un habit de paix, il donna des jeux équestres dans le cirque. Tandis qu'il amusait l'attention de la multitude, on préparait quatre cents navires pour l'embarquement de ses troupes. Après avoir réduit les villes de Reggio et de Tarente, il passa dans la Sicile, l'objet de son implacable ressentiment, et cette île fut dépouillée de ce qu'elle contenait d'or et d'argent, des fruits de la terre et d'un nombre infini de chevaux, de moutons et de bœufs. La Sardaigne et la Corse suivirent le sort de l'Italie, et une flotte de trois cents galères se porta sur les côtes de la Grèce (2).

---

(1) Les Romains étaient toujours attachés aux monumens de leurs ancêtres; et selon Procope (*Goth.*, l. IV, c. 22), la galère d'Énée, à un seul rang de rames, de vingt-cinq pieds de largeur et de cent vingt de longueur, se conservait bien entière dans le *Navalia*, près du mont *Testaceo*, au pied de l'Aventin (Nardini, *Roma antica*, liv. VII, c. 9, p. 466; Donatus, *Roma antiqua*; l. IV, c. 13, p. 334); mais cette précieuse relique est demeurée inconnue à tous les auteurs de l'antiquité.

(2) Procope chercha vainement dans ces mers l'île de Calypso. On lui montra à Phéacie ou Corcyre le vaisseau pétrifié d'Ulysse (*Odyss.*, XIII, 163); mais il trouva que c'était une fabrique récemment composée de pierres séparées et dédiée par un marchand à Jupiter Cassius (l. IV, c. 22);

Les Goths débarquèrent à Corcyre et sur l'ancien territoire de l'Épire : ils s'avancèrent jusqu'à Nicopolis, monument de la gloire d'Auguste, et jusqu'à Dodone, fameuse autrefois par l'oracle de Jupiter (1). A chaque victoire, le sage Totila renouvelait à Justinien ses offres de paix; il applaudissait à la bonne intelligence qu'on avait vue régner entre la cour de Ravenne et celle de Constantinople, et offrait d'employer ses troupes au service de l'empire.

Préparatifs de Justinien pour la guerre contre les Goths. A. D. 549-551.

Justinien ne voulait point entendre à la paix, et négligeait de soutenir la guerre; et l'indolence de son naturel trompait à quelques égards l'opiniâtreté de ses passions. Il fut tiré de ce salutaire repos par le pape Vigile et le patricien Cethegus : ils se présentèrent au pied de son trône, le conjurant, au nom de Dieu et au nom du peuple, de conquérir et de délivrer l'Italie. La sagesse et le caprice concoururent également au choix des généraux chargés de cette guerre. Une flotte et une armée allèrent, sous les ordres de Liberius, au secours de la Sicile : on ne tarda pas à reconnaître son trop d'âge et son peu d'expérience, et on lui ôta le commandement avant qu'il eût touché les côtes de l'île. Artaban, ce conspirateur

---

Eustathe croyait que c'était un rocher d'une forme bizarre, élevé par la main des hommes.

(1) M. d'Anville (*Mém. de l'Acad. des Inscript.*, t. XXXII, p. 513-528) éclaircit très-bien ce qui regarde le golfe d'Ambracie; mais il ne peut déterminer la position de Dodone. Les déserts de l'Amérique sont plus connus qu'un pays situé à la vue de l'Italie.

dont nous avons parlé plus haut, fut tiré de sa prison et mis à la place de Liberius, dans la confiante espérance que la reconnaissance animerait sa valeur et soutiendrait sa fidélité. Bélisaire se reposait à l'ombre de ses lauriers ; on réservait le commandement de l'armée principale à Germanus (1), neveu de l'empereur, que dans une cour jalouse son rang et son mérite condamnaient depuis long-temps à l'obscurité. Théodora l'avait blessé dans ses droits de citoyen en ce qui concernait le mariage de ses enfans et le testament de son frère, et toute la pureté d'une conduite sans reproche ne pouvait le préserver de l'humeur qu'éprouvait Justinien en le voyant digne de la confiance des mécontens. Il donnait aux sujets de l'empereur l'exemple d'une parfaite obéissance ; il avait noblement refusé de prostituer son nom et son caractère dans les factions du cirque ; une innocente gaîté tempérait la gravité de ses mœurs, et ses richesses étaient employées à secourir sans intérêt le mérite ou le besoin. Sa valeur avait triomphé autrefois des Esclavons du Danube et des rebelles de l'Afrique. La première nouvelle de son élévation ranima l'espoir des Italiens, et il reçut en secret l'assurance qu'une foule de déserteurs romains abandonneraient,

---

(1) *Voyez* les actions de Germanus dans l'*Hist. publique* de Procope (*Vand.*, l. II, c. 16, 17, 18; *Goth.*, l. III, c. 31, 32) et dans l'*Histoire secrète* (*Anecd.*, c. 5) ; et celles de son fils Justin, dans Agathias (l. IV, p. 130, 131). Malgré l'expression équivoque de Jornandès, *fratri suo*, Aleman a prouvé qu'il était fils du frère de l'empereur.

à son approche, le drapeau de Totila. Son second mariage avec Malasuinthe, petite-fille de Théodoric, le rendait cher aux Goths eux-mêmes; et ils marchèrent avec répugnance contre le père d'un enfant royal, dernier rejeton de la ligne des Amali (1). L'empereur lui assigna des honoraires considérables. Germanus ne craignit pas de sacrifier sa fortune particulière : ses deux fils étaient remplis d'activité et jouissaient de la faveur populaire; il forma son armée et ses recrues avec tant de célérité, qu'il surpassa les espérances publiques. On lui permit de choisir quelques escadrons parmi les cavaliers de la Thrace. Les vétérans, ainsi que les jeunes gens de Constantinople et des autres pays soumis à l'empereur, servirent en qualité de volontaires; sa réputation ainsi que sa libéralité lui amenèrent des Barbares, même du centre de l'Allemagne. Les Romains s'avancèrent jusqu'à Sardica; une armée d'Esclavons prit la fuite devant eux; mais, au bout de deux jours de marche, la maladie et la mort mirent un terme aux projets de Germanus. L'impulsion qu'il avait donnée à la guerre d'Italie, se fit toutefois sentir avec énergie et avec succès. Les villes maritimes d'Ancône, de Crotone et de Centumcellæ, résistèrent aux assauts de Totila. Le zèle d'Artaban réduisit la Sicile, et la flotte des Goths fut battue près de la côte de l'Adriatique. Les

---

(1) *Conjuncta Aniciorum gens cum Amalâ stirpe, spem adhuc utriusque generis promittit.* Jornandès, c. 60, p. 703. Cet auteur écrivait à Ravenne avant la mort de Totila.

deux escadres, composées, l'une de quarante-sept galères, l'autre de cinquante, se trouvaient presque égales en force ; l'adresse et l'habileté des Grecs décidèrent la victoire. Les vaisseaux s'attachèrent si bien les uns aux autres, que les Goths n'en purent sauver que douze de cette malheureuse affaire. Ils affectèrent de déprécier les combats sur mer, dans lesquels ils se montraient malhabiles; mais leur expérience servit à confirmer cette vérité, que le maître de la mer le sera toujours de la terre (1).

Après la mort de Germanus, les peuples se permirent des railleries en apprenant qu'un eunuque venait d'obtenir le commandement des armées romaines; mais l'eunuque Narsès (2) est du petit nombre des hommes de cette classe infortunée qui ont échappé au mépris du genre humain. Sa petite stature, un corps grêle et faible, cachaient en lui l'âme d'un homme d'État et d'un guerrier. Il avait passé sa jeunesse à manier le fuseau ou à travailler au métier de tisserand, ou dans les soins d'un ménage et au service du luxe des femmes : toutefois,

Caractère et expédition de l'eunuque Narsès. A. D. 552.

---

(1) Procope termine son troisième livre par la mort de Germanus. *Add.*, l. iv, c. 23, 24, 25, 26.

(2) Procope raconte tout ce qui a rapport à cette seconde guerre contre les Goths et à la victoire de Narsès (liv. iv, chap. 21, 26-35). C'est un magnifique tableau, et un des six sujets de poëmes épiques que le Tasse avait dans l'esprit; il hésitait entre la conquête de l'Italie par Bélisaire et la conquête de ce même pays par Narsès. Hayley's Works, vol. 4, pag. 70.

au milieu de ces ignobles travaux, il exerçait secrètement les facultés d'un esprit plein de vigueur et de pénétration. Étranger aux sciences et au métier de la guerre, il apprenait, dans l'intérieur du palais, à dissimuler, à flatter et à persuader; et lorsqu'il approchait de la personne de l'empereur, le prince prêtait l'oreille avec surprise et avec satisfaction aux mâles conseils de son chambellan et de son trésorier privé (1). Plusieurs ambassades déployèrent et perfectionnèrent les talens de Narsès : il conduisit une armée en Italie; il acquit une connaissance pratique de la guerre et de ce pays, et il osa lutter contre le génie de Bélisaire. Douze ans après, on lui donna le soin d'achever la conquête que le premier des généraux romains avait laissée imparfaite. Loin de se laisser éblouir par la vanité ou par l'émulation, il déclara que si on ne lui accordait pas des forces suffisantes, il n'exposerait jamais sa gloire ni celle de son souverain. Justinien accorda au favori ce qu'il

---

(1) On ignore la patrie de Narsès; car il ne doit pas être confondu avec Narsès, l'Arménien Persan. Procope (*Goth.*, liv. II, c. 13) l'appelle βασιλικον χρηματων ταμιας; Paul Warnefrid (l. II, c. 3, p. 776) lui donne le titre de *chartularius*; et Marcellin y ajoute celui de *cubicularius*. Une inscription du pont Salaria le qualifiait d'*exconsul, expræpositus, cubiculi patricius*. (Mascou, *Hist. des Germains*, l. XIII, c. 25.) La loi de Théodose contre les eunuques était tombée en désuétude ou abolie. (*Annotat.* 20.) Mais la ridicule prophétie des Romains subsistait dans toute sa vigueur. Procope, liv. IV, chap. 21.

aurait peut-être refusé au héros. La guerre des Goths se ralluma de ses cendres, et les préparatifs ne furent pas indignes de l'ancienne majesté de l'empire. On mit entre les mains de Narsès la clef du trésor public, pour former des magasins, lever des soldats, acheter des armes et des chevaux, payer aux troupes les arrérages de leur solde, et tenter la fidélité des fugitifs et des déserteurs. Les troupes de Germanus n'avaient point quitté leurs drapeaux; elles attendaient à Salone un nouveau général; et la libéralité bien connue de Narsès lui créa des légions parmi les sujets et les alliés de l'empire. Le roi des Lombards (1) remplit ou excéda les obligations de son traité, en prêtant deux mille deux cents de ses plus braves guerriers, dont la suite se composait de trois mille combattans. Trois mille Hérules servaient à cheval sous Philemuth, leur chef naturel; et le noble Aratus, qui avait adopté les mœurs et la discipline de Rome, commandait une troupe de vétérans de la même nation. Dagistheus fut tiré de sa prison, pour devenir le chef des Huns; et Kobad, petit-fils et neveu du grand roi, se montrait avec un diadême royal, à la tête de ses fidèles Persans, qui s'étaient

---

(1) Le Lombard Paul Warnefrid raconte avec complaisance les secours, les services de ses compatriotes, et l'honorable congé qu'ils reçurent ensuite. *Reipublicæ romanæ adversus æmulos adjutores fuerant* (l. II, c. 1, p. 774, édit. Grot.). Je suis surpris qu'Alboin, leur vaillant roi, n'ait pas, dans cette occasion, conduit lui-même ses troupes à la guerre.

dévoués à la fortune de leur prince (1). Absolu dans l'exercice de son autorité, plus absolu par l'affection de ses troupes, Narsès s'avança de Philippopolis à Salone, avec une armée nombreuse et pleine de valeur ; il longea ensuite la côte orientale de l'Adriatique jusqu'aux confins de l'Italie, où il se trouva arrêté dans sa marche. L'Orient ne pouvait fournir assez de navires pour transporter une multitude si considérable d'hommes et de chevaux. Les Francs, qui, au milieu de la confusion générale, avaient usurpé la plus grande partie de la province de Vénétie, refusèrent le passage aux amis des Lombards. Teias, avec la fleur de l'armée des Goths, occupait le poste de Vérone ; cet habile chef avait couvert d'abattis et d'inondations tous les pays d'alentour (2). Dans cet embarras, un officier expérimenté proposa un moyen d'autant plus sûr, qu'il paraissait plus téméraire ; il conseilla de faire avancer l'armée de l'em-

---

(1) Si ce n'était pas un imposteur, c'était le fils de Zamès l'aveugle, sauvé par compassion et élevé dans la cour de Byzance, par différens motifs de politique, d'orgueil et de générosité. Procope, *Persic.*, l. 1, c. 23.

(2) Sous le règne d'Auguste et dans le moyen âge, tout le territoire qui s'étend d'Aquilée à Ravenne, était couvert de bois, de lacs et de marais. L'homme a subjugué la nature ; on a emprisonné les eaux, et l'on a cultivé le sol. *Voyez* les savantes recherches de Muratori. (*Antiq. Italiæ medii ævi*, t. 1, *dissert.* XXI, p. 253, 254), d'après Vitruve, Strabon, Hérodien, les anciennes chartes et les connaissances personnelles qu'il avait des localités.

pereur avec précaution le long de la côte de la mer, tandis que la flotte, précédant sa marche, jetterait successivement des ponts de bateaux aux embouchures du Timave, de la Brenta, de l'Adige et du Pô, qui tombent dans l'Adriatique, au nord de Ravenne. Le général romain s'arrêta neuf jours dans cette ville, et, après avoir rassemblé les débris de l'armée d'Italie, il marcha vers Rimini, pour répondre aux insultantes provocations de l'ennemi.

La prudence exigeait que Narsès hâtât le moment d'une bataille décisive. Son armée était le dernier effort de l'empire. Les frais de chaque jour augmentaient l'embarras des finances; et ses troupes, peu faites à la fatigue ou à la discipline, pouvaient tourner leurs armes les unes contre les autres, ou contre leur bienfaiteur. Ces considérations auraient dû réprimer au contraire l'ardeur de Totila. Mais il savait que le clergé et le peuple d'Italie désiraient une seconde révolution : apercevant ou soupçonnant les progrès rapides de l'esprit de trahison, il résolut de commettre le royaume des Goths au hasard d'une seule journée, durant laquelle l'excès du danger animerait les soldats valeureux, et contiendrait les malintentionnés par leur ignorance réciproque. De Ravenne, le général romain continua sa marche; il châtia en passant la garnison de Rimini, traversa en ligne droite les collines de l'Urbin, et reprit la voie Flaminienne, neuf milles au-delà du roc percé à jour de Terni, obstacle de la nature et de l'art, qui

Défaite et mort de Totila.
A. D. 522, juillet.

pouvait arrêter ou retarder sa marche (1). Les Goths se trouvaient rassemblés aux environs de Rome ; ils vinrent sans différer à la rencontre d'un ennemi supérieur en nombre ; et les deux armées s'approchèrent à la distance de cent stades l'une de l'autre, entre Tagina (2) et les sépulcres des Gaulois (3). Narsès,

---

(1) Voici l'étendue de la voie Flaminienne, telle que M. d'Anville (*Anal. de l'Ital.*, p. 147-162) l'a fixée d'après les Itinéraires et les meilleures Cartes modernes : de ROME à Narni, cinquante-un milles romains ; à Terni, cinquante-sept ; à Spolette, soixante-quinze ; à Foligno, quatre-vingt-huit ; à Nocera, cent trois ; à Cagli, cent quarante-deux ; à Intercisa, cent cinquante-sept ; à Fossombrone, cent soixante ; à Fano, cent soixante-seize ; à Pesaro, cent quatre-vingt-quatre ; à RIMINI, deux cent huit : ce qui compose en tout environ cent quatre-vingt-neuf milles d'Angleterre. M. d'Anville ne parle point de la mort de Totila ; mais Wesseling (*Itinér.*, p. 614), au lieu du champ de *Taginas*, indique un lieu auquel il donne la dénomination inconnue de *Ptanias*, à huit milles de Nocera.

(2) Pline fait mention de *Taginæ*, ou plutôt de *Tadinæ*; mais l'évêché de cette ville obscure, située dans la plaine à un mille de Gualdo, a été réuni en 1007 à celui de Nocera. La dénomination actuelle de plusieurs lieux des environs retrace des souvenirs de l'antiquité : *Fossato* signifie un camp, *Capraia* vient de Caprea, et *Bastia* de *Busta Gallorum*. Voyez Cluvier, *Italia antiqua*, l. II, c. 6, p. 615, 616, 617 ; Lucas Holstenius, *Annot. ad* Cluvier., p. 85, 86 ; Guazzesi, *Dissert.*, p. 177-217, destinée spécialement à cet objet, et les Cartes qu'ont publiées Lemaire et Magini sur l'État ecclésiastique de la Marche d'Ancône.

(3) La bataille des *Busta Gallorum* se donna l'an de Rome

dans un message hautain, offrit à ses ennemis non la paix, mais un pardon. Le roi des Goths répondit qu'il était décidé à vaincre ou mourir. « Quel jour fixez-vous pour le combat? lui dit le député de Narsès. — Le huitième jour, » répliqua Totila. Mais le lendemain, dès le point du jour, il essaya de surprendre un ennemi qui, soupçonnant quelque supercherie, s'était de son côté préparé à la bataille. Dix mille Hérules ou Lombards d'une valeur éprouvée, et d'une fidélité suspecte, furent placés dans le centre de l'armée romaine. Chacune de ses ailes était composée de huit mille Romains : la cavalerie des Huns défendait la droite, et la gauche était couverte par quinze cents cavaliers d'élite, qui devaient, selon les circonstances, protéger la retraite de leurs camarades, ou investir le flanc de l'ennemi. Du poste qu'il avait choisi, à la tête de l'aile droite, l'eunuque parcourut les rangs à cheval, exprimant dans ses paroles et dans son maintien la certitude de la victoire, excitant ses soldats à punir les crimes et l'audace insensée d'une bande de voleurs, et leur montrant les chaînes d'or, les colliers et les bracelets qui allaient devenir la récompense de leur valeur.

458; et le consul Decius, en sacrifiant sa vie, assura le triomphe de son pays et celui de son collègue. (Tite-Live, x, 28, 29.) Procope attribue à Camille la victoire des *Busta Gallorum;* et Cluvier, qui relève cette erreur, la qualifie dédaigneusement de *Græcorum nugamenta*.

Le succès d'une simple escarmouche devint pour eux un présage de la victoire, et ils virent avec plaisir le courage de cinquante archers, qui se maintinrent sur une petite éminence contre trois attaques successives de la cavalerie des Goths. Les armées, placées à deux portées de trait l'une de l'autre, passèrent la matinée dans la terrible attente du combat : les Romains prirent un peu de nourriture sans quitter leurs cuirasses et sans débrider leurs chevaux. Narsès voulait que les Goths commençassent la charge, et Totila voulait la différer jusqu'à l'arrivée d'un dernier renfort de deux mille hommes. Tandis qu'il gagnait du temps par des négociations inutiles, il donna aux deux armées, dans l'étroit espace qui les séparait, le spectacle de sa force et de son agilité : son armure était enrichie d'or, son drapeau de pourpre flottait au gré du vent ; il jeta sa lance dans les airs, il la ressaisit de la main droite, il la quitta pour la reprendre de la gauche ; il se renversa en arrière, et, après s'être remis sur ses étriers, il fit faire à son fougueux coursier tous les pas et toutes les évolutions d'un exercice de manége. Du moment où ses dernières troupes l'eurent joint, il se retira dans sa tente ; il y prit l'habit et les armes d'un simple soldat, et donna le signal du combat. La première ligne de sa cavalerie s'avança avec plus de courage que de prudence, et laissa sur ses derrières l'infanterie de la seconde ligne. Elle eut bientôt à se défendre des cornes d'un croissant qu'avaient formé peu à peu les ailes de l'ennemi, et elle fut assaillie de chaque côté par les traits de quatre mille archers. Son ardeur et même sa détresse la précipitèrent sur les Romains, contre lesquels elle eut à soutenir un combat inégal, ne pouvant se servir que de la lance contre un ennemi qui maniait toutes les armes avec la même habileté. Une généreuse émulation enflammait les Romains et les Barbares leurs alliés. Narsès, qui examinait et qui dirigeait tranquillement leurs efforts, ne sut à qui adjuger le prix de la bravoure. La cavalerie des Goths commença à s'étonner; pressée dans ce moment de désordre, elle fut bientôt entièrement rompue; leur infanterie, au lieu de présenter ses piques ou d'ouvrir ses rangs, fut écrasée sous les pieds des chevaux qui s'enfuyaient. Six mille Goths furent massacrés sans pitié dans le champ de Tagina. Asbad, de la race des Gépides, atteignit leur roi, accompagné alors seulement de cinq personnes. « Épargnez le roi d'Italie, » s'écria l'un de ces sujets affectionnés; et aussitôt Asbad perça Totila de sa lance. Les fidèles Goths le vengèrent au même instant; ils transportèrent ensuite leur monarque à sept milles du théâtre de son malheur, et du moins la présence de l'ennemi n'ajouta pas à l'amertume de ses derniers momens. La compassion lui accorda une humble sépulture, mais les Romains ne furent satisfaits de leur victoire qu'après avoir retrouvé son corps; et les députés que Narsès envoya à Constantinople pour annoncer son triomphe, offrirent à Justinien son chapeau garni de pierreries, et sa robe ensanglantée (1).

{Narsès s'empare de Rome.} Narsès, après avoir remercié Dieu et la sainte Vierge sa patrone, combla les Lombards d'éloges et de récompenses, et les renvoya (2). Ces valeureux sauvages avaient réduit les bourgades en cendres; ils avaient violé les matrones et les vierges sur les autels; et un gros détachement de troupes régulières surveilla leur retraite, afin qu'ils ne se livrassent pas à de pareils désordres. L'eunuque victorieux traversa la Toscane, reçut la soumission des Goths, entendit les acclamations et souvent les plaintes des Italiens, et investit Rome avec le reste de sa redoutable armée. Il marqua autour de sa vaste enceinte les divers postes que lui-même et ses lieutenans devaient inquiéter par des attaques réelles ou simulées, tandis qu'il observait en silence un endroit mal gardé et d'un accès facile, par où il comptait pénétrer. Ni les fortifications du môle d'Adrien, ni celles du port, ne purent arrêter long-temps le vainqueur; et Justinien reçut encore une fois les clefs de Rome; cinq fois prise et reprise sous son règne (3). Mais, cette

---

(1) Théophane, *Chron.*, pag. 193; *Hist. Miscella*, l. XVI, pag. 108.

(2) Evagrius, l. IV, c. 24. Paul-diacre (l. II, c. 3, p. 776) nous apprend que le choix du jour de la bataille et le mot d'ordre avaient été inspirés à Narsès par la sainte Vierge.

(3) Επι τουτου βασιλευοντος το πεμπτον εαλω. Rome fut prise en 536 par Bélisaire, en 546 par Totila, en 547 par Bélisaire, en 549 par Totila, et en 552 par Narsès. Maltret s'est

délivrance de Rome mit le comble aux calamités du peuple romain. Les Barbares, alliés de Narsès, confondirent trop souvent les droits de la paix et ceux de la guerre ; le désespoir des Goths mis en fuite trouva quelque consolation dans une vengeance sanguinaire. Le successeur de Totila égorgea inhumainement trois cents jeunes citoyens des plus nobles familles, envoyés au-delà du Pô en qualité d'ôtages. La destinée du sénat fut un mémorable exemple de la vicissitude des choses humaines. Le roi des Goths avait banni les sénateurs. Un officier de Bélisaire en avait délivré plusieurs, et les avait transportés de la Campanie en Sicile : les autres s'étaient trouvés trop coupables pour se fier à la clémence de Justinien, ou trop pauvres pour se procurer des chevaux et gagner la côte de la mer. Leurs frères languissaient depuis cinq ans dans la misère et dans l'exil. La victoire de Narsès leur rendit l'espérance ; mais, trop impatiens de regagner la métropole, ils furent arrêtés dans leur route par les Goths furieux, et le sang des patriciens souilla toutes les forteresses de la Campanie (1). Le sénat institué par Romulus fut alors

---

trompé en traduisant *sextum*. Il a corrigé cette erreur lui-même par la suite ; mais le mal était fait : Cousin, et, à sa suite, une foule d'écrivains français et latins avaient donné dans cette méprise.

(1) Comparez deux passages de Procope (l. III, c. 26 ; l. IV, c. 24), qui, joints à quelques passages de Marcellin et de Jornandès, éclaircissent très-bien la situation du sénat dans ses derniers momens.

anéanti, après avoir subsisté treize siècles ; et si les nobles romains continuèrent à prendre le titre de sénateurs, on aperçoit peu de traces d'un conseil public ou d'un ordre constitutionnel. Remontez à six cents ans, et contemplez les rois de la terre sollicitant une audience en qualité d'esclaves et d'affranchis du sénat romain (1) !

Défaite et mort de Teïas, dernier roi des Goths. A. D. 553, mars. La guerre contre les Goths n'était pas finie. Les plus braves d'entre eux se retirèrent au-delà du Pô, et Teïas fut choisi d'une voix unanime pour remplacer et venger Totila. Des ambassadeurs envoyés par le nouveau roi partirent aussitôt pour aller implorer ou plutôt acheter le secours des Francs ; et Teïas prodigua noblement, pour la sûreté publique, les richesses amassées dans le palais de Pavie. Le reste du trésor royal fut déposé sous la garde de son frère Aligern à Cumes, château de la Campanie soigneusement fortifié par Totila, mais qui fut bientôt assiégé par les troupes de Narsès. Le roi des Goths se rendit des Alpes au pied du mont Vésuve, par des marches rapides et secrètes, afin de donner des secours à son frère ; il éluda la vigilance des chefs romains, et établit son camp sur les bords du Sarnus ou *Draco* (2), qui de Nocera vient tomber dans la

---

(1) Nous voyons en Prusias, selon ce que nous en apprennent les Fragmens de Polybe (*Excerpt. legat.*, XCVII, p. 927, 928), un tableau curieux de la situation d'un roi esclave.

(2) La Δρακων de Procope (*Goth.*, l. IV, c. 35) est évi-

baie de Naples. La rivière séparait les deux armées. Soixante jours se passèrent en combats livrés de loin et sans aucun résultat; et Teias garda ce poste important, jusqu'au moment où il se vit abandonné par sa flotte, et prêt à manquer de vivres. Il gagna malgré lui le sommet du mont *Lactaire*, où les médecins de Rome, depuis le temps de Galien, envoyaient leurs malades respirer un air pur et se nourrir d'excellent laitage (1); mais les Goths formèrent bientôt le noble projet de descendre de la colline, de renvoyer leurs chevaux, de mourir les armes à la main et libres encore. Teias se mit à leur tête; il portait dans sa main droite une lance, et à la gauche un large bouclier; de l'une il renversa les premiers assaillans, et para de l'autre les coups que chacun s'empressait de lui porter. Après un combat de plusieurs heures, il sentit son bras gauche fatigué du poids de douze javelines attachées à son bouclier :

---

demment le Sarnus. Cluvier (liv. iv, c. 3, p. 1156) a osé accuser ou altérer violemment le texte; mais Camille Pellegrini, de Naples (*Discorsi sopra la Campania felice*, p. 330, 331), a prouvé, d'après d'anciens registres, que dès l'année 822 cette rivière était appelée le *Dracontio* ou le *Draconcello*.

(1) Galien (*de Methodo medendi*, l. v, apud Cluvier., l. iv, c. 3, p. 1159, 1160) décrit la situation élevée, l'air pur et le lait nourrissant du mont Lactaire, si connus et si recherchés au temps de Symmaque (l. vi, *epist.* 18) et de Cassiodore (*Variar.*, xi, 10). On n'en retrouve aujourd'hui que le nom de la ville de *Lettere*.

sans changer de place et sans interrompre ses coups, le héros ordonna à haute voix aux gens de sa suite de lui en apporter un autre; mais au moment où il se découvrit le flanc, un dard le perça d'un coup mortel. Il tomba, et sa tête élevée sur une pique annonça aux nations que le royaume des Goths n'existait plus; mais l'exemple de sa mort ne servit qu'à animer ses compagnons, qui avaient juré de périr avec leur chef. Après avoir combattu jusqu'aux derniers rayons du jour, ils passèrent la nuit sous les armes. Le combat recommença au retour de la lumière, et se soutint jusqu'au soir avec la même vigueur. Les réflexions de la seconde nuit, le besoin d'eau et la perte de leurs plus braves guerriers, déterminèrent ce qui restait de Goths à souscrire à l'honorable capitulation que la prudence engageait Narsès à leur proposer. On leur permit de résider en Italie, comme sujets et soldats de Justinien, ou de se retirer dans un pays indépendant (1), avec une portion de leurs richesses. Il y en eut toutefois mille d'entre eux qui, refusant également de se soumettre à l'exil ou au serment de fidélité, s'éloignèrent avant la signature du traité, et firent courageusement leur retraite vers les murs de Pavie. Aligern, par son ca-

---

(1) Du Buat (t. xi, p. 2, etc.) fait passer le reste de la nation des Goths dans la Bavière, son pays favori; d'autres écrivains l'enterrent dans les montagnes d'Uri, ou le renvoient dans l'île de Gothland, leur première patrie. Mascou, *Annot.* 21.

ractère et par sa situation, était plus disposé à imiter son frère qu'à le pleurer. Adroit et vigoureux archer, il perçait d'un seul coup l'armure et la poitrine de son antagoniste, et, habile dans l'art de la guerre, il sut défendre Cumes plus d'une année contre les forces des Romains (1). Ceux-ci étaient parvenus, en élargissant l'antre de la sibylle (2), à en faire une mine d'une étendue prodigieuse; les poutres placées d'abord pour soutenir le terrain, furent consumées par les matériaux combustibles qu'ils y introduisirent : le mur et la porte de Cumes tombèrent dans cette caverne, qui se trouva former alors un précipice où l'on ne pouvait pénétrer. Aligern, abandonné sur un fragment de rocher, y demeura inébranlable jusqu'au moment où, après avoir considéré d'un œil calme la situation désespérée de sa malheureuse patrie, il jugea qu'il serait plus honorable pour lui de

---

(1) Je laisse Scaliger (*Animadvers. in* Euseb., p. 59) et Saumaise (*Exercitat. Plinian.*, p. 51, 52) se quereller sur l'origine de Cumes, la plus ancienne des colonies grecques en Italie (Strabon, l. v, p. 372; Velleius-Paterculus, l. 1, c. 4), qui était déjà presque déserte au temps de Juvénal (Satir. III), et qui est aujourd'hui en ruine.

(2) Agathias (l. 1, c. 21) place l'antre de la sibylle sous les murs de Cumes. Il est en cela d'accord avec Servius (*ad liv.* VI *Æneid.*); et je ne sais pas pourquoi Heyne (tome II, pages 650, 651), l'excellent éditeur de Virgile, rejette leur opinion. *In urbe mediâ secreta religio!* Mais Cumes n'était pas encore bâtie, et les vers de Virgile (l. VI, 96, 97) sont ridicules, si Énée se trouvait alors dans une ville grecque.

devenir l'ami de Narsès que l'esclave des Francs. Après la mort de Teias, le général romain divisa ses troupes, afin de réduire les villes de l'Italie. Lucques soutint un siége long et vigoureux. Telle fut l'humanité ou la sagesse de Narsès, que la perfidie souvent réitérée des habitans ne put le déterminer à punir de mort leurs ôtages; il les renvoya sans leur faire aucun mal, et leur zèle reconnaissant triompha à la fin de l'opiniâtreté de leurs compatriotes (1).

<small>Invasion de l'Italie par les Francs et les Allemands. A. D. 553; août.</small>

Lucques se défendait encore lorsque l'Italie fut inondée d'un nouveau déluge de Barbares. Théodebald, prince jeune et faible, petit-fils de Clovis, régnait sur les peuples de l'Austrasie ou sur les Francs orientaux. Ses tuteurs avaient écouté avec froideur et avec répugnance les magnifiques promesses des ambassadeurs des Goths; mais la valeur d'un peuple guerrier entraîna les timides conseils de la cour. Deux frères, Lothaire et Buccelin (2), ducs des Alle-

---

(1) Il est assez difficile de concilier le trente-cinquième chapitre du quatrième livre de Procope sur la guerre des Goths, et le premier livre de l'histoire d'Agathias. Jusqu'ici nous avons suivi un homme d'État et un soldat: son ouvrage ne va pas plus loin, et nous sommes réduits à suivre un poëte et un rhéteur (l. 1, p. 11; l. 11, p. 51, édition du Louvre).

(2) On trouve au nombre des exploits fabuleux attribués à Buccelin, la défaite et la déroute de Bélisaire, et la conquête de l'Italie et de la Sicile, etc. *Voy.* dans les *Historiens de France*, saint Grégoire de Tours, tom. 11, liv. 111, c. 32, pag. 203; et Aimoin, tom. 111, liv. 11, *de Gest. Franc.*, chap. 23, pag. 59.

mands, prirent la conduite de la guerre d'Italie, et soixante-quinze mille Germains descendirent, en automne, des Alpes rhétiennes dans la plaine de Milan. L'avant-garde de l'armée romaine se trouvait près du Pô, sous les ordres de Fulcaris, Hérule plein de hardiesse, qui regardait la bravoure personnelle comme le seul devoir et le seul mérite d'un général. Comme il marchait sans ordre ou sans précaution le long de la voie Émilienne, des Francs embusqués sortirent tout à coup de l'amphithéâtre de Parme. Ses soldats furent surpris et mis en déroute; mais il refusa de s'enfuir, et déclara, à son dernier moment, que la mort était moins terrible à supporter que les regards irrités de Narsès. Sa mort et la retraite des chefs qui lui survécurent, décidèrent les Goths toujours inconstans et disposés à la rebellion; ils coururent en foule sous les drapeaux de leurs libérateurs, et les admirent dans les villes qui ne s'étaient pas encore rendues à Narsès. Le vainqueur de l'Italie ouvrit un libre passage à cet irrésistible torrent de Barbares. Ils passèrent sous les murs de Césène, et répondirent par des menaces et des reproches à Aligern, qui les avertissait que les Goths n'avaient plus de trésors pour payer les fatigues d'une invasion. Deux mille Francs furent victimes de l'habileté et de la valeur de Narsès, qui sortit de Rimini, à la tête de trois cents chevaux, pour réprimer leur brigandage. Sur les confins du pays des Samnites, les deux frères divisèrent leurs forces. Buccelin, à la tête de l'aile droite, alla ravager la Campanie; la

Lucanie et le Bruttium ; et Lothaire, qui conduisait l'aile gauche, se chargea du pillage de la Pouille et de la Calabre. Ils suivirent les côtes de la Méditerranée et de l'Adriatique, jusqu'à Réggio et Otrante, et leur marche destructive ne s'arrêta qu'aux extrémités de l'Italie. Les Francs chrétiens et catholiques se bornèrent au pillage des biens séculiers, et ne commirent le meurtre qu'entraînés par l'occasion ; mais les églises qu'avait épargnées leur piété, furent dépouillées par la main sacrilége des Allemands, qui offraient des têtes de chevaux aux divinités des bois et des rivières de leur patrie (1). Ceux-ci fondirent ou profanèrent les vases sacrés, et, après avoir renversé les autels et les tabernacles, les inondèrent du sang des fidèles. Buccelin était animé par l'ambition, et Lothaire par l'avarice. Le premier aspirait au rétablissement du royaume des Goths ; et le second, après avoir promis à son frère de revenir promptement à son secours, retourna par le chemin qu'il avait parcouru, pour aller déposer ses trésors au-delà des Alpes. Le changement de climat et les maladies avaient déjà détruit une partie de leurs troupes : les Germains célébrèrent joyeusement les vendanges de l'Italie, et les funestes effets de leur

---

(1) Agathias parle en philosophe de leur superstition (l. 1, p. 18). Le canton de Zug en Suisse était encore idolâtre en 613. Saint Colomban et saint Gall furent les apôtres de cette sauvage contrée, et le dernier fonda un ermitage qui est devenu une principauté ecclésiastique et une ville peuplée, siége de la liberté et du commerce.

intempérance vengèrent à un certain point les maux d'un peuple sans défense.

Les troupes de l'empereur, en garnison dans les villes, se réunirent, dès les premiers jours du printemps, aux environs de Rome, où elles formèrent une armée de dix-huit mille hommes. Elles n'avaient pas passé l'hiver dans l'oisiveté. Chaque jour, d'après l'ordre et l'exemple de Narsès, elles avaient fait l'exercice à pied et à cheval ; elles s'étaient accoutumées à obéir au son de la trompette, et à exécuter les pas et les évolutions de la danse pyrrhique. Des bords du détroit de la Sicile, Buccelin s'avança lentement vers Capoue à la tête de trente mille Francs ou Allemands ; il établit une tour de bois sur le pont de Cassilinum ; il couvrit sa droite par le Vulturne, et fortifia le reste de son camp d'un rempart de pieux aigus et d'un cercle de chariots dont les roues étaient profondément enfoncées en terre. Il attendait avec impatience le retour de Lothaire. Hélas ! il ignorait que son frère ne pouvait plus revenir, et qu'une étrange maladie (1) avait fait périr ce général et son armée sur les bords du lac Benacus, entre Trente et Vérone. Les bannières de Narsès s'approchèrent bientôt du Vulturne, et l'Italie en suspens attendit

Défaite des Francs et des Allemands par Narsès. A. D. 554.

---

(1) *Voyez* la mort de Lothaire dans Agathias (l. II, p. 38) et dans Paul Warnefrid, surnommé *le Diacre* (l. II, c. 3, pag. 775). Si l'on en croit l'écrivain grec, Lothaire eut des accès de fureur, et il se déchira le corps. Il avait pillé des églises.

avec anxiété l'événement du combat qui devait décider de son sort. C'est peut-être dans ces opérations tranquilles qui précédèrent la bataille que les talens de Narsès se montrèrent avec le plus d'éclat. Ses habiles mouvemens interceptèrent les subsistances du Barbare; il le priva de l'avantage que devaient lui donner le pont et la rivière, et il se rendit maître du choix du terrain et du moment de l'action. Le matin du jour de la bataille, lorsque les rangs étaient déjà formés, un des chefs des Hérules tua un de ses domestiques pour une légère faute. Narsès, excité par un sentiment de justice, ou entraîné par la colère, manda le coupable; et, sans écouter sa justification, le fit exécuter sur-le-champ devant lui. Quand cet Hérule aurait violé les lois de sa nation, cette exécution arbitraire n'en aurait pas moins été aussi injuste qu'elle paraissait imprudente. Les Hérules, remplis d'indignation, s'arrêtèrent. Le général romain, sans chercher à apaiser leur fureur ou sans attendre leur résolution, s'écria, au milieu du bruit des trompettes, que s'ils ne se hâtaient point de gagner leur poste, ils perdraient les honneurs de la victoire. Ses troupes présentaient un front très-prolongé (1). Sa cavalerie se trouvait aux ailes; l'infan-

---

(1) Le père Daniel (*Hist. de la Milice franç.*, t. 1, p. 17-21) a fait une description imaginaire de cette bataille, un peu à la manière du chevalier Folard, le jadis célèbre éditeur de Polybe, qui assujettissait à ses habitudes et à ses opinions toutes les opérations militaires de l'antiquité.

terie, pesamment armée, au centre; et les archers avec les frondeurs sur les derrières. Les Germains s'avancèrent sous la forme d'un triangle ou d'un coin. Ils percèrent le faible centre de Narsès, qui les reçut en souriant dans le piége fatal, et qui ordonna à sa cavalerie de tourner leurs flancs et de les investir. L'armée des Francs et des Allemands n'était composée que d'infanterie. Une épée et un bouclier pendaient à leurs côtés, et ils employaient comme armes offensives une petite hache fort lourde et une javeline crochue, dangereuses seulement dans un combat corps à corps ou à peu de distance. L'élite des archers romains à cheval et couverts d'une armure, escarmouchait sans beaucoup de risques autour de cette immobile phalange; ils suppléaient à leur nombre par la rapidité de leurs mouvemens, et lançaient des traits sûrs au milieu d'une multitude de Barbares couverts, au lieu de casques et de cuirasses, d'un large vêtement de fourrure ou de toile. Ceux-ci s'arrêtèrent, la frayeur les saisit, leurs rangs se confondirent; et dans le moment décisif les Hérules, préférant la gloire à la vengeance, tombèrent rapidement et avec violence sur la tête de la colonne. Sindbal, leur chef, et Aligern, prince des Goths, firent des prodiges de valeur, et leur exemple excita les troupes victorieuses à achever avec la pique et la lance la destruction de l'ennemi. Buccelin et la plus grande partie de son armée périrent sur le champ de bataille, dans les eaux du Vulturne, ou de la main des paysans furieux; mais il paraît inconcevable qu'une bataille dont il ne s'échappa que cinq Allemands, n'ait coûté aux Romains que la perte de quatre-vingts soldats (1). Sept mille Goths, les restes de leur armée, défendirent la forteresse de Campsa jusqu'au printemps de l'année suivante. Chaque envoyé de Narsès annonçait la réduction de quelques villes d'Italie, dont les noms ont été corrompus (2) par l'ignorance ou la vanité des Grecs. Après la bataille de Cassilinum, Narsès entra dans Rome; il y étala les armes et les trésors des Goths, des Francs et des Allemands; ses soldats, des guirlandes dans leurs mains, célébrèrent la gloire du vainqueur, et Rome vit pour la dernière fois une apparence de triomphe.

L'Italie réduite en province de l'empire. A. D. 554-568.

Le trône, occupé soixante ans par les rois des Goths, fut désormais rempli par les exarques de Ravenne, représentans de l'empereur des Romains, soit dans la paix, soit dans la guerre. Leur juridiction fut bientôt bornée à une petite province; mais Narsès, le premier et le plus puissant des exarques, gouverna plus de quinze ans tout le royaume d'Italie. Autant que Bélisaire, il avait mérité l'honneur d'être

___

(1) Agathias (l. II, p. 47) rapporte une épigramme de six vers sur cette victoire de Narsès, que le poëte compare avec avantage aux batailles de Marathon et de Platée. Il est vrai que la principale différence est dans les suites si peu importantes dans le cas dont il s'agit, dans l'autre si permanentes et si glorieuses!

(2) Au lieu du Beroia et du Brincas de Théophane ou de son copiste (p. 201), il faut lire Verona et Brixia.

envié, calomnié et disgracié; mais ou l'eunuque favori de Justinien posséda toujours sa confiance, ou bien l'ingratitude d'une cour faible fût intimidée et réprimée par le chef d'une armée victorieuse. Au reste, ce n'est point par une indulgence pusillanime et funeste que Narsès captiva l'affection de ses troupes. Celles-ci, oubliant le passé et ne songeant point à l'avenir, abusèrent de ce moment de prospérité et de paix. Les villes d'Italie retentirent de la joie bruyante de leurs danses et de leurs festins; on les vit consommer dans les plaisirs sensuels les richesses qu'elles devaient à la victoire; et il ne leur restait plus, dit Agathias, qu'à échanger leurs boucliers et leurs casques contre des luths voluptueux et des cruches *au large ventre* (1). L'eunuque leur adressa un discours qui n'eût pas été indigne d'un censeur romain; il leur reprocha ces désordres qui souillaient leur réputation et compromettaient leur sûreté. Les soldats rougirent et obéirent: la discipline se raffermit; on répara les fortifications; on établit, pour la défense de chacune des villes principales, un duc qu'on y revêtit du commandement militaire (2); et le coup d'œil de Narsès embrassa

---

(1) Ελιπετο γαρ οιμαι, αυτοις υπο αβελτεριας τας ασπιδας τυχον, και τα κρανη αμφορεως οινου και βαρβιτου αποδοσθαι. (Agathias, l. II, p. 48.) Shakspeare, dans la première scène de *Richard III*, enchérit admirablement sur cette idée, qu'il ne devait cependant pas à l'historien de Byzance.

(2) Maffei (*Verona illustrata*, part. I, l. x, p. 257, 269) a prouvé, contre l'opinion commune, que les ducs d'Italie

tout ce vaste pays qui s'étend de la Calabre jusqu'au pied des Alpes. Les restes de la nation des Goths évacuèrent la contrée ou se mêlèrent parmi les habitans. Les Francs, au lieu de venger Buccelin, abandonnèrent sans combat leurs conquêtes d'Italie; le rebelle Sindbal, chef des Hérules, fut vaincu, fait prisonnier, et l'inflexible justice de Narsès le fit mourir sur une potence élevée (1). Une pragmatique sanction que l'empereur publia à la prière du pape, établit d'une manière fixe, après les agitations d'une longue tempête, le gouvernement civil de l'Italie. Justinien établit dans les écoles et les tribunaux de l'Occident la jurisprudence qu'il avait donnée à ses peuples quelques années auparavant; il ratifia les actes de Théodoric et de ses successeurs immédiats; mais il annula et abolit tous les actes que, durant l'usurpation de Totila, la force avait arrachés et qu'avait souscrits la crainte. On s'efforça de concilier, par une théorie fondée sur des principes modérés, les droits de la propriété et la sûreté de la prescription, les priviléges de l'État et la pauvreté du peuple, le pardon des offenses et les intérêts de la vertu et du bon ordre de la société.

---

furent institués avant la conquête des Lombards par Narsès. Dans la pragmatique sanction, n° 23, Justinien réduit le nombre des *judices militaires*.

(1) *Voyez* Paul-diacre, l. III, c. 2, p. 776. Menander (*in Excerpt. legat.*, p. 133) fait mention de diverses émeutes suscitées en Italie par les Francs; et Théophane (p. 201) indique quelques rebellions des Goths.

Rome, sous les exarques de Ravenne, n'obtint plus que le second rang. Les sénateurs toutefois eurent la permission de visiter leurs domaines situés en Italie, et d'approcher sans obstacle du trône de Constantinople. On laissa au pape et au sénat le soin de régler les poids et les mesures; on assigna des traitemens à des jurisconsultes, médecins, orateurs et grammairiens, chargés de nourrir ou de rallumer dans l'ancienne capitale le flambeau de la science. Mais en vain de bienfaisans édits émanaient de la puissance de Justinien (1); en vain Narsès s'efforçait de seconder ses vues en rétablissant des villes et surtout en rebâtissant des églises; le pouvoir des rois est efficace pour détruire, et les vingt années de la guerre des Goths avaient mis le comble à la misère et à la dépopulation de l'Italie. Dès la quatrième campagne, et malgré la discipline qui régnait dans l'armée de Bélisaire, cinquante mille laboureurs étaient morts de faim (2) dans l'étroit

---

(1) La pragmatique sanction de Justinien, qui rétablit et règle le gouvernement civil de l'Italie, est composée de vingt-sept articles: elle est datée du 15 août, A. D. 554, et adressée à Narsès, V. J. *præpositus sacri cubiculi*, et à Antiochus, *præfectus prætorio Italiæ*: Julien Antecessor la rapporte, et elle a été insérée dans le *Corpus juris civilis*, après les Novelles et les Édits de Justinien, de Justin et de Tibère.

(2) La faim en fit mourir un plus grand nombre dans les provinces méridionales, sans y comprendre (εκτος) le golfe d'Ionie. Le gland y tint lieu de pain. Procope vit un orphelin abandonné qu'une chèvre allaitait. Dix-sept voya-

espace du Picentin (1); et si l'on prend à la rigueur les assertions de Procope, l'Italie perdit alors plus de monde qu'elle n'en contient à présent dans toute son étendue (2).

<small>Invasion des Bulgares. A. D. 559.</small>

Je voudrais croire que Bélisaire se réjouit sincèrement du triomphe de Narsès; mais je n'oserais l'affirmer. Au reste, le sentiment de ses exploits devait lui permettre d'estimer sans jalousie le mérite d'un rival, et son repos fut encore illustré par une dernière victoire qui sauva l'empereur et sa capitale. Les Barbares qu'on voyait reparaître chaque année dans les provinces de l'empire, étaient moins découragés par des défaites passagères qu'excités par le double espoir du butin et des subsides. Le trente-deuxième hiver du règne de Justinien, le Danube gela à une grande profondeur. Zabergan se mit à la tête de la cavalerie des Bulgares, et les Esclavons de toutes les tribus vinrent se réunir sous ses dra-

---

geurs furent logés, assassinés et mangés par deux femmes, qui furent découvertes et tuées par un dix-huitième voyageur, etc.

(1) *Quinta regio Piceni est; quondam uberrimæ multitudinis CCCLX millia Picentium in fidem P. R. venere.* (Pline, *Hist. nat.*, III, 18.) L'ancienne population était déjà diminuée du temps de Vespasien.

(2) Peut-être quinze ou seize millions. Procope (*Anecd.*, c. 18) calcule que l'Afrique perdit cinq millions de personnes; il ajoute que l'Italie était trois fois plus étendue, et que la proportion de la dépopulation y fut encore plus forte; mais ses calculs sont exagérés par la passion, et sans aucune base certaine.

peaux. Après avoir traversé sans opposition le fleuve et les montagnes, il répandit ses troupes dans la Macédoine et la Thrace, et se rendit avec sept mille cavaliers seulement au pied de cette longue muraille qu'on avait élevée pour défendre le territoire de Constantinople. Mais les ouvrages de l'homme sont impuissans contre les assauts de la nature : un tremblement de terre venait d'ébranler les fondemens de la muraille ; et les forces de l'empire se trouvaient occupées au loin sur les frontières de l'Italie, de l'Afrique et de la Perse. Le nombre des soldats des sept *écoles* (1) ou *compagnies des gardes,* qu'on appelait *gardes domestiques,* s'était accru et formait alors cinq mille cinq cents hommes, cantonnés pour l'ordinaire dans les villes paisibles de l'Asie ; mais les braves Arméniens chargés de ce service avaient été remplacés peu à peu par des citoyens paresseux, qui achetaient ainsi une exemption des devoirs de la vie civile, sans s'exposer aux dangers du service militaire. Parmi de tels soldats, on en comptait peu qui osassent se montrer hors des portes ; et jamais ils ne tenaient la campagne que lorsqu'ils se trouvaient manquer de la force ou de l'agilité nécessaires pour échapper aux Bulgares. Le rapport des fugitifs exagérait en-

---

(1) Ce que dit Procope (*Anecd.*, c. 24 ; Aleman., p. 102, 103) sur la décadence de ces écoles, est confirmé et éclairci par Agathias (l. v, p. 159), qu'on ne peut récuser comme témoin ennemi.

core le nombre et la férocité de ces Barbares, qui s'avançaient, disait-on, déshonorant les vierges dévouées au culte des autels, et abandonnant des enfans nouveau-nés à la voracité des chiens et des vautours : une foule d'habitans de la campagne accourut chercher un asile et de la subsistance dans la capitale, dont elle augmenta l'effroi ; et Zabergan établit son camp à vingt milles de Constantinople (1), sur les bords d'une petite rivière qui environne Mélanthias, et qui se jette ensuite dans la Propontide (2). Justinien trembla, et ceux qui ne l'avaient vu que dans les dernières années de son règne se plurent à supposer qu'il avait *perdu* la vigueur et la vivacité de sa jeunesse. Il ordonna d'enlever les vases d'or et d'argent que renfermaient les églises situées dans les environs et même dans les faubourgs de Constantinople : les remparts étaient couverts de spectateurs épouvantés ; des généraux et des tribuns

---

(1) On n'est pas d'accord sur la distance de Constantinople à Mélanthias, *villa Cæsariana*. (Ammien-Marc., xxx, 2.) Les opinions varient de cent deux à cent quarante stades (Suidas, t. ii, p. 522, 523; Agathias, l. v, p. 158), ou de dix-huit à dix-neuf milles (*Itineraria*, p. 138, 230, 323, 332; et les *Observations* de Wesseling). Justinien fit paver les douze premiers milles jusqu'à Reggio, et construire un pont sur un marais ou une gorge qui se trouve entre un lac et la mer. Procope, *de Ædific.*, l. iv, c. 8.

(2) L'Atyras (Pomponius-Mela, l. ii, c. 2, p. 169, édit. Voss.). Justinien fortifia une ville ou un château du même nom à l'embouchure de la rivière. Procope, *de Ædific.*, l. iv, c. 2; *Itiner.*, p. 570, et Wesseling.

inutiles se pressaient sous la porte d'or, et le sénat partageait les fatigues et les craintes de la populace.

Mais les yeux du prince et du peuple se portèrent sur un vétéran affaibli par les années, et que le danger public détermina à reprendre cette armure sous laquelle il avait subjugué Carthage et défendu Rome. On rassembla à la hâte les chevaux des écuries du prince, ceux des particuliers et même ceux du cirque : jeunes gens et vieillards, tout s'anima au nom de Bélisaire; et il alla établir son premier camp en présence d'un ennemi victorieux. Les paysans travaillèrent avec zèle à l'entourer d'un rempart et d'un fossé, par lesquels il jugea prudent d'assurer le repos de la nuit : il fit allumer des feux sans nombre et augmenter les nuages de poussière, afin de tromper l'ennemi sur le petit nombre de ses soldats. Ceux-ci passèrent tout à coup du découragement à la présomption ; dix mille voix demandèrent le combat, et Bélisaire se garda de laisser apercevoir que ses trois cents vétérans étaient les seuls sur lesquels il crût pouvoir compter au moment de l'action. Le lendemain, la cavalerie des Bulgares commença l'attaque. Ils furent reçus par d'épouvantables cris : ils furent frappés de l'éclat des armes et du bon ordre que présentait le front de l'armée romaine. Deux corps embusqués sortirent des bois et les prirent en flanc ; les premiers de leurs guerriers qui osèrent s'approcher, éprouvèrent la force des coups du vieux héros et de ses gardes; et son armée les chargea et les suivit de si près,

Dernière victoire de Bélisaire.

que la vitesse de leurs évolutions leur devint inutile. Les Bulgares soutinrent l'action si peu de temps, qu'ils ne perdirent que quatre cents chevaux; mais Constantinople fut sauvée. Zabergan, qui sentait la main d'un maître, se retira à une distance respectueuse; mais il avait un grand nombre d'amis dans le conseil de l'empereur, et Bélisaire obéit avec répugnance aux ordres de l'envie et de Justinien, qui ne lui permirent pas d'achever la délivrance de son pays. Lorsqu'il rentra dans Constantinople, les habitans, encore pénétrés du danger qu'ils venaient de courir, le reçurent avec des acclamations de joie et de reconnaissance dont on lui fit un crime; mais lorsqu'il entra au palais, les courtisans se turent; et l'empereur, après l'avoir embrassé froidement et sans le remercier, le renvoya se confondre dans la foule des esclaves. Sa gloire avait cependant produit une telle impression, qu'on détermina Justinien, alors âgé de soixante et dix-sept ans, à se porter à près de quarante milles de la capitale pour inspecter en personne les réparations de la longue muraille. Les Bulgares perdirent l'été dans les plaines de la Thrace; mais le peu de succès de leurs téméraires entreprises sur la Grèce et la Chersonèse les disposa bientôt à la paix. Leur menace de tuer les prisonniers hâta le paiement des fortes rançons qu'ils en exigeaient. Le bruit répandu que l'on construisait sur le Danube des navires à deux proues, destinés à leur couper le passage, engagea Zabergan à presser le moment de son départ. Le péril fut bientôt oublié, et les oisifs de la ville s'amusèrent vainement à examiner si la conduite de leur souverain méritait le nom de sagesse ou celui de pusillanimité (1).

Environ deux années après la dernière victoire de Bélisaire, l'empereur revint d'un voyage dans la Thrace, entrepris pour sa santé, pour des affaires ou des motifs de dévotion. Il se plaignit d'un mal de tête; et le soin avec lequel on écarta tout le monde fit répandre le bruit de sa mort. La troisième heure du jour n'était pas écoulée, qu'on avait enlevé tout le pain qui se trouvait chez tous les boulangers, que toutes les maisons étaient fermées, et que chaque citoyen, selon ses craintes ou ses espérances, se préparait aux désordres prêts à commencer. Les sénateurs, remplis eux-mêmes de frayeurs et de soupçons, s'assemblèrent à la neuvième heure; et le préfet reçut l'ordre de visiter tous les quartiers de la ville, et de commander une illumination générale, pour demander au ciel le rétablissement de la santé de Justinien. La fermentation se calma; mais la plus légère circonstance découvrait la faiblesse de l'administration et les dispositions factieuses des habitans de la capitale. Les gardes étaient prêts à se mutiner chaque fois qu'on changeait leurs quartiers ou qu'on retardait le paiement de leur solde. Les

Sa disgrâce et sa mort.
A. D. 561.

---

(1) Agathias, dans sa prolixe déclamation (l. v, p. 154-174), et la Chronique très-sèche de Théophane (p. 197, 198), racontent d'une manière imparfaite la guerre des Bulgares et la dernière victoire de Bélisaire.

incendies et les tremblemens de terre devenaient de fréquentes occasions de désordres; les disputes des Bleus et des Verts, des orthodoxes et des hérétiques, dégénéraient en combats sanglans, et le prince eut à rougir devant l'ambassadeur de Perse pour ses sujets et pour lui-même. Des pardons accordés par caprice et des châtimens infligés d'une manière arbitraire, aigrissaient le mécontentement et l'ennui d'un long règne; une conspiration se forma dans le palais; et si nous ne sommes pas abusés par les noms de Marcellus et de Sergius, ce complot réunit le plus vertueux et le plus vicieux des courtisans. Après avoir fixé l'époque de l'exécution, ils se rendirent au banquet royal, où leur dignité leur permettait de se trouver. Leurs esclaves noirs (1), placés dans le vestibule et les portiques, devaient annoncer la mort du tyran, et exciter une sédition dans la capitale; mais l'indiscrétion d'un complice sauva les tristes restes de la vie de Justinien. On découvrit et on arrêta les conspirateurs; des poignards furent trouvés cachés sous leurs vêtemens : Marcellus se donna la mort, et Sergius fut arraché du pied des

---

(1) Ἰνδούς. Il est difficile de penser qu'ils fussent originaires de l'Inde; et les anciens n'employèrent jamais en qualité de gardes ou de domestiques les naturels de l'Éthiopie, auxquels on a donné quelquefois le nom d'Indiens. Inutiles et coûteux, ils ne servaient qu'au luxe des femmes ou des rois. Térence, *Eunuque*, act. 1, scène 2; Suétone, *in August.*, c. 83; avec une bonne note de Casaubon, *in Caligula*, c. 57.

autels où il s'était réfugié (1). Pressé par les remords, ou séduit par l'espoir de conserver ses jours, il accusa deux officiers de la maison de Bélisaire, et la torture les porta à déclarer qu'ils avaient agi d'après les secrètes instructions de leur maître (2). La postérité ne croira pas légèrement qu'un héros qui, dans la vigueur de l'âge, avait dédaigné les offres les plus propres à favoriser son ambition et sa vengeance, ait songé à conspirer le meurtre d'un prince auquel il ne pouvait long-temps survivre. Les gens de sa suite s'enfuirent à la hâte; mais quant à lui, il n'avait de moyen de fuite que la rebellion, et il avait assez vécu pour la nature et pour sa gloire. Il parut devant le conseil avec moins de frayeur que d'indignation. Après quarante années de service, il avait d'avance été jugé coupable, et cette injustice fut consacrée par la présence et l'autorité du patriarche. On eut la bonté de lui laisser la vie; mais on séquestra ses biens; et, du mois de décembre au mois de juillet, on le retint prisonnier dans son palais. Son innocence fut enfin reconnue; on le remit en liberté, on lui rendit ses honneurs, et, huit mois après, la mort termina des jours probablement abrégés par la douleur et le ressen-

A. D. 563, déc. 5.

A. D. 564, 19 juillet.

A. D. 565, 13 mars.

---

(1) Procope parle de Sergius (*Vandal.*, l. II, c. 21, 22; *Anecd.*, c. 5) et de Marcellus (*Goth.*, l. III, c. 32). Voyez aussi Théophane, p. 197, 291.

(2) Alémannus (p. 3) cite un vieux manuscrit de Byzance, qui a été inséré dans l'*Imperium orientale* de Banduri.

timent. Le nom de Bélisaire ne périra jamais; mais au lieu des funérailles, des monumens et des statues qu'on lui devait à si juste titre, je trouve dans les historiens que l'empereur confisqua sur-le-champ ses trésors, dépouilles des Goths et des Vandales. On assura toutefois à sa femme une existence honorable, et Antonina, qui sentait probablement qu'elle avait beaucoup à expier, consacra à la fondation d'un couvent les restes de sa vie et de sa fortune. Tel est le récit simple et véritable de la disgrâce de Bélisaire et de l'ingratitude de Justinien (1). On nous l'a représenté privé des yeux et réduit à mendier son pain (2) en ces mots : « Donnez

---

(1) Le récit original et authentique de ce qui a rapport à la disgrâce et au rétablissement de Bélisaire, se trouve dans le Fragment de Jean Malala (tom. II, p. 234-243), et dans la Chronique très-exacte de Théophane (p. 194-204). Cedrenus (*Compend.*, p. 387, 388) et Zonare (t. II, l. XIV, p. 69) semblent hésiter entre la vérité qui vieillissait, et la fiction qui prenait de la consistance.

(2) On peut attribuer l'origine de cette fable frivole à un ouvrage de mélanges du douzième siècle, *les Chiliades*, du moine Jean Tzetzès (Bâle, 1546, *ad calcem Lycophront. Colon. Allobrog.* 1614, *in Corp. poet. græc.*). Il rapporte en dix vers populaires ou *politiques* l'histoire de Bélisaire aveugle et mendiant. (*Chiliad.* III, n°s 88, 339-348, *in Corp. poet. græc.*, t. II, p. 311.)

Εκπωμα ξυλινον κρατων εβοα τω μιλιω
Βελισαριω οβολον δοτε τω στρατηλατη·
Ον τυχη μεν εδοξασεν, αποτυφλοι δ' ο φθονος.

Ce conte moral ou romanesque s'introduisit en Italie avec la langue et les manuscrits de la Grèce; il fut répété avant

une obole au général Bélisaire. » C'est une fiction des temps postérieurs, adoptée avec confiance ou plutôt avec intérêt, comme un étrange exemple des vicissitudes de la fortune (1).

Si l'empereur fut capable de se féliciter de la mort de Bélisaire, il ne jouit de cette lâche satisfaction que pendant huit mois, dernière période d'un règne de trente-huit ans et d'une vie de quatre-vingt-trois. Il serait difficile de tracer le caractère d'un prince qui n'est pas l'objet le plus remarquable de son temps; mais les aveux de Procope, son ennemi, peuvent être regardés comme le plus incontestable témoignage des vertus qu'il lui accorde. Il remarque malignement la ressemblance de ce prince avec le buste

Mort et caractère de Justinien. A. D. 565, nov. 4.

---

la fin du quinzième siècle par Crinitus, Pontanus et Volaterranus, attaqué par Alciat pour l'honneur du prince qui avait établi la jurisprudence qu'on suivait alors, et défendu par Baronius (A. D. 561, n° 2, etc.) pour l'honneur de l'Église. Au reste, Tzetzès lui-même avait lu dans d'autres Chroniques que Bélisaire ne perdit pas la vue, et qu'il recouvra sa réputation et sa fortune.

(1) La villa Borghèse à Rome offre une statue qui représente un homme assis et tendant la main, et connu vulgairement sous le nom de Bélisaire. Une explication plus noble et plus probable donne lieu de croire qu'elle représente Auguste cherchant à se rendre Némésis favorable. (Winckelman, *Hist. de l'Art.*, t. III, p. 266.) *Ex nocturno visu etiam stipem, quotannis, die certo, emendicabat à populo, cavam manum asses porrigentibus præbens.* Suétone, *in August.*, c. 91; avec une excellente note de Casaubon.

de Domitien (1), mais en lui accordant cependant une taille bien proportionnée, un teint vermeil et un maintien agréable. Justinien était d'un accès facile ; il écoutait avec patience, il avait de l'affabilité et de la politesse dans ses discours, il savait contenir les passions furieuses qui s'agitent dans le cœur d'un despote avec une si funeste violence. Procope loue la modération du prince, afin de pouvoir l'accuser d'une cruauté calme et réfléchie ; mais au milieu des conspirations qui attaquèrent son autorité et sa personne, un juge de meilleure foi approuvera la justice ou admirera la clémence de ce monarque. Il était d'une continence et d'une sobriété exemplaires ; mais ses fidèles amours pour Théodora firent plus de mal à l'empire que n'en auraient pu faire des goûts plus variés, et son austère régime était réglé, non par la prudence d'un philosophe, mais par la superstition d'un moine. Ses repas étaient sobres et de peu de durée ; les jours de grand jeûne l'eau formait sa boisson, et il ne mangeait que des végétaux : telle était la force de son tempérament et la ferveur de sa dévotion, qu'il passait souvent deux jours et deux nuits sans prendre aucune nourriture. Son repos n'était pas mesuré avec moins de sévérité. Après une heure

---

(1) Tacite (*in Vit. Agricolæ*, c. 45) jette finement de l'odieux sur le *rubor* de Domitien. Pline le Jeune (*Panégyr.*, c. 48) et Suétone (*in Domitian.*, c. 18, et Casaubon *ad locum*) le remarquent également. Procope (*Anecd.*, c. 8) croit ridiculement qu'au sixième siècle il ne restait qu'un seul buste de Domitien.

de sommeil, l'activité de son âme éveillait son corps, et ses chambellans étonnés le voyaient se promener ou étudier jusqu'à la pointe du jour. Une application si soutenue doublait pour lui le temps ; il l'employait tout entier à acquérir des connaissances (1), et à expédier des affaires ; et l'on pouvait lui reprocher de troubler, par une exactitude minutieuse et déplacée, l'ordre général de son administration. Il prétendait aux talens de musicien et d'architecte, de poëte et de philosophe, de jurisconsulte et de théologien ; et s'il échoua dans l'entreprise de réconcilier les sectes chrétiennes, son travail sur la jurisprudence romaine est un noble monument de son zèle et de son habileté. Il fut moins sage ou moins heureux dans le gouvernement de l'empire : son règne fut remarquable par des calamités ; le peuple fut opprimé et mécontent ; Théodora abusa de son pouvoir ; une suite de mauvais ministres fit tort au discernement de Justinien, qui ne fut ni aimé durant sa vie ni regretté après sa mort. Réellement épris de la gloire, il eut cependant la misérable ambition des titres, des honneurs et des éloges de ses contemporains ; et, en s'efforçant de fixer l'admiration des Romains, il perdit leur affection et leur estime. Il conçut et exécuta

---

(1) Les aveux de Procope (*Anecdot.*, c. 8, 13) attestent bien mieux l'application à l'étude et les connaissances de Justinien, que les éloges qu'on trouve dans l'*Histoire publique* (*Goth.*, l. iii, c. 31; *de Ædific.*, l. 1; *Proem.*, c. 7). Consultez l'*Index* détaillé d'Alemannus et la *Vie de Justinien* par Ludwig, p. 135-142.

avec hardiesse le plan des guerres d'Afrique et d'Italie. Sa pénétration découvrit dans les camps les talens de Bélisaire, et ceux de Narsès dans l'intérieur du palais; mais son nom est éclipsé par celui de ses généraux victorieux, et Bélisaire vit toujours pour accuser l'envie et l'ingratitude de son souverain. L'aveugle admiration du genre humain s'attache au génie d'un conquérant qui conduit lui-même ses sujets à la guerre; mais Philippe II et Justinien n'ont été remarqués que par cette froide ambition qui leur fit aimer la guerre et éviter le danger des batailles. Cependant une statue colossale de bronze représentait l'empereur à cheval, se préparant à marcher contre les Perses, avec l'habit et l'armure d'Achille. C'était au milieu de la grande place située devant l'église de Sainte-Sophie, que s'élevait cette statue sur une colonne d'airain que portait un piédestal de pierre composé de sept degrés; et c'était de ce lieu que l'avarice et la vanité de Justinien avaient fait enlever la colonne de Théodose, qui était d'argent et du poids de quatorze mille huit cents marcs. Ses successeurs ont été plus justes ou plus indulgens pour sa mémoire: Andronic le Vieux répara et orna, au commencement du quatorzième siècle, la statue équestre dont nous venons de parler; depuis la chute de l'empire grec, les Turcs vainqueurs en ont fait des canons (1).

―――――

(1) *Voyez* dans la C. P. *Christiana* de Ducange (l. 1, c. 24, n° 1) une suite de témoins originaux, depuis Procope, qui

Je terminerai ce chapitre par des détails sur les comètes, les tremblemens de terre et la peste, qui affligèrent les peuples sous le règne de Justinien.

I. Au mois de septembre de la cinquième année de son règne, on vit, durant vingt jours, dans la partie occidentale du ciel, une comète (1) qui jetait ses rayons vers le nord. Huit années après, le soleil se trouvant au signe du capricorne, une autre comète se montra dans le sagittaire : son étendue augmenta peu à peu, sa tête paraissait à l'orient et sa queue à l'occident, et elle fut visible plus de quarante jours. Les nations la contemplèrent avec étonnement : elles s'attendirent à des guerres et des calamités, et l'événement ne répondit que trop à ces funestes conjectures. Les astronomes dissimulaient leur ignorance sur la nature de ces corps brillans ; ils les représentaient comme des météores flottans dans l'air, et peu d'entre eux adoptèrent l'idée si simple de Sénèque et des Chaldéens, que ce sont des planètes distinguées des autres par une plus longue révolution et un cours moins régulier (2). Le temps et le progrès des scien-

Comètes.
A. D. 530-539.

---

vivait au sixième siècle, jusqu'à Gyllius, qui vivait au seizième.

(1) Jean Malala (t. II, p. 190, 219) et Théophane (p. 154) parlent de la première comète. Procope (*Persic.*, l. II, c. 4) fait mention de la seconde ; mais je soupçonne fortement leur identité. Théophane (p. 168) applique à une année différente la pâleur du soleil que rapporte Procope (*Vand.*, l. II, c. 14).

(2) Sénèque (septième livre des Questions naturelles) dé-

ces ont justifié les conjectures et les prédictions du philosophe romain. Le télescope a ouvert de nouveaux mondes aux regards des astronomes (1). Dans le peu de temps que nous offrent l'histoire et la fable, il est déjà prouvé que la même comète s'est montrée sept fois à la terre, après des révolutions égales de cinq cent soixante-quinze années chacune. Sa première apparition (2), antérieure à l'ère chrétienne, de 1770 ans, fut contemporaine d'Ogygès, le plus ancien personnage de l'antiquité grecque. Elle explique une tradition conservée par Varron, que sous le règne d'Ogygès la planète de Vénus changea de couleur, de taille, de figure et de route : prodige sans exemple jusqu'alors et qu'on n'a jamais revu depuis (3). La fable d'Électre, la septième des

---

veloppe la théorie des comètes avec un esprit très-philosophique. Au reste, nous devons éviter ici l'excès de la bonne foi, et ne pas confondre une prédiction vague, un *veniet tempus*, etc., avec le mérite d'une découverte réelle.

(1) Les astronomes peuvent étudier Newton et Halley : j'ai tiré mes faibles connaissances sur cette matière de l'article *Comète*, que M. d'Alembert a inséré dans l'Encyclopédie.

(2) Whiston, l'honnête, le pieux, le visionnaire Whiston, imagine pour expliquer le déluge (2242 avant J.-C.), une apparition de la même comète, qui, d'un coup de sa queue, ensevelit la terre sous les eaux.

(3) Une dissertation de M. Freret (*Mém. de l'Acad. des Inscript.*, t. x, p. 357-377) offre un heureux mélange de philosophie et d'érudition. Le souvenir du phénomène du temps d'Ogygès a été conservé par Varron (*apud* saint Augustin, *de Civit. Dei*, XXI, 8) qui cite Castor, Dion de

Pléiades, dont le nombre se trouve réduit à six depuis la guerre de Troie, indique d'une manière obscure la seconde apparition, laquelle eut lieu l'an 1195. Cette nymphe, femme de Dardanus, ne pouvant se consoler de la ruine de son pays, abandonna les danses que formaient ses sœurs, quitta le zodiaque, se réfugia vers le pôle du nord, et sa chevelure en désordre lui fit donner le nom de *comète*. La troisième période finit à l'année 620, date qui se rapporte précisément à celle de la comète effrayante de la sibylle, peut-être celle de Pline, qui parut dans l'Occident deux générations avant le règne de Cyrus. La quatrième apparition, quarante-cinq ans avant la naissance de Jésus-Christ, est celle qui eut le plus d'éclat et qui est la plus importante. Après la mort de César, un corps céleste à longue chevelure se montra à Rome et aux nations durant les jeux que donnait le jeune Octave en l'honneur de Vénus et de son oncle. Le vulgaire crut qu'il portait au ciel l'âme du dictateur; et l'habile Octave eut soin d'entretenir et de consacrer cette opinion par sa piété, tandis que sa superstition secrète ne voyait dans cette comète qu'un présage de sa gloire future (1). La cinquième,

---

Naples et Adraste de Cyzique, *nobiles mathematici*. Les mythologues grecs et les livres apocryphes des vers sibyllins, nous ont transmis des détails sur les deux périodes suivantes.

(1) Pline (*Hist. nat.*, II, 23) a transcrit les registres originaux d'Auguste. Mairan, dans ses ingénieuses Lettres au père Parennin, missionnaire à la Chine, place les jeux et

dont nous avons déjà parlé, eut lieu la cinquième année du règne de Justinien, ou la cinq cent trentième année de l'ère chrétienne; et il faut remarquer que cette apparition, ainsi que l'apparition antérieure, fut suivie, mais à un plus long intervalle, d'un affaiblissement remarquable dans les rayons du soleil. Les chroniques de l'Europe et de la Chine rapportent la sixième à l'année 1105; et comme on éprouvait alors la première ferveur des croisades, les chrétiens et les musulmans purent imaginer, avec autant de raison les uns que les autres, qu'elle annonçait la destruction des infidèles. Ce fut en 1680, dans un âge éclairé, qu'eut lieu la septième apparition (1). Le philosophe Bayle dissipa ce préjugé récemment embelli par la muse de Milton (2), que

---

la comète, de l'année 44 à l'année 43 avant la naissance de Jésus-Christ; cependant les observations de cet astronome me laissent des doutes (*Opuscules*, p. 275-351).

(1) Cette dernière comète parut au mois de décembre 1680. Bayle, qui commença ses *Pensées sur la comète* au mois de janvier 1681 (*OEuvres*, t. III), fut obligé de se servir de cet argument qu'une comète *surnaturelle* aurait confirmé les anciens dans leur idolâtrie. Bernoulli (*voyez* son Éloge dans Fontenelle, t. v, p. 99) disait encore que *la tête de la comète n'est pas un signe extraordinaire de la colère du ciel, mais que la queue en est peut-être un*.

(2) *Le Paradis perdu* fut publié l'an 1667; et les fameux vers (l. II, 708, etc.) qui étonnèrent le censeur, pouvaient faire allusion à la comète de 1664, observée à Rome par Cassini, en présence de la reine Christine. (Fontenelle, *Éloge de Cassini*, t. v, p. 338). Charles II avait-il laissé apercevoir quelques symptômes de curiosité ou de frayeur?

la comète « de son affreuse chevelure secoue la peste et la guerre. » Flamstead et Cassini observèrent sa route dans les cieux avec une intelligence admirable; et Bernoulli, Newton et Halley, cherchèrent les lois de ses révolutions. Lorsqu'en 2255 elle reparaîtra pour la huitième fois, leurs calculs seront peut-être vérifiés par les astronomes de quelque capitale élevée dans les déserts actuels de la Sibérie ou du Nouveau-Monde.

II. Une comète qui s'approcherait beaucoup de notre globe pourrait l'endommager ou le détruire; mais les changemens qu'éprouve sa surface ont jusqu'ici été produits par des volcans et des tremblemens de terre (1). La nature du sol indique les pays les plus exposés à ces secousses formidables, puisqu'elles sont causées par des feux souterrains, et que ces feux sont le produit de l'union et de l'effervescence du fer et du soufre ; mais la connaissance des époques et des effets de ces mixtions ne paraît pas à la portée de la curiosité des hommes; et le philosophe, jusqu'à ce qu'il ait pu compter le nombre des gouttes d'eau qui filtrent en silence et tombent sur le minéral inflammable, jusqu'à ce qu'il ait pu mesurer les cavernes qui par leur résistance augmen-

Tremblemens de terre.

---

(1) *Voyez* sur la cause des tremblemens de terre Buffon, t. 1, p. 502-536; *Suppl. à l'Hist. nat.*, t. v, p. 382-390, édit. in-4°; Valmont de Bomare, *Dictionn. d'Hist. nat.*, articles *Tremblemens de terre*, *Pyrites*; Watson, *Essais de Chimie*, t. 1, p. 181-209.

tent l'explosion de l'air captif, s'abstiendra prudemment d'annoncer les tremblemens de terre. L'historien, sans assigner la cause de ces événemens désastreux, désigne les époques pendant lesquelles ils ont été rares ou fréquens, et observe que cette fièvre de notre globe l'agita sous le règne de Justinien avec une violence peu commune (1). Chacune des années de ce règne est marquée par des tremblemens de terre d'une telle durée, que Constantinople fut ébranlée plus de quarante jours; et d'une telle étendue, que la surface entière du globe, ou du moins de l'empire romain, fut affectée de la commotion. On ressentit des mouvemens, soit d'oscillation, soit de pulsation : on vit paraître d'énormes crevasses, des corps d'un grand volume et d'une grande pesanteur furent lancés dans les airs; la mer s'avança et se retira alternativement au-delà et en-deçà de ses limites ordinaires; une montagne arrachée du Liban (2) fut

---

(1) Les tremblemens de terre qui ébranlèrent l'empire romain sous le règne de Justinien, sont décrits ou indiqués par Procope (*Goth.*, l. IV, c. 25; *Anecd.*, c. 18), par Agathias (l. II, p. 52, 53, 54; l. V, p. 145-152), par Jean Malala (*Chron.*, t. II, p. 140-146, 176, 177, 183, 193, 220, 229, 231, 233, 234), et par Théophane (p. 151, 183, 185, 191-196).

(2) Il s'agit ici d'une hauteur escarpée ou d'un cap perpendiculaire entre Aradus et Botrys, nommé par les Grecs θεων προσωπον, et ευπροσωπον ou λιθοπροσωπον par les chrétiens scrupuleux. Polybe, l. V, p. 411; Pomponius-Mela, l. I, c. 12, 87, *cum* Isaac Voss. *Obs.*; Maundrell, *Journey*, p. 32, 33; Pococke, *Descript.*, vol. 2, p. 99.

jetée au milieu des flots, où elle servit de môle au nouveau port de Botrys en Phénicie (1). Sans doute le coup qui ébranle une fourmilière doit écraser dans la poussière des myriades d'insectes; mais il faut avouer que l'homme lui-même a travaillé avec soin à sa destruction. L'établissement des grandes villes, qui enferment une nation dans l'enceinte d'une muraille, réalise presque le vœu de Caligula, qui désirait que le peuple romain n'eût qu'une seule tête. On dit que deux cent cinquante mille personnes périrent lors du tremblement de terre d'Antioche, qui arriva dans un temps où la fête de l'Ascension avait attiré un grand nombre d'étrangers. La perte de Beryte (2) fut moins considérable, mais bien plus importante. L'école des lois civiles, qui menait à la fortune et aux dignités, rendait célèbre cette ville de la côte de Phénicie : ce que le siècle pouvait fournir de génies naissans, remplissait cette école; et le tremblement de terre y engloutit peut-être plus d'un

A. D. 526, 20 mai.

A. D. 551, 9 juillet.

---

(1) Botrys fut fondée, *ann. ante Christ.* 935-903, par Ithobal, roi de Tyr. (Marsham, *Canon. Chron.*, p. 387, 388.) Le misérable village de Patrone, qu'on voit aujourd'hui sur son emplacement, n'a point de port.

(2) Heineccius (p. 351-356) traite de ce qui regarde l'université, la splendeur et la ruine de Beryte, comme d'une partie essentielle de l'histoire de la jurisprudence romaine. Cette ville fut détruite la vingt-cinquième année du règne de Justinien, A. D. 551, le 9 juillet. (Théophane, p. 192.) Mais Agathias (l. II; p. 51, 52) ne place le tremblement de terre qu'après la conquête de l'Italie.

jeune homme fait pour devenir le fléau ou le défenseur de son pays. Au milieu de ces désastres, l'architecture est l'ennemie du genre humain. La hutte d'un sauvage ou la tente d'un Arabe sont alors renversées sans accident pour ceux qui l'habitent; et les Péruviens se moquaient avec raison de la sottise des Espagnols, qui élevaient à si grands frais et avec tant de peine des habitations qui devaient leur servir de tombeau. Un patricien est écrasé sous ses riches marbres : les ruines des édifices publics et particuliers ensevelissent tout un peuple; et les feux sans nombre, nécessaires à la subsistance et à l'industrie d'une grande cité, commencent et propagent l'incendie. Au lieu de cette compassion mutuelle, qui devrait soulager et aider une si déplorable misère, les habitans se voient à la merci des vices et des passions qui ne redoutent plus le châtiment : l'intrépide cupidité saccage les maisons qui s'écroulent ; la vengeance saisit l'occasion et fond sur sa victime, et la terre engloutit souvent l'assassin et le ravisseur au moment même de leur crime. La superstition ajoute au danger les frayeurs de la vie future; et si l'image de la mort rappelle quelquefois des individus à la vertu ou au repentir, un peuple épouvanté est bien plutôt porté alors à redouter la fin du monde ou à conjurer par des hommages serviles la colère d'une Divinité vengeresse.

<small>Peste, son origine et sa nature.
A. D. 542.</small>

III. On a considéré dans tous les siècles l'Égypte et l'Éthiopie comme les contrées où naît et d'où se répand la peste. L'air y est humide, chaud et stagnant; et cette fièvre de l'Afrique vient de la putréfaction des substances animales, et surtout des essaims de sauterelles, non moins destructives après leur mort que pendant leur vie. La funeste maladie (1) qui dépeupla la terre sous le règne de Justinien et celui de ses successeurs (2), se montra d'abord dans le voisinage de Péluse, entre le marais Serbonien et la branche orientale du Nil; de là elle s'ouvrit deux routes différentes : elle se répandit en Orient sur la Syrie, la Perse et les Indes; et en Occident, le long de la côte d'Afrique et sur le continent de l'Europe. Constantinople en fut affligée deux ou trois mois au printemps de la seconde année; et Procope, qui observa sa marche et ses symptômes avec les yeux d'un médecin (3), égale presque l'habileté et le soin qu'a

---

(1) J'ai lu avec plaisir le Traité peu étendu, mais élégant, de Mead, sur les *Maladies pestilentielles*, 8ᵉ édition : Londres, 1722.

(2) On peut suivre les progrès de la grande peste qui exerça ses ravages l'an 542 et les années suivantes (Pagi, *Critica*, t. II, p. 518) dans Procope, *Persic.*, l. II, c. 22, 23; Agathias, l. v, p. 153, 154; Evagrius, l. IV, c. 29; Paul-diacre, l. II, c. 4, p. 776, 777; saint Grégoire de Tours (t. II, l. IV, c. 5, p. 205), qui l'appelle *lues inguinaria*; dans les *Chroniques* de Victor Tunnunensis, p. 9; *in Thesaur. tempor.*, de Marcellin, p. 54, et de Théophane, p. 153.

(3) Le docteur Freind (*Hist. Medic. in Opp.*, p. 416-420; Londres, 1733) est persuadé, d'après l'exactitude avec laquelle Procope emploie les mots techniques, que cet historien avait étudié la médecine. Au reste, plusieurs des mots

montrés Thucydide, dans la description de la peste d'Athènes (1). Elle s'annonçait quelquefois par les visions d'un cerveau troublé : la malheureuse victime, frappée de la menace ou de l'atteinte d'un spectre invisible, désespérait alors de sa vie ; mais une légère fièvre surprenait le plus grand nombre dans leur lit, au milieu des rues ou de leurs occupations ordinaires. Cette fièvre était même si légère, que le pouls ou le teint du malade ne donnait aucun signe de danger. Le même jour, le lendemain ou le surlendemain, il se déclarait par une enflure aux glandes, surtout à celles des aines, des aisselles et des oreilles ; et lorsque ces bubons ou tumeurs s'ouvraient, on y trouvait un charbon ou une substance noire de la grosseur d'une lentille. Quand les bubons prenaient toute leur croissance et tombaient en suppuration, cette évacuation naturelle de l'humeur morbifique sauvait le malade ; mais s'ils demeuraient durs et secs, la gangrène s'ensuivait promptement, et le cinquième jour était communément le terme fatal de la maladie. La fièvre était souvent accompa-

---

qui sont aujourd'hui scientifiques, étaient communs et populaires dans l'idiome grec.

(1) *Voy*. Thucydide, l. II, c. 47-54, p. 127-133, édit. de Duker ; et la description poétique de la même peste, par Lucrèce, l. VI, vers 1136-2284. Je dois au docteur Hunter un savant Commentaire sur cette partie de Thucydide : c'est un in-4° de 600 pages ; Venise, 1603, *apud Juntas*; donné publiquement par Fabius-Paullinus d'Udine, médecin et philosophe, dans la bibliothèque de Saint-Marc.

gnée de délire ou de léthargie : des pustules noires ou carboncles, symptômes d'une mort très-prochaine, couvraient souvent le corps du malade. Dans les tempéramens trop faibles pour produire une éruption, un vomissement de sang était bientôt suivi de la gangrène dans les intestins. En général, la peste était mortelle pour les femmes grosses ; toutefois un enfant fut tiré vivant du sein de sa mère qui avait succombé à la maladie, et trois femmes survécurent à la perte de leur fœtus infecté de la peste. La jeunesse était l'époque de la vie la plus périlleuse. La contagion attaquait moins les femmes que les hommes ; mais elle se précipitait indistinctement sur toutes les classes et toutes les professions; et plusieurs de ceux qui conservèrent la vie perdirent l'usage de la parole, sans pouvoir se croire assurés d'être désormais à l'abri du même fléau (1). Les médecins de Constantinople déployèrent dans cette occasion leur zèle et leur habileté ; mais les symptômes variés et l'opiniâtreté de la maladie déconcertèrent leur savoir : les mêmes remèdes avaient des effets contraires, et l'événement trompa souvent les pronostics de mort ou de guérison. On confondit l'ordre

---

(1) Thucydide (c. 51) assure qu'on ne prenait la peste qu'une fois ; mais Evagrius, qui avait vu la peste dans sa famille, observe que plusieurs personnes qui avaient résisté à une première attaque, moururent d'une seconde ; et Fabius-Paullinus (p. 588) confirme le retour de la peste. Les médecins sont divisés sur ce point, et la nature et la marche de la maladie peuvent n'être pas toujours les mêmes.

des funérailles et le droit des sépultures : ceux qui ne laissaient ni amis ni serviteurs demeuraient sans sépulture au milieu des rues ou dans leurs maisons désertes. Un magistrat fut autorisé à recueillir sans distinction les monceaux de cadavres, à les transporter par terre ou par eau, et à les enterrer dans des fosses profondes hors de l'enceinte de la ville. Un danger si pressant et l'aspect de la désolation publique éveillèrent quelques remords dans les hommes les plus adonnés au vice : ils reprirent, lorsqu'ils se crurent en sûreté, leurs passions et leurs habitudes ; mais la philosophie doit dédaigner cette observation de Procope, que la Fortune ou la Providence veillèrent d'une manière particulière au salut de ces misérables. Il oubliait, ou peut-être se rappelait-il intérieurement que la peste avait frappé Justinien lui-même, et il eût été plus raisonnable et plus honorable d'attribuer la guérison de l'empereur à ce régime frugal qui, en pareille occasion, avait sauvé Socrate (1). Durant la maladie du prince, l'habit des citoyens annonça la consternation publique ; et leur oisiveté et leur découragement occasionèrent une disette générale dans la capitale de l'Orient.

Étendue et durée de la peste. A. D. 542-594.

La peste est toujours contagieuse : les personnes infectées répandent la maladie dans les poumons et

---

(1) Socrate fut sauvé par sa tempérance lors de la peste d'Athènes. (Aulu-Gelle, *Nuits Attiques*, 11, 1.) Le docteur Mead attribue la salubrité des maisons religieuses à ce qu'elles sont séparées des autres, et que le régime y est plus frugal (p. 18, 19).

l'estomac de ceux qui les approchent. Tandis que les philosophes adoptent ce fait, qui les remplit de terreur, il est singulier que le peuple le plus porté aux frayeurs imaginaires ait nié l'existence d'un danger si réel (1). Les concitoyens de Procope étaient persuadés, d'après des expériences mal faites et en trop petit nombre, que l'entretien le plus rapproché avec un pestiféré ne pouvait communiquer la maladie (2); et cette confiance soutint peut-être l'assiduité des amis ou des médecins auprès des malades, qu'une prudence inhumaine aurait condamnés à la solitude et au désespoir. Mais cette fatale sécurité, produisant sous un autre rapport le même effet que la prédestination des Turcs, favorisa les progrès de la contagion; et le gouvernement de Justinien ne connaissait pas les précautions salutaires auxquelles l'Europe doit sa sûreté. On ne gêna en aucune manière la communication des diverses provinces de l'empire; les guerres et les émigrations répandirent la

---

(1) Mead prouve, d'après Thucydide, Lucrèce, Aristote et l'expérience journalière, que la peste est contagieuse; et il réfute (*Préface*, p. 2-13) l'opinion contraire des médecins français, qui se rendirent à Marseille en 1720 : ces médecins français étaient cependant éclairés, et venaient de voir la peste enlever en peu de mois cinquante mille habitans (*sur la Peste de Marseille*, Paris, 1786) à une ville qui, malgré sa prospérité et son commerce actuels, ne contient pas plus de quatre-vingt-dix mille âmes. M. Necker, *sur les Finances*, t. 1, p. 231.

(2) L'expérience postérieure d'Evagrius détruit ces assertions si fortes de Procope, ουτε γαρ ιατρω ουτε γαρ ιδιωτη.

peste depuis la Perse jusqu'à la France, et le commerce porta dans les régions les plus éloignées le germe fatal qu'une balle de coton recèle durant des années. Procope lui-même explique le mode de sa propagation par cette remarque, que la maladie allait toujours de la côte de la mer dans l'intérieur du pays; qu'elle visitait successivement les îles et les montagnes les plus écartées; que les lieux qui avaient échappé à la fureur de son premier passage se trouvaient seuls exposés à la contagion de l'année suivante. Les vents peuvent disperser ce venin subtil; mais si l'atmosphère n'est pas disposée à le recevoir, la peste expirera bientôt dans les climats froids ou tempérés. Telle était, à l'époque de Justinien, la corruption universelle de l'air, que le changement des saisons n'arrêta ou ne diminua point la peste qu'on vit éclater la quinzième année du règne de ce prince. Sa première malignité se calma après quelque intervalle : elle languit et se ranima tour à tour; mais ce ne fut qu'après une période désastreuse de cinquante-deux ans, que l'espèce humaine recouvra la santé, ou que l'atmosphère redevint pure et salubre. Il ne nous reste pas de faits qui puissent établir des calculs ou même des conjectures sur le nombre d'hommes enlevés dans cette extraordinaire période de mortalité. Je trouve seulement que, durant trois mois, cinq mille et ensuite dix mille personnes mouraient chaque jour à Constantinople; que la plupart des villes de l'Orient perdirent tous leurs habitans; et qu'en plusieurs cantons de l'Italie les blés et les raisins furent laissés se pourrir sur le sol. Le triple fléau de la guerre, de la peste et de la famine, accabla les sujets de Justinien ; son règne est marqué d'une manière funeste par une diminution très-sensible de l'espèce humaine (1), et quelques-uns des plus beaux pays du monde n'ont jamais pu réparer ce malheur.

---

(1) Procope (*Anecd.*, c. 18) emploie d'abord des figures de rhétorique, telles que les sables de la mer, etc. Il tâche ensuite de se réduire à des calculs moins vagues, et dit que μυριαδας μυριαδων μυριας, furent exterminés sous le règne du démon empereur. Ces mots sont obscurs dans la langue de la grammaire et dans celle de l'arithmétique, et, interprétés littéralement, ils donneraient plusieurs millions de millions. Alemannus (p. 80) et Cousin (t. III, p. 178) les traduisent par *deux cents millions* ; mais j'ignore pourquoi. Si on ôte μυριαδας, les deux autres mots μυριαδων μυριας, une myriade de myriades, donneraient cent millions, nombre qui n'est pas totalement inadmissible.

CHAPITRE XLIV.

Idée de la jurisprudence romaine. Lois que publièrent les rois. Les Douze-Tables des décemvirs. Les lois du peuple. Les décrets du sénat. Les édits des magistrats et des empereurs. Autorité des jurisconsultes. Code, Pandectes, Novelles et Institutes de Justinien. 1° Droits des personnes. 2° Droits des choses. 3° Injures et actions privées. 4° Crimes et peines.

La jurisprudence civile.

LE temps a réduit en poussière les vains trophées des victoires de Justinien; mais le nom de ce législateur est gravé sur un monument plus noble et plus durable. C'est sous son règne et par ses soins que la jurisprudence civile fut réunie en un corps dans trois ouvrages immortels, le CODE, les PANDECTES et les INSTITUTES (1). La marche silencieuse du temps ou les travaux des législateurs ont introduit la raison publique des Romains dans les institutions domesti-

---

(1) Les gens de loi des temps barbares ont établi une manière absurde et incompréhensible de citer les lois romaines, et l'habitude a perpétué cette méthode : lorsqu'ils renvoient au Code, aux Pandectes et aux Institutes, ils indiquent le numéro, non pas du *livre*, mais seulement de la *loi*; ils se contentent de rapporter les premiers mots du *titre* dont elle fait partie, et il y a plus de mille de ces titres. Ludwig (*Vit. Justin.*, p. 268) forme des vœux pour qu'on s'affranchisse de ce joug pédantesque, et j'ai osé adopter la méthode simple et raisonnable de citer le livre, le titre et la loi.

ques de l'Europe (1). Les lois de Justinien obtiennent encore le respect et l'obéissance de plusieurs nations qui n'ont jamais dépendu de son empire. Heureux ou sage est le prince qui peut lier sa réputation à l'honneur et à l'intérêt d'un ordre de gens destinés à se perpétuer à jamais dans la société! Le zèle et l'adresse des gens de loi se sont de tout temps exercés à la défense de leur fondateur; ils célèbrent pieusement ses vertus, ils dissimulent ou nient ses défauts, et leurs vigoureuses réprimandes n'épargnent pas les coupables ou insensés rebelles qui osent s'attaquer à la majesté de la pourpre. L'idolâtrie des partisans de Justinien a provoqué, comme on le voit d'ordinaire, l'acharnement de ses ennemis. Son caractère a tour à tour été attaqué et défendu avec l'aveugle véhémence de la haine et de la flatterie; et la secte des *antitriboniens* en est venue à ce point d'injustice de refuser toute espèce d'éloges et de mérite à ce prince, à ses ministres et à ses lois (2). Étranger à toute es-

---

(1) L'Allemagne, la Bohême, la Hongrie, la Pologne et l'Écosse, les ont adoptées comme la loi ou la raison commune : en France, en Italie, etc., elles ont une influence directe ou indirecte; on les a suivies en Angleterre depuis Étienne jusqu'à Édouard 1er, le Justinien de la Grande-Bretagne. *Voy.* Duck (*de Usu et Auctoritate juris civ.*, l. II, c. 1, 8-15); Heineccius (*Hist. juris german.*, c. 4, 3, nos 55-124), et les historiens des lois de chaque pays.

(2) François Hottoman, savant et habile jurisconsulte du seizième siècle, voulait mortifier Cujas et plaire au chancelier de Lhopital. Son *Antitribonianus*, que je n'ai jamais pu me procurer, fut publié en français, l'an 1609, et sa

pèce de parti, attaché seulement à la vérité et à la bonne foi de l'histoire, dirigé par les guides les plus modérés et les plus habiles (1), je ne me hasarde cependant qu'avec une juste défiance à traiter un sujet qui a consumé les jours de tant d'habiles jurisconsultes, et fourni de quoi garnir les murs d'un si grand nombre de vastes bibliothèques. Je suivrai dans un seul chapitre, et, s'il est possible, dans un chapitre qui ne sera pas d'une très-longue étendue, la jurisprudence romaine depuis Romulus jusqu'à Justinien (2); j'apprécierai les travaux de cet empereur, et je m'arrêterai à examiner les principes d'une science

---

secte s'est répandue en Allemagne. Heineccius, *Opp.*, t. III, *sylloge* 3, p. 171-183.

(1) À la tête de ces guides je place, avec les égards qui lui sont dus, le savant et habile Heineccius, professeur allemand, qui mourut à Halle en 1741. (*Voyez* son éloge dans la *Nouvelle Bibliothèque germanique*, tom. II, p. 51-64.) Ses nombreux ouvrages ont été recueillis en huit volumes in-4°. Genève, 1743-1748. Les traités séparés dont j'ai surtout fait usage, sont : 1° *Historia juris romani et germanici*, Lugd. Batav. 1740, in-8°; 2° *Syntagma antiquitatum romanam jurisprudentiam illustrantium*, 2 vol. in-8°, Traject. ad Rhenum; 3° *Elementa juris civilis secundum ordinem Institutionum*, Lugd. Batav. 1751, in-4°; 4° *Elementa J. C. secundum ordinem Pandectarum*, Traject. 1772, 2 vol. in-8°.

(2) Le précis de cette histoire se trouve dans un Fragment *de Origine juris* (*Pandect.*, l. 1, tit. 2) de Pomponius, jurisconsulte de Rome, qui vivait sous les Antonins. (Heineccius, t. III, *syll.* 3, p. 66-126.) Il a été abrégé et vraisemblablement altéré par Tribonien, et rétabli par Bynkershoek. *Opp.*, t. I, p. 279-304.

qui importe si fort à la paix et au bonheur de la société. Les lois d'un peuple forment la portion la plus instructive de son histoire ; et quoique je me sois dévoué à la composition des annales de l'empire dans sa décadence, je saisirai cette occasion de respirer encore l'air pur et fortifiant de la république.

On découvre quelque adresse politique dans la formation du gouvernement primitif de Rome (1), composé d'un roi électif, d'un conseil de nobles et d'une assemblée générale du peuple. Le magistrat suprême était chargé de tout ce qui avait rapport à la guerre et à la religion : seul il proposait les lois qu'on discutait au sénat, et qui étaient enfin ratifiées ou rejetées à la pluralité des voix par les trente curies ou paroisses de la ville. Romulus, Numa et Servius Tullius, sont renommés comme les premiers législateurs de Rome ; et chacun d'eux a des droits particuliers à l'une des trois divisions générales de sa jurisprudence (2). On attribue à la sagesse naturelle de Romulus les lois sur le mariage, sur l'éducation des en-

Lois que publièrent les rois de Rome.

───────────

(1) On peut étudier l'histoire du gouvernement de Rome sous ses rois dans le premier livre de Tite-Live, et plus au long dans Denys d'Halicarnasse (l. II, p. 80-96, 119-130 ; l. IV, p. 198-220), qui laisse cependant apercevoir quelquefois le rhéteur et le Grec.

(2) Juste-Lipse (*Opp.*, t. IV, p. 279) a appliqué aux trois rois de Rome ces trois divisions générales de la loi civile. Gravina (*Orig. jur. civ.*, p. 28, édit. de Leipz. 1737) adopte cette idée, que Mascou, son éditeur allemand, n'admet qu'avec répugnance.

fans et l'autorité paternelle, qui paraissent tirer leur origine de la nature elle-même. Numa disait avoir reçu de la nymphe Égérie, dans des entretiens nocturnes, les lois sur le droit des gens, et le culte religieux qu'il introduisit. Servius établit les lois civiles d'après son expérience; il balança les droits et les fortunes des sept classes de citoyens, et il assura, par cinquante nouveaux réglemens, l'exécution des contrats et le châtiment des crimes. L'État, qu'il avait incliné vers la démocratie, se changea en despotisme arbitraire sous le dernier des Tarquins; et lorsque la fonction de roi fut abolie, les patriciens maintinrent pour eux seuls tous les avantages de la liberté. Les lois royales devinrent odieuses ou tombèrent en désuétude : les prêtres et les nobles conservèrent en silence ce dépôt mystérieux; et, soixante années après, les citoyens de Rome se plaignaient toujours d'être gouvernés par la sentence arbitraire des magistrats. Cependant les institutions positives des rois s'étaient comme incorporées avec les mœurs publiques et particulières. Les antiquaires ont rassemblé (1) quelques fragmens de cette respectable jurisprudence (2), et

---

(1) Terrasson, dans son Histoire de la jurisprudence romaine (p. 22-72; *Paris*, 1750, in-folio), essaie avec une sorte d'apparat, mais avec peu de succès, de rétablir le texte original. Cet ouvrage promet plus qu'il ne tient.

(2) Le plus ancien Code ou Digeste fut appelé *jus Papirianum*, du nom de Papirius, qui le compila, et qui vivait un peu avant ou un peu après le *Regifugium*. (*Pandect.*, l. 1, tit. 2.) Les meilleurs critiques, même Bynkershoek

plus de vingt textes nous ont conservé la grossièreté de l'idiome pélasgique des Latins (1).

Je ne répèterai pas l'histoire si connue des décem-

Les tables des décemvirs.

(t. I, p. 284, 285), et Heineccius (*Hist. J. C. R.*, l. I, c. 16, 17; et *Opp.*, t. III, *syll.* 4, p. 1-8), ajoutent foi à ce conte de Pomponius, sans faire assez d'attention à la valeur et à la rareté d'un pareil monument du troisième siècle, de la cité *ignorante*. Je soupçonne beaucoup que Caius Papirius, *pontifex maximus*, qui fit revivre les lois de Numa (Denys d'Halicarnasse, l. III, p. 171), ne laissa qu'une tradition orale; et que le *jus Papirianum* de Granius-Flaccus (*Pand.*, l. L, tit. 16, *lege* 144) n'était pas un commentaire, mais un ouvrage original, compilé au temps de César. Censorin., *de Die Natali*, l. III, p. 13; Duker, *de Latinitate J. C.*, p. 157.

(1) En 1444 on tira du sein de la terre sept ou huit tables d'airain, entre Crotone et Gubio. Une partie de ces tables, car le reste est en caractères étrusques, représente l'état primitif des caractères et de la langue des Pélasges, qu'Hérodote attribue à ce canton de l'Italie (l. I, c. 56, 57, 58). Au reste, on peut expliquer ce passage difficile d'Hérodote, en disant qu'il a rapport à Crestona, ville de la Thrace. (Notes de Larcher, t. I, p. 256-261.) Le dialecte sauvage des Tables Eugubines, a exercé les conjectures des critiques, et il est loin d'être éclairci; mais ses racines sont indubitablement latines, de la même époque et du même caractère que le *Saliare carmen*, que personne ne comprenait au temps d'Horace. L'idiome romain, se perfectionnant par un mélange du dorique et du grec éolien, offrit par degrés le style des Douze-Tables, de la colonne Duilienne, d'Ennius, de Térence et de Cicéron. Gruter, *Inscript.*, tom. I, p. 192; Scipion Maffei, *Hist. diplomatica*, p. 241-258; *Bibl. italique*, t. III, p. 30-41, 174-205; t. XIV, p. 1-52.

virs (1), qui souillèrent par leurs actions l'honneur de graver sur l'airain, ou le bois ou l'ivoire, les DOUZE TABLES des lois romaines (2). Ces lois avaient été dictées par l'esprit sévère et jaloux d'une aristocratie qui avait cédé avec répugnance aux justes réclamations du peuple. Mais le fond des Douze-Tables fut calculé d'après la situation où se trouvait alors la ville; et les Romains étaient sortis de la barbarie, puisqu'ils pouvaient étudier et adopter les institutions de leurs voisins plus éclairés. L'envie avait chassé de sa patrie Hermodore, sage citoyen d'Éphèse. Avant d'atteindre les rivages du Latium, il avait observé la nature humaine et la société civile sous leurs diverses formes; il communiqua ses lumières aux législateurs de Rome, et une statue fut élevée dans la place publique pour immortaliser sa mémoire (3). Les noms et les

---

(1) Comparez Tite-Live (l. III, c. 31-59) avec Denys d'Halicarnasse (l. X, p. 644; XI, p. 691). Que l'auteur romain est concis et animé! et comme l'auteur grec est prolixe et sans vie! Denys d'Halicarnasse toutefois a jugé d'une manière admirable les grands maîtres, et expose habilement les règles de la composition historique.

(2) D'après les historiens, Heineccius (*Hist. J. R.*, l. 1, n° 26) dit que les Douze-Tables étaient d'airain; *æreas*. On lit *eboreas* dans le texte de Pomponius, et Scaliger a substitué à ce mot celui de *roboreas*. (Bynkershoek, p. 286.) On a pu employer successivement le bois, l'airain et l'ivoire.

(3) Cicéron (*Tuscul. Quæst.*, v, 36) parle de l'exil d'Hermodore; Pline (*Hist. nat.*, XXXIV, 11) parle de sa statue. La lettre, le songe et la prophétie d'Héraclite sont supposés. *Epist. græc. divers.*, p. 337.

divisions des pièces de cuivre, seule monnaie des premiers temps de Rome, étaient d'origine dorienne (1) : les récoltes de la Campanie et de la Sicile fournissaient à la subsistance d'un peuple chez qui la guerre et les factions interrompaient souvent la culture ; et du moment que le commerce fut établi (2), les députés romains purent, de ces parages où ils allaient approvisionner la ville, rapporter une richesse encore plus précieuse, les lumières des autres nations sur l'administration des États. Les colonies de la Grande-Grèce avaient transplanté et perfectionné en Italie les arts de leur métropole. Cumes et Reggio, Crotone et Tarente, Agrigente et Syracuse, étaient au nombre des villes les plus florissantes. Les disciples de Pythagore appliquaient la philosophie à la pratique des gouvernemens ; les lois orales de Charondas empruntaient le secours de la poésie et de la musique (3) ; et Zaleucus établissait la république des

---

(1) Le docteur Bentley (*Dissert. sur les Epît. de Phalaris*, p. 427-479) discute habilement tout ce qui a rapport aux monnaies de Sicile et de Rome, sujet très-obscur. L'honneur et le ressentiment l'excitaient à déployer tous ses moyens dans cette controverse.

(2) Les navires des Romains ou de leurs alliés allèrent jusqu'au beau promontoire de l'Afrique. (Polybe, l. III, p. 177, édit. de Casaubon, in-fol.) Tite-Live et Denys d'Halicarnasse parlent de leurs voyages à Cumes, etc.

(3) Ce fait prouverait seul l'antiquité de Charondas, qui donna des lois à Reggio et à Catane : c'est par une étrange méprise que Diodore de Sicile (t. I, l. XII, p. 485-492) lui

Locriens, qui subsista plus de deux siècles sans altération (1). Tite-Live et Denys d'Halicarnasse, également séduits par l'orgueil national, veulent croire que les députés de Rome avaient paru à Athènes, sous la sage et brillante administration de Périclès, et que les lois des Douze-Tables étaient une imitation de celles de Solon. Si Athènes eût effectivement reçu à cette époque une ambassade des Barbares de l'Hespérie, le nom romain eût été familier aux Grecs avant le règne d'Alexandre (2), et la curiosité des temps

---

attribue l'institution politique de Thurium, laquelle est bien postérieure.

(1) Zaleucus, dont on a contesté l'existence avec si peu de raison, eut le mérite et la gloire de faire d'un ramas de proscrits (les Locriens) la république la plus vertueuse et la mieux ordonnée de la Grèce. *Voyez* deux Mémoires de M. le baron de Sainte-Croix sur la législation de la Grande-Grèce. (*Mém. de l'Acad. des Inscript.*, t. XLII, p. 276-333.) Mais les lois de Zaleucus et de Charondas, qui en ont imposé à Diodore et à Stobée, ont été fabriquées par un sophiste pythagoricien, dont la supercherie a été découverte par la sagacité de Bentley (p. 335-377).

(2) Je saisis cette occasion pour indiquer le progrès des communications entre Rome et la Grèce: 1° Hérodote et Thucydide (A. U. C. 300-350) paraissent ignorer le nom et l'existence de Rome.(Josèphe, *contra Apion.*, t. II, l. 1, c. 12, p. 444, édit. de Havercamp); 2° Théopompe (A. U. C. 400, Pline, III, 9) parle de l'invasion des Gaulois, dont Héraclide de Pont fait mention d'une manière plus vague. (Plutarque, *in Camillo*, p. 292, éd. H. Etienne.) 3° L'ambassade réelle ou fabuleuse des Romains auprès d'Alexandre (A. U. C. 430) est attestée par Clitarque (Pline, III, 9); par Aristus

postérieurs aurait recherché et proclamé le plus léger témoignage qui fût demeuré d'un semblable fait; mais les monumens d'Athènes gardent le silence à cet égard, et il est difficile de croire que des patriciens eussent entrepris une longue et périlleuse navigation pour copier le modèle le plus parfait de la démocratie. Si on rapproche les Tables de Solon de celles des décemvirs, on peut y trouver quelque ressemblance produite par le hasard, quelques-unes de ces règles que la nature et la raison inspirent à chaque société, quelques preuves de l'origine commune des deux nations, qui descendaient peut-être de l'Égypte ou de la Phénicie (1); mais dans les grands traits de la ju-

---

et Asclépiade (Arrien, l. VII, p. 294-295), et par Memnon d'Héraclée (*apud* Photium, *Cod.* 224, p. 725); le silence de Tite-Live à cet égard est une dénégation; 4° Théophraste (A. U. C. 440), *primus externorum aliqua de Romanis diligentius scripsit* (Pline, III, 9); 5° Lycophron (A. U. C. 480-500) a répandu la première idée d'une colonie de Troyens et de la fable de l'Énéide (Cassandra, 1226-1280).

Γης και θαλασσης σκηπτρα και μοναρχιαν
Λαβοντες.

Prédiction hardie avant la fin de la première guerre punique.

(1) La dixième table (*de Modo sepulturæ*) fut empruntée de Solon (Cicéron, *de Legibus*, II, 23-26); le *Furtum per lancem et licium conceptum*, vient, si l'on en croit Heineccius, des mœurs d'Athènes. (*Antiq. rom.*, t. II, p. 167-175.) Moïse, Solon et les décemvirs permirent de tuer un voleur nocturne (*Exode*, 22, 3). Démosthène, *contra Timocratem*, t. I, p. 736, édit. de Reiske; Macrobe, *Saturnalia*, l. I, c. 4;

risprudence publique et privée, les législateurs de Rome et d'Athènes paraissent étrangers ou opposés les uns aux autres.

<small>Leur caractère et leur influence.</small>

Quoi qu'il en soit de l'origine ou du mérite des Douze-Tables (1), les Romains leur accordèrent ce respect aveugle et partial dont les jurisconsultes de tous les pays se plaisent à entourer les institutions de leur patrie. Cicéron (2) recommande de les étudier comme également agréables et instructives. « Elles amusent, dit-il, par les souvenirs de l'ancien langage et le tableau des anciennes mœurs ; on y trouve les principes les plus sains de morale et de gouvernement ; et je ne crains pas d'affirmer que dans cet ouvrage abrégé des décemvirs se trouve plus de valeur réelle que dans tous les livres de la philosophie grecque. Que la sagesse de nos ancêtres est admirable ! ajoute-t-il avec un enthousiasme ou véritable ou feint ; nous excellons seuls dans la législation, et notre supériorité paraîtra bien plus frappante, si nous daignons jeter les yeux sur la jurisprudence grossière et presque ridicule de Dracon, de Solon et de Lycurgue. » Les Douze-Tables furent confiées à

Collatio legum Mosaïcarum et romanarum, tit. 7, n° 1, p. 218, édit. Cannegieter.

(1) Βραχέως καὶ ἀπερίττως ; tel est l'éloge qu'en fait Diodore (t. I, l. XII, p. 494) et qu'on peut traduire par *l'eleganti atque absolutá brevitate verborum* d'Aulu-Gelle. *Noct. Att.*, XXI, 1).

(2) Écoutez Cicéron (*de Legibus*, II, 23) et celui qu'il fait parler, Crassus (*de Oratore*, I, 43, 44).

la mémoire des jeunes gens et à la méditation des vieillards; elles furent copiées et développées avec soin par des hommes instruits : elles avaient échappé à l'incendie allumé par les Gaulois; elles subsistaient au temps de Justinien; elles se sont perdues depuis; mais, à force de travaux, les critiques modernes les ont rétablies d'une manière imparfaite (1). Quoique ce monument respectable fût regardé comme la règle du droit et la source de la justice (2), il disparut enfin sous le nombre et la variété des nouvelles lois, qui, au bout de cinq siècles, se trouvaient être devenues un mal plus insupportable que les vices des citoyens (3). Le Capitole renfermait trois mille Tables d'airain, qui contenaient les actes du sénat et du peuple (4); et quelques-uns de ces actes, tels que la loi Julia contre les extorsions, contenaient plus

---

(1) *Voyez* Heineccius, *Hist. J. R.*, n°s 29-33. J'ai suivi les Douze-Tables, telles qu'elles ont été restaurées par Gravina (*Origines J. C.*, p. 280-307) et par Terrasson, *Hist. de la Jurisprudence romaine*, p. 94-205.

(2) *Finis æqui juris* (Tacite, *Annal.*, III, 27). *Fons omnis publici et privati juris.* Tite-Live, III, 34.

(3) *De principiis juris et quibus modis ad hanc multitudinem infinitam ac varietatem legum perventum sit,* ALTIUS *disseram.* (Tacite, *Annal.*, III, 25.) Cette discussion profonde n'occupe que deux pages, mais ce sont des pages de Tacite. Tite-Live disait avec le même sens, mais avec moins d'énergie (III, 34): *In hoc immenso aliarum super alias acervatarum legum cumulo,* etc.

(4) Suétone, *in Vespasiano,* c. 8.

de cent chapitres (1). Les décemvirs avaient négligé d'adapter à la constitution de Rome cette loi de Zaleucus, qui conserva si long-temps la république dans toute son intégrité. Lorsqu'un Locrien proposait une nouvelle loi, il se présentait à l'assemblée du peuple la corde au cou ; si la loi était rejetée, on étranglait sur-le-champ le novateur.

<small>Lois du peuple.</small>

Les décemvirs avaient été nommés dans une assemblée des centuries, où la fortune avait prévalu sur le nombre : la même chose eut lieu pour l'approbation de leurs Tables. La première classe des Romains, composée de ceux qui possédaient deux cent mille marcs de cuivre (2), se trouva avoir quatre-

---

(1) Cicéron, *ad Familiares*, VIII, 8.

(2) Denis, Arbuthnot et la plupart des modernes (si on en excepte Eisenschmidt, *de Ponderibus*, etc., p. 137-140) évaluent les cent mille *asses* à dix mille drachmes attiques, ou un peu plus de trois cents livres sterl. Mais leur calcul ne peut s'appliquer qu'aux derniers temps, lorsque l'*as* n'était plus qu'un vingt-quatrième de son ancien poids ; et je ne puis croire que dans les premiers siècles de la république, malgré la rareté des métaux précieux, une once d'argent ait valu soixante-dix livres de cuivre ou d'airain. Il est plus simple et plus raisonnable d'évaluer le cuivre à son taux actuel ; et quand on aura comparé le prix de la monnaie et le prix du marché, la livre romaine et la livre *avoir du poids*, on trouvera que l'*as* primitif ou une livre de cuivre, peut être évalué à un schelling d'Angleterre ; qu'ainsi les cent mille *asses* de la première classe valaient cinq mille livres sterling. Il résultera des mêmes calculs qu'un bœuf se vendait à Rome cinq livres sterling, un mouton dix schellings, et un *quarter* de blé trente schellings. (Festus,

vingt-dix-huit voix, et il n'en restait que quatre-vingt-quinze aux six classes inférieures, que l'artificieuse politique de Servius avait rangées d'après leur fortune. Mais les tribuns établirent bientôt une maxime plus spécieuse et plus populaire ; ils soutinrent que le droit des citoyens de faire les lois qu'ils devaient suivre, était le même pour tous. Au lieu des comices par *centuries*, ils assemblèrent les comices par *tribus*; et les patriciens, après de vains efforts, se soumirent aux décrets d'une assemblée où leurs suffrages se trouvaient confondus avec ceux des plus vils plébéiens. Cependant, aussi long-temps que les tribus passèrent l'une après l'autre sur les petits ponts (1), et qu'elles donnèrent leur suffrage à haute voix, aucun des citoyens ne put dérober sa conduite aux yeux de ses amis et de ses compatriotes. Le débiteur insolvable se conforma aux vœux de son créancier; le client aurait rougi de s'opposer aux vues de son patron : le général était suivi de ses vieux soldats, et l'aspect d'un grave magistrat entraînait la multitude. L'établissement du scrutin secret abolit l'influence de la crainte et de la honte, de

---

p. 330, édit. Dacier; Pline, *Hist. nat.*, XVIII, 4.) Je ne vois aucune raison de ne pas admettre les conséquences qui modèrent nos idées sur la pauvreté des premiers Romains.

(1) Consultez les auteurs qui ont écrit sur les comices romains, et en particulier Sigonius et Beaufort. Spanheim (*de Præstantiâ et usu numismatum*, t. II, *Dissert*. X, p. 192, 193) offre une médaille curieuse, où on voit les *cista*, les *pontes*, les *septa*, le *diribitor*, etc.

l'honneur et de l'intérêt ; et l'abus de la liberté accéléra les progrès de l'anarchie et du despotisme (1). Les Romains avaient demandé l'égalité, la servitude les mit tous de niveau ; et le consentement formel des tribus ou des centuries ratifia sans murmure les volontés d'Auguste. Une fois, une seule fois, il rencontra une sincère et vigoureuse opposition. Ses sujets avaient renoncé à toute espèce de liberté politique ; mais ils défendirent leur liberté domestique. De bruyantes clameurs rejetèrent une loi qui imposait aux citoyens l'obligation du mariage et en resserrait les liens. Properce, dans les bras de Délie, s'applaudit du triomphe du libertinage ; et pour s'occuper de cette réforme, on attendit une génération plus traitable (2). L'habile usurpateur n'avait pas besoin de cet exemple pour sentir les inconvéniens des assemblées populaires ; et leur abolition, qu'il avait préparée en silence, eut lieu sans opposition et presque sans être remarquée, à l'avénement de son successeur (3). Soixante mille législateurs plébéiens, redoutables par leur nombre et hors d'atteinte par

---

(1) Cicéron (*de Legibus*, III, 16, 17, 18) discute cette question constitutionnelle, et donne à son frère Quintus le côté le moins populaire.

(2) *Prœ tumultu recusantium perferre non potuit.* (Suétone, *in August.*, c. 34. *Voyez* Properce, l. II, *élég.*, 6.) Heineccius a épuisé dans une histoire particulière tout ce qui a rapport aux lois *Julia* et *Papia Poppæa. Opp.*, tom. VII, part. I, pag. 1-479.

(3) Tac., *Ann.*, I, 15; Lipse, *Excursus E. in Tacitum.*

leur pauvreté, furent supplantés par six cents séna-teurs qui tenaient leurs dignités, leur fortune et leur vie, de la clémence de l'empereur. Dans l'exercice du pouvoir législatif, le sénat se consola de la perte de son autorité exécutive; et Ulpien a pu dire, après deux siècles d'expérience, que les décrets de ce corps avaient la force et la validité des lois. Dans les temps de liberté, la passion ou l'erreur d'un moment ont souvent dicté les résolutions du peuple : les lois Cornelia, Pompeia et Julia, ne furent que des remèdes appliqués par un seul homme aux maux dont souffrait alors la république ; mais le sénat, sous le règne des Césars, était composé de magistrats et de jurisconsultes, et rarement, dans les questions de droit privé, la crainte ou l'intérêt corrompirent la droiture de leurs jugemens (1). *Décrets du sénat.*

Les édits des magistrats revêtus des *honneurs* de l'État suppléaient dans l'occasion au silence et à l'ambiguïté des lois (2). Les consuls et les dictateurs, les censeurs et les préteurs, chacun selon son em- *Édits des préteurs.*

---

(1) *Non ambigitur senatum jus facere posse.* Telle est la décision d'Ulpien (l. XVI, *ad Edict. in Pandect.*, l. 1, tit. 3, *leg.* 9). Pomponius dit que les comices du peuple étaient une *turba hominum.* Pandect., l. 1, tit. 2; *leg.* 9.

(2) Le *jus honorarium* des préteurs et des autres magistrats est défini d'une manière précise dans le texte latin des Institutes (liv. 1, tit. 2, n° 7). La paraphrase grecque de Théophile (pag. 33-38, édit de Reitz), qui laisse échapper le mot important *honorarium*, l'explique d'une manière plus vague.

ploi, exercèrent cette ancienne prérogative des rois de Rome; et les tribuns du peuple, les édiles et les proconsuls, s'arrogèrent un droit pareil. A Rome et dans les provinces, les édits du magistrat suprême, le préteur de la ville, faisaient chaque année connaître ses intentions et les devoirs des sujets, et réformaient la jurisprudence civile. Dès qu'il montait sur son tribunal, il annonçait par la voix du crieur, et faisait inscrire sur une muraille blanche les règles qu'il se proposait de suivre dans la décision des cas douteux, et les adoucissemens que son équité pourrait lui permettre d'apporter à la rigueur précise des anciens statuts. Ainsi s'introduisit dans la république le principe d'une grande latitude dans les pouvoirs, principe qui eût été beaucoup plus analogue à l'esprit de la monarchie. Les préteurs perfectionnèrent peu à peu l'art, en respectant le nom des lois, de se soustraire à leur efficacité : on trouva moyen, par des subtilités et des fictions, d'éluder les expressions les plus claires des décemvirs ; et lors même que le but de ces interprétations se trouvait salutaire, les moyens étaient souvent absurdes. On souffrait que les vœux secrets ou présumés des morts l'emportassent sur l'ordre des successions et la forme des testamens ; et le prétendant qui ne pouvait se présenter comme héritier, n'en recevait pas avec moins de satisfaction les biens de son parent ou de son bienfaiteur, qu'il devait alors à la facilité d'un préteur indulgent. Dans les jugemens en réparation d'injures particulières, les dispositions rigoureuses de la loi des Douze-Tables, désormais hors d'usage, étaient remplacées par des amendes, et des suppositions imaginaires anéantissaient le temps et l'espace ; le prétexte de la jeunesse, de la fraude ou de la violence, suffisait pour annuler un contrat onéreux ou dispenser de son exécution. Une juridiction si vague et si arbitraire était sujette aux abus les plus dangereux. On sacrifiait souvent la substance autant que les formes de la justice aux préventions de la vertu, aux dispositions favorables qu'inspirait un attachement digne d'estime, et aux séductions plus grossières de l'intérêt et du ressentiment. Mais les erreurs ou les vices de chaque préteur expiraient avec son office au bout d'une année ; ses successeurs n'adoptaient de ses maximes que celles qui étaient approuvées par la raison et par l'usage : la solution des cas nouveaux perfectionnait et fixait les règles de la procédure ; et la loi Cornelia, qui forçait le préteur en exercice à adhérer à la lettre et à l'esprit de sa première proclamation, le sauvait de la tentation de devenir injuste (1). Il était réservé aux soins et aux

---

(1) Dion-Cassius (tom. 1, liv. XXXVI, pag. 100) fixe à l'an de Rome 686 l'époque des édits perpétuels. Cependant, selon les *acta diurna*, qu'on a publiés d'après les papiers de Louis Vivès, leur institution est de l'année 585. Pighius (*Annal. rom.*, tom. II, pag. 377, 378), Grævius (*ad* Suet., pag. 778), Dodwell (*Prælection, Camden*, pag. 665) et Heineccius, soutiennent et admettent l'authenticité de ces actes. Mais le mot de *scutum* CIMBRICUM qu'on

lumières d'Adrien, d'exécuter le plan qu'avait conçu le génie de César ; et la composition de l'Édit perpétuel a immortalisé la préture de Salvius Julien, jurisconsulte du premier ordre. L'empereur et le sénat ratifièrent ce code médité avec sagesse ; il réconcilia la loi et l'équité si long-temps séparées ; et l'Édit perpétuel, remplaçant les Douze-Tables, devint la règle invariable de la jurisprudence civile (1).

L'Édit perpétuel.

Depuis Auguste jusqu'à Trajan, les modestes Césars se contentèrent de revêtir leurs édits des différens titres auxquels ils pouvaient devoir la qualité de magistrats romains ; et le sénat, plein d'égards, insérait dans ses décrets les lettres et les discours du prince. Il paraît qu'Adrien fut le premier (2) qui s'arrogea ouvertement la plénitude du pouvoir légis-

Constitution des empereurs.

---

y trouve, prouve qu'ils ont été fabriqués. Moyle's *Works*, vol. 1, pag. 303.

(1) Heineccius (*Opp.*, tom. VII, part. II, pag. 1-564) a donné l'histoire des Édits et restauré le texte de l'Édit perpétuel : j'ai tiré ce que j'en ai dit, des ouvrages de cet homme supérieur, dont les recherches doivent inspirer une extrême confiance (*). M. Bouchaud a inséré dans le recueil de l'Académie des Inscriptions, une suite de Mémoires sur ce point intéressant de littérature et de jurisprudence.

(2) Ses lois sont les premières du code. *Voyez* Dodwell, *Prælect. Camden*, pag. 319-340, qui s'écarte de son sujet pour établir une littérature confuse et soutenir de faibles paradoxes.

(*) Cette restauration n'est qu'un ouvrage commencé, trouvé dans les papiers d'Heineccius, et publié après sa mort. (*Note de l'Éditeur.*)

latif ; la patience de son siècle et sa longue absence de Rome facilitèrent cette innovation, si analogue à l'activité de son esprit. Ses successeurs adoptèrent la même politique, et, selon la métaphore un peu sauvage de Tertullien, « la hache des édits et des rescrits de l'empereur éclaircit la forêt sombre et épineuse des anciennes lois (1). » Depuis Adrien jusqu'à Justinien, c'est-à-dire dans un intervalle de quatre siècles, la volonté du souverain fut la règle de la jurisprudence publique et privée ; on ne laissa subsister sur leurs anciennes bases qu'un très-petit nombre des institutions civiles et religieuses. L'obscurité des temps, et la terreur qu'inspirait un despotisme armé, ont caché le commencement du pouvoir législatif des empereurs, et ont donné lieu à deux fictions propagées par la bassesse ou peut-être par l'ignorance des jurisconsultes dont le génie s'échauffait aux rayons de l'astre adoré dans les cours de Rome et de Byzance. 1° Les anciens Césars avaient demandé quelquefois qu'on les affranchît des devoirs et des peines ordonnés par quelques statuts : le sénat et le peuple y avaient consenti, et chacune de ces faveurs était un acte de juridiction que la république exerçait sur le premier de ses citoyens. De

---

(1). *Totam illam veterem et squallentum sylvam legum novis principalium rescriptorum et edictorum securibus ruscatis et cæditis.* (Apologet., c. 4, p. 50, édit. de Havercamp.) Il loue ensuite la fermeté de Sévère, qui révoqua les lois inutiles ou pernicieuses, sans aucun égard pour leur ancienneté, ou pour le crédit qu'elles avaient obtenu.

l'humble privilége obtenu par les empereurs, on fit par la suite la prérogative d'un tyran, et on supposa que l'expression latine, *legibus solutus* (exempté des lois) (1), mettait le prince au-dessus de toutes les lois, sans lui en laisser d'autres que celles de sa conscience et sa raison, règles sacrées de sa conduite. 2° Les décrets du sénat, qui, à chaque règne, fixaient les titres et les pouvoirs d'un prince électif, annonçaient aussi la dépendance des Césars; ce ne fut qu'après la corruption des idées, et même de la langue des Romains, qu'Ulpien, ou plus vraisemblablement Tribonien lui-même (2), imagina et la loi ROYALE (3), et une cession irrévocable de la part du peuple. Alors les principes de la liberté et de la justice servirent à défendre la puissance législative des empereurs, aussi peu réelle dans le fait qu'elle était

---

(1) Dion-Cassius, par mauvaise foi ou par ignorance, se méprend sur la signification de *legibus solutus* (t. 1, l. LIII, p. 713). Reimar, son éditeur, se joint en cette occasion aux reproches dont l'esprit de liberté et de critique ont accablé ce servile historien.

(2) *Voyez* Gravina, *Opp.*, p. 501-512. *Voyez* aussi Beaufort, *Républ. rom.*, t. 1, p. 255-274. Celui-ci fait un judicieux usage de deux dissertations publiées par Jean-Frédéric Gronovius et Noodt, et traduites l'une et l'autre par Barbeyrac, qui a ajouté à cet ouvrage des notes précieuses (2 volumes *in*-12, 1731).

(3) Le mot *lex regia* était encore plus récent que la chose. Le nom de *loi royale* aurait fait tressaillir les esclaves de Commode et de Caracalla.

dans ses conséquences contraire à la liberté. « Le bon plaisir des empereurs, disait-on, a la force et l'effet de la loi, puisque le peuple romain, par la loi royale, a transféré à ses princes toute la plénitude de son pouvoir et de sa souveraineté (1). » On souffrit que la volonté d'un seul homme, d'un enfant peut-être, prévalût sur la sagesse des siècles et les vœux de plusieurs millions de citoyens; et les Grecs dégénérés se firent gloire de déclarer qu'on ne pouvait, avec sûreté, confier qu'à l'empereur seul l'exercice arbitraire de la législation. « Quel intérêt ou quelle passion, s'écriait Théophile à la cour de Justinien, peut atteindre l'empereur à la hauteur calme et sublime où il est élevé? Il est déjà le maître de la vie et de la fortune de ses sujets, et ceux qui ont encouru son déplaisir sont déjà au nombre des morts (2). » Un historien étranger au langage de la flatterie peut avouer que dans les questions particulières de la jurisprudence, des considérations personnelles influent rarement sur le souverain d'un grand empire. La

Leur pouvoir législatif.

---

(1) *Instit.*, l. 1, tit. 2, n° 6; *Pandect.*, l. 1, tit. 4, *leg.* 1; *Code de Justin.*, l. 1, tit. 17, *leg.* 1, n° 7. Heineccius (dans ses *Antiquités* et ses *Élémens*) a traité bien en détail *de constitutionibus principum*, développées d'ailleurs par Godefroy (*Comm. ad Cod. Theod.*, liv. 1, tom. 1, 2, 3) et par Gravina (87-90).

(2) Théophile, *in Paraphras. græc. Instit.*, p. 33, 34, édit. de Reitz. *Voyez* sur le caractère et les ouvrages de cet écrivain, ainsi que sur le temps où il vécut, le Théophile de J. H. Mylius, *Excursus* 3, p. 1034-1073.

vertu, ou même la raison, l'avertissent qu'il est le conservateur naturel de la paix et de l'équité, et que son intérêt est lié d'une manière inséparable à celui de la société. Sous le règne le plus faible et le plus vicieux, Papinien et Ulpien occupèrent avec sagesse et intégrité le siége de la justice (1); et les dispositions les plus sages du Code et des Pandectes portent les noms de Caracalla et de ses ministres (2). Le tyran de Rome se montra quelquefois le bienfaiteur des provinces. Un poignard termina les crimes de Domitien; mais ses lois, dont un sénat indigné avait, daus les premiers transports de joie que lui causait sa délivrance, ordonné l'annulation, furent rétablies par son successeur le prudent Nerva (3). Cependant dans les *rescrits* (4) ou réponses aux consultations

{Leurs rescrits.}

(1) Il y a plus d'envie que de raison dans cette plainte de Macrin : *Nefas esse leges videri Commodi et Caracallæ et hominum imperitorum voluntates.* (Jul. Capitol., c. 13.) Commode fut mis au rang des dieux par Sévère. (Dodwell, *Prælect.* 8, p. 324, 325.) Cependant les Pandectes ne le citent que deux fois.

(2) Le Code offre deux cents constitutions qu'Antonin Caracalla publia seul, et cent soixante qu'il publia de concert avec son père. Ces deux princes sont cités cinquante fois dans les Pandectes, et huit dans les Institutes. Terrasson, pag. 265.

(3) Pline le Jeune, *Epist.* x, 66; Suét., *in Domitian.*, chap. 23.

(4) Constantin avait pour maxime : *Contra jus rescripta non valeant.* (Code Théodosien, l. 1, tit. 2, *leg.* 1.) Les empereurs permettaient, quoiqu'à regret, quelque examen

des magistrats, le plus éclairé des princes pouvait avoir été trompé par un exposé partial de la question; et la raison ainsi que l'exemple de Trajan condamnèrent en vain cet abus qui mettait les décisions du souverain au niveau des actes de la législation les plus réfléchis. Les *rescrits* de l'empereur, ses *concessions* et ses *décrets*, ses *édits* et ses *pragmatiques sanctions*, signés en encre pourprée (1), étaient transmis aux provinces comme des lois générales ou particulières que les magistrats devaient exécuter, et que le peuple devait suivre : mais comme leur nombre augmentait sans cesse, la règle de l'obéissance fut chaque jour plus incertaine et plus douteuse, jusqu'à l'époque où le code Grégorien, ceux d'Hermogène et de Théodose, déterminèrent et fixèrent la volonté du souverain. Les deux premiers, qui ne nous sont connus que par quelques fragmens, furent rédigés par deux jurisconsultes dont le travail eut pour objet de conserver les lois des empereurs païens depuis Adrien jusqu'au fondateur de Constantinople. Le troisième, que nous avons en entier, fut

---

sur la loi et sur le fait, quelques délais, quelque droit de requête; mais ces remèdes insuffisans étaient trop au pouvoir des juges, et il était trop dangereux pour eux de les employer.

(1) Cette encre était un composé de vermillon et de cinabre; on la trouve sur les diplômes des empereurs, depuis Léon 1er (A. D. 470) jusqu'à la chute de l'empire grec. *Bibl. raisonnée de la diplomatique*, tom. 1, p. 509-514; Lami, *de Eruditione apostolorum*, t. II, p. 720-726.

compilé en seize livres par ordre de Théodose le Jeune, dans la vue de consacrer les lois des princes chrétiens depuis Constantin jusqu'à son propre règne. Ces trois codes obtinrent une autorité égale dans les tribunaux, et le juge pouvait rejeter comme supposé (1) ou comme tombé en désuétude tout acte qui n'était pas contenu dans le recueil sacré.

Formes de la jurisprudence romaine. Des peuples sauvages suppléent quoique imparfaitement au défaut d'alphabet, par des signes sensibles qui éveillent l'attention et qui perpétuent le souvenir de tous les événemens publics ou particuliers. La jurisprudence des premiers Romains présentait le jeu d'une espèce de pantomime; les paroles se rapportaient aux gestes; et la moindre erreur ou la moindre négligence dans les *formes* suffisait, quel que fût le droit, pour entraîner la perte du *fond*. On désignait la communion du mariage par le feu et l'eau, élémens nécessaires à la vie (2). La femme qu'on répudiait rendait le trousseau de clefs, emblême du gouvernement de la famille dont on l'avait

---

(1) Schulting, *Jurisprudentia ante-Justinianea*, p. 681-718. Cujas dit que Grégoire compila les lois publiées depuis le règne d'Adrien jusqu'à celui de Gallien, et que la suite fut l'ouvrage d'Hermogène, son collaborateur. Cette division générale peut être juste; mais Grégoire et Hermogène passèrent souvent les bornes de leur terrain.

(2) Scævola, vraisemblablement Q. Cervidius Scævola, maître de Papinien, considère cette acceptation du feu et de l'eau comme l'essence du mariage. *Pand.*, l. XXIV, t. 1, *leg.* 66. *Voyez* Heineccius, *Hist. J. R.*, n° 317.

chargée. Pour affranchir son fils ou son esclave, on le renvoyait en lui donnant un petit coup sur la joue; une pierre jetée sur les travaux interdisait la continuation d'un ouvrage; on cassait une branche d'arbre pour interrompre une prescription; le poing fermé était le symbole d'un gage ou d'un dépôt; on présentait la main droite pour annoncer qu'on engageait sa parole ou qu'on accordait sa confiance; une affaire se concluait en rompant un brin de paille; tous les paiemens étaient accompagnés de poids et de balances; et l'héritier qui acceptait un testament était quelquefois obligé de faire claquer ses doigts, de jeter ses habits, de sauter et de danser, soit qu'il en eût envie ou non (1). Si un citoyen allait réclamer chez son voisin des effets volés, il avait les reins couverts d'un morceau de toile de lin, et se cachait le visage avec un masque ou avec un bassin, de peur de rencontrer les yeux d'une vierge ou d'une matrone (2). Dans une action civile, le demandeur

---

(1) Cicéron (*de Officiis*, III, 19) peut ne parler que par supposition; mais saint Ambroise (*de Officiis*, III, 2) en appelle à l'usage de son temps, qu'il connaissait comme jurisconsulte et comme magistrat. Schulting, *ad Ulpian. Frag.*, tit. 22, n°s 28, 643, 644.

(2) Au temps des Antonins on ne connaissait plus la signification des formes ordonnées dans le cas d'un *furtum lance licioque conceptum*. (Aulu-Gelle, XVI, 10.) Heineccius (*Antiq. rom.*, l. IV, tit. 1, n°s 13-21), qui les fait venir de l'Attique, cite à l'appui de son opinion Aristophane, le scholiaste de ce poëte, et Pollux.

touchait l'oreille de son témoin ; il saisissait son adversaire à la gorge, et par ses lamentations implorait le secours de ses concitoyens. Les deux compétiteurs s'empoignaient l'un l'autre comme s'ils eussent dû se battre devant le tribunal du préteur : ce magistrat leur ordonnait de produire l'objet en litige ; ils s'éloignaient, et, revenant à pas mesurés, jetaient à ses pieds une motte de terre, symbole du champ qu'ils se disputaient. Cette science obscure des paroles et des formes de la loi devint l'héritage des pontifes et des patriciens. Comme les astrologues de la Chaldée, ils annonçaient à leurs cliens les jours de vacation et les jours de repos : ces importantes minuties étaient liées à la religion établie par Numa ; et après la publication des Douze-Tables, l'ignorance des formes judiciaires maintint encore les citoyens dans une sorte d'esclavage. Quelques officiers de la classe du peuple trahirent enfin ces utiles mystères : un siècle plus éclairé suivit, en les tournant en ridicule, les formes qu'on donnait à la loi, et l'usage ainsi que l'intelligence de cette langue primitive se perdirent enfin dans cette antiquité qui l'avait d'abord consacrée (1).

Succession des jurisconsultes.

Au reste, les sages de Rome, qu'on peut regarder avec plus d'exactitude comme les auteurs de la loi

---

(1) Cicéron, dans son discours pour Murena (c. 9-13), tourne en ridicule les formes et les mystères des gens de loi, rapportés avec plus de bonne foi par Aulu-Gelle (*Nuits Attiques*, xx, 10), Gravina (*Opp.*, p. 265, 266, 267) et Heineccius (*Antiq.*, l. iv, tit. 6).

civile, cultivèrent un art plus libéral. L'altération survenue dans l'idiome et les mœurs des Romains rendait le style des Douze-Tables moins familier à chaque nouvelle génération, et les commentaires des jurisconsultes, appliqués à l'étude des anciens réglemens, n'expliquaient que d'une manière imparfaite les passages douteux. Il était plus noble et plus important d'éclaircir l'ambiguïté des lois, d'en circonscrire l'effet, de faire l'application des principes et d'en tirer toutes les conséquences, d'indiquer les contradictions réelles ou apparentes : ainsi le domaine de la législation passa insensiblement entre les mains de ceux qui expliquaient les anciens statuts. Leurs subtiles interprétations concoururent avec l'équité du préteur à réformer ce pouvoir tyrannique exercé par les âges d'ignorance. Une jurisprudence artificielle, aidée de moyens bizarres et compliqués, tendit à rétablir les droits de la nature et de la raison, et de simples individus se servirent utilement de leurs lumières pour détruire la base des institutions publiques de leur pays. L'intervalle de presque dix siècles, qui se trouve entre la publication des Douze-Tables et le règne de Justinien, peut se diviser en trois périodes d'une durée presque égale, distinguées l'une de l'autre par la méthode d'instruction qu'on adopta, et par le caractère des gens de loi (1). Durant la première époque,

Première période.
A. U. C. 303-648.

---

(1) Pomponius (*de Origine juris Pandect.*, liv. 1, tit. 2) indique la succession des jurisconsultes romains. Les mo-

l'orgueil et l'ignorance contribuèrent à resserrer dans des bornes étroites la science des lois romaines. Les jours de marché ou d'assemblée, les jurisconsultes qui avaient le plus de réputation se promenaient au Forum; ils donnaient leurs avis aux dernières classes des citoyens, dans l'espoir d'obtenir un jour leurs suffrages. Lorsqu'ils avançaient en âge ou qu'ils obtenaient des dignités, ils se tenaient chez eux assis sur une chaise ou sur un trône; ils y attendaient avec une gravité tranquille les visites de leurs cliens, qui dès la pointe du jour venaient en foule, de la ville ou de la campagne, assiéger leur porte. Les devoirs de la vie sociale et les incidens d'une procédure étaient le sujet ordinaire de ces consultations, et les jurisconsultes donnaient leur opinion de vive voix ou par écrit, d'après les règles de la sagesse naturelle et de la loi. Ils permettaient aux jeunes gens de leur profession ou de leur famille

---

dernes ont fait preuve de savoir et de critique dans la discussion de cette partie de l'histoire et de la littérature. J'ai surtout été guidé par Gravina (pag. 41-79) et Heineccius (*Hist. J. R.*, n° 113, p. 351). Cicéron (*de Oratore, de claris Orator., de Legibus*) et la *Clavis Ciceroniana* d'Ernesti (sous les noms de Mucius, etc.) fournissent plusieurs détails originaux et fort intéressans. Horace fait souvent allusion à la matinée laborieuse des gens de loi. *Serm.*, l. 1, 10; *epist.* 2, 1, 103, etc.

Agricolam laudat juris legumque peritus
Sub galli cantum consultor ubi ostia pulsat.

Romæ dulce diu fuit et solemne, reclusá
Mane domo vigilare, clienti promere jura.

d'y assister ; ils instruisaient en particulier leurs enfans, et la famille Mucia fut long-temps renommée pour ces sortes de connaissances, qui se transmettaient de père en fils. La seconde période, le bel âge de la jurisprudence, comprend l'espace de temps qui s'écoula depuis la naissance de Cicéron jusqu'au règne d'Alexandre-Sévère. On forma un système général ; on établit des écoles, on composa des livres ; les vivans et les morts furent mis à contribution pour servir à l'instruction des élèves. Le *Tripartite* d'Ælius Petus, surnommé *Catus* ou le Rusé, fut conservé comme le plus ancien des ouvrages de jurisprudence. L'étude des lois à laquelle se livra Caton, ainsi que son fils, ajouta quelque chose à sa réputation : trois hommes habiles sur ces matières illustrèrent le nom de Mutius Scévola ; mais la gloire d'avoir perfectionné la science des lois fut attribuée à Servius Sulpicius, leur disciple et l'ami de Cicéron ; et les noms respectables de Papinien, de Paul et d'Ulpien, terminent la longue liste des jurisconsultes qu'on vit briller du même éclat sous la république et sous les Césars. On a soigneusement conservé avec leurs noms les titres de leurs différens ouvrages ; et l'exemple de Labéon peut donner une idée de leur zèle et de leur fécondité. Ce jurisconsulte distingué, qui vivait dans le siècle d'Auguste, divisait son année entre la ville et la campagne, entre le travail des affaires et celui de la composition : les auteurs indiquent quatre cents ouvrages, fruits de ses retraites. On cite le deux cent cin-

Seconde période.
A. U. C.
648-988.

quante-neuvième écrit du recueil de Capiton, son rival; et il y avait peu de professeurs qui pussent réduire leurs leçons en moins de cent volumes.

<small>Troisième période. A. U. C. 988-1230.</small>
Durant la troisième période, c'est-à-dire entre les règnes d'Alexandre et de Justinien, les oracles de la jurisprudence demeurèrent presque entièrement muets. La curiosité avait été satisfaite; des tyrans ou des Barbares occupaient le trône; les esprits ardens se trouvaient distraits par des disputes religieuses; et les professeurs de Rome, de Constantinople et de Béryte, se contentaient humblement de répéter les leçons de leurs prédécesseurs, plus éclairés qu'eux. De la lenteur des progrès de ces études, et de la rapidité avec laquelle elles tombèrent, on peut conclure qu'elles ont besoin d'un état de paix, et de ce développement intellectuel qui en est la suite. D'après la multitude des auteurs en droit, dont les volumineux ouvrages peuvent être rangés dans la classe moyenne, il est évident que de pareilles études et de semblables ouvrages n'exigent qu'une dose commune de jugement, de talent et d'expérience. On sentit mieux le génie de Cicéron et de Virgile, à mesure qu'on vit les siècles s'écouler sans produire leur égal; mais les maîtres de jurisprudence les plus célèbres étaient sûrs de laisser des disciples qui égaleraient ou qui surpasseraient leur mérite et leur réputation.

<small>Leur philosophie.</small>
Au septième siècle de Rome, la philosophie grecque vint polir et perfectionner par son alliance cette jurisprudence, d'abord si grossièrement adaptée à

la situation des premiers Romains. Les Scévola s'étaient formés par l'usage et l'expérience ; mais Servius-Sulpicius fut le premier juriste qui établit son art sur une théorie certaine et universelle (1). Pour discerner le vrai et le faux, il employa comme une règle infaillible la logique d'Aristote et des stoïciens. Il ramena les cas particuliers à des principes généraux, et répandit sur cette masse informe la lumière de l'ordre et de l'éloquence. Cicéron, son contemporain et son ami, ne chercha point la célébrité d'un juriste de profession ; mais il répandit sur la jurisprudence de son pays l'éclat si flatteur de cet incomparable génie, qui change en or tout ce qu'il touche. A l'exemple de Platon, il composa une république, et rédigea pour cette république un traité des lois où il s'efforce d'attribuer à une origine céleste la sagesse et la justice de la constitution des Romains. L'univers entier, selon sa sublime hypothèse, ne forme qu'une immense république : les dieux et les hommes, qu'il suppose de la même essence, sont les membres de la même communauté ; les lois naturelles et le droit des gens sont fondés sur la raison ; et toutes les institutions po-

---

(1) Crassus, ou plutôt Cicéron lui-même, propose (*de Oratore*, 1, 41, 42) sur l'art ou la science de la jurisprudence une idée qu'Antoine, qui avait de l'éloquence naturelle, mais peu d'instruction, affecte (1, 58) de tourner en ridicule. Cette idée fut en partie réalisée par Servius-Sulpicius (*in Bruto*, c. 41), que Gravina, dans son latin classique, loue avec une élégante variété (p. 60).

sitives, bien que modifiées par le hasard ou par la coutume, dérivent de la règle de justice gravée par la Divinité dans tous les cœurs vertueux. Il exclut doucement de ces mystères philosophiques les sceptiques qui refusent de croire, et les épicuriens qui ne veulent pas agir. Ces derniers dédaignant le soin de la république, il leur conseille de se livrer dans leurs bocages à un paisible sommeil; mais il supplie humblement la nouvelle académie de demeurer muette, parce que, dit-il, ses audacieuses objections détruiraient la structure si bien ordonnée de son grand système (1). Il représente Platon, Aristote et Zénon, comme les seuls maîtres capables d'armer et de former un citoyen pour les devoirs de la vie sociale. On reconnut que la trempe la meilleure de ces diverses armures était celle des stoïciens (2), et les écoles de jurisprudence affectèrent de s'en servir ou de s'en parer. Les leçons du portique apprenaient aux jurisconsultes romains à remplir les devoirs de la vie, à raisonner et à mourir; mais elles

---

(1) *Perturbatricem autem omnium harum rerum academiam, hanc ab Arcesilâ et Carneade recentem, exoremus ut sileat; nam si invaserit in hæc, quæ satis scite instructa et composita videantur, nimis edet ruinas, quam quidem ego placare cupio, submovere non audeo.* (De legibus, I, 13.) Ce passage seul devait apprendre à Bentley. (*Remarks on Free-Thinking*, p. 250) combien Cicéron était fermement attaché à la doctrine spécieuse qu'il a embellie.

(2) Panætius, l'ami du jeune Scipion, fut le premier qui enseigna dans Rome la philosophie stoïcienne. *Voy.* sa Vie dans les *Mém. de l'Acad. des Inscriptions*, tom. x, p. 75-89.

leur inspiraient à quelques égards les préjugés de secte, l'amour du paradoxe, l'habitude de l'opiniâtreté dans la dispute, et un attachement minutieux aux mots et aux distinctions verbales. On voulut fonder le droit de propriété sur le principe de la supériorité de la forme sur la matière, et celui de l'égalité des crimes fut reconnu dans cette opinion de Trebatius (1), que celui qui touche l'oreille touche le corps entier; que celui qui vole une partie d'un amas de blé ou d'un tonneau de vin, est aussi coupable que s'il avait volé le tout (2).

Chez les Romains, le métier des armes, l'éloquence et l'étude des lois civiles, étaient également pour un citoyen le chemin des dignités de l'État; et ces trois professions recevaient quelquefois un nouvel éclat de leur réunion dans la même personne. La science du préteur qui composait un édit, assurait à son opinion particulière une sorte de préférence et d'autorité : le respect disposait à pencher pour celle d'un censeur ou d'un consul; et les vertus ou les

Autorité.

---

(1) Il est cité sur cet article par Ulpien (*leg.* 40, *ad Sabinum in Pandect.*, l. XLVII; t. II, *leg.* 21). Trebatius, après avoir été un jurisconsulte du premier ordre, *qui familiam duxit*, devint un épicurien. (Cicéron, *ad Familiares*, VII, 5.) Il manqua peut-être de constance ou de bonne foi dans cette nouvelle secte.

(2) *Voyez* Gravina (p. 45-51) et les frivoles objections de Mascou. Heineccius (*Hist. J. R.*, n° 125) cite et approuve une dissertation de Everard Otto, *de Stoïcâ jurisconsultorum philosophiâ*.

triomphes d'un jurisconsulte donnaient du poids à une interprétation peut-être douteuse. Le voile du mystère servit long-temps l'adresse des patriciens ; et dans des temps plus éclairés, la liberté des discussions établit les principes généraux de la jurisprudence. Les disputes du Forum éclaircirent les cas subtils et embrouillés ; on admit des règles, des axiomes et des définitions (1) émanés de la raison naturelle, et l'opinion des professeurs de la loi influa sur la pratique des tribunaux ; mais ces interprètes ne pouvaient ni faire ni exécuter les lois de la république, et les juges pouvaient dédaigner l'autorité des Scévola eux-mêmes, souvent renversée par l'éloquence et les sophismes d'un habile avocat (2). Auguste et Tibère furent les premiers à adopter la science des hommes de loi comme un instrument utile à leur pouvoir, et les serviles travaux de ceux-ci adaptèrent l'ancien système à l'esprit et aux vues du despotisme. Sous le prétexte spécieux de maintenir la dignité de l'art, on statua que les seules opinions valides et reçues en justice seraient celles qui auraient été *signées* par des sages du rang de sénateur ou de l'ordre équestre, et approuvées par le jugement du prince ; ce monopole subsista jusqu'à l'époque où l'empereur

---

(1) On citait surtout la règle de Caton, la stipulation d'Aquilius et les formes Maniliennes, deux cent onze maximes, et deux cent quarante-sept définitions (*Pandect.*, l. L, tit. 16, 17).

(2) Lisez Cicéron, l. 1, *de Oratore, Topica, pro Murena*.

Adrien rendit cette profession libre à tous les citoyens qui se croyaient des lumières et du talent. Le préteur, malgré son autorité, fut alors gouverné par ses maîtres; on enjoignait aux juges de suivre le commentaire ainsi que l'esprit de la loi, et l'usage des codicilles fut une innovation mémorable qu'Auguste ratifia d'après l'avis des jurisconsultes (1).

Le prince le plus absolu ne pouvait exiger autre chose, sinon que les juges fussent d'accord avec les gens de loi, si les gens de loi étaient d'accord entre eux; mais les institutions positives sont souvent le résultat de la coutume et du préjugé; les lois et les langues sont équivoques et arbitraires; et là où la raison ne peut prononcer, la jalousie des rivaux, la vanité des maîtres, l'aveugle attachement de leurs disciples, augmentent l'amour de la dispute. Les sectes autrefois fameuses des *Proculiens* et des *Sabiniens* divisèrent la jurisprudence romaine (2). Deux jurisconsultes très-habiles, Ateius Capiton et Antistius Labéon (3), firent honneur au paisible règne

Sectes.

―――――

(1) *Voyez* Pomponius, *de Origine juris Pandect.*, l. 1, tit. 2, *leg.* 2, n° 47; Heineccius, *ad Instit.*, liv. 1, tit. 2, n° 8; l. II, tit. 25, *in Element. et Antiquit.*; et Gravina, p. 41-45. Quoique ce monopole ait été bien fâcheux, les écrivains du temps ne s'en plaignent pas, et il est vraisemblable qu'il fut voilé par un décret du sénat.

(2) J'ai lu la diatribe de Gotfridus Mascovius (le savant Mascou), *de Sectis Jurisconsultorum* (Leipzig, 1728, in-12, p. 276); traité savant; sur un fond stérile et très-borné.

(3) *Voyez* le caractère d'Antistius Labéon dans Tacite (*Annal.*, III, 75) et dans une épître d'Ateius Capiton (Aulu-

d'Auguste : la faveur du souverain distingua le premier ; le second fut encore plus illustre par le mépris de cette faveur, et son opiniâtre bien qu'inactive résistance au tyran de Rome. La différence de leur caractère et de leurs principes influa sur leurs études. Labéon tenait aux formes de l'ancienne république : son rival, plus adroit, adoptait l'esprit de la monarchie naissante. Mais le courtisan est naturellement soumis et servile ; Capiton osa rarement s'écarter de l'opinion ou du moins des paroles de ses prédécesseurs, tandis que, sans s'effrayer du paradoxe et de l'innovation, le hardi républicain se livrait à ses idées indépendantes. Toutefois la liberté de Labéon était asservie à la rigueur de ses principes ; et il décidait, selon la lettre de la loi, les questions que son indulgent compétiteur résolvait avec une latitude d'équité plus analogue à la raison commune et aux sentimens ordinaires des hommes. Dans un échange raisonnable substitué au paiement d'une somme d'argent, Capiton voyait toujours un marché légal (1) ;

Gelle, XIII, 12), qui accuse son rival de *libertas nimia et* VECORS. Toutefois je ne puis penser qu'Horace eût osé couvrir de ridicule un sénateur vertueux et respectable, et j'adopterais la correction de Bentley, qui lit LABIENO *insanior*. Serm. 1, III, 82. *Voyez* Mascou, *de Sectis*, chap. 1, pag. 1-24.

(1) Justinien (*Instit.*, l. III ; tit. 23, et Théophil., *vers. græc.*, p. 677, 680) a rappelé cette grande question et les vers d'Homère qu'on allégua de part et d'autre comme des autorités. Elle fut décidée par Paul (*leg.* 33 *ad edict. in Pandect.*, l. XVIII, tit. 1, *leg.* 1). Voici sa solution : Dans

et il prononçait sur l'âge de puberté d'après la nature, sans borner sa définition à l'époque précise de douze ou quatorze ans (1). Cette opposition de sentimens se répandit dans les écrits et les leçons des deux fondateurs : la querelle des écoles de Capiton et de Labéon subsista depuis le règne d'Auguste jusqu'à celui d'Adrien (2), et les deux sectes tirèrent leur nom de Sabinius et de Proculeius, leurs maîtres les plus célèbres. On leur donna de plus celui de *Cassiens* et de *Pégasiens;* mais, par un renversement bizarre, Pégase (3), timide esclave de Domitien, dé-

---

un simple échange on ne peut distinguer l'acheteur et le vendeur.

(1) Les Proculiens abandonnèrent aussi cette controverse; ils sentirent qu'elle entraînait des recherches indécentes, et ils furent séduits par l'aphorisme d'Hippocrate, qui était attaché au nombre septenaire de deux semaines d'années, ou de sept cents semaines de jours. (*Institut.*, l. 1, tit. 22.) Plutarque et les stoïciens (*de Placit. philosophor.*, liv. v, c. 24) donnent une raison plus naturelle. A quatorze ans, περὶ ἣν ὁ σπερματικος κρινεται ορρος. *Voyez* les *Vestigia* des sectes dans Mascou, c. 9, p. 145-276.

(2) Mascou rapporte l'histoire et la fin de ces différentes sectes (c. 2-7, p. 24-120), et il serait presque ridicule de le louer de son impartialité entre des sectes entièrement éteintes.

(3) Au premier mot il vola au conseil qu'on tint sur le turbot. Toutefois Juvénal (*Sat.* IV, 75-81) appelle ce préfet ou *bailli* de Rome, *sanctissimus legum interpres.* L'ancien scholiaste dit qu'on l'appelait, non pas un homme, mais un livre, d'après sa science. Il avait pris son nom singulier de Pégase d'une galère de ce nom qu'avait commandée son père.

fendait la cause populaire ; et le favori des Césars était représenté par Cassius (1), qui se faisait gloire de descendre de Cassius, le meurtrier du tyran de sa patrie. L'Édit perpétuel termina en grande partie les disputes des deux sectes. L'empereur Adrien, pour cet important ouvrage, préféra les chefs des Sabiniens ; les partisans de la monarchie l'emportèrent, mais la modération de Salvius-Julien réconcilia peu à peu les vainqueurs et les vaincus. Les jurisconsultes du siècle des Antonins imitèrent les philosophes de leur temps ; ils dédaignèrent l'autorité d'un maître, et prirent dans chaque système les opinions qui leur parurent les plus vraisemblables (2) ; mais leurs écrits auraient été moins volumineux s'il y eût eu plus d'accord dans leur choix. Le nombre et le poids des témoignages discordans embarrassaient la conscience des juges ; et un nom respectable venait à l'appui de tous les décrets que leur suggéraient la passion et l'intérêt. Un édit commode de Théodose le Jeune les dispensa du soin de comparer et de peser les argumens des jurisconsultes. Cinq d'entre eux, Caïus, Papinien, Paul, Ulpien et Modestinus, furent proclamés les oracles de la jurisprudence. L'opinion de trois d'entre eux était décisive ; mais, dans le cas où chacun aurait un avis particulier, on accorda une

---

(1) Tacite, *Annal.*, XVII, 7 ; Suétone, *in Nerone*, c. 37.
(2) Mascou, *de Sectis*, c. 8, p. 120-144 ; *de Heriscundis*, terme de loi qu'on appliquait à ces jurisconsultes éclectiques. *Herciscere* est synonyme de *dividere*.

voix prépondérante à la sagesse supérieure de Papinien (1).

Lorsque Justinien monta sur le trône, la réforme des lois romaines était devenue un travail indispensable, mais difficile. Dans l'espace de dix siècles, le nombre infini des lois et des opinions des jurisconsultes avait rempli des milliers de volumes que l'homme le plus riche ne pouvait acheter, et que la tête la plus vaste ne pouvait contenir. On ne se procurait pas aisément des livres; et les juges, pauvres au milieu de tant de richesses, étaient réduits à prononcer d'après leur prudence mal instruite. Les sujets des provinces grecques ignoraient la langue de ces lois qui disposaient de leurs propriétés et de leur vie ; et le dialecte barbare des Latins était assez mal enseigné dans les académies de Beryte et de Constantinople. Justinien, né au milieu des camps de l'Illyrie, était familiarisé avec ce langage dès son enfance : il avait dans sa jeunesse étudié la jurisprudence, et il choisit pour travailler avec lui à la réforme les plus savans

Réforme des lois romaines par Justinien. A. D. 527, etc.

---

(1) *Voyez* le *Code Théodosien* (l. 1, tit. 4) avec le *Commentaire* de Godefroy (t. 1, p. 30-35). Ce décret pouvait occasioner des discussions jésuitiques, pareilles à celles qu'on trouve dans les *Lettres provinciales :* on pouvait demander si un juge était obligé de suivre l'opinion de Papinien ou de la majorité, contre son jugement et contre sa conscience, etc. Au reste, un législateur pouvait donner à cette opinion, fausse en elle-même, la valeur, non pas de la vérité, mais de la loi.

jurisconsultes de l'Orient (1). La théorie des professeurs fut aidée par la pratique des avocats et l'expérience des magistrats, et l'esprit de Tribonien anima toute l'entreprise (2). Cet homme extraordinaire, objet de tant d'éloges et de critiques, était né à Side dans la Pamphylie; et son génie, semblable à celui de Bacon, embrassa comme son domaine toutes les affaires et toutes les connaissances de son siècle. Il écrivit en prose et en vers sur une multitude de faits curieux et abstraits (3) : il composa deux panégyri-

---

(1) Pour suivre les travaux de Justinien sur les lois, j'ai étudié la préface des Institutes; la première, la seconde et la troisième préface des Pandectes; la première et la seconde préface du Code, et le Code lui-même (l. 1, tit. 17, *de veteri Jure enucleando*). Après ces témoignages originaux j'ai consulté parmi les modernes Heineccius (*Hist. J. R.*, n°s 383-404), Terrasson (*Hist. de la Jurisp. rom.*, p. 295-356), Gravina (*Opp.*, p. 93-100) et Ludwig dans sa Vie de Justinien (p. 19-123, 318-321), pour le Code et les Novelles (pag. 209-261), pour le Digeste ou les Pandectes (p. 262-317).

(2) *Voyez* sur le caractère de Tribonien, les témoignages de Procope (*Persic.*, l. 1, c. 23, 24; *Anecdot.*, c. 13, 20), et Suidas (t. III, p. 501, édit. de Kuster). Ludwig (*in Vit. Justinian.*, p. 175-209) se donne beaucoup de peine pour blanchir un Maure.

(3) J'applique au même homme les deux passages de Suidas; car toutes les circonstances sont d'un accord parfait. Les jurisconsultes toutefois n'ont pas fait cette remarque, et Fabricius est disposé à attribuer ces ouvrages à deux écrivains. *Bibliot. græc.*, t. I, p. 341; II, p. 518; III, p. 418; XII, p. 346, 353, 474.

ques de Justinien et la vie du philosophe Théodote ; il publia un livre sur la nature du bonheur et les devoirs du gouvernement ; le Catalogue d'Homère et les vingt-quatre sortes de mètres ; le Canon astronomique de Ptolomée ; les Phases de la Lune ; les Demeures des Planètes, et le Système harmonique du monde. A la littérature de la Grèce, il joignait l'usage de la langue latine. Les jurisconsultes romains étaient dans sa bibliothèque et dans sa tête, et il cultivait assidûment les arts qui menaient à la fortune et aux emplois. De la barre des préfets du prétoire il parvint aux dignités de questeur, de consul et de maître des offices : il fit entendre dans les conseils de Justinien la voix de la sagesse et de l'éloquence, et l'envie se laissa apaiser par la douce affabilité de ses manières. Les reproches d'impiété et d'avarice ont souillé ses vertus ou du moins sa réputation. Au milieu d'une cour superstitieuse et intolérante, on accusa le principal ministre d'une aversion secrète pour la foi chrétienne ; et on lui supposa les opinions d'athéisme et de paganisme imputées avec assez d'inconséquence aux derniers philosophes de la Grèce. Son avarice fut prouvée plus clairement et eut des suites plus funestes. S'il se laissa corrompre par des présens dans l'administration de la justice, on se souviendra encore de Bacon. Si Tribonien dégrada la pureté de son état, et s'il publia, modifia ou révoqua des lois par des vues d'intérêt particulier, son mérite ne peut expier sa bassesse. Lors de la sédition de Constantinople, on accorda son éloignement aux clameurs et peut-être à la juste indignation du peuple, mais on le rappela bientôt après; et, depuis cette époque jusqu'à sa mort, c'est-à-dire durant plus de vingt ans, il jouit de la faveur et de la confiance de l'empereur. Sa soumission passive et respectueuse a été honorée des éloges de Justinien lui-même, trop vain pour apercevoir à quelles grossières flatteries descendait quelquefois cette soumission. Tribonien adorait les vertus de son gracieux maître, et, regardant la terre comme indigne d'un tel prince, témoignait une pieuse frayeur de voir un jour Justinien, comme Élie ou Romulus, enlevé au milieu des airs et transporté vivant dans les régions de la gloire éternelle (1).

Le Code de Justinien.
A. D. 528, févr. 13.
A. D. 529, avril 7.

Si Jules César eût exécuté la réforme des lois romaines, son génie créateur, éclairé par la réflexion et l'étude, aurait donné au genre humain un véritable et nouveau système de jurisprudence; mais quels que fussent les éloges de la flatterie, l'empereur d'Orient craignait de présenter son opinion particulière pour le modèle de l'équité. Dans l'exercice de la puis-

---

(1) Cette histoire est racontée par Hesychius (*de Viris illustribus*), par Procope (*Anecdot.*, c. 13) et par Suidas (t. III, p. 501). Une telle flatterie est-elle incroyable?

— *Nihil est quod credere de se*
Non potest, cùm laudatur diis æqua potestas.

Fontenelle (t. I, p. 32-39) a tourné en ridicule l'impudence du modeste Virgile. Le même Fontenelle cependant place son roi au-dessus du divin Auguste; et le sage Boileau n'a pas rougi de dire:

Le destin à ses yeux n'oserait balancer.

Toutefois Auguste et Louis XIV n'étaient point des sots.

sance législative, il empruntait les secours que lui offraient le temps et l'opinion publique; et ses compilations laborieuses ont pour appui les lumières et les législateurs des temps antérieurs. Au lieu d'une statue jetée dans un seul moule par la main d'un grand maître, les ouvrages de Justinien représentent une marqueterie composée de fragmens antiques et d'un grand prix, mais trop souvent sans aucun rapport entre eux. La première année de son règne, il ordonna à Tribonien et à neuf autres citoyens versés dans les lois, de revoir les ordonnances de ses prédécesseurs contenues dans le code Grégorien et ceux d'Hermogène et de Théodose, d'en faire disparaître les erreurs et les contradictions, de retrancher tout ce qui était tombé en désuétude ou superflu, et d'en tirer tout ce qu'il y avait de lois sages et salutaires, capables de s'adapter à la pratique de ses tribunaux et aux besoins de ses sujets. Ce travail fut achevé en quatorze mois, et il est probable qu'en faisant douze livres ou tables de ce recueil, les nouveaux décemvirs eurent pour objet d'imiter les premiers. Le nouveau CODE fut honoré du nom de Justinien et signé par lui: les notaires et les scribes en multiplièrent les copies, qui furent revêtues d'un caractère d'authenticité; on les transmit aux magistrats des provinces de l'Europe, de l'Asie, et ensuite à ceux de l'Afrique; et ces lois de l'empire furent publiées à la porte de l'église les jours de fêtes solennelles. Il restait un travail plus difficile: il fallait des décisions et des conjectures, des questions et des disputes des gens de

Les Pandectes ou le Digeste.
A. D. 530, déc. 15.
A. D. 533, déc. 16.

loi, tirer l'esprit de la jurisprudence. Dix-sept jurisconsultes, présidés par Tribonien, furent revêtus d'une juridiction absolue sur les ouvrages de leurs prédécesseurs. Dix ans n'eussent point semblé à Justinien un temps trop long pour un pareil travail; le Digeste ou les Pandectes (1) se trouvèrent composés en trois ans, et c'est au plus ou moins de mérite de l'exécution à décider de ce qu'une pareille rapidité peut mériter d'éloges ou de censures. On choisit, dans la bibliothèque de Tribonien, quarante des plus habiles jurisconsultes des premiers temps (2); on renferma dans cinquante livres l'abrégé de deux mille traités, et on a eu soin d'instruire la postérité que trois millions de lignes ou de sentences (3) se trou-

---

(1) Πανδέκται (*Recueils généraux*) était le titre commun des mélanges grecs. (Pline, *Præf. ad Hist. nat.*). Les *Digesta* de Scévola, de Marcellin et de Celsus, étaient déjà familiers aux gens de loi; mais Justinien se trompait en regardant ces deux mots comme synonymes. Celui de *Pandectes* est-il grec ou latin, masculin ou féminin? Le laborieux Brenckman n'ose décider ces importantes questions (*Hist. Pandect. Florent.*, p. 300-304).

(2) Angelus Politianus (l. v, *epist. ult.*) compte trente-sept jurisconsultes (p. 192-200) cités dans les Pandectes. L'index grec qui est à la suite des Pandectes en compte trente-neuf; et l'infatigable Fabricius en a trouvé quarante (*Bibl. græc.*, t. III, p. 488-502). On dit qu'Antonius-Augustus (*de Nominibus propriis, Pandect. apud* Ludwig, p. 283) en a ajouté cinquante-quatre; mais il faut qu'il ait confondu les jurisconsultes cités vaguement, avec ceux dont on a donné des extraits.

(3) Les Στιχοι des anciens manuscrits étaient des senten-

vèrent réduites dans ces extraits au modeste nombre de cent cinquante mille. Ce grand ouvrage ne parut qu'un mois après les INSTITUTES, et il était en effet raisonnable de donner les élémens avant le Digeste des lois romaines. Lorsque Justinien eut approuvé les travaux des membres de cette commission, il donna à leurs opinions, en vertu de son pouvoir législatif, la sanction qui les consacrait : leurs commentaires sur les Douze-Tables, sur l'Édit perpétuel, sur les lois du peuple et sur les décrets du sénat, remplacèrent l'autorité du texte ; et ce texte fut abandonné comme un respectable mais inutile monument de l'antiquité. Le *Code*, les *Pandectes* et les *Institutes*, devinrent le seul système légal de jurisprudence : on les admit seuls dans les tribunaux ; on les enseigna seuls dans les académies de Rome, de Beryte et de Constantinople. Justinien adressa au sénat et aux provinces ses *éternels oracles*, et, couvrant son orgueil du masque de la piété, attribua aux secours et à l'inspiration de Dieu l'exécution de ce grand dessein.

Justinien n'ayant point recherché le mérite ni les dangers d'une composition originale, nous ne pouvons exiger de lui que de la méthode, un bon choix

Éloge et censure du Code et des Pandectes.

---

ces ou périodes d'un sens complet, qui, sur la largeur des rouleaux ou des volumes de parchemins, formaient autant de lignes d'une longueur inégale. Le nombre des Στιχοι de chaque livre faisait connaître les fautes des copistes. Ludwig, p. 211-215 ; et Suicer (où il a puisé), *Thes. eccles.*, t. 1, p. 1021-1036.

et de la fidélité, modestes mais indispensables qualités d'un compilateur. Entre les différentes combinaisons d'idées que présentent ses trois ouvrages, il est difficile de trouver de quoi asseoir un motif raisonnable de préférence ; mais comme il emploie dans chacun des trois une méthode différente, il est possible qu'elles soient toutes mauvaises, et il est sûr qu'il ne peut y en avoir deux de bonnes. Dans le choix des anciennes lois, il semble avoir vu ses prédécesseurs sans jalousie, et montre pour tous les mêmes égards : la suite n'en pouvait remonter plus haut qu'Adrien, et le consentement général du genre humain avait aboli les distinctions entre le christianisme et le paganisme qu'avait établies la superstition de Théodose ; mais la jurisprudence des Pandectes est circonscrite dans une période de cent ans, depuis l'Édit perpétuel jusqu'à la mort d'Alexandre-Sévère. On y cite rarement les paroles des légistes qui vécurent sous les premiers Césars; on n'y trouve que trois noms du temps de la république. Le favori de Justinien (on le lui a violemment reproché) craignit de rencontrer la lumière de la liberté et la gravité des sages Romains. Tribonien condamna à l'oubli la sagesse naturelle de Caton, de Scévola et de Sulpicius, tandis qu'il invoquait des esprits plus analogues au sien, les Syriens, les Grecs et les Africains, qui se rendaient en foule à la cour impériale pour étudier le latin comme une langue étrangère, et la jurisprudence comme une profession lucrative. Au reste, le prince avait recommandé à ses ministres de travailler (1), non pour la curiosité des amateurs de l'antiquité, mais pour l'avantage de ses sujets : ils devaient choisir celles des lois romaines qui étaient utiles et praticables; et les écrits des vieux républicains, malgré leur mérite et leur intérêt, ne convenaient plus à un nouveau système de mœurs, de religion et de gouvernement. Si les maîtres et les amis de Cicéron vivaient encore, la bonne foi nous obligerait peut-être d'avouer qu'excepté sous le rapport de la pureté du langage (2), ils ont été surpassés en mérite par l'école de Papinien et d'Ulpien. La science des lois est le fruit tardif du temps et de l'expérience, et il se trouve naturellement que les auteurs les plus récens ont l'avantage de la méthode et des matériaux. Les jurisconsultes du règne des Antonins avaient étudié les ouvrages de leurs prédécesseurs; leur esprit philosophique, en même temps qu'il les avait élevés au-

---

(1) Un discours ingénieux et savant de Schulting (*Juris-prudentia ante-Justinianea*, p. 883-907), justifie le choix de Tribonien contre les accusations passionnées de François Hottoman et de ses sectaires.

(2) Si on ôte la croûte scientifique dont s'enveloppe Tribonien, et si on lui passe les mots techniques, on trouvera que le latin des Pandectes n'est pas indigne du siècle d'argent. Il a été attaqué avec véhémence par Laurent Valla, fastidieux grammairien du quinzième siècle, et par Floridus Sabinus, son apologiste. Alciat et un auteur anonyme, qui est vraisemblablement Jacques Capellus, l'ont défendu. Duker a recueilli ces différens traités sous le titre d'*Opuscula de latinitate veterum jurisconsultorum*; Lugd. Bat., 1721, *in*-12.

dessus des jalousies et des préjugés de secte, avait adouci la rigueur des anciens temps et simplifié la forme des procédures. Le choix des autorités qui devaient composer les Pandectes dépendait de Tribonien; mais son souverain, avec tout son pouvoir, ne pouvait l'affranchir des devoirs que lui imposaient la vérité et la fidélité. En qualité de législateur de l'empire, Justinien pouvait révoquer les lois des Antonins, ou condamner comme séditieux les principes de liberté des premiers légistes de Rome (1); mais l'autorité d'un despote ne peut rien sur les faits passés; et l'empereur fut coupable de fraude et de faux, lorsqu'il corrompit l'intégrité de leur texte, lorsqu'il attacha ces noms vénérables aux paroles et aux idées d'un règne servile (2), et lorsqu'il usa de son pouvoir pour supprimer les textes authentiques où se trouvaient exprimés leurs véritables sentimens. La nécessité de l'uniformité a servi de prétexte pour excuser les changemens et les interpolations de Tribo-

---

(1) *Nomina quidem veteribus servavimus, legum autem veritatem nostram fecimus. Itaque si quid erat in illis* SEDETIOSUM, *multa autem talia erant ibi reposita, hoc decisum est et definitum, et in perspicuum finem deducta est quæque lex.* (*Cod. Just.*, liv. 1, tit. 17, leg. 3, n° 10.) Aveu dépouillé d'artifice!

(2) Le nombre de ces *emblemata*, terme bien poli pour des faux de cette espèce, a été bien réduit par Bynkershoek (dans les quatre derniers livres de ses Observations), qui soutient, par de bien misérables raisons, le droit qu'avait Justinien de les exiger, et l'obligation où était Tribonien de lui obéir.

nien et de ses collègues; mais ces soins ont été insuffisans, et les *antinomies* ou contradictions du Code et des Pandectes exercent toujours la patience et la subtilité des jurisconsultes modernes (1).

Les ennemis de Justinien ont répandu un bruit qui n'est appuyé d'aucun témoignage : on prétendit que l'auteur des Pandectes avait brûlé les lois de l'ancienne Rome, dans cette orgueilleuse idée qu'elles étaient devenues inapplicables ou superflues; sans se charger d'un rôle si odieux, il put confier à l'ignorance et au temps l'accomplissement de ce vœu destructeur. Avant l'invention de l'imprimerie et du papier, les riches seuls pouvaient payer le travail et la matière des manuscrits; et l'on peut raisonnablement calculer le prix des livres à cette époque à cent fois leur valeur actuelle (2). Les copies se multipliaient lentement, et on les renouvelait avec précaution; l'appât du gain excitait des copistes sacriléges à effa-

{Perte de l'ancienne jurisprudence.}

---

(1) Les *antinomies* ou les lois opposées du Code et des Pandectes, sont quelquefois la cause et souvent l'excuse de la glorieuse incertitude des lois civiles, qui donne lieu fréquemment à ce que Montaigne appelle *les questions pour l'ami*. *Voyez* un beau passage de François Balduin sur Justinien, l. II, p. 259, etc., *apud* Ludwig, p. 305., 306.

(2) Lorsque Fust ou Faust vendit à Paris pour des manuscrits ses premières Bibles imprimées, le prix d'une copie en parchemin fut réduit de quatre ou cinq cents écus, à soixante, cinquante et quarante. Le public fut d'abord charmé de ce bas prix, puis indigné lorsqu'il eut découvert la fraude. Maittaire, *Annal. typograph.*, t. 1, p. 12, première édition.

cer les caractères de l'antiquité; et Sophocle ou Tacite étaient contraints d'abandonner à des missels, à des homélies et à la légende dorée, le parchemin qui renfermait leurs chefs-d'œuvre (1). Si ce fut le sort des plus belles compositions du génie, il est aisé de voir ce qu'on dut se permettre sur les lourds et stériles ouvrages d'un art qu'on ne cultivait plus. Les livres de jurisprudence intéressaient peu de monde, et n'amusaient personne; l'usage du moment faisait leur valeur, et ils tombaient pour jamais dès l'instant où les innovations de la mode, un mérite supérieur et l'autorité publique, les rendaient inutiles. A l'époque de savoir et de paix qui s'écoula entre Cicéron et le dernier des Antonins, on comptait déjà un très-grand nombre de pertes en ce genre; des écrivains qui avaient été les lumières de l'école et du Forum n'étaient plus connus que des curieux, et ceux-ci même ne les connaissaient que par tradition. Trois cent soixante années de désordre et de décadence accélérèrent les progrès de l'oubli, et il y a lieu de croire que de ces écrits qu'on reproche à Justinien d'avoir négligés, la plupart ne se trouvaient plus dans les bibliothèques de l'Orient (2). Les copies de

---

(1) Cet exécrable usage prévalut depuis le huitième et surtout depuis le douzième siècle, époque où il était devenu presque universel. Montfaucon, dans les *Mém. de l'Acad.*, t. vi, p. 606, etc.; *Bibl. raisonn. de la diplom.*, t. i, p. 176.

(2) Pomponius (*Pandect.*, l. 1, tit. 2, leg. 2) dit que, de Mucius, Brutus et Manilius, les trois fondateurs de la science des lois civiles, *extant volumina, scripta Manilii mo-*

Papinien et d'Ulpien, que le réformateur avait proscrites, ne furent plus jugées dignes d'attention; les Douze-Tables et l'Édit prétorien disparurent peu à peu, et l'envie et l'ignorance des Grecs dédaignèrent ou détruisirent les monumens de l'ancienne Rome. Les Pandectes elles-mêmes n'ont échappé au naufrage qu'avec beaucoup de peines et de dangers, et la critique a prononcé que *toutes* les éditions et *tous* les manuscrits de l'Occident étaient tirés d'un seul original (1). On le transcrivit à Constantinople au commencement du septième siècle (2); les mouvemens de

---

numenta; de quelques jurisconsultes de la république, *hæc versantur eorum scripta inter manus hominum.* Huit des sages légistes du siècle d'Auguste furent réduits à un *compendium*: de Cascellius, *scripta non extant, sed unus liber,* etc.; de Trebatius, *minus frequentatur;* de Tuberon, *libri parum grati sunt.* Il y a dans les Pandectes plusieurs citations tirées de livres que Tribonien ne vit jamais : et du septième au treizième siècle de Rome, l'érudition apparente des modernes a toujours dépendu des connaissances et de la véracité de leurs prédécesseurs.

(1) On assure que *toutes* les éditions et *tous* les manuscrits répètent en plusieurs endroits les erreurs des copistes et les transpositions de quelques feuilles qui se trouvent dans les Pandectes florentines. Ce fait est décisif s'il est vrai. Cependant les Pandectes sont citées par Yves de Chartres, qui mourut en 1117; par Théobald, archevêque de Cantorbéry; et par Vacarius, le premier qui, en Angleterre, ait professé le droit civil. (Selden, *ad Fletam,* c. 7, t. II, p. 1080-1085.) A-t-on comparé les manuscrits des Pandectes qui se trouvent en Angleterre avec ceux des autres pays?

(2) *Voyez* la description de cet original dans Brenckman

la guerre et du commerce le portèrent successivement à Amalfi (1), à Pise (2), à Florence (3); et il est aujourd'hui déposé, comme un monument précieux (4), dans l'ancien palais de la république (5).

(*Hist. Pand. florent.*, l. 1, c. 2, 3, p. 4-17, et l. 11). L'enthousiaste Politien la révérait comme l'original même du Code de Justinien (p. 407, 408); mais ce paradoxe est réfuté par les abréviations du manuscrit de Florence (l. 11, c. 3, p. 117-130). Il est composé de deux volumes *in*-4° à grandes marges; le parchemin est mince, et les caractères latins annoncent la main d'un copiste grec.

(1) Brenckman a inséré à la fin de son histoire deux dissertations sur la république d'Amalfi et la guerre de Pise, en l'année 1135, etc.

(2) La découverte des Pandectes à Amalfi (A. D. 1137) a été indiquée pour la première fois (en 1501) par Ludovicus Bologninus (Brenckman, l. 1, c. 11, p. 73, 74; l. iv, c. 2, p. 417-425), sur la foi d'une Chronique de la ville de Pise (p. 409, 410), sans nom et sans date. Tous les faits de cette Chronique, quoique inconnus au douzième siècle, embellis par les siècles d'ignorance et suspectés par les critiques, ne sont pas dénués en eux-mêmes de probabilité (liv. 1, ch. 4-8, p. 17-50). Il est incontestable que le grand Barthole consulta dans le quatorzième siècle le *Liber Pandectarum* de Pise (p. 406, 407; *voyez* liv. 1, ch. 9, p. 50-62).

(3) Pise fut prise par les Florentins l'an 1406; et en 1411 ils transportèrent les Pandectes dans leur capitale. Ces événemens sont authentiques et célèbres.

(4) On les enrichit de nouveau d'une couverture de pourpre; on les enferma dans une riche cassette; et les moines et magistrats les montraient aux curieux, nu-tête et avec des torches allumées. Brenckman, liv. 1, c. 10, 11, 12, pag. 62-93.

(5) Henri Brenckman, Hollandais, après avoir comparé

Le premier soin d'un réformateur est d'empêcher les réformes après lui. Afin de maintenir le texte des Pandectes, du Code et des Institutes, Justinien défendit rigoureusement l'usage des chiffres et des abréviations; et, se souvenant que le nombre des commentateurs avait accablé l'Édit perpétuel, il déclara qu'on punirait comme des faussaires les jurisconsultes qui oseraient interpréter ou pervertir le texte de la volonté du souverain. Si on observait cette loi, il faudrait punir d'un grand nombre de crimes les élèves d'Accurse, de Barthole et de Cujas, à moins qu'ils n'osassent contester au prince qui l'a publié le droit de borner l'autorité de ses successeurs et la liberté naturelle de l'esprit. Au reste, Justinien ne pouvait fixer sa propre inconstance; et tandis qu'il se vantait de changer, comme Diomède, l'airain en or (1), il aperçut la nécessité de purifier son or de beaucoup

Inconstance de Justinien en matière de législation.

le texte de Politien, de Bologninus, d'Antoninus Augustinus, et la belle édition des Pandectes par Taurellus, en 1551, entreprit un voyage à Florence. Il y passa plusieurs années à étudier ce seul manuscrit. Son *Historia Pandectarum Florentinorum* (Utrecht, 1722, in-4°), qui annonce un si grand travail, n'est cependant qu'une petite partie de son premier plan.

(1) Κρυσεα χαλκειων, εκατομβοι εννεαβοιων, *apud Homerum patrem omnis virtutis*, première préface des Pandectes. Un vers de Milton ou du Tasse nous surprendrait dans un acte du parlement d'Angleterre. *Quæ omnia obtinere sancimus in omne ævum*. Il dit, seconde préface, en parlant du premier Code, *in æternum valiturum*. C'est l'homme qui parle d'une éternelle durée.

de matières d'un moindre aloi. Six ans ne s'étaient pas écoulés depuis la publication du Code, lorsqu'il déclara la première édition imparfaite, en en faisant faire une nouvelle plus soignée. Il ajouta à celle-ci deux cents de ses propres lois, et cinquante décisions sur les points les plus obscurs et les plus épineux de la jurisprudence. Chaque année, ou, selon Procope, chaque jour de ce long règne fut marqué par une innovation dans quelque point de la législation. Il révoqua lui-même plusieurs de ses lois; ses successeurs en rejetèrent beaucoup d'autres; le temps en fit disparaître un grand nombre; mais seize Édits et cent soixante-huit Novelles (1) ont été admis dans le recueil authentique de la jurisprudence civile. Un philosophe supérieur aux préjugés de son état a pensé qu'on ne pouvait expliquer ces variations perpétuelles, et la plupart du temps sur des choses de si petite importance, que par la vénalité d'un prince qui vendait sans rougir ses jugemens et ses lois (2). L'accusation de l'historien secret est formelle et véhémente,

---

(1) Le terme de *Novellæ* est adjectif dans la bonne latinité, et substantif dans celle des temps barbares. (Ludwig, p. 245.) Justinien ne les a jamais recueillies. Les neuf collations qui servent de règle aux tribunaux modernes, renferment quatre-vingt-dix-huit Novelles; mais les recherches de Julien, de Haloander et de Contius (Ludwig, p. 249, 258; Aleman., note *in Anecdot.*, p. 98) en ont augmenté le nombre.

(2) Montesquieu, *Consid. sur la grand. et la décad. des Romains*, c. 20, t. III, p. 501, in-4°. Il se débarrasse ici de la robe et du bonnet de président à mortier.

il est vrai; mais on peut attribuer à la dévotion de ce prince, aussi bien qu'à son avarice, le seul trait que cite Procope. Un riche dévot avait légué son héritage à l'église d'Émèse; et la valeur de cette succession avait été augmentée par un habile faussaire, qui avait contrefait la signature des habitans de la Syrie les plus aisés, sur des reconnaissances de dettes et des promesses de paiement. Les Syriens faisaient valoir une prescription de trente ou quarante années; mais ce moyen de défense fut détruit par une loi rétroactive qui donnait aux droits de l'Église l'étendue d'un siècle, loi si favorable à l'injustice et aux désordres, qu'on la révoqua prudemment dans le même règne (1), lorsqu'elle eut rempli l'objet qu'on avait en vue en la publiant. Si l'on pouvait, pour disculper l'empereur, rejeter la corruption sur sa femme et sur ses favoris, le soupçon d'un vice si bas dégraderait encore la majesté de ses lois; et les défenseurs de Justinien doivent reconnaître qu'une pareille légèreté, quel qu'en ait été le motif, fut indigne d'un législateur et même d'un homme.

Les monarques daignent rarement se prêter à instruire leurs sujets, et l'on doit quelques éloges à Justinien d'avoir fait réduire un grand système en un traité élémentaire de peu d'étendue. Parmi les diverses

Les Institutes. A. D. 533, nov. 21.

---

(1) Procope, *Anecdot.*, c. 28. On accorda un semblable privilége à l'Église de Rome (*Novelle* ix). *Voyez* sur la révocation générale de ces funestes priviléges la *Novelle* 111 et l'*Édit* 5.

Institutes des lois romaines (1), celles de Caïus (2) étaient les plus usitées en Orient et en Occident, et leur crédit peut être considéré comme une preuve de leur mérite. Le choix en fut fait par Tribonien, Théophile et Dorothée, délégués de l'empereur : on mêla à la liberté et à la pureté du siècle des Antonins les idées plus grossières d'un siècle dégénéré. Ce volume, qui disposait la jeunesse de Rome, de Constantinople et de Beryte, à l'étude graduelle du Code et des Pandectes, est encore précieux pour l'historien, le philosophe et le magistrat. Les INSTITUTES de Justinien sont divisées en quatre livres : la méthode en est assez bonne; après avoir traité, 1° des *personnes;* elles parlent; 2° des *choses;* elles passent des choses, 3° aux *actions,* et les principes des lois criminelles terminent l'article IV sur les *injures privées.*

Des personnes affranchies et esclaves.

I. La distinction des rangs et des personnes est la

---

(1) Lactance, dans ses Institutes du christianisme, ouvrage élégant et spécieux, se propose pour modèle le titre et la méthode des jurisconsultes. *Quidam prudentes et arbitri æquitatis Institutiones civilis juris compositas ediderunt.* (*Instit. div.*, l. 1, c. 1.) Il voulait parler d'Ulpien, de Paul, de Florentinus et de Marcien.

(2) L'empereur Justinien se sert du mot de *suum*, en parlant de Caïus, quoique cet écrivain soit mort avant la fin du deuxième siècle. Servius, Boëce, Priscien, etc., citent ces Institutes, et nous avons l'Épitome qu'en a fait Arrien. *Voyez* les *Prolégomènes* et les *Notes* de l'édition de Schulting, dans la *Jurisprudentia ante-Justinianea.* Lugd. Bat., 1717. Heineccius, *Hist. J. R.*, n° 313; Ludwig, *in Vit. Just.*, p. 199.

base la plus solide d'un gouvernement mixte et limité. En France, le courage, les honneurs et même les préjugés de cinquante mille nobles, entretiennent les restes de la liberté (1). Deux cents familles, qui de père en fils forment la seconde branche de la législature de la Grande-Bretagne, maintiennent la balance de la constitution entre le roi et les communes de l'Angleterre. Une gradation de patriciens et de plébéiens, d'étrangers et de sujets, a soutenu l'aristocratie de Gênes, de Venise et de l'ancienne Rome. La parfaite égalité des hommes est le point sur lequel se confond le dernier degré de la démocratie et du despotisme, puisque la majesté du prince ou celle du peuple serait blessée si quelques têtes s'élevaient au-dessus du niveau de leurs compagnons d'esclavage ou de leurs concitoyens. Au déclin de l'empire de Rome, les orgueilleuses distinctions de la république s'anéantirent peu à peu, et la raison ou l'instinct de Justinien acheva de donner au gouvernement les formes simples d'une monarchie absolue. Il ne pouvait

---

(1) *Voy.* les *Annales politiques* de l'abbé de Saint-Pierre, t. 1, p. 25. Il les publia en 1735. Les plus anciennes familles se vantent d'une possession immémoriale de leurs armes et de leurs fiefs. Depuis les croisades, quelques-unes (et ce sont celles qui paraissent les plus dignes de respect) ont été anoblies par les rois en considération de leurs mérites et de leurs services. La tourbe récente et vulgaire vient de cette multitude de charges vénales sans exercice ou sans dignité, qui tirent perpétuellement de riches plébéiens de la classe des roturiers.

déraciner ce respect populaire toujours attaché à la richesse transmise de père en fils, ou à la mémoire d'aïeux célèbres. Il se plut à relever, par des titres et des traitemens considérables, les généraux, les magistrats et les sénateurs, et ses faveurs passagères faisaient passer sur leurs femmes et leurs enfans quelques rayons de leur gloire. Mais aux yeux de la loi tous les citoyens de Rome étaient égaux, et tous les sujets de l'empire étaient citoyens de Rome. Cette qualité, qui avait été jadis d'un prix inestimable, n'était plus qu'un titre vain et hors d'usage. Un Romain n'avait plus de part à la législation et ne pouvait plus nommer les ministres annuels de son pouvoir. Les droits dont il était revêtu par la constitution auraient gêné la volonté absolue d'un maître, et on accordait à des aventuriers de l'Allemagne ou de l'Arabie l'autorité civile et militaire, réservée jadis au seul citoyen sur les conquêtes de ses aïeux. Les premiers Césars avaient maintenu avec scrupule la distinction entre les extractions *libres* et les extractions *serviles*, qu'on déterminait d'après l'état de la mère ; et les lois étaient satisfaites si elle avait eu un seul moment sa liberté entre la conception et l'accouchement. Les esclaves à qui un maître généreux rendait la liberté, entraient tout de suite dans la classe des *libertini*, ou affranchis ; mais rien ne pouvait jamais les dispenser des devoirs de l'obéissance et de la gratitude, quelle que fût la fortune qu'ils avaient acquise par leur industrie. A leur mort, leur patron et sa famille avaient droit au tiers et même à la totalité de l'héritage lorsqu'ils mouraient sans enfans, et sans avoir fait de testament. Justinien respecta les droits des patrons, mais il fit disparaître la flétrissure des deux espèces inférieures d'affranchis ; quiconque cessait d'être esclave, obtenait sans réserve ou sans délai la qualité de citoyen ; et enfin la toute-puissance de l'empereur leur donna ou leur supposa la dignité d'une naissance libre. Pour réprimer l'abus des affranchissemens et prévenir l'accroissement trop rapide des Romains de la dernière classe, et dévoués à la misère, il s'était introduit plusieurs règles sur l'âge et le nombre de ceux qu'on pouvait affranchir, sur les formes qu'on suivait dans leur émancipation ; il abolit enfin toutes ces règles, et l'esprit de ces lois favorisa l'extinction de la servitude domestique. Cependant les provinces de l'Orient étaient encore remplies, sous son règne, d'une multitude d'esclaves nés ou achetés pour l'usage de leurs maîtres, et dont l'âge, la force et l'éducation, déterminaient le prix, qui variait de dix à soixante-dix pièces d'or (1) ; mais l'influence du gou-

---

(1) Si un testament donnait à plusieurs légataires un esclave à choisir, ils le tiraient au sort, et ceux qui ne l'obtenaient pas avaient droit à une partie de sa valeur ; un esclave ordinaire, soit un jeune garçon ou une jeune fille, qui avait moins de dix ans, était évalué dix pièces d'or, et vingt au-dessus de dix ans : si l'esclave savait un métier, trente ; s'il était notaire ou scribe, cinquante ; s'il était accoucheur ou médecin, soixante. Les eunuques de moins de dix ans valaient dix pièces d'or, et de plus de dix ans, cinquante ; s'ils s'adonnaient au trafic, soixante-dix. (*Cod.*,

vernement et celle de la religion diminuaient sans cesse les maux de cet état de servitude, et un sujet de l'empire ne pouvait plus s'enorgueillir d'exercer une autorité absolue sur la vie et le bonheur de son esclave (1).

Rapports des pères et des enfans. La loi de la nature instruit la plupart des animaux à nourrir et à élever leurs enfans ; la loi de la raison enseigne aux hommes, en retour, les devoirs de la piété filiale ; mais l'autorité exclusive, absolue et perpétuelle du père sur ses enfans, est particulière à la jurisprudence des Romains (2), et elle paraît aussi ancienne que la fondation de la ville (3). Ro-

---

leg. 6, tit. 43, *leg.* 3.) Ces prix fixés par la loi, étaient en général au-dessous de ceux du marché.

(1) *Voyez* sur l'état des esclaves et des affranchis, les Institutes (l. I, tit. 3-8; l. II, tit. 9; l. III, t. VIII, IX), les Pandectes ou le Digeste (l. I, tit. 5, 6, l. XXX, tit. 1-4; et le livre XL en entier), le Code (l. VI, tit. 4, 5; l. VII, tit. 1-23). Lorsque je citerai désormais le texte original des Institutes et des Pandectes, je renverrai en même temps aux articles qui leur correspondent dans les Antiquités et les Élémens de Heineccius ; et lorsqu'il s'agira des vingt-sept premiers livres des Pandectes, je citerai aussi le commentaire savant et raisonnable de Gérard Noodt (*Opera*, tome II, p. 1-590, à la fin. *Lugd. Bat.*, 1724).

(2) Voyez *patria potestas* dans les Institutes (l. I, tit. 9); les Pandectes (l. I, tit. 6, 7), et le Code (l. VIII, tit. 47, 48, 49). *Jus potestatis quod in liberos habemus, proprium est civium romanorum. Nulli enim alii sunt homines, qui talem in liberos habeant potestatem qualem nos habemus.*

(3) Denys d'Halicarnasse (liv. II, p. 94, 95), Gravina (*Opp.*, pag. 286), rapportent les termes des Douze-Tables.

mulus lui-même établit ou confirma la puissance paternelle; et après une expérience de trois siècles, elle fut inscrite sur la quatrième table des décemvirs. Au Forum, au sénat ou dans les camps, le fils adulte d'un citoyen de Rome jouissait des droits publics et privés d'une *personne*, mais dans la maison de son père il n'était qu'une *chose*. Les lois le mettaient dans la classe des meubles, du bétail et des esclaves, qu'un maître capricieux pouvait aliéner ou détruire sans répondre de sa conduite à aucun tribunal humain. La main qui lui fournissait la subsistance journalière pouvait l'en priver; et tout ce que le fils acquérait par le travail ou la fortune se confondait à l'instant même dans la propriété du père. L'action par laquelle celui-ci réclamait contre un vol, soit qu'il s'agît de ses bœufs, soit qu'il s'agît de ses enfans, était la même (1); et si le bœuf ou l'enfant avait commis un délit, il dépendait de lui de réparer le dommage ou de livrer à la partie injuriée l'animal coupable. Le chef de famille indigent ou avare pouvait également disposer de ses enfans et de ses esclaves; mais la condition de l'esclave était la

---

Papinien (*in Collatione legum roman. et mosaïcarum*, tit. 4, pag. 204) donne à la *patria potestas* le nom de *lex regia*. Ulpien (*ad Sabin.*, liv. XXVI, *in Pandect.*, liv. 1, tit. 6, leg. 8) dit: *Jus potestatis moribus receptum; et furiosus filium in potestate habebit.* Quelle puissance sacrée, ou plutôt absurde!

(1) Pandectes (l. XLVII, tit. 2, *leg.* 14, n° 13; *leg.* 38, n° 1). Telle était la décision d'Ulpien et de Paul.

moins désavantageuse, puisque le premier affranchissement lui rendait sa liberté. Le fils, au contraire, rentrait alors sous l'empire d'un père dénaturé, qui pouvait le condamner à la servitude, une seconde et une troisième fois ; et ce n'est qu'après avoir été trois fois vendu et affranchi (1), qu'il était délivré de ce pouvoir paternel dont on avait si souvent abusé contre lui. Un père punissait à volonté les fautes réelles ou imaginaires de ses enfans par la peine du fouet, de la prison, de l'exil ; il les reléguait à la campagne, et les y faisait travailler, enchaînés comme les derniers des esclaves. La dignité paternelle était même armée du droit de vie et de mort (2) ; et on rencontre dans les annales de Rome, jusque par-delà les temps de Pompée et d'Auguste, des exemples de ces exécutions, qu'on y voit quelquefois vantées et jamais punies. Ni l'âge, ni le rang, ni la dignité de consul, ni les honneurs du triomphe, ne pouvaient soustraire le citoyen le plus illustre aux liens de la servitude filiale (3) ; ses descendans se trouvaient

---

(1) La *trina mancipatio* est définie clairement par Ulpien (*fragment* x, pag. 591, 592, édit. Schulting), et encore mieux développée dans les *Antiquités* de Heineccius.

(2) Justinien (*Instit.*, l. IV, tit. 9, n° 7) rapporte et réprouve l'ancienne loi qui accordait aux pères le *jus necis*. On en retrouve d'autres vestiges dans les Pandectes (l. XLIII, tit. 29, *leg.* 3, n° 4), et dans la *Collatio legum romanarum et mosaïcarum* (tit. 2, n° 3, p. 189).

(3) Il faut excepter toutefois les occasions publiques et l'exercice actuel des emplois. *In publicis locis atque mune-*

compris dans la famille de leur commun ancêtre, et les droits que donnait l'adoption n'étaient ni moins sacrés ni moins rigoureux que ceux de la nature. C'était sans crainte, mais non pas sans danger, que les législateurs de Rome s'étaient entièrement reposés sur les sentimens de l'amour paternel, et la certitude qu'avait chaque génération d'arriver à son tour à l'importante dignité de père et de maître, servait à adoucir les maux d'une semblable oppression.

On attribue à la justice et à l'humanité de Numa la première restriction mise à l'autorité paternelle; la jeune fille qui avait épousé un citoyen de l'aveu du père de celui-ci, n'avait plus à craindre de devenir la femme d'un esclave. La vente des enfans dut être commune dans les premiers siècles, lorsque les peuples du Latium et de la Toscane resserraient et souvent affamaient la ville ; mais la loi ne permettant pas à un citoyen de Rome d'acheter la liberté de son concitoyen, ces ventes diminuèrent peu à peu, et les conquêtes de la république durent anéantir cet odieux commerce. Enfin on communiqua aux enfans un droit imparfait de propriété, et la jurisprudence du Code et des Pandectes détermine trois

Restrictions mises à l'autorité paternelle.

---

ribus atque actionibus, patrum jura cum filiorum qui in magistratu sunt, potestatibus collata, interquiescere paululum et connivere, etc. (Aulu-Gelle, *Nuits Attiques*, II, 2.) L'ancien et mémorable exemple de Fabius était employé à justifier les leçons du philosophe Taurus; et l'on peut lire la même histoire dans la langue de Tite-Live (XXIV, 44) et dans le plat idiome de l'annaliste Claudius Quadrigarius.

espèces de pécule, sous le nom de *profectitius*, *adventitius* et *professionalis* (1). Lorsque le père semblait accorder à ses enfans une partie de sa propriété, il n'en donnait que l'usufruit et s'en réservait le domaine absolu : toutefois lorsqu'on vendait ses biens, d'après une interprétation favorable qui était devenue une coutume, la portion de ses enfans était exceptée des droits des créanciers. Le fils avait la propriété de tout ce qu'il acquérait par mariage, par des dons, par des successions collatérales ; mais le père en avait l'usufruit durant sa vie, à moins qu'il n'eût été exclu de cette jouissance d'une manière formelle. On crut devoir à la prudence autant qu'à la justice de récompenser la valeur militaire par la propriété libre et absolue des dépouilles de l'ennemi : le soldat seul pouvait en disposer. Le même principe s'étendait à toute espèce de gain obtenu dans une profession libérale, à tout salaire pour un service public, aux libéralités sacrées de l'empereur ou de l'impératrice. La vie d'un citoyen était moins exposée que sa fortune à l'abus de l'autorité paternelle. Cependant sa vie pouvait contrarier les intérêts ou les passions d'un père vicieux : les crimes que dut produire la corruption du siècle d'Auguste furent alors aussi ressentis plus vivement par l'humanité ; et il fallut que

---

(1) *Voyez* la manière dont le pécule des enfans s'étendit et acquit peu à peu de la sûreté dans les Institutes (l. II, tit. 9), les Pandectes (l. XV, tit. 1 ; l. XLI, tit. 1), et le Code (l. IV, tit. 26, 27).

l'empereur enlevât à la juste fureur de la multitude le cruel Érixon, qui avait fait battre son fils de verges jusqu'à la mort (1). Les pères, qui avaient jusqu'alors exercé un empire absolu et capricieux sur leurs enfans, furent réduits à la gravité et à la modération d'un juge. La présence et l'opinion d'Auguste confirmèrent le décret d'exil prononcé contre un parricide d'intention commis par Arius dans l'exercice de son pouvoir domestique. Adrien relégua dans une île un père jaloux, qui, semblable à un voleur, avait profité d'un temps de chasse pour assassiner un jeune homme, amant incestueux de sa belle-mère (2). Une juridiction domestique répugne à l'esprit de la monarchie; le père perdit encore l'autorité de juge, et ne conserva plus que celle d'accusateur, et Alexandre-Sévère enjoignit aux magistrats d'écouter ses plaintes et d'exécuter sa sentence. Il ne pouvait plus tuer son fils sans encourir la peine décernée contre les meurtriers; et Constantin le soumit enfin au châtiment des parricides, dont l'avait affranchi la loi Pompeia (3).

---

(1) Sénèque (*de Clementiâ*, 1, 14, 15) cite les exemples d'Érixon et d'Arius : il parle du premier avec horreur, et du second avec éloge.

(2) *Quòd latronis magis quàm patris jure eum interfecit, nam patria potestas in pietate debet non in atrocitate consistere.* Marcien, *Institutes*, l. xiv, *in Pandect.*, l. XLVIII, tit. 9, *leg.* 5.

(3) Les lois Pompeia et Cornelia (*de Sicariis et Parricidiis*) sont renouvelées ou plutôt abrégées, avec les derniers supplémens d'Alexandre-Sévère, de Constantin et de Valen-

On doit la même protection à toutes les époques de la vie d'un enfant, et il faut donner des éloges à Paulus, qui déclare meurtrier le père qui étrangle, laisse mourir de faim, abandonne ou expose sur une place publique les enfans nouveau-nés. Au reste, l'exposition des enfans était un abus enraciné dans toute l'antiquité. Elle fut quelquefois ordonnée, souvent permise, et presque toujours pratiquée impunément, même dans les pays où l'on n'eut jamais sur la puissance paternelle les idées qu'on avait à Rome; et les auteurs dramatiques, ceux de tous qui cherchent le plus à émouvoir le cœur humain, parlent avec indifférence d'une coutume populaire que palliaient les motifs de l'économie et de la compassion (1). Si le père venait à bout de triompher de ses émotions, il échappait sinon à la censure, du moins à la peine décernée par les lois; et l'empire romain fut souillé du sang de ces malheureuses victimes jusqu'à l'époque où Valentinien et ses collègues comprirent ces sortes de meurtres dans la lettre et l'esprit de la loi Cornelia.

---

tinien, dans les Pandectes (l. XLVIII, tit. 8, 9), et dans le Code (l. IX, tit. 16, 17). *Voyez* aussi le *Code Théodosien* (l. IX, tit. 14, 15) avec le *Commentaire* de Godefroy (t. III, p. 84-113), qui répand sur ces lois pénales un torrent d'érudition ancienne et moderne.

(1) Lorsque le Chremès de Térence reproche à sa femme de lui avoir désobéi en n'exposant pas leur enfant, il s'exprime comme un père et comme un maître, et fait taire les scrupules insensés de sa femme. *Voyez* Apulée, *Métam.*, l. x, p. 337, édit. *ad usum* Delphini.

Les leçons de la jurisprudence (1) et du christianisme n'avaient pu détruire cet usage inhumain, et il ne disparut que lorsque la crainte de la peine capitale vint à l'appui d'une influence moins impérieuse (2).

Rapport du mari et des femmes.

L'expérience a prouvé que ce sont les sauvages qui tyrannisent les femmes, et que les progrès de la civilisation adoucissent d'ordinaire la condition de celles-ci. Dans l'espoir d'obtenir des enfans robustes, Lycurgue avait différé l'époque du mariage : Numa la fixa à douze ans, afin que l'époux pût élever à sa fantaisie une jeune vierge encore innocente et docile (3). L'époux, selon la coutume de l'antiquité,

Cérémonies religieuses du mariage.

---

(1) L'opinion des jurisconsultes et la prudence des magistrats avaient, à l'époque où Tacite vécut, introduit quelques restrictions légales qui pouvaient justifier le contraste qu'il établit entre les *boni mores* des Germains et les *bonæ leges alibi*, c'est-à-dire à Rome (*de Moribus Germanorum*, c. 19). Tertullien (*ad Nationes*, l. 1, c. 15) réfute ses propres accusations et celles de ses confrères contre la jurisprudence païenne.

(2) La décision sage et humaine du jurisconsulte Paul (l. II *Sententiarum*, in Pandect., l. xxv., tit. 3, *leg.* 4) n'est représentée que comme un précepte moral par Gérard Noodt (*Opp.*, t. I, in *Julium Paulum*, p. 567-588, et *Amica responsio*, p. 591-606), qui soutient l'opinion de Juste-Lipse (*Opp.*, t. II, p. 409; ad Belgas, cent. 1, epist. 85). Bynkershoek en parle comme d'une loi positive et obligatoire (*de Jure occidendi liberos*, *Opp.*, t. 1, p. 318-340; *Curæ secundæ*, p. 391-427). Dans cette controverse savante et pleine d'aigreur, les deux amis sont tombés dans les extrémités opposées.

(3) Denys d'Halicarnasse, l. II, p. 92, 93; Plutarque,

achetait sa femme, et celle-ci remplissait la *coemption* en achetant, avec trois pièces de cuivre, le droit d'entrer dans la maison et la protection des pénates du mari : les pontifes présentaient des fruits aux dieux, en présence de dix témoins; les deux époux s'asseyaient sur la même peau de mouton ; ils mangeaient un gâteau salé de *far* (de froment) ou de riz ; et cette *confarréation* (1), qui rappelait l'ancienne nourriture de l'Italie, était l'emblême de l'union mystique de leur esprit et de leur corps : mais la femme s'assujettissait à une union sévère et inégale ; elle renonçait au nom et aux pénates de son père, pour embrasser une nouvelle servitude, décorée seulement du titre d'adoption. Une fiction de la loi, contraire à la raison et aux idées des peuples polis, donnait à la mère de famille (bien qu'on la nommât ainsi) (2) le caractère de sœur de ses propres enfans, et de fille de son mari ou de son maître, qui, en

---

in Numâ, p. 140, 141. Το σωμα και το ηθος καθαρον και αθικτον επι τω γαμουντι γενεσθαι.

(1) Parmi les *frumenta* d'hiver, on employait le *triticum* ou le froment barbu ; le *siligo* ou le blé non barbu, le *far*, l'*adorea*, l'*oryza*, dont la description s'accorde parfaitement avec celles du riz d'Espagne et d'Italie. J'adopte cette identité d'après l'autorité de M. Paucton, dans son utile et laborieux ouvrage sur la Métrologie (p. 517-529).

(2) Aulu-Gelle (*Noctes Atticæ*, XVIII, 6) donne une définition ridicule d'Ælius Melissus, *Matrona quæ semel*, MATERFAMILIAS *quæ sæpius peperit*, comme s'il s'agissait d'une *porcetra* et d'une *scropha*. Il donne ensuite le véritable sens : *Quæ in matrimonium vel in manum convenerat*.

cette qualité, acquérait toute la plénitude du pouvoir paternel : il approuvait, il censurait, il punissait la conduite de sa femme, d'après sa volonté, ou plutôt d'après son caprice; il exerçait un droit de vie et de mort applicable aux cas d'adultère ou d'ivrognerie (1). Les biens qu'elle acquérait ou dont elle héritait, appartenaient à son maître, et la femme se trouvait bien clairement comprise dans la classe des *choses*, et non dans celle des *personnes*, puisqu'à défaut de titre originaire, on pouvait la réclamer ainsi que les autres meubles, d'après l'*usage* et la possession d'une année entière. A Rome, le devoir conjugal, que les lois d'Athènes et les lois juives avaient fixé avec tant de soin (2), dépendait du mari; mais la polygamie était inconnue; il ne pouvait jamais admettre à sa couche une autre femme plus belle et plus favorisée.

Lorsque Rome eut triomphé des Carthaginois, les

<small>Liberté du contrat de mariage.</small>

---

(1) C'était assez d'avoir goûté du vin ou dérobé la clef du cellier. Pline, *Hist. nat.*, XIV, 14.

(2) Solon exige qu'on remplisse le devoir conjugal trois fois par semaine. La Mishna l'ordonne une fois par jour à un mari qui ne travaille point, qui est jeune et vigoureux. Elle le fixe à deux fois par semaine pour l'habitant de la ville, à une fois pour un paysan, à une fois tous les trente jours pour un conducteur de chameaux, et une fois tous les six mois pour un marin; mais celui qui se livrait à l'étude et le docteur en étaient exempts. Une femme qui l'obtenait une fois par *semaine* ne pouvait demander le divorce: le vœu de continence pour *une semaine* était permis. La polygamie divisait les devoirs du mari sans les multiplier. Sel-

matrones réclamèrent les avantages d'une république libre et opulente : leurs vœux furent remplis par l'indulgence des pères et des amans, et la gravité de Caton le Censeur s'opposa vainement à leur ambition (1). Elles se débarrassèrent des anciennes formalités de la noce; elles éludèrent la prescription annuelle, en s'absentant trois jours, et les termes de leur contrat de mariage, moins tyranniques et mieux déterminés, ne leur ôtèrent plus leur nom ni leur indépendance : elles donnaient à l'époux l'usufruit de leur fortune particulière, mais elles en gardaient la propriété : un mari prodigue ne pouvait ni aliéner ni engager leurs biens. L'inquiétude des lois interdisait aux époux les dons mutuels, et l'inconduite de l'une des parties donnait lieu, sous un autre nom, à une action de vol. Les cérémonies religieuses et civiles n'étaient plus de l'essence de ce contrat devenu si relâché et si volontaire; et entre les personnes de même rang, la communauté apparente d'habitation passait pour une preuve suffisante de mariage. Les chrétiens, qui ne croyaient pouvoir attendre les biens

---

den, *Uxor hebraica*, l. III, c. 6, dans ses ouvrages, vol. 2, p. 717-720.

(1) Tite-Live (l. XXXIV, 1-8) rapporte, sur la loi Oppia, le discours modéré de Valerius-Flaccus, et la harangue sévère prononcée par Caton l'Ancien en sa qualité de censeur. Mais les orateurs du sixième siècle de la fondation de Rome n'avaient pas le style élégant que leur prête l'historien du huitième. Aulu-Gelle (x, 23) a mieux conservé les principes et même le style de Caton.

spirituels que des prières des fidèles et de la bénédiction du prêtre ou de l'évêque, rétablirent la dignité du mariage. La tradition de la synagogue, les préceptes de l'Évangile, les canons des synodes généraux ou provinciaux (1), réglèrent l'origine, la validité et les devoirs de cette sainte institution; et la conscience des chrétiens fut tenue en respect par les décrets et les censures ecclésiastiques. Cependant les magistrats de Justinien ne furent pas assujettis à l'autorité de l'Église : l'empereur consulta les légistes de l'antiquité païenne; et ce fut d'après les motifs humains de la justice, de la politique et de la liberté naturelle des deux sexes, que l'on se détermina pour le choix des lois matrimoniales insérées dans le Code et dans les Pandectes (2).

Outre l'accord des parties, essence de tout contrat raisonnable, le mariage, chez les Romains, exigeait l'aveu des parens. On pouvait, d'après les lois

Liberté et abus du divorce.

---

(1) *Voyez* sur le système du mariage des Juifs et des catholiques, Selden (*Uxor hebraica, Opp.*, vol. 2, p. 529-860), Bingham (*Christian Antiquities*, l. XXII) et Chardon (*Hist. des Sacrem.*, t. VI).

(2) Les lois civiles du mariage sont exposées dans les Institutes (l. I, tit. 10), dans les Pandectes (l. XXIII, 24, 25) et dans le Code (l. V). Mais comme le titre de *Ritu nuptiarum* est imparfait, il faut recourir aux Fragmens d'Ulpien (tit. 9, p. 590, 591) et à la *Collatio legum mosaïcarum* (tit. 16, p. 790, 791), avec les *Notes* de Pithæus et de Schulting. Il y a deux passages curieux dans le Commentaire de Servius, sur le premier livre des Géorgiques et le quatrième de l'Énéide.

récentes, forcer le père à subvenir aux besoins d'une fille arrivée à un âge mûr ; mais un état de démence reconnu ne dispensait pas toujours de l'obligation d'obtenir son consentement. Les causes de la dissolution du mariage ont varié (1) ; mais des cérémonies d'une nature contraire pouvaient toujours annuler le mariage le plus solennel, la *confarréation* elle-même. Dans les premiers siècles, un père de famille était le maître de vendre ses enfans, et sa femme se trouvait comprise dans le nombre des enfans. Armé d'un pouvoir domestique, il pouvait la condamner à mort, ou par clémence se borner à la chasser de son lit et de sa maison ; mais à moins que le mari, déterminé par sa propre convenance, ne voulût user du privilége du divorce, l'esclavage de la femme malheureuse était perpétuel et sans espérance. On a donné de grands éloges à la vertu des Romains, qui, durant plus de cinq siècles, ne firent aucun usage de ce privilége si séduisant (2) ; mais ce fait

---

(1) Selon Plutarque (p. 57), Romulus n'admit que trois causes de divorce, l'ivrognerie, l'adultère et les fausses clefs. En tout autre cas, lorsque l'époux abusait de son droit de suprématie, la moitié de ses biens était, dit-on, confisquée au profit de la femme, l'autre moitié au profit de la déesse Cérès ; et il offrait un sacrifice, apparemment avec le reste, aux divinités de la terre. Cette étrange loi est imaginaire, ou elle n'a été que passagère.

(2) L'an de Rome 523, Spurius-Carvilius-Ruga répudia une femme bonne et belle, mais qui était stérile. (Denys d'Halicarnasse, l. II, p. 93 ; Plutarque, *in Numá*, p. 141;

même montre l'inégalité d'une liaison dans laquelle l'esclave ne pouvait renoncer à son tyran, et où le tyran ne voulait point abandonner son esclave. Lorsque les matrones romaines furent devenues les compagnes volontaires et les égales de leurs maris, une nouvelle jurisprudence s'établit, et le mariage se rompit, comme toutes les autres associations, par le désistement d'un des associés. Au bout de trois siècles de prospérité et de corruption, l'application de ce principe, devenue fréquente, entraînait les plus funestes abus. Les passions, l'intérêt ou le caprice, brisaient chaque jour les liens du mariage : un mot, un signe, un message, une lettre, la bouche d'un affranchi, déclaraient la séparation; et la plus tendre des liaisons humaines n'était plus qu'une association passagère d'intérêt ou de plaisir. Selon les diverses conditions de la vie, cet arrangement nuisait tour à tour aux deux sexes : une femme inconstante portait ses richesses dans une nouvelle famille, laissant au pouvoir de son premier époux et abandonnant à ses soins un grand nombre d'enfans, qui peut-être n'étaient pas de lui : une femme reçue vierge et belle se trouvait, à l'époque de sa vieillesse, rejetée dans le monde, sans ressources et sans amis. Mais

---

Valère-Maxime, l. II, c. 1; Aulu-Gelle, IV, 3.) Il fut repris par les censeurs et détesté du peuple; mais la loi ne s'opposa point à son divorce (*).

(*) Montesquieu raconte et explique autrement ce fait. *Esprit des Lois*, l.° XVI, c. 16. (*Note de l'Éditeur.*)

lorsque Auguste pressa les Romains de se marier, leur répugnance prouva assez que les lois établies alors sur les mariages étaient moins favorables aux hommes : cette expérience si libre et si complète des Romains démontre, malgré de spécieuses théories, que la liberté du divorce ne contribue pas au bonheur et à la vertu. La facilité des séparations détruit la confiance mutuelle, aigrit les disputes les plus minutieuses. Il y a si peu de différence alors entre un mari et un étranger, cette différence peut être si facilement détruite, qu'elle sera encore plus facilement oubliée; et la matrone qui en cinq années peut se soumettre aux embrassemens de huit maris, doit avoir perdu tout respect pour elle-même et pour la chasteté (1).

Restrictions à la liberté du divorce.

Des remèdes insuffisans suivirent à pas tardifs et éloignés les rapides progrès du mal. Il y avait dans l'ancienne religion des Romains une déesse particulière qui écoutait les plaintes des époux et qui les réconciliait : mais son nom de *Viriplaca* (2), *qui*

---

(1) — *Sic fiunt octo mariti,*
Quinque per autumnos. JUVEN., Satir. VI, 20.

Quoique cette succession soit bien rapide, toutefois elle est croyable, ainsi que le *non consulum numero, sed maritorum annos suos computant* de Sénèque (*de Beneficiis*, III, 16). Saint Jérôme vit à Rome un mari qui enterrait sa vingt-unième femme, laquelle avait enterré vingt-deux de ses prédécesseurs, moins robustes que lui (*Opp.*, tom. I, p. 90, *ad Gerontiam*). Mais les dix maris en un mois du poëte Martial sont une hyperbole extravagante (l. VI, épigr. 7).

(2) Publius Victor, dans la Description de Rome, parle

apaise les maris, indiquait assez nettement le côté où l'on voulait toujours trouver la soumission et le repentir. Toutes les actions d'un citoyen étaient soumises au jugement des *censeurs*; ils mandèrent le premier qui usa du privilége du divorce, et il exposa devant eux les motifs de sa conduite (1) : ils déposèrent un sénateur qui avait renvoyé sa fiancée encore vierge sans en instruire ses amis, sans prendre leur conseil. Dans toute action intentée en restitution de dot, le *préteur*, en qualité de gardien de l'équité, examinait la cause et le caractère des parties, et il inclinait la balance en faveur de celle qui n'était point coupable, et à laquelle on voulait faire tort. Auguste, réunissant le pouvoir des censeurs et des préteurs, adopta leurs diverses méthodes de réprimer ou de châtier la licence du divorce (2). Il fallait sept témoins pour valider cet acte solennel et réfléchi : si le mari s'était mal conduit à l'égard de sa femme, au lieu d'obtenir un délai de deux ans, il devait rembourser la dot sur-le-champ ou dans l'espace de six mois ; mais s'il pouvait accuser les mœurs de sa femme, le crime ou la légèreté de celle-ci était

---

d'un *Sacellum viriplacæ* (Valère-Maxime, l. II, c. 1), qui se trouvait dans le quartier Palatin au temps de Théodose.

(1) Valère-Maxime (l. II, c. 9). Il juge avec quelque raison le divorce plus criminel que le célibat : *illo namque conjugalia sacra spreta tantùm, hoc etiam injuriosè tractata.*

(2) *Voyez* les lois d'Auguste et de ses successeurs, dans Heineccius (*ad legem Papiam-Poppeam*, c. 19, *in Opp.*, t. VI, part. I, p. 323-333).

puni par la perte du sixième ou du huitième de sa dot. Les princes chrétiens furent les premiers qui désignèrent avec précision les justes causes du divorce entre particuliers : leurs lois, depuis Constantin jusqu'à Justinien, semblent flotter entre la coutume de l'empire et les vœux de l'Église (1); et l'auteur des Novelles réforme trop souvent la jurisprudence du Code et des Pandectes. Les lois les plus rigoureuses condamnaient une femme à supporter un joueur, un ivrogne ou un libertin, à moins qu'il ne fût coupable d'homicide, d'empoisonnement ou de sacrilége, crimes pour lesquels, à ce qu'il semble, le mariage aurait dû être dissous par la main du bourreau; mais elles maintenaient invariablement le droit sacré du mari, afin de sauver son nom et sa famille de la honte d'un adultère. Des réglemens successifs abrégèrent et étendirent la liste des péchés *mortels* qui, de la part de l'homme ou de celle de la femme, pouvaient donner lieu au divorce, et il fut convenu qu'une impuissance sans remède, une longue absence, et la profession monastique, annulaient les obligations du mariage. On condamnait à des peines graves et variées quiconque transgressait la loi. On dépouillait la femme de ses richesses et de ses ornemens; on n'en exceptait pas l'aiguille de ses cheveux. Si le mari introduisait une autre femme dans son lit, la femme

---

(1) *Aliæ sunt leges Cæsarum; aliæ Christi: aliud Papinianus, aliud Paulus* NOSTER *præcipit.* Saint Jérôme, t. 1, p. 198; Selden, *Uxor hebraica*, l. III, c. 31, p. 847-853.

répudiée avait droit de saisir la fortune de la nouvelle épouse. La peine de confiscation se commuait quelquefois en celle d'une amende : outre l'amende, quelquefois on transportait le coupable dans une île, ou on l'emprisonnait dans un monastère; la partie injuriée était affranchie des liens du mariage, et le coupable, durant sa vie ou durant un certain nombre d'années, ne pouvait plus convoler en secondes noces. Le successeur de Justinien écouta les prières de ses malheureux sujets, et rétablit la liberté du divorce par consentement mutuel : les jurisconsultes furent d'un avis unanime sur ce point (1); l'opinion des théologiens fut partagée (2); car le mot équivoque

---

(1) Les Institutes ne disent rien sur cet objet; mais on peut voir le *Code de Théodose* (l. III, tit. 16, avec le *Commentaire* de Godefroy, t. 1, p. 310-315), et celui de Justinien (l. v, tit 17), les Pandectes (l. xxiv, tit. 2), et les Novelles 22, 117, 127, 134, 140. Justinien flotte jusqu'à son dernier moment entre la loi civile et la loi ecclésiastique.

(2) Πορνεια n'est pas un mot commun dans les bons auteurs grecs, et la fornication, qu'il signifie proprement, ne peut, à la rigueur, convenir à l'infidélité du mariage. Jusqu'où peut-il s'étendre, et à quelles offenses est-il applicable dans un sens figuré? Jésus-Christ parlait-il la langue des rabbins ou la langue syriaque? Quel est le mot original qu'on a rendu par celui de πορνεια? Dans les versions anciennes et modernes, on traduit ce mot grec de bien des manières différentes. Si on veut soutenir que Jésus-Christ n'excepta pas cette cause de divorce, on a deux autorités (saint Marc, x, 11; saint Luc, xvi, 18) contre une (saint Matthieu, xix, 9). Quelques critiques, adoptant une ré-

qui renferme le précepte de l'Évangile se prête à toutes les interprétations dont peut avoir besoin la sagesse du législateur.

Inceste, concubines et bâtards. Des obstacles naturels et civils restreignaient chez les Romains la liberté de l'amour et du mariage. Un instinct presque inné et presque universel semble interdire le commerce incestueux (1) des pères et des enfans, à tous les degrés de la ligne ascendante et de la ligne descendante. Quant aux branches obliques et collatérales, la nature ne dit rien, la raison se tait, et la coutume est variée et arbitraire. L'Égypte permettait sans scrupule ou sans exception les mariages des frères et des sœurs; un Spartiate pouvait épouser la fille de son père, un Athénien la fille de sa mère, et Athènes applaudissait au mariage d'un oncle avec sa nièce, comme à une union fortunée entre des parens qui se chérissaient. L'intérêt ou la superstition n'excita jamais les législateurs de Rome profane à multiplier les degrés défendus; mais ils prononcèrent un arrêt inflexible contre les ma-

---

ponse qui élude la difficulté, ont osé croire qu'il ne voulait offenser ni l'école de Sammaï ni celle de Hillel. Selden, *Uxor hebraica*, l. III, c. 18, 22, 28, 31.

(1) Justinien expose les principes de la jurisprudence romaine (*Institut.*, l. I, tit. 10); et les lois et les mœurs des différentes nations de l'antiquité sur les degrés défendus, etc., sont développées en détail par le docteur Taylor dans ses *Élémens de la loi civile* (p. 108, 314-339), ouvrage d'une érudition amusante et variée, mais dont on ne peut louer la précision philosophique.

riages des sœurs et des frères; ils songèrent même à frapper du même interdit les cousins au premier degré; ils respectèrent le caractère paternel des tantes et des oncles, et traitèrent l'affinité et l'adoption comme une juste analogie des liens du sang. Selon les orgueilleux principes de la république, les citoyens pouvaient seuls contracter un mariage légitime : un sénateur devait épouser une femme d'une extraction honorable, ou du moins libre; mais le sang des rois ne pouvait jamais se mêler en légitime mariage avec le sang d'un Romain; la qualité d'étrangères abaissa Cléopâtre et Bérénice (1) au rang de *concubines* (2) de Marc-Antoine et de Titus. Toutefois cette dénomination de concubines, si injurieuse à la majesté de ces reines de l'Orient, ne pouvait sans indulgence s'appliquer à leurs mœurs. Une concubine, dans la stricte acception que lui donnent les jurisconsultes, était une femme d'une naissance servile et plébéienne, la compagne unique et fidèle d'un citoyen de Rome qui demeurait céliba-

---

(1) Lorsque Agrippa, son père, mourut (A. D. 44), Bérénice avait seize ans (Josèphe, t. 1, *Antiquit. judaïq.*, l. XIX; c. 9, p. 952, édit. Havercamp). Elle avait donc plus de cinquante ans lorsque Titus (A. D. 79) *invitus invitam dimisit*. Cette date n'aurait pas produit un heureux effet dans la tragédie ou la pastorale du tendre Racine.

(2). L'*Ægyptia conjux* de Virgile (*Énéid.*, VIII, 688) semble être comptée parmi les monstres qui firent la guerre avec Marc-Antoine contre Auguste, le sénat et les dieux de l'Italie.

taire. Les lois, qui reconnaissaient et approuvaient cette union, la plaçaient au-dessous des honneurs de la femme, et au-dessus de l'infamie de la prostituée. Depuis le siècle d'Auguste jusqu'au dixième siècle, ces demi-mariages furent communs dans l'Occident ainsi qu'en Orient, et on préféra souvent les humbles vertus d'une concubine à la pompe et à l'arrogance d'une noble matrone. Les deux Antonins, les meilleurs des princes et les meilleurs des hommes, trouvèrent les douceurs de l'amour domestique dans cette espèce de liaison; ils furent imités par une multitude de citoyens incapables de supporter le célibat, et qui ne voulaient pas se mésallier par des mariages. S'ils désiraient ensuite légitimer leurs enfans naturels, cette légitimation se faisait en célébrant leurs noces avec une femme dont ils avaient éprouvé la fécondité et la fidélité (1). Cette épithète de *naturels* distinguait les enfans de la concubine des enfans qui venaient de l'adultère, de la prostitution et de l'inceste; auxquels Justinien n'accorde des alimens qu'avec répugnance, et ces enfans naturels avaient seuls le droit d'hériter de la sixième partie des biens de leur père putatif. La loi interprétée à la rigueur ne donnait aux bâtards que

---

(1) L'ordonnance de Constantin donna la première ce droit; car Auguste avait défendu de prendre pour concubine une femme que l'on pouvait épouser; et si on l'épousait ensuite, ce mariage ne changeait rien aux droits des enfans nés auparavant : on avait alors la ressource de l'adoption, proprement dite *arrogation*. (*Note de l'Éditeur.*)

le nom et la condition de leur mère, de laquelle ils recevaient le caractère d'esclaves, d'étrangers ou de citoyens. L'État adoptait sans reproches ces infortunés que rebutaient les familles (1).

Les rapports du tuteur et du pupille, qui occupent tant de place dans les Institutes et les Pandectes (2), sont d'une nature simple et uniforme. La personne et la propriété d'un orphelin devaient toujours être remises à la garde d'un ami prudent. Lorsque le père n'avait pas déclaré son choix en mourant, les *agnats* ou les parens les plus proches du côté du père étaient regardés comme ses tuteurs naturels : les Athéniens craignaient d'exposer l'enfant au pouvoir de ceux qui étaient les plus intéressés à sa mort; mais un axiome de la jurisprudence romaine a prononcé que le fardeau de la tutelle doit toujours accompagner les avantages de la succession. Quand le choix du père et la ligne de parenté ne fournissaient point de tuteur, le préteur ou le

Tuteurs et pupilles.

---

(1) Les droits modestes, mais autorisés par la loi, des concubines et des enfans naturels, se trouvent fixés dans les Institutes (l. v, tit. 10), les Pandectes (l. 1, tit. 7), le Code (l. v, tit. 25) et les Novelles (74 et 89). Les recherches d'Heineccius et de Giannone (*ad legem Juliam et Papiam-Poppæam*, l. iv, p. 164, 175; *Opere posthume*, p. 108-158) éclaircissent ce point intéressant des mœurs domestiques.

(2) *Voyez* l'article des tuteurs et des pupilles dans les Institutes (l. 1, tit. 13-26), les Pandectes (l. xxvi, xxvii), et le Code (l. v, tit. 28-70).

président de la province en nommait un; mais on pouvait refuser ce ministère *public* comme fou ou aveugle, ignorant ou incapable; comme ennemi de l'orphelin ou ayant à soutenir des intérêts opposés; comme chargé d'un grand nombre d'enfans et d'autres tutelles; ou enfin en vertu des immunités accordées aux magistrats, gens de loi, médecins et professeurs, à raison de leurs utiles travaux. Le tuteur représentait l'enfant jusqu'à l'époque où celui-ci pouvait parler et penser, et l'âge de puberté terminait son pouvoir. Le pupille ne pouvait se lier à son désavantage sans le consentement du tuteur; mais il n'en avait pas besoin pour obliger les autres en sa faveur. Il est inutile d'observer que le tuteur donnait souvent une caution, qu'il rendait toujours ses comptes, et que le défaut d'intégrité ou de soin l'exposait à des procès qui pouvaient presque tourner au criminel, s'il y avait lieu de le soupçonner d'infidélité dans la garde du dépôt sacré qui lui avait été confié. Les jurisconsultes avaient imprudemment fixé à quatorze ans l'âge de puberté; mais comme les facultés de l'esprit mûrissent plus tard que celles du corps, on instituait un *curateur* chargé de défendre la fortune du jeune Romain des dangers auxquels l'exposaient son inexpérience et la violence de ses passions. Le curateur avait d'abord été un gardien nommé par le préteur pour soustraire une famille aux prodigalités d'un dissipateur ou d'un fou; les lois obligèrent ensuite le mineur à réclamer une semblable protection, sans laquelle, jusqu'à l'âge de vingt-cinq ans, ses actes ne pouvaient avoir aucune validité. Les femmes dépendaient toute leur vie de leurs parens, de leurs maris ou de leurs tuteurs ; on supposait qu'un sexe créé pour plaire et pour obéir n'arrivait jamais à l'âge de la raison et de l'expérience : tel était du moins l'esprit impérieux et sévère d'une ancienne loi, que les mœurs publiques avaient insensiblement adoucie lorsque Justinien monta sur le trône.

II. On ne peut justifier le droit de propriété que par une première occupation, la suite du hasard ou du travail ; et la philosophie des jurisconsultes l'établit, avec raison, sur cette base (1). Le sauvage qui creuse un arbre, qui adapte un manche de bois à une pierre aiguë, qui façonne une branche élastique et y ajoute une corde, devient, dans l'état de nature, le juste propriétaire de la pirogue, de l'arc ou de la hache. La matière appartenait à tout le monde ; mais sa nouvelle forme, résultat de son temps et de son travail, n'appartient qu'à lui. Ses compagnons affamés ne pourront, sans s'avouer à eux-mêmes leur injustice, arracher au chasseur les bêtes de la forêt qu'il a saisies à la course ou vaincues par sa force et son adresse. Si sa vigilante prévoyance conserve et multiplie ces animaux qu'un naturel plus traitable

Des choses. Droit de propriété.

---

(1) Institutes, l. II, tit. 1, 2. Comparez les raisonnemens nets et précis de Caius et d'Heineccius (l. II, tit. 1, p. 69-91) avec la prolixité vague de Théophile (p. 207-265). Les opinions d'Ulpien se trouvent consignées dans les Pandectes (l. I, tit. 8, *leg.* 41, n° 1).

rend capables de se soumettre à une sorte d'éducation, il acquiert à jamais le droit d'employer à son service leur progéniture, qui tire son existence de lui seul. Si pour se nourrir et nourrir ses troupeaux il enferme et cultive un champ, change un terrain stérile en un sol fécond, la semence, l'engrais, le travail créant une nouvelle valeur, les fatigues de toute l'année forment son droit à la moisson. Dans tous les états de la société, le chasseur, le berger et le cultivateur, peuvent défendre leur propriété par deux raisons à la force desquelles ne saurait échapper l'esprit de l'homme. Tout ce qu'ils possèdent est le prix de leur industrie, et quiconque envie leur bonheur est le maître de se procurer les mêmes jouissances par les mêmes soins. Ce qu'on vient de dire convient parfaitement à une petite colonie placée sur une île fertile; mais lorsque la colonie s'accroît, le terrain n'augmente pas d'étendue : les hommes audacieux et habiles envahissent les droits et l'héritage communs de l'espèce humaine; des maîtres jaloux posent des bornes sur tous les champs et dans toutes les forêts, et l'on doit louer la juprurisdence romaine d'avoir accordé au premier occupant tout droit sur les bêtes de la terre et des eaux. Dans la marche qui conduit les sociétés humaines de l'équité primitive aux derniers excès de l'injustice, les pas se font en silence, les nuances sont presque imperceptibles, et des lois positives, une raison artificielle, viennent enfin consacrer le monopole universel. Le principe de l'amour de soi, toujours en activité et toujours insatiable, peut seul fournir aux arts de la vie sociale et aux émoluments de l'industrie; et dès que le gouvernement civil et la propriété exclusive se sont établis, ils deviennent nécessaires à l'existence de la race humaine. Excepté dans les singulières institutions de Sparte, les législateurs les plus sages n'ont vu la loi agraire que comme une innovation injuste et dangereuse. Chez les Romains, la disproportion des richesses passa de bien loin les limites idéales que lui imposaient une tradition incertaine et une loi tombée en désuétude. Selon la tradition, deux *jugera* (arpens) devaient être à jamais l'héritage des enfans les plus pauvres de Romulus (1); la loi bornait à cinq cents arpens, ou trois cent douze acres d'Angleterre, les domaines du plus riche citoyen. Le territoire de Rome ne fut d'abord composé que de quelques milles de bois et de prairies situés sur les bords du Tibre, et les échanges domestiques ne pouvaient rien ajouter à l'étendue de ce sol national; mais la guerre permettait de s'emparer des biens d'un étranger ou d'un ennemi : cet utile commerce enrichit Rome, et elle ne paya qu'avec le sang de ses citoyens les moutons des Volsques, les esclaves de la Bretagne, les

---

(1) Varron détermine l'*heredium* des premiers Romains (*de Re rusticâ*, l. 1, c. 2, p. 141; c. 10, p. 160, 161, édit. Gesner). Les déclamations de Pline (*Hist. nat.*, XVIII, 2) obscurcissent cette matière. On trouve sur ce point des remarques justes et savantes dans l'*Administration des terres chez les Romains*, p. 12-66.

pierres précieuses et l'or des royaumes de l'Asie. Dans la langue de l'ancienne jurisprudence, qui s'était corrompue et qu'on avait oubliée avant le règne de Justinien, pour distinguer ces dépouilles, on leur donnait le nom de *manceps* ou *mancipium*, prises avec la main; et lorsqu'on les vendait ou *émancipait*, l'acheteur exigeait une assurance qu'elles avaient été la propriété d'un ennemi, et non pas celle d'un concitoyen (1). Un citoyen ne pouvait perdre ses droits sur une terre qu'en l'abandonnant; et dès que la terre avait une certaine valeur, on présumait difficilement cet abandon. Au reste, selon la loi des Douze-Tables, une prescription d'une année pour les meubles, et de deux ans pour les immeubles, abolissait les droits de l'ancien maître, si le possesseur les avait acquis, par une transaction honnête, de celui qu'il en croyait le légitime propriétaire (2). Les membres d'une petite république pouvaient rarement se trouver victimes de cette sorte d'injustice involon-

---

(1) Ulpien (*Fragm.*, tit. 18, p. 618, 619) et Bynkershoek (*Opp.*, t. 1, p. 306-315) expliquent la *res manceps* d'après quelques faibles lueurs tirées de très-loin : leur définition est un peu arbitraire; et les auteurs n'ayant point donné de raison positive, je me défie de celle que j'ai alléguée.

(2) De la brièveté de cette prescription Hume conclut (*Essays*, vol. 1, p. 423) que les propriétés ne pouvaient pas *alors* être plus fixes en Italie qu'elles ne le sont *aujourd'hui* chez les Tartares. Wallace, son adversaire, plus versé dans les lois de Rome, lui reproche avec raison de n'avoir pas songé aux conditions qui l'accompagnaient. *Institut.*, l. II, tit. 6.

taire, sans aucun mélange de fraude ni de violence; mais les différentes prescriptions de trois, dix ou vingt années, établies par Justinien, conviennent davantage à un vaste empire. Ce n'est que par rapport au temps fixé pour les prescriptions que les jurisconsultes distinguent les biens réels et les biens personnels; car leur idée générale sur la propriété renferme celle d'une possession simple, uniforme et absolue : ils expliquent fort en détail les exceptions subordonnées relatives à *l'usage,* à *l'usufruit* (1) et *aux servitudes* (2) accordés à un voisin sur les terres et sur les maisons. Ils discutent aussi avec une subtilité métaphysique les changemens qu'établissent sur les droits de propriété le mélange, la division ou la transformation des substances.

Le droit personnel du premier propriétaire doit finir avec sa vie; mais ce droit se continue sans aucune apparence de changement dans la personne de ses enfans, qui ont partagé ses travaux et sa fortune. Les législateurs de tous les pays et de tous les siècles ont protégé cette succession : ainsi le père poursuit

<small>Des héritages et des successions.</small>

---

(1) *Voy.* les *Institutes* (l. 1, tit. 4, 5) et les *Pandectes* (l. vii). Noodt a composé un traité particulier et savant *de Usufructu* (*Opp.*, t. 1, p. 387-478).

(2) Les questions *de Servitutibus* se trouvent discutées dans les Institutes (l. ii, tit. 3) et les Pandectes (l. 8). Cicéron (*pro Murenâ*, c. 9) et Lactance (*Instit. div.*, l. 1, c. 1) affectent de rire de la doctrine insignifiante *de aquâ pluviâ arcendâ,* etc. Cependant ces sortes de procès devaient être communs soit à la ville, soit à la campagne.

ses travaux, encouragé par la douce espérance qu'une longue postérité en recueillera les fruits les plus éloignés. Le *principe* de la succession héréditaire est donc universel; mais l'ordre de ces successions varie d'après les convenances ou le caprice, d'après l'esprit des institutions nationales ou des exemples donnés originairement par la fraude ou la violence. Les lois des Romains semblent s'être moins écartées de l'égalité de la nature que celles des Juifs (1), celles des Athéniens (2) ou celles de l'Angleterre (3). A la mort d'un citoyen, tous ses descendans, lorsqu'ils n'avaient pas été affranchis de la puissance paternelle, étaient appelés au partage de ses biens. On ne connaissait pas l'insolente prérogative de la primogéniture; les

---

(1) Chez les patriarches, le premier né avait un droit de primogéniture mystique et spirituelle. (*Genèse*, xxv, 31.) Dans la terre de Canaan il avait une double portion de l'héritage. *Deutéronome*, xxi, 17, avec le *Commentaire* judicieux de Leclerc.

(2) A Athènes, la portion des fils était égale; mais les pauvres filles ne recevaient que ce que les frères voulaient bien leur donner. *Voy.* les raisons κληριχοι que faisait valoir Isée (dans le septième volume des *Orateurs grecs*), développées dans la version et le commentaire de sir William Jones, écrivain savant, très-instruit sur les lois, et homme de génie.

(3) En Angleterre, le fils aîné hérite seul de tous les biens-fonds; loi, dit l'orthodoxe Blackstone (*Commentaries on the Laws of England*, vol. 2, p. 215), qui n'est injuste que dans l'opinion des fils cadets. Elle peut avoir une bonté politique en excitant l'industrie.

deux sexes se trouvaient placés sur le même niveau : chacun des fils et chacune des filles recevaient une égale portion des biens du père ; et si la mort avait enlevé un des fils, ses enfans le représentaient et obtenaient sa part. A l'extinction de la ligne directe, le droit de succession passait aux branches collatérales. Les jurisconsultes marquent les degrés de parenté (1), en remontant du dernier possesseur à un chef commun, ou en descendant de ce chef commun au parent qui est le plus près de l'héritage : mon père est au premier degré, mon frère au second, ses enfans au troisième : l'imagination conçoit aisément la suite du tableau, et on l'a détaillé dans les tables généalogiques. On fit dans ce calcul une distinction essentielle aux lois, et même à la constitution de Rome ; les *agnats* ou les individus de la ligne des mâles furent appelés, selon leur proximité, à un partage égal ; mais une femme ne pouvait transmettre aucune prétention légale, et la loi des Douze-Tables déshéritait comme étrangers et comme aubains les *cognats* de toutes les classes, sans faire même une exception en faveur des liens si doux de mère et de fils. Chez les Romains, un nom commun et des rites domestiques

Degrés civils de la parenté.

---

(1) Les Tables qu'a données Blackstone (vol. 2, p. 202) désignent et rapprochent les degrés de la loi civile de ceux de la loi canonique et de la loi commune. Un traité particulier de Julius-Paulus (*de Gradibus et Affinibus*) a été inséré en entier ou en abrégé dans les Pandectes (l. XXXVIII, tit. 10). Au septième degré on compte déjà (n° 18) mille vingt-quatre personnes.

unissaient une *gens* ou un lignage. Les *cognomen*, ou surnoms de Scipion ou de Marcellus, distinguaient les branches ou familles subordonnées de la race Cornelia ou Claudia : au défaut des *agnats* du même surnom, des parens auxquels on donnait la dénomination plus générale de *gentiles* les remplaçaient; et la vigilance des lois conservait dans les individus du même nom la lignée perpétuelle des cérémonies religieuses et des propriétés. Un principe de même nature dicta la loi Voconia (1), qui ôta aux femmes le droit d'hériter. Tant que les vierges furent données ou vendues à leurs époux, l'adoption de la femme éteignait les espérances de la fille : mais les matrones indépendantes ayant recouvré ce droit, qui alimentait leur orgueil et leur luxe, elles purent transporter les richesses de leurs pères dans une maison étrangère. Les maximes de Caton (2), aussi long-temps qu'elles furent respectées, tendaient à perpétuer dans chaque famille une médiocrité honnête et vertueuse; mais le manége et les caresses des femmes l'empor-

----

(1) La loi Voconia fut publiée l'an de Rome 584. Le plus jeune des Scipions, qui avait alors dix-sept ans (Freinshemius, *Supplément de Tite-Live*, XLVI, 40), trouva l'occasion d'exercer sa générosité envers sa mère, ses sœurs, etc. Polybe, qui vivait dans sa maison, fut le témoin de cette belle action (t. II, l. XXXI, p. 1453-1464, édit. de Gronovius).

(2) *Legem Voconiam* (Ernesti, Clavis Ciceroniana) *magnâ voce bonis lateribus* (à soixante-cinq ans) *suasissem*, dit Caton l'Ancien (*de Senectute*, c. 5). Aulu-Gelle (VII, 13; XVII, 6) en a conservé quelques passages.

tèrent peu à peu, et toutes les entraves salutaires se perdirent dans la vaste corruption de la république. L'équité des préteurs tempérait la rigueur des décemvirs ; leurs édits remettaient les enfans émancipés et posthumes en possession des droits de la nature; et lorsqu'il n'y avait point d'*agnats*; ils préféraient le sang des *cognats* au nom des *gentiles*, dont le titre et la qualité tombèrent insensiblement dans l'oubli. L'humanité du sénat établit, par les décrets de Tertullien et d'Orphisius, la succession réciproque des mères et des fils. Les Novelles de Justinien, tout en affectant de remettre en vigueur la jurisprudence des Douze-Tables, introduisirent un nouvel ordre de choses plus impartial. Les lignes mâles et femelles furent confondues : les lignes ascendantes, descendantes et collatérales, furent désignées avec soin ; et chaque degré succéda, selon la proximité du sang et de l'affection, aux propriétés d'un citoyen de Rome (1).

L'ordre de succession est réglé par la nature, ou du moins par la raison générale et permanente du législateur ; mais cet ordre est souvent interverti d'une manière arbitraire et partiale par les *actes de dernière volonté* qui prolongent au-delà du tombeau les droits du testateur (2). Ce dernier usage, ou plutôt cet abus

Introduction et liberté des testamens.

---

(1) *Voy.* la loi des Successions dans les *Institutes de Caius* (l. II, tit. 8, p. 130-144), et Justinien (l. III, tit. 1-6, avec la version grecque de Théophile, p. 515-575, 588-600), les Pandectes (l. XXXVIII, tit. 6-17), le Code (l. VI, tit. 55-60), et les Novelles (118).

(2) Taylor, écrivain savant et plein de feu, mais sujet

du droit de propriété, fut rarement toléré dans les premiers temps de la société; les lois de Solon l'introduisirent à Athènes, et les Douze-Tables autorisèrent le testament d'un père de famille. Avant les décemvirs (1), un citoyen de Rome exposait ses vœux ou ses motifs à l'assemblée des trente curies ou paroisses, et un acte spécial du corps législatif suspendait la loi générale des successions. Les décemvirs autorisèrent chaque citoyen à rendre lui-même la loi qui concernait sa propre succession, en déclarant son testament verbal ou par écrit, devant cinq citoyens qui représentaient les cinq classes du peuple : un sixième témoin était chargé d'attester leur présence; un septième pesait la monnaie de cuivre que payait un acheteur imaginaire, et les biens se trouvaient émancipés par une vente fictive et une décharge immédiate. Cette singulière cérémonie (2), qui excitait

---

aux écarts, a prouvé (*Elements of Civil Law*, p. 519, 527) que la succession était la *règle*, et le testament l'*exception*. La méthode des Institutes est incontestablement, dans les IIe et IIIe livres, contraire à l'ordre naturel. Le chancelier d'Aguesseau (*OEuvres*, t. 1, p. 275) désirait que Domat, son compatriote, eût été à la place de Tribonien. Cependant les *contrats* avant les *successions* ne forment sûrement pas l'*ordre naturel des lois civiles*.

(1) Les testamens antérieurs à cette époque sont peut-être fabuleux. A Athènes, les pères qui mouraient sans enfans avaient seuls le droit de tester. Plutarque, *in Solone*, t. 1, p. 164. *Voy*. Isæus et Jones.

(2) On trouve une mention du testament d'Auguste dans Suétone (*in August.*, c. 101; *in Neron.*, c. 4), écrivain qu'on

l'étonnement des Grecs, avait encore lieu sous le règne de Sévère; mais les préteurs avaient déjà approuvé une forme de testament plus simple, dans laquelle ils exigeaient le sceau et la signature de sept témoins irréprochables, et appelés d'une manière expresse pour l'exécution de cet acte important. Un monarque domestique, qui régnait sur la vie et la fortune de ses enfans, pouvait régler leur part selon le degré de leur mérite ou de son affection : il pouvait punir un indigne fils par la perte de sa succession et la honte de se voir préférer un étranger ; mais l'exemple de plusieurs pères dénaturés fit connaître la nécessité d'apporter des restrictions à ce droit. Un fils, et même, selon les lois de Justinien, une fille, ne se trouvaient plus déshérités par le silence de leur père; celui-ci devait nommer le criminel et désigner l'offense, et l'empereur détermina les seuls cas qui pouvaient justifier une telle infraction aux premiers principes de la nature et de la société (1). Lorsqu'on ne laissait pas aux enfans leur légitime ou la quatrième partie des biens, ils étaient autorisés à former

---

peut étudier comme un recueil d'antiquités romaines. Plutarque (*Opusc.*, t. II, p. 976) est surpris οταν δε διαθηκας γραφωσιν ετερους μεν απολειπουσι κληρονομους, ετεροι δε πωλουσι τας ουσιας. Les expressions d'Ulpien (*Fragment*, tit. 20, p. 627, édit. de Schulting) paraissent trop exclusives. *Solum in usu est.*

(1) Justinien (*Novelle* 115, n⁰ˢ 3, 4) fait l'énumération des crimes publics et privés, qui pouvaient seuls donner aussi à un fils le droit de déshériter son père.

une action ou une plainte contre ce testament *inofficieux*, à supposer que la maladie ou la vieillesse avait affaibli l'entendement de leur père, et à appeler respectueusement de sa sentence rigoureuse à la sagesse réfléchie du magistrat. La jurisprudence romaine admettait une distinction essentielle entre l'héritage et les legs. Les héritiers qui succédaient à tous les biens du testateur, ou seulement à un douzième de ces biens, le représentaient absolument sous le point de vue civil et religieux; ils faisaient valoir ses droits, ils remplissaient ses obligations, et acquittaient les dons de l'amitié et de la libéralité distribués dans son testament sous le nom de legs. Mais comme l'imprudence et la prodigalité d'un mourant pouvaient épuiser la succession et ne laisser à l'héritier que de la peine ou des risques à courir, on accorda à celui-ci la portion *falcidienne,* qui l'autorisait à prélever le quart net des biens avant de payer les legs. On lui laissait un temps raisonnable pour examiner le rapport des dettes et de la succession, pour décider s'il voulait accepter ou refuser le testament; et lorsqu'il acceptait sous bénéfice d'inventaire, les créanciers n'étaient point autorisés à réclamer au-delà de la valeur des biens. Un testament pouvait être changé durant la vie du testateur et cassé après sa mort; les personnes qu'il y nommait pouvaient mourir avant lui ou refuser la succession, ou bien être exclues par quelque empêchement légal. D'après ces considérations, on permit de désigner des seconds et troisièmes héritiers, qui se remplaçaient les uns les autres, selon

Legs.

l'ordre du testament, et on suppléa de la même manière à l'incapacité par raison de démence ou par défaut d'âge (1). Le pouvoir du testateur s'éteignait dès qu'on avait accepté son testament; tout Romain d'un âge mûr et d'une capacité suffisante était absolument maître de sa succession; et ces substitutions si longues et si embrouillées, qui restreignent aujourd'hui le bonheur et la liberté des générations futures, n'obscurcirent jamais la simplicité de leurs lois civiles.

Les conquêtes de la république et les formalités de la loi établirent l'usage des codicilles. Si la mort surprenait un Romain dans une province éloignée, il adressait une lettre à l'héritier que lui désignait la loi, ou qu'il avait nommé par son testament; et celui-ci remplissait avec honneur ou négligeait impunément cette prière, dont les juges n'eurent pas, avant le siècle d'Auguste, le droit d'ordonner l'exécution. Un codicille n'était assujetti à aucune forme ou à aucune langue particulière; mais son authenticité devait être prouvée par la signature de cinq témoins. Les intentions du testateur, louables en elles-mêmes, étaient quelquefois illégales; et l'opposition de la loi

<small>Codicilles et fidéicommis.</small>

---

(1) Les *substitutions fidéicommissaires* de nos lois civiles offrent une idée féodale, entée sur la jurisprudence des Romains, et à peine ont-elles quelque ressemblance avec les anciens *fideicommissa*. (*Institutions du Droit français*, t. I, p. 347-383; Denisart, *Décisions de jurisprudence*, t. IV, p. 577-604.) En abusant de la cent cinquante-neuvième Novelle, loi partiale, embarrassée et déclamatoire, on les étendit jusqu'au quatrième degré.

naturelle et de la jurisprudence positive donna lieu à l'invention des *fideicommissa*. Le Romain qui n'avait point d'enfans, chargeait de l'exécution de ses dernières volontés un Grec ou un naturel de l'Afrique ; mais il fallait être son concitoyen pour agir en qualité de son héritier. La loi Voconia, qui ôta aux femmes le droit de succéder, leur permit seulement de recevoir, à titre de legs ou d'héritage, la somme de cent mille sesterces (1); et une fille unique était presque regardée comme une étrangère dans la maison de son père. Le zèle de l'amitié et l'affection paternelle osèrent hasarder un artifice : le testateur nommait un citoyen avec la prière ou l'injonction de rendre l'héritage à la personne à laquelle il était véritablement destiné. La conduite des fidéicommissaires, dans cette position critique, n'était pas toujours la même ; ils avaient juré d'observer les lois de leur pays, mais l'honneur leur ordonnait de violer ce serment ; et lorsque, sous le masque du patriotisme, ils préféraient leur intérêt, ils perdaient l'estime de tous les gens vertueux. La déclaration d'Auguste mit fin à leur embarras; il autorisa les testamens et les codicilles de confiance, et détruisit doucement les formes et les entraves des lois de la république (2) : mais le

---

(1) Dion-Cassius (t. II, l. LVI, p. 814, avec les *Notes* de Reimar) spécifie vingt-cinq mille drachmes, selon la manière de compter des Grecs.

(2) Montesquieu (*Esprit des Lois*, l. XXVII) a expliqué avec son talent ordinaire, mais quelquefois d'après son ima-

nouvel usage des fidéicommis ayant donné lieu à quelques abus, les décrets de Trébellien et de Pégase permirent au fidéicommissaire de garder une quatrième partie des biens, ou de transférer sur la tête d'un véritable héritier toutes les dettes et tous les procès de la succession. L'interprétation des testamens était stricte et littérale ; mais la langue des fidéicommis et des codicilles fut affranchie de l'exactitude minutieuse et technique des gens de loi (1).

III. Nos devoirs généraux dérivent de nos rapports publics et privés ; mais les obligations spécifiques des individus les uns envers les autres ne peuvent être que la suite, 1° d'une promesse ; 2° d'un bienfait ; 3° d'une injure et d'un tort ; et lorsque la loi ratifie ces obligations, la partie intéressée peut intenter une action judiciaire et en exiger l'accomplissement. Sur ce principe, les légistes de chaque pays ont établi une jurisprudence qui, étant à peu près la même, peut être regardée comme la raison et la justice universelles (2).

Des actions.

---

gination plutôt que d'après les monumens, les révolutions des lois romaines sur les successions.

(1) Les principes de la jurisprudence civile sur les successions, les testamens, les codicilles, les legs et les fidéicommis, se trouvent dans les Institutes de Caius (l. II, tit. 2-9, p. 91-144), Institutes de Justinien (l. II, tit. 10-25) et de Théophile (p. 328-514). Cet immense détail occupe douze livres (28-39) des Pandectes.

(2) Les Institutes de Caius (l. II, tit. 9, 10, p. 144-214), de Justinien (l. III, tit. 14-30 ; l. IV, tit. 1,6), et de Théo-

Des promesses.

I. Les Romains adoraient la déesse de la *Bonne-Foi*, non-seulement dans ses temples, mais dans tout le cours de leur vie ; et si cette nation manqua des qualités plus aimables, de la bienveillance et de la générosité, elle étonna les Grecs par la manière honnête et simple dont elle remplit les engagemens les plus onéreux (1). Chez ce peuple cependant, d'après les maximes sévères des patriciens et des décemvirs, un *simple pacte*, une promesse ou même un serment n'imposait aucune obligation civile, à moins qu'il n'eût la forme légale d'une *stipulation*. Quelle que fût l'étymologie du mot latin *stipulatio*, il donnait l'idée d'un contrat solide et irrévocable, qui s'exprimait toujours en forme de question et de réponse : « Promettez-vous de me payer cent pièces d'or ? » Telle était, par exemple, l'interrogation solennelle de Seius. « Je le promets, » répondait Sempronius. Seius pouvait poursuivre séparément les amis de Sempronius, qui garantissaient ses moyens et l'intention qu'il avait de tenir sa promesse ; et les effets de cette séparation, c'est-à-dire l'ordre des recours, s'écartèrent peu à peu de la théorie rigoureuse de la stipulation. Pour qu'une promesse gratuite fût valide,

---

phile (p. 616-837), distinguent quatre espèces d'obligations, aut *re*, aut *verbis*, aut *litteris*, aut *consensu;* mais j'avoue que je préfère la division que j'ai adoptée.

(1) Combien le témoignage tranquille et raisonnable de Polybe (l. VI, p. 693 ; l. XXXI, p. 1459, 1460) est supérieur à des louanges vagues et indéterminées ! *Omnium maximè et præcipuè fidem coluit.* Aulus-Gellius, XX, 1.

on exigeait avec raison le consentement le plus réfléchi ; le citoyen qui, pouvant obtenir une sûreté légale, négligeait cette précaution, était soupçonné de fraude et par la perte de son droit payait la peine de sa négligence ; mais les gens de loi employèrent avec succès leur habileté à donner aux simples engagemens la forme des stipulations solennelles. Les préteurs, en qualité de gardiens de la bonne foi, admettaient toutes les preuves raisonnables d'un acte volontaire et réfléchi, qui à leur tribunal produisait une obligation consacrée par la loi, et pour laquelle ils donnaient un droit de poursuite et de défense (1).

II. Les jurisconsultes désignent sous le nom de *réelles* (2) les obligations de la seconde classe, contractées à raison d'une chose reçue. On doit de la reconnaissance à un bienfaiteur, et celui à qui on a confié une propriété est obligé de la rendre. S'il s'agit d'un prêt amical, le mérite de la générosité appartient au prêteur ; si c'est un dépôt, ce mérite est du côté de celui qui l'a reçu ; mais lorsqu'il est

Bienfaits.

---

(1) Gérard Noodt a composé un traité particulier et satisfaisant sur le *jus prætorium de pactis et transactionibus* (*Opp.*, t. 1, p. 463, 564) ; et j'observerai ici qu'au commencement de ce siècle, les universités de Hollande et de Brandebourg semblent avoir étudié les lois civiles sur les principes les plus justes et les plus nobles.

(2) Ce qui a rapport à la matière délicate et variée des contrats par consentement, est répandu dans les quatre livres des Pandectes (17, 20) ; et c'est une des parties qui méritent le plus d'être étudiées par un Anglais.

question d'un prêt sur *gage*, ou de ces autres dispositions fondées sur un intérêt réciproque, un équivalent compense le bienfait, et la nature de la transaction modifie le devoir de la restitution. La langue latine exprime d'une manière heureuse la différence essentielle qui se trouve entre le *commodatum* et le *mutuum*, que la pauvreté de notre idiome est réduite à confondre sous la dénomination vague et commune de *prêt*. Dans le premier cas, l'emprunteur devait rendre la chose même qu'il avait reçue pour sa *commodité*; dans le second, la chose prêtée était destinée à sa consommation, et il remplissait l'engagement *mutuel*, en y substituant la valeur spécifique de cette chose, d'après l'évaluation de la quantité, du poids et de la mesure. Dans un contrat de *vente*, l'acheteur acquiert la possession absolue, et il paie cet avantage au moyen d'une somme équivalente d'or ou d'argent, métaux qui sont le prix et la mesure universelle de toutes les possessions de ce monde. L'obligation d'un autre contrat, celui de la *location* ou des baux, est plus compliquée. On peut louer pour un temps fixe des terres ou des maisons, le travail ou l'industrie d'un individu ; à l'expiration de ce temps, on doit rendre la chose au propriétaire, en y ajoutant de plus une compensation pour l'avantage qu'on en a retiré. Dans ces contrats lucratifs, auxquels il faut joindre ceux de société ou de commission, les gens de loi supposent quelquefois la livraison de l'objet, et quelquefois ils présument le consentement des parties. Au gage réel ont été substitués les droits invisibles d'*hypothèque*, et le prix d'une vente déterminé de part et d'autre, met, dès cet instant, les chances de gain ou de perte sur le compte de l'acheteur. Il est permis de supposer que chaque individu écoutera ses intérêts, et que, s'il reçoit les avantages, il est obligé de supporter les frais de la transaction. Dans cet inépuisable sujet, l'historien doit avoir égard particulièrement à la *location* des terres et à celle de l'argent, à la rente de l'une et à l'intérêt de l'autre, ces deux points ayant un rapport direct à la propriété de l'agriculture et du commerce. Le propriétaire était souvent obligé de faire les avances, de fournir les instrumens de culture, et de se contenter d'une partie des fruits. Si des accidens, une maladie épidémique, ou les violences de l'ennemi, accablaient le fermier, il en appelait à l'équité des lois et demandait un dédommagement. Les baux étaient pour l'ordinaire de cinq ans, et on ne pouvait espérer aucune amélioration solide ou dispendieuse d'un fermier, qui craignait à chaque moment d'être chassé par la vente du domaine qu'il faisait valoir (1). La loi des Douze-

---

(1) La nature des baux est fixée dans les Pandectes (l. xix), et dans le Code (l. iv, tit. 65). Le *quinquennium* où le terme de cinq ans paraît avoir été une coutume plutôt qu'une loi. En France, tous les baux des terres étaient fixés à neuf ans; cette restriction n'a été abolie qu'en 1775 (*Encyclopédie méthodique*, tom. 1, *de la Jurisprudence*, pag. 668, 669); et j'observe avec douleur qu'elle subsiste encore

Tables avait découragé l'usure (1), ce mal invétéré de la république de Rome (2), et les réclamations du peuple l'avaient enfin aboli. Les besoins et l'oisiveté des dernières classes la rétablirent ; on l'abandonna à la discrétion des préteurs, et le Code de Justinien régla enfin le taux de l'intérêt de l'argent. Cet intérêt fut fixé à quatre pour cent pour les personnes

---

dans l'heureuse et belle contrée que j'habite (dans le pays de Vaud).

(1) Je pourrais ici m'en rapporter sans restriction à l'opinion et aux recherches des trois livres de Gérard Noodt, *de Fœnore et Usuris* (*Opp.*, t. 1, p. 175, 268). Les meilleurs critiques et les gens de loi les plus habiles évaluent les *asses* ou *centesimæ usuræ* à douze, et les *unciariæ* à un pour cent. *Voyez* Noodt, l. II, c. 2, p. 207; Gravina, *Opp.*, p. 205, etc., 210; Heineccius, *Antiquit. ad Institut.*; l. III, tit. 15; Montesquieu, *Esprit des Lois*, l. XXII, c. 22; t. 2, p. 36; t. 3, p. 478, etc. *Défense de l'Esprit des Lois;* et particulièrement Gronovius, *de Pecuniâ veteri*, l. III, c. 13, p. 213-227, et ses trois Antexegèses, p. 455, 655, le fondateur ou le champion de cette opinion probable, qui offre encore cependant quelques difficultés.

(2) *Primo 12 Tabulis sancitum est, ne quis unciario fœnore amplius exerceret.* (Tacite, *Annal.*, VI, 16.) *Pour peu,* dit Montesquieu (*Esprit des Lois*, l. XXII, c. 22), *qu'on soit versé dans l'histoire de Rome, on verra qu'une pareille loi ne devait pas être l'ouvrage des décemvirs.* Tacite était-il donc ignorant ou stupide? Les plus sages et les plus vertueux des patriciens pouvaient sacrifier leur avarice à leur ambition, et essayer d'anéantir un usage vicieux, en établissant un intérêt auquel aucun prêteur ne voudrait souscrire, et de telles peines, qu'aucun débiteur ne voudrait s'y exposer.

d'un rang illustre; on déclara que l'intérêt ordinaire et légal serait de six pour cent : on permit le huit pour l'avantage des manufacturiers et des négocians, et le douze sur les assurances maritimes, que les anciens, plus sages, n'avaient pas voulu déterminer : mais, excepté dans cette occasion périlleuse, on réprima avec sévérité les usures exorbitantes (1). Le clergé de l'Orient et de l'Occident condamna le plus léger intérêt (2); mais le sentiment d'un avantage réciproque, qui avait triomphé des lois de la république, triompha également des décrets de l'Église, et même des préjugés des hommes (3).

III. La nature et la société font un devoir rigou- *Dommages.* reux de réparer un tort : celui qui a souffert d'une injustice particulière acquiert un droit personnel, et

---

(1) Justinien n'a pas daigné parler de l'usure dans ses Institutes; mais les règles et les restrictions sur cette matière se trouvent dans les Pandectes (l. XXII, tit. 1, 2), et le Code (l. IV, tit. 32, 33).

(2) L'opinion des pères de l'Église est unanime sur ce point. Barbeyrac, *Morale des Pères*, pag. 144, etc. *Voyez* saint Cyprien, Lactance, saint Basile, saint Chrysostôme (vous trouverez ses frivoles argumens dans Noodt, l. 1, c. 7, p. 188), saint Grégoire de Nysse, saint Ambroise, saint Jérôme, saint Augustin, et une multitude de conciles et de casuistes.

(3) Caton, Sénèque et Plutarque, ont condamné hautement la pratique ou l'abus de l'usure. Selon l'étymologie de *fœnus* et de τοχος, on suppose que le principal engendre l'intérêt. *Postérité d'un métal stérile!* s'écrit Shakspeare, et le théâtre est l'écho de la voix publique.

peut intenter une action légitime. Si quelqu'un a mis sa propriété entre nos mains, le degré de soin que nous devons en prendre augmente et diminue selon les avantages que nous retirons de cette possession momentanée : il est rare que nous répondions d'un accident inévitable; mais les suites d'une faute volontaire s'imputent toujours à celui qui l'a commise (1). Un Romain réclamait par une action civile de vol les choses qu'on lui avait dérobées : des mains pures et innocentes pouvaient en acquérir successivement la possession ; mais il fallait une prescription de trente ans pour éteindre son droit de propriété. Il les recouvrait d'après une sentence du préteur, et on lui adjugeait des dommages d'une valeur double, triple et même quadruple, selon qu'il y avait eu une fraude secrète ou une rapine ouverte, selon que le voleur avait été surpris en flagrant délit où découvert après quelques recherches. La loi Aquilia (2) mettait les esclaves et le bétail d'un citoyen à l'abri de la méchanceté ou de la négligence : elle condamnait le coupable à payer le plus haut prix auquel on

---

(1) Sir William Jones a donné un essai ingénieux et raisonnable sur la loi des cautions. (Londr., 1781, p. 127, *in*-8°). Il est peut-être le seul jurisconsulte qui connaisse également bien les registres de Westminster, les commentaires d'Ulpien, les plaidoyers attiques d'Isée, et les sentences des juges de l'Arabie et de la Perse.

(2) Noodt (*Opp.*, tom. 1, pag. 137, 172) a composé un traité particulier sur la loi Aquilia (*Pandect.*, liv. IX, tit. 2).

pût évaluer l'animal domestique dans un moment quelconque de l'année qui avait précédé sa mort. Pour tout autre objet, la latitude laissée à l'évaluation ne s'étendait qu'à trente jours. Une injure personnelle devient légère ou grave, selon les mœurs du temps et la sensibilité de celui qui l'a reçue, et il n'est pas facile d'évaluer en argent la douleur ou la honte d'un coup ou d'une parole. La jurisprudence grossière des décemvirs avait confondu toutes les insultes de la colère qui n'allaient pas à la fracture d'un membre, et elle soumettait l'agresseur à la même peine de vingt-cinq *asses*. Mais dans l'espace de trois siècles, l'*as*, qui pesait une livre, fut réduit à une demi-once; et l'insolence du riche Veratius se procura à peu de frais le plaisir d'enfreindre et de satisfaire la loi des Douze-Tables: il courait les quartiers de Rome en frappant au visage tous ceux qu'il rencontrait, et suivi d'un esclave qui, chargé d'une bourse, imposait silence à leurs clameurs en leur offrant les vingt-cinq pièces de cuivre, c'est-à-dire à peu près un schelling (1), qu'exigeait la loi. Les préteurs examinaient et évaluaient, selon l'équité, la nature de chaque plainte particulière. Quand on adjugeait des dommages civils, le magistrat se permettait de faire entrer dans son calcul les diverses circonstances du temps et du lieu, de l'âge

---

(1) Aulu-Gelle, *Nuits attiques*, xx, 1. Il a tiré cette histoire des Commentaires de Q. Labéon sur les Douze-Tables.

et de la dignité, qui aggravaient la honte et les douleurs de la personne injuriée : mais s'il imposait une amende, s'il infligeait un châtiment, s'il faisait un exemple, il empiétait sur le ressort de la loi criminelle, à l'imperfection de laquelle peut-être il suppléait.

<small>Peines et châtimens.</small>

Tite-Live rapporte le supplice d'un dictateur d'Albe qui fut écartelé par huit chevaux, comme le premier et le dernier exemple de la cruauté des Romains dans le châtiment des crimes les plus atroces (1); mais cet acte de justice ou de vengeance s'exécuta contre un ennemi étranger, au milieu de l'ivresse de la victoire et par les ordres d'un seul homme. Les Douze-Tables offrent une preuve plus décisive de l'esprit national, puisqu'elles furent rédigées par les hommes les plus sages du sénat, et acceptées par le suffrage libre du peuple. Toutefois elles sont, ainsi que les statuts de Dracon(2), écrites en caractères de sang (3).

<small>Sévérité des Douze-Tables.</small>

---

(1) La narration de Tite-Live (1, 28) est imposante et grave. *At tu dictis, Albane, maneres,* est une réflexion bien dure, indigne de l'humanité de Virgile (*Enéide*, VIII, 643). Heyne, avec son bon goût ordinaire, observe que ce sujet était trop horrible, et que l'auteur de l'Énéide n'aurait pas dû le placer sur le bouclier d'Énée (t. III, p. 229).

(2) Sir John Marsham (*Canon chronicus*, p. 593, 596), et Corsini (*Fasti attici*, t. III, p. 62), ont fixé l'époque où vécut Dracon (*Olympiade* XXXIX, 1). Quant à ses lois, *voyez* les auteurs qui ont écrit sur le gouvernement d'Athènes, Sigonius, Meursius, Potter, etc.

(3) La septième des *Delictis*, dans les Douze-Tables, est développée par Gravina (*Opp.*, p. 292, 293, avec un com-

Elles approuvent la règle inhumaine et illégale du talion, et elles ordonnent rigoureusement la perte d'un œil pour un œil, d'une dent pour une dent, et d'un membre pour un membre, à moins que le coupable ne puisse obtenir son pardon en payant une amende de six cents marcs de cuivre. Les décemvirs décernèrent avec beaucoup de légèreté la peine du fouet et de la servitude, et assignèrent des peines capitales à neuf délits d'une nature bien différente. 1° Ils rangèrent dans cette classe tous les actes de *trahison* contre l'État ou de correspondance avec l'ennemi. Le supplice était cruel et ignominieux : on cachait sous un voile la tête du Romain dégénéré; on lui liait les mains derrière le dos, et, après qu'il avait été battu de verges par le licteur, on l'attachait au milieu du Forum à une croix ou arbre de mauvais augure; et on l'y laissait expirer. 2° Les assemblées nocturnes dans la capitale, soit que le plaisir, la religion ou le bien public, en fussent le prétexte. 3° L'assassinat d'un citoyen qui, selon les sentimens naturels au cœur de l'homme, exige le sang du meurtrier. Le poison est encore plus odieux que l'épée ou le poignard, et on est étonné de découvrir, dans deux exemples atroces, combien cette scélératesse raffinée souilla de bonne heure la simplicité de la république

---

mentaire, p. 214, 230)..Aulu-Gelle (xx, 1), et la *Collatio legum mosaïcarum et romanarum*, contiennent beaucoup de détails instructifs.

et les chastes vertus des matrones romaines (1). On enfermait dans un sac et on jetait dans la rivière ou dans la mer le parricide qui violait les lois de la nature et de la reconnaissance : on ajouta successivement à cette peine, en renfermant dans le sac qui le contenait, un coq, une vipère, un chien et un singe, comme les compagnons qui lui convenaient le mieux (2). L'Italie ne produit pas de singes ; mais on ne put s'apercevoir de ce défaut que vers le milieu du sixième siècle, époque où l'on vit pour la

---

(1) Tite-Live fait mention de deux époques de crimes où trois mille personnes furent accusées, et cent quatre-vingt-dix nobles matrones convaincues du crime d'empoisonnement (XL, 43; VIII, 18). M. Hume distingue les temps de vertu publique et ceux de vertu privée. (*Essays*, vol. 1, pag. 22, 23.) Je croirais plutôt que ces effervescences de crime, telles que l'année 1680 en France, sont des accidens et des monstruosités qui ne laissent point de traces dans les mœurs d'une nation.

(2) Les Douze-Tables et Cicéron (*pro Roscio Amerino*, c. 25, 26) ne parlent que du sac. Sénèque (*Excerpt. controvers.*, v, 4) y ajoute les serpens. Juvénal a pitié du singe qui n'avait fait aucun mal (*innoxia simia*, satir. XIII, 156). Adrien (*apud Dositheum magistrum*, l. III, c. 16, p. 874, 876, avec la note de Schulting), Modestinus (*Pandect.*, XLVIII, tit. 9, *leg.* 9), Constantin (*Code*, l. IX, tit. 17), et Justinien (*Institutes*, l. IV, tit. 18); désignent tout ce qu'on mettait dans le sac du parricide. Mais on simplifiait dans la pratique ce supplice bizarre. *Hodiè tamen vivi exuruntur vel ad bestias dantur.* Paul, *Sentent. recep.*, l. v, tit. 24, p. 512, édit. de Schulting.

première fois un parricide (1). 4° Le crime d'un *incendiaire.* On le battait d'abord de verges et on le livrait ensuite aux flammes ; on n'est tenté d'applaudir à la justice du talion que dans ce cas. 5° Le *parjure judiciaire.* Le témoin ou malveillant ou corrompu était précipité du haut de la roche Tarpéienne. Sa perfidie devait être regardée comme d'autant plus funeste, que les lois pénales étaient sévères et qu'on ne connaissait pas les preuves par écrit. 6° La corruption d'un juge qui recevait de l'argent pour prononcer des arrêts iniques. 7° Les libelles et les satires, dont les traits grossiers troublaient quelquefois la paix d'une cité ignorante. On punissait l'auteur de coups de bâton, digne châtiment d'un tel délit; mais il n'est pas sûr qu'on le fît expirer sous le bâton du bourreau (2). 8° Le dégât ou la destruction nocturne des blés de son voisin. On suspendait le criminel, et on l'offrait à Cérès comme une victime qui devait lui être agréable. Mais les divinités des bois étaient moins implacables; l'extirpation de l'arbre le plus précieux

---

(1) Le premier parricide qu'on ait vu à Rome fut L. Ostius, après la seconde guerre punique. (Plutarque, *in Romulo*, t. 1, p. 57.) Durant la guerre des Cimbres, P. Malleolus se rendit coupable du premier matricide. Tite-Live, *Epitom.*, l. LXVIII.

(2) Horace parle du *formidine fustis* (l. II, epist. 2, 154); mais Cicéron (*de Republicâ*, l. IV, *apud* saint Augustin, *de Civit. Dei*, IX, 6, *in Fragment. philosop.*, t. III, p. 393, édit. d'Olivet) assure que les décemvirs décernèrent des peines capitales contre les libelles : *Cùm perpaucas res capite sanxissent*.—PERPAUCAS !

n'entraînait qu'une amende de vingt-cinq livres de cuivre. 9° Les enchantemens magiques qui, dans l'opinion des bergers du Latium, pouvaient épuiser la force d'un ennemi, trancher le fil de ses jours et arracher de ses domaines les plantations les plus enracinées. Il me reste à parler de la cruauté des Douze-Tables envers les débiteurs insolvables, et j'oserai préférer le sens littéral de l'antiquité à l'interprétation spécieuse des critiques modernes (1). Quand on avait obtenu la preuve judiciaire de la créance, ou l'aveu du débiteur, ce n'était qu'après trente jours de grâce qu'on livrait celui-ci à son concitoyen, qui le détenait en prison, ne lui donnait que douze onces de riz par jour pour sa nourriture, et pouvait le charger d'une chaîne du poids de quinze livres : on l'exposait trois fois dans la place du marché, afin de solliciter la pitié de ses amis et de ses compatriotes. Lorsque soixante jours s'étaient écoulés, la perte de la liberté ou de la vie acquittait la dette : on faisait mourir le débiteur insolvable, ou on le vendait comme esclave au-delà du Tibre; mais si plusieurs créanciers demeuraient inflexibles, la loi les autorisait à le mettre en pièces et à satisfaire leur vengeance par cet

---

(1) Bynkershoek (*Observat. juris rom.*, l. 1, c. 1; *in Opp.*, t. 1, p. 9, 10, 11) s'efforce de prouver que les créanciers ne partageaient pas le *corps*, mais la *valeur* du débiteur insolvable. Mais son interprétation n'est qu'une métaphore continuelle, et ne peut détruire l'autorité des Romains eux-mêmes, de Quintilien, de Cæcilius, de Favonius et de Tertullien. *Voyez* Aulu-Gelle, *Nuits attiques*, XXI.

affreux partage. Les défenseurs d'une loi si atroce ont dit qu'elle devait intimider fortement les oisifs et les fripons, et les empêcher de contracter des dettes qu'ils ne pouvaient payer; mais l'expérience dissipait cette crainte salutaire, puisqu'il ne se trouvait aucun créancier qui profitât d'une cruelle disposition dont il ne retirait aucun profit. À mesure que les mœurs de Rome s'adoucirent, l'humanité des accusateurs, des témoins et des juges, s'écarta du Code criminel des décemvirs, dont l'excessive rigueur finit par produire l'impunité. La loi Porcia et la loi Valeria défendirent aux magistrats d'infliger à un citoyen une peine capitale, ou même un châtiment corporel; et l'on imputa adroitement, et peut-être avec vérité, ces statuts sanguinaires tombés en désuétude, non pas à l'esprit des patriciens, mais à la tyrannie des rois.

Au défaut des lois pénales, et dans l'insuffisance des poursuites civiles, la juridiction privée des citoyens maintenait encore dans la ville une sorte de paix et de justice imparfaite. Les malfaiteurs qui remplissent nos prisons sont le rebut de la société, et on peut ordinairement attribuer à l'ignorance, à la pauvreté et à des passions grossières, les crimes dont on les punit. Un vil plébéien pouvait abuser, pour obtenir l'impunité de ses crimes, du caractère sacré de membre de la république; mais, sur la preuve ou même sur le soupçon du délit, on attachait à une croix l'esclave ou l'étranger, et l'on pouvait exercer sans obstacle cette prompte et rigoureuse justice sur

Abolition ou désuétude des lois pénales.

le plus grand nombre des individus qui formaient la populace de Rome. Chaque famille avait un tribunal domestique qui n'était pas borné, comme celui du préteur, à la connaissance des actions extérieures; la discipline de l'éducation inculquait des principes et des habitudes de vertu; et un père répondait des mœurs de ses enfans, puisqu'il disposait, sans appel, de leur vie, de leur liberté et de leur héritage. Dans des cas pressans, le citoyen avait droit de venger les torts faits à la société ou à lui-même. Les lois juives, les lois athéniennes et les lois de Rome, permettaient de tuer un voleur de nuit; mais en plein jour cela était défendu, à moins qu'on n'eût quelque preuve du danger qu'on avait couru. Un mari qui surprenait un amant dans le lit de sa femme était autorisé à satisfaire sa vengeance (1); la loi excusait alors les derniers excès de la fureur (2), et ce ne fut que sous le règne d'Auguste qu'on obligea le mari à peser le rang du coupable, ou que le père fut réduit à sacri-

---

(1) Le premier discours de Lysias (Reiske, *Orator. græc.*, tom. v, pag. 2-48) est la défense d'un mari qui avait tué un adultère. Le docteur Taylor (*Lectiones Lysiacæ*, c. 11, *in* Reiske, tom. vi, 301-308) discute avec beaucoup de savoir les droits des maris et des pères à Rome et à Athènes.

(2) *Voyez* Casaubon (*ad Athenæum*, l. 1, c. 5, p. 19). *Percurrent raphanique mugilesque* (Catulle, p. 41, 42, édit. de Vossius). *Hunc mugilisque intrat* (Juvénal, *Satir.* x, 317). *Hunc perminxere calones* (Horat., l. 1, *Satir.* 11, 44). *Familiæ stuprandum dedit.... Fraudit non-suit* (Valère-Maxime, l. vi, c. 1, n° 13).

fier sa fille avec son séducteur. Après l'expulsion des rois, on dévoua aux dieux infernaux le Romain ambitieux qui oserait prendre leur titre ou imiter leur tyrannie : chacun de ses concitoyens se trouvait armé du glaive de la justice ; et l'action de Brutus, contraire à la reconnaissance autant qu'à la sagesse, était du moins consacrée d'avance par le jugement de sa patrie (1). La coutume barbare de paraître en public armé au milieu de la paix (2), et les sanguinaires maximes de l'honneur, étaient étrangères aux Romains : durant les deux siècles les plus vertueux de la république, depuis l'époque où la liberté fut égale pour tous les citoyens, jusqu'à la fin des guerres puniques, la sédition ne troubla jamais la ville, et des crimes atroces la souillèrent rarement. Lorsque les factions intérieures et l'ivresse de la puissance eurent enflammé tous les vices, on sentit davantage les suites funestes de la désuétude des lois criminelles. Du temps de Cicéron, chaque citoyen jouissait du pri-

---

(1) Tite-Live (11, 8) et Plutarque (*in Publicolá*, tom. 1, pag. 187) remarquent cette loi : elle justifie complétement l'opinion publique sur la mort de César, opinion que Suétone ne craignait pas de publier sous le gouvernement des empereurs. *Jure cæsus existimatur*, dit-il, *in Julio*, c. 76. Lisez de plus les lettres que s'écrivirent Cicéron et Mutius, peu de mois après les ides de Mars (*ad Fam.*; XI, 27, 28).

(2) Πρωτοι δε Αθηναιοι τον τε σιδηρον κατεθεντο. (Thucydide, l. 1, c. 6.) L'historien qui tire de cette circonstance un moyen de juger l'état de la civilisation, dédaignerait la barbarie d'une cour de l'Europe.

vilége de l'anarchie : les vues de chacun des magistrats de la république pouvaient s'élever jusqu'au pouvoir des rois ; et leurs vertus méritent d'autant plus d'éloges, qu'il faut les attribuer uniquement à la nature et à la philosophie. Le tyran de la Sicile, Verrès, après s'être livré durant trois ans à la rapine, à la cruauté, à la débauche, fut traduit en justice ; mais on ne put lui demander que la restitution de trois cent mille livres sterling ; et telle fut la modération des lois, des juges, et peut-être de l'accusateur lui-même (1), que de la treizième partie de son butin, Verrès acheta la liberté d'aller vivre dans un doux et voluptueux exil (2).

<small>On rétablit les peines capitales.</small> Le dictateur Sylla, qui, au milieu de ses triomphes sanguinaires, voulait réprimer la licence plutôt qu'opprimer la liberté des Romains, essaya le premier, mais d'une manière imparfaite, de rétablir la proportion des délits et des peines. Il se vantait d'avoir proscrit arbitrairement quatre mille sept

---

(1) Cicéron évalua d'abord les dommages de la Sicile à *millies* (huit cent mille livres sterling, *Divinatio in Cæcilium*, c. 5); il les réduisit ensuite à *quadraginties* (trois cent vingt mille livres sterl., première harangue, *in Verrem*, c. 18); et enfin il se contenta de *tricies* (vingt-quatre mille livres sterling). Plutarque (*in Ciceron.*, t. III, p. 1584) n'a pas dissimulé les soupçons et les bruits qui coururent alors.

(2) Verrès passa environ trente années dans son exil jusqu'au second triumvirat, époque où il fut proscrit par le bon goût de Marc-Antoine, qui s'était épris de sa belle vaisselle de Corinthe. Pline, *Hist. nat.*, XXXIV, 3.

cents citoyens (1) : mais, en qualité de législateur, il respecta les préjugés de son temps; et, au lieu de condamner à la mort le voleur ou l'assassin, le général qui livrait une armée ou le magistrat qui ruinait une province, il se contenta d'ajouter aux dommages pécuniaires la peine de l'exil, ou, pour parler le langage de la constitution, l'interdiction du feu et de l'eau. La loi Cornelia, et ensuite les lois Pompeia et Julia, introduisirent un nouveau système de jurisprudence criminelle (2); et les empereurs, depuis Auguste jusqu'à Justinien, en augmentèrent la sévérité, qu'ils eurent soin de cacher sous les noms des auteurs primitifs de ces lois. Mais l'invention et l'usage fréquent des *peines extraordinaires* venaient du désir d'étendre et de déguiser le progrès du despotisme : lorsqu'il s'agissait de condamner d'illus-

---

(1) Tel est le nombre indiqué par Valère-Maxime (l. ix, c. 1, n°. 1). Florus (iv, 21) dit que deux mille sénateurs et chevaliers furent proscrits par Sylla. Appien (*de Bello civili*, l. 1, c. 95, t. ii, p. 133, édit. Schweighæuser) compte avec plus d'exactitude quarante victimes du rang de sénateur, et seize cents de l'ordre équestre.

(2) *Voyez* sur les lois pénales, c'est-à-dire les lois Cornelia, Pompeia, Julia, de Sylla, de Pompée et des Césars, les Sentences de Paul (l. iv, tit. 18-30, p. 497-528, édit. de Schulting); le Code Grégorien (*Fragment.*, l. xix, p. 705, 706, édit. de Schulting); la *Collatio legum mosaïcarum et romanarum* (t. 1-15); le Code Théodosien (l. ix); le Code de Justinien (liv. ix), les Pandectes (xlviii), les Institutes (liv. iv, tit. 18), et la version grecque de Théophile (pag. 917-926).

tres Romains, le sénat, esclave des volontés du maître, était toujours prêt à confondre la puissance judiciaire et la puissance législative. Les gouverneurs devaient maintenir la tranquillité de leurs provinces par une administration arbitraire et sévère de la justice; l'étendue de l'empire détruisit la liberté de la capitale, et un malfaiteur espagnol ayant réclamé le privilége d'un Romain, Galba le fit suspendre à une croix plus belle et plus élevée (1). Des rescrits émanés du trône décidaient, de temps à autre, les questions qui, par leur nouveauté et leur importance, semblaient être au-dessus du pouvoir et du discernement d'un proconsul. On ne déportait et on ne décapitait que les personnes d'un rang honorable; les criminels des autres classes étaient pendus ou brûlés, enterrés dans des mines, ou exposés aux bêtes de l'amphithéâtre. On poursuivait et on exterminait, comme des ennemis de la société, les voleurs armés: détourner des chevaux ou du bétail était un crime capital (2); mais on ne voyait jamais dans le vol

---

(1) C'était un tuteur qui avait empoisonné son pupille. Le crime était atroce; cependant Suétone (c. 9) met ce châtiment au nombre des actions où Galba se montra *acer, vehemens, et in delictis coercendis immodicus.*

(2) Les *abactores* ou *abigeatores*, qui détournaient un cheval, deux jumens ou deux bœufs, cinq cochons ou dix chèvres, encouraient une peine capitale. (Paul, *Sentent. recept.*, l. IV, tit. 18, p. 497, 498.) Adrien (*ad Concil. Bœtic.*) plus sévère, en raison de la fréquence du délit, condamne les criminels *ad gladium, ludi damnationem.* Ulpien, *de Offi-*

simple qu'un délit civil et une offense particulière. Les caprices des hommes revêtus de l'autorité fixaient trop souvent le degré du délit et la forme du châtiment, et on laissait les sujets dans l'ignorance des dangers auxquels les exposait chaque action de leur vie.

Les péchés, les vices et les crimes, sont du ressort de la théologie, de la morale ou de la jurisprudence : lorsque leurs jugemens sont d'accord, ils se fortifient l'un l'autre; mais dès qu'ils varient, un sage législateur évalue le délit, et détermine la peine selon le mal qui en résulte pour la société. C'est sur ce principe que l'attentat le plus audacieux contre la vie et la propriété d'un citoyen paraît moins atroce que le crime de trahison ou de rebellion qui attente à la *majesté* de la république : la servilité des jurisconsultes prononça que la république se trouvait tout entière dans la personne de son chef, et les soins continuels des empereurs aiguisèrent le tranchant de la loi Julia. On peut tolérer le commerce licencieux des deux sexes, parce que c'est un besoin de la nature; ou le défendre, parce qu'il produit des désordres et de la corruption; mais l'infidélité d'une femme nuit à la réputation, à la fortune et à la famille du mari : le sage Auguste, après avoir réprimé la liberté de la vengeance, soumit cette offense domestique à l'animadversion des lois : il assujettit les coupables à des confiscations et à des

<small>Mesure des délits.</small>

---

cio proconsulis, l. VIII, *in Collatione legum mosaïcarum et romanarum*, tit. II, p. 235.

amendes considérables, et les relégua pour longtemps ou pour leur vie dans des îles séparées (1). La religion condamne également l'infidélité de l'époux; mais comme elle n'est pas accompagnée des mêmes effets civils, on ne permettait point à la femme de venger ses injures personnelles (2); et la jurisprudence du Code et des Pandectes ne connaît point la distinction de l'adultère simple et de l'adultère double, si familière et si importante dans la loi canonique. Il est un vice plus odieux, dont la pudeur rejette le nom et dont la nature abhorre l'idée: je vais en parler en peu de mots et malgré moi. L'exemple des Étrusques (3) et des Grecs (4) corrompit les pre-

<small>Vice contre nature.</small>

---

(1) Jusqu'à la publication du Julius-Paulus de Schulting (l. II, tit. 26, p. 317-323), on a affirmé et on a cru que les lois Julia décernaient la peine de mort contre l'adultère; et cette méprise est venue d'une fraude ou d'une erreur de Tribonien. Au reste, Lipse devinait la vérité, d'après le récit de Tacite (*Annal.*, II, 50; III, 24; IV, 42), et même d'après l'usage d'Auguste, qui distinguait les faiblesses des femmes de sa famille, qui entraînaient le crime de *lèse-majesté*.

(2) Dans les cas d'adultère, Sévère borna au mari le droit d'une accusation publique. (*Cod. Justin.*, l. IX, tit. 9, *leg.* 1.) Cette faveur accordée au mari n'est peut-être pas injuste, puisque l'infidélité des femmes a des suites bien plus fâcheuses que celle des hommes.

(3) Timon (l. I) et Théopompe (l. XLIII, *ap. Athenæum*, l. XII, p. 517.) décrivent le luxe et la débauche des Étrusques: πολὺ μὲν τοί γε χαίρουσι συνόντες τοῖς παισὶ καὶ τοῖς μειρακίοις. Vers la même époque (A. U. C. 445) les jeunes Romains fréquentaient les écoles de l'Étrurie (Tite-Live, IX, 36).

(4) Les Perses s'étaient corrompus à la même école: ἀπ'

miers Romains; dans l'enivrement de la prospérité et de la puissance, tout plaisir innocent leur parut insipide; et la loi Scatinia (1), qu'on n'avait arrachée que par force, fut insensiblement abolie par le temps et la multitude des coupables. Cette loi regardait le rapt et peut-être la séduction d'un jeune homme d'extraction libre comme une injure personnelle, et elle n'infligeait d'autre peine qu'une misérable amende de dix mille sesterces, ou de quatre-vingts livres sterling : il était permis à la chasteté qui résistait ou se vengeait, de tuer le ravisseur; et j'aime à croire qu'à Rome ainsi qu'à Athènes, le déserteur volontaire et efféminé de son sexe perdait les honneurs et les droits de citoyen (2) : mais ce vice n'était pas flétri par la sévérité de l'opinion publique; elle confondait cette tache ineffaçable avec les fautes

---

Ελλήνων μαθόντες παισὶ μίσγονται. (Hérodote, l. 1, c. 135.) On ferait une dissertation très-curieuse sur l'introduction du vice contre nature, après le temps d'Homère, sur ses progrès chez les Grecs de l'Asie et de l'Europe, sur la véhémence de leurs passions, et le faible moyen de la vertu et de l'amitié qui amusait les philosophes d'Athènes. Mais *scelera ostendi oportet dum puniuntur, abscondi flagitia.*

(1) Le nom, l'époque et les dispositions de cette loi, ont la même incertitude. (Gravina, *Opp.*, p. 432, 433; Heineccius, *Hist. jur. rom.*, n° 108; Ernesti, *Clav. Ciceron. in Indice legum.*) Mais j'observerai que la *nefanda Venus* de l'honnête Allemand est appelée *aversa* par l'Italien plus poli.

(2) *Voyez* le discours d'Eschine contre le catamite Timarche (*in* Reiske, *Orat. græc.*, t. III, p. 21-184.)

moins graves de la fornication et de l'adultère, et le débauché n'était pas exposé au déshonneur qu'il imprimait sur l'homme ou la femme qu'il faisait participer à ses désordres. Depuis Catulle jusqu'à Juvénal (1), les poëtes accusent et célèbrent la corruption de leur siècle : la raison et l'autorité des jurisconsultes n'essaya que de faibles tentatives pour la réforme des mœurs, jusqu'à ce qu'enfin le plus vertueux des Césars proscrivit le vice contre nature, comme un crime contre la société (2).

Sévérité des empereurs chrétiens. Un nouvel esprit de législation, respectable même dans ses erreurs, s'éleva dans l'empire avec la religion de Constantin (3). Les lois de Moïse furent regardées comme le divin modèle de la justice, et les

---

(1) Les honteux passages se présentent en foule à l'esprit du lecteur qui connaît les auteurs anciens; je me contenterai d'indiquer ici la tranquille réflexion d'Ovide :

Odi concubitus qui non utrumque resolvunt.
Hoc est quod puerum tangar amore MINUS.

(2) Ælius Lampride (*in Vit. Heliogabali*, dans l'*Histoire Auguste*, p. 112), Aurelius-Victor (*in Philipp. Cod. Theod.*, l. IX, tit. 7, *leg.* 7), et le *Commentaire* de Godefroy (t. III, p. 63). Théodose abolit les mauvais lieux établis dans les souterrains de Rome, où les deux sexes se prostituaient impunément.

(3) *Voy.* les lois de Constantin et de ses successeurs contre l'adultère, la sodomie, etc., dans le *Code Théodosien* (l. IX, tit. 7, *leg.* 7; l. XI, t. 36, *leg.* 1, 4) et le *Code Justinien* (l. IX, tit. 9, *leg.* 30, 31). Ces princes parlent le langage de la passion, ainsi que celui de la justice, et ils ont la mauvaise foi d'attribuer aux premiers Césars leur propre sévérité.

peines qu'elles prononcent devinrent la règle des princes chrétiens dans les châtimens qu'ils appliquèrent aux différens degrés de corruption. On déclara d'abord que l'adultère était un crime capital : on assimila les faiblesses des deux sexes à l'empoisonnement ou à l'assassinat, à la sorcellerie ou au parricide. Ceux qui dans la pédérastie jouaient le rôle passif ou actif, furent assujettis aux mêmes peines ; et tous les coupables, de condition libre ou de condition servile, furent noyés, décapités ou jetés vivans au milieu des flammes vengeresses. L'indulgence presque générale, sur ce point, épargna les adultères : mais la pieuse indignation du public poursuivit ceux qui se livraient à l'amour de leur propre sexe. Les mœurs impures de la Grèce dominaient toujours dans les villes de l'Asie, et le célibat des moines et du clergé fomentait tous les vices. Justinien diminua du moins la peine de l'infidélité des femmes ; on ne condamnait plus l'épouse criminelle qu'à la solitude et à la pénitence, et son mari était le maître de la rappeler deux ans après; mais ce même empereur se déclara l'ennemi implacable du vice contre nature, et la pureté de ses motifs peut à peine excuser la cruauté de ses persécutions (1). Contre tout principe de justice, il donna à ses édits un effet rétroactif, en accordant seulement

---

(1) Justinien, *Novell.* 77, 134, 141; Procope, *in Anecd.*, c. 11-16, avec les *Notes* d'Alemannus; Théophane, p. 151; Cedrenus, p. 368; Zonare, l. xiv, p. 64.

un intervalle de peu de durée pour avouer le crime et en demander pardon. On faisait punir douloureusement les délinquans par l'amputation de la partie coupable, ou l'insertion de pointes aiguës dans les pores et les tubes les plus sensibles; et Justinien défendait cette cruauté en disant, que s'ils avaient été convaincus de sacrilége, on les aurait punis par la perte de la main. Dans cet affreux état de douleur et de honte, deux évêques, Isaïe de Rhodes et Alexandre de Diospolis, furent traînés au milieu des rues de Constantinople, tandis qu'un héraut avertissait les ecclésiastiques de profiter de cette terrible leçon, et de ne pas souiller la sainteté de leur ministère : ces prélats étaient peut-être innocens. On condamnait à la mort ou à l'infamie, sur la déposition d'un seul témoin, quelquefois d'un enfant, quelquefois d'un esclave. Les juges présumaient coupables les citoyens de la faction des Verts, les riches et les ennemis de Théodora, et la pédérastie devint le crime de ceux à qui on ne pouvait en imputer un autre. Un philosophe français (1) a osé remarquer qu'il reste de l'incertitude sur tout ce qui est secret, et que la tyrannie peut abuser de l'horreur même qu'inspire le vice : mais il ajoute qu'on doit avoir confiance dans le goût et la raison des hommes, que la nature saura défendre ses droits ou les repren-

---

(1) Montesquieu, *Esprit des Lois*, l. xii, c. 6. Ce philosophe, si recommandable par son génie, concilie les droits de la liberté et de la nature, qui ne devraient jamais être opposés.

dre ; et malheureusement son assertion est contredite par ce qu'on sait de l'antiquité et de l'étendue du mal (1).

Les citoyens de Rome et d'Athènes jouissaient de l'inappréciable droit de n'être, en matière criminelle, jugés que par le peuple même (2). 1° L'administration de la justice fut la plus ancienne des fonctions remises au prince ; les rois de Rome l'exercèrent, et Tarquin en abusa : sans loi ou sans conseil, il prononçait lui seul ses jugemens arbitraires. Les premiers consuls succédèrent à cette prérogative royale ; mais le droit d'appel abolit bientôt la juridic-

Jugemens du peuple.

(1) *Voyez* sur la corruption de la Palestine, vingt siècles avant l'ère chrétienne, l'*histoire* et les *lois de Moïse*. Diodore de Sicile (t. 1, l. v, p. 356) reproche ce vice aux anciens Gaulois : les voyageurs musulmans ou chrétiens l'imputent à la Chine. (*Ancien. Relat. de l'Inde et de la Chine*, p. 34, traduites par le père Renaudot et son amer critique, le père Prémare, *Lettres édifiantes*, t. xix, p. 435.) Les historiens espagnols en accusent les naturels de l'Amérique. (Garcilaso de la Vega, l. iii, c. 13 ; et *Dictionn.* de Bayle, t. iii, p. 88.) J'espère et je crois que cette peste ne s'est pas répandue parmi les nègres d'Afrique.

(2) Charles Sigonius (l. iii, *de Judiciis in Opp.*, t. iii, p. 679-864) explique avec beaucoup d'érudition, et en style classique, l'importante matière des questions et des jugemens publics à Rome, et on en trouve un précis bien fait dans *la République romaine* de Beaufort, t. ii, l. v, p. 1-121. Ceux qui désirent plus de détails peuvent étudier Noodt (*de Jurisdictione et imperio.*, libri duo, t. 1, p. 93-134), Heineccius (*ad Pandect.*, l. i et ii ; *ad Institut.*, l. iv, tit. 17 ; *Element. ad Antiquit.*) et Gravina (*Opp.*, 230-251).

tion des magistrats, et le tribunal suprême du peuple décida toutes les causes publiques; cependant la licence de la démocratie, en se mettant au-dessus des formes, dédaigne trop souvent les principes inviolables de la justice. L'orgueil du despotisme fut encore envenimé chez les plébéiens par un sentiment de jalousie; et les héros d'Athènes purent vanter quelquefois le bonheur du Perse, dont le sort ne dépendait au moins que des caprices d'un seul tyran. Le peuple romain sut lui-même imposer à ses passions quelques entraves salutaires, preuve de sa gravité et de sa modération, qu'elles ont peut-être contribué à entretenir. Le droit d'accusation était réservé aux magistrats. Le décret des trente-cinq tribus pouvait décerner une amende; mais une loi fondamentale attribuait la connaissance de tous les délits capitaux à une assemblée des centuries, où le crédit et la fortune dominaient toujours. On interposa des proclamations et des ajournemens multipliés, afin que la prévention et le ressentiment eussent le loisir de se calmer. Un augure arrivant à propos ou l'opposition d'un tribun annulaient toute la procédure, et ces instructions devant le peuple étaient pour l'ordinaire moins formidables à l'innocence que favorables aux criminels; mais dans cette réunion du pouvoir judiciaire et du pouvoir législatif, on demeurait en doute si l'accusé était absous ou s'il obtenait son pardon, et les argumens des orateurs de Rome et d'Athènes en faveur d'un client illustre étaient aussi souvent adressés à la politique et à la bienveillance qu'à la justice du souverain. 2° Il devint bientôt d'autant plus difficile d'assembler les citoyens à chaque accusation, que le nombre des citoyens et celui des coupables augmentaient sans cesse, et on adopta l'expédient bien naturel de déléguer la juridiction du peuple aux magistrats en exercice ou à des *inquisiteurs* extraordinaires. Dans les premiers temps, ces jugemens furent rares. Au commencement du septième siècle de Rome, il fallut rétablir un tribunal perpétuel : quatre préteurs furent revêtus, pour une année, du droit de juger les graves délits de trahison, d'extorsion, de péculat et de corruption. Sylla créa de nouveaux préteurs, et étendit leur juridiction sur ces crimes qui attentent d'une manière plus directe à la sûreté des individus. Les *inquisiteurs* préparaient et dirigeaient l'instruction ; mais ils ne pouvaient que prononcer la sentence rendue à la majorité par des *juges* que la prévention, aidée d'une sorte de ressemblance, a voulu comparer aux jurés de l'Angleterre (1). Pour remplir cette importante mais pénible fonction, le préteur formait chaque année une liste de citoyens d'une ancienne famille, et respectables par leur conduite. Après une longue

Juges choisis.

---

(1) Les fonctions des juges de Rome, comme celles des jurés de l'Angleterre, ne pouvaient être considérées que comme un devoir passager, et non pas comme une magistrature ou une profession ; mais l'unanimité des suffrages est particulière aux lois de la Grande-Bretagne, qui exposent les jurés à une espèce de torture, tandis qu'elles en ont affranchi les criminels.

lutté entre les divers pouvoirs de l'État, on les tira en nombre égal du sénat, de l'ordre équestre et du peuple : on en nomma jusqu'à quatre cent cinquante pour chaque genre d'affaires, et les différens rôles ou *décuries* de juges devaient contenir les noms de plusieurs milliers de Romains, qui représentaient l'autorité judiciaire de l'État. Dans chaque cause particulière, on en faisait sortir de l'urne un nombre suffisant; ils prêtaient serment de demeurer intègres. La manière d'opiner assurait leur indépendance : le droit de récusation accordé à l'accusé ou à l'accusateur écartait le soupçon de partialité; et lors du jugement de Milon, la récusation de quinze juges par chacune des parties réduisit à cinquante-un le nombre des voix ou tablettes dont les unes absolvaient l'accusé, les autres le condamnaient, et d'autres enfin présumaient son innocence (1). 3° Le préteur de Rome exerçait une juridiction civile, et, en cette qualité, il était vraiment juge et presque législateur; mais dès qu'il avait déterminé la nature de l'action, il se donnait souvent un délégué qu'il chargeait de la décision du fait. Le nombre des actions juridiques augmenta, et le tribunal des centumvirs, qu'il présidait, acquit plus de crédit et plus de réputation; mais soit qu'il agît

---

(1) Nous devons ce fait intéressant à un fragment d'Asconius Pedianus, qui vivait sous le règne de Tibère. La perte de ses Commentaires sur les Oraisons de Cicéron nous a privés d'un fonds précieux de connaissances historiques ou relatives aux lois.

seul ou de l'avis de ses conseils, il y avait peu de danger à revêtir des pouvoirs les plus absolus un magistrat que le peuple choisissait chaque année. Les règles et les précautions établies par la liberté ont demandé quelques détails : le système du despotisme est simple et inanimé. Avant le siècle de Justinien ou peut-être de Dioclétien, les décuries des juges de Rome n'offraient plus qu'un vain titre : on pouvait recevoir ou dédaigner l'humble avis des assesseurs ; et un seul magistrat, élevé ou chassé d'après le caprice de l'empereur, exerçait dans chaque tribunal la juridiction civile et criminelle.

Assesseurs.

Un Romain accusé d'un crime capital était le maître de prévenir son arrêt en s'exilant ou en se donnant la mort. On présumait son innocence, et on le laissait en liberté jusqu'à ce que son crime fût prouvé d'une manière légale : tant qu'on n'avait pas compté et déclaré les votes de la dernière centurie, il pouvait se retirer en paix dans quelqu'une des villes alliées de l'Italie, de la Grèce ou de l'Asie (1). Cette mort civile conservait du moins à ses enfans l'honneur et la fortune, et les plaisirs de l'esprit ou des sens lui offraient encore tout le bonheur qu'un esprit accoutumé au fracas et à l'ambition de Rome était capable de goûter dans l'uniformité ou le silence de Rhodes ou d'Athènes. On avait besoin de plus d'intrépidité pour se

Exil et mort volontaire.

---

(1) Polybe, l. vi, p. 643. L'étendue de l'empire et des lieux renfermés dans la *cité* de Rome obligeait l'exilé à chercher une retraite plus éloignée.

soustraire à la tyrannie des Césars ; mais les maximes des stoïciens, l'exemple des plus braves d'entre les Romains, et les encouragemens que la loi donnait au suicide, rendaient cette intrépidité familière. On exposait après leur mort, d'une manière ignominieuse, les criminels condamnés par les juges ; et, ce qui était un mal plus réel, on confisquait leurs biens, et on réduisait ainsi leurs enfans à la misère. Lorsque les victimes de Tibère et de Néron anticipaient le décret du prince ou du sénat, le public donnait des éloges à leur courage et à leur diligence ; on leur accordait les honneurs de la sépulture, et leurs testamens étaient valides (1). Il paraît que l'avarice et la cruauté recherchée de Domitien les privèrent de cette dernière consolation, et que la clémence des Antonins eux-mêmes la leur refusa. Une mort volontaire, qui dans une affaire capitale survenait entre l'accusation et l'arrêt, était regardée comme un aveu du crime, et le fisc inhumain saisissait les dépouilles du mort(2). Cependant les jurisconsultes ont toujours respecté le

---

(1) *Qui de se statuebant, humabantur corpora, manebant testamenta ; pretium festinandi.* Tacite, *Annales*, VI, 25, avec les *Notes* de Juste-Lipse.

(2) Julius-Paulus (*Sentent. recept.*, l. v, tit. 12, p. 476), les *Pandectes* (l. XLVIII, tit. 21), le *Code* (l. IX, tit. 50), Bynkershoek (t. 1, p. 59, *Observat. J. C. R.*, IV, 4), et Montesquieu (*Esprit des Lois*, l. 29, c. 9), marquent les restrictions civiles de la liberté, et les priviléges des suicides. Les peines qu'on leur infligea furent inventées dans un temps postérieur et moins éclairé.

droit que donne la nature à un citoyen de disposer de sa vie; et la peine flétrissante qu'imagina Tarquin (1) pour contenir le désespoir de ses sujets, ne fut ni rétablie ni imitée par les tyrans qui lui succédèrent. Toutes les autorités de ce monde ne peuvent rien sur celui qui a résolu de mourir, et la crainte d'une vie future peut seule arrêter son bras. Virgile met les suicides au nombre des infortunés plutôt que des coupables (2), et l'enfer des poëtes ne pouvait influer sérieusement sur la foi ou la conduite des hommes; mais les préceptes de l'Évangile et ceux de l'Église ont à la longue rangé sous une pieuse servitude l'esprit des chrétiens, qu'ils condamnent à attendre sans murmurer le dernier trait de la maladie et le dernier coup du bourreau.

Les lois pénales occupent peu d'espace dans les soixante-deux livres du Code et des Pandectes; et les tribunaux décident de la vie et de la mort d'un citoyen avec moins de circonspection et de délai

{Abus de la jurisprudence civile.}

———

(1) Pline, *Hist. nat.*, XXXVI, 24. Lorsque Tarquin fatigua ses sujets à bâtir le Capitole, le désespoir porta plusieurs ouvriers à se donner la mort; il fit clouer leurs cadavres sur une croix.

(2) Les rapports qui se trouvent entre une mort violente et une mort prématurée, ont déterminé Virgile (*Énéide*, VI, 434-439) à confondre les suicides et les enfans, ceux qui meurent d'amour, et les personnes injustement condamnées. Heyne, le meilleur de ses éditeurs, ne sait comment expliquer les idées ou le système de jurisprudence du poëte romain sur cet objet.

qu'ils ne prononcent sur les questions journalières relatives à un contrat ou à un héritage. Outre qu'on peut alléguer en faveur de cette singulière différence la nécessité de pourvoir promptement au repos de la société, on en trouve encore la cause dans la nature de la jurisprudence criminelle et de la jurisprudence civile. Nos devoirs envers l'État sont simples et uniformes; la loi d'après laquelle on condamne un citoyen n'est pas gravée seulement sur le marbre et l'airain, mais dans le cœur du coupable, et la certitude d'un seul fait prouve ordinairement son crime. Mais nos devoirs réciproques sont très-variés et même infinis : des injures, des bienfaits et des promesses, créent, annullent ou modifient nos obligations; et l'interprétation des contrats ou des testamens, que dictent souvent la fraude ou l'ignorance, offre à la sagacité du juge un exercice bien long et bien laborieux. L'étendue du commerce et celle de l'État multiplient les affaires de la vie, et la résidence des plaideurs dans les provinces éloignées entraîne des incertitudes, des délais et des appels inévitables de la juridiction du lieu à celle du magistrat suprême. Justinien, empereur de Constantinople et de l'Orient, se trouvait, d'après la loi, le successeur du berger du Latium qui avait établi une colonie sur les bords du Tibre. Dans une période de treize siècles, les lois n'avaient suivi qu'à regret les changemens survenus dans la constitution et les mœurs; et le désir, estimable en lui-même, de concilier les anciens noms et les institutions récentes, détruisit l'harmonie et étendit les conséquences d'un système obscur et irrégulier. Les lois qui excusent dans tous les cas l'ignorance des sujets, avouent elles-mêmes leur imperfection : la jurisprudence civile, telle qu'elle fut abrégée par Justinien, demeura une science mystérieuse et l'objet d'un commerce utile, et la secrète industrie des praticiens épaissit les ténèbres de cette étude déjà trop embrouillée. Les frais du procès excédaient quelquefois la valeur de la chose qu'on réclamait devant les tribunaux, et la pauvreté ou la sagesse des parties les obligeait quelquefois d'abandonner les droits les plus évidens. Une justice si coûteuse peut tendre à diminuer l'esprit de chicane; mais cette inégalité d'avantages ne sert qu'à augmenter l'influence des riches et aggraver la misère du pauvre. Des procédures dilatoires et dispendieuses donnent au riche plaideur un avantage plus sûr que celui qu'il pourrait espérer de la corruption de son juge. L'expérience d'un abus dont notre siècle et l'Angleterre elle-même ne sont pas entièrement exempts, peut, dans le mouvement d'une généreuse indignation, nous arracher le vœu peu réfléchi de voir notre laborieuse jurisprudence remplacée par les décrets sommaires d'un cadi turc. Cependant, après quelque méditation, on s'aperçoit bientôt que ces formes et ces délais sont nécessaires pour défendre la personne et la propriété du citoyen; que l'autorité arbitraire des juges est le premier instrument de la tyrannie, et que les lois d'un peuple libre doivent prévoir et décider toutes les questions qui semblent devoir s'élever dans l'exercice du pouvoir et les transactions de l'industrie. Mais le gouvernement de Justinien réunissait les maux de la liberté et ceux de la servitude, et les Romains furent accablés tout à la fois par la multiplicité des lois, et par la volonté despotique de leur maître.

CHAPITRE XLV.

Règne de Justin le Jeune. Ambassade des Avares. Leur établissement sur les bords du Danube. Conquête de l'Italie par les Lombards. Adoption et règne de Tibère. Règne de Maurice. État de l'Italie sous les Lombards et les exarques de Ravenne. Malheurs de Rome. Caractère et pontificat de Grégoire 1er.

Durant les dernières années de Justinien, sa tête affaiblie, livrée à des contemplations célestes, lui fit négliger les affaires de ce monde. Ses sujets étaient fatigués d'un si long règne ; cependant les esprits capables de réflexion redoutaient le moment de sa mort, qui pouvait remplir la capitale de séditions et plonger l'empire dans une guerre civile. Ce monarque sans enfans avait sept neveux (1), fils ou petit-fils de son frère et de sa sœur, tous élevés dans la splendeur d'une extraction royale. On les avait vus dans les provinces et les armées revêtus du commandement: on connaissait leur caractère; leurs partisans étaient

Mort de Justinien.
A. D. 365, nov. 14.

---

(1) *Voyez* ce qui a rapport à la famille de Justin et de Justinien, dans les *Familiæ byzantinæ* de Ducange (p. 89-101). Ludwig (*in Vit. Justiniani*, p. 131) et Heineccius (*Hist. jur. rom.*, p. 374), pleins d'un respect superstitieux pour le prince à qui on doit ces lois qu'ils étudiaient tous les jours, ont depuis développé la généalogie de leur empereur favori.

pleins de zèle; et le vieillard jaloux différant toujours de déclarer son successeur, chacun d'eux pouvait espérer de succéder à son oncle. Il mourut dans son palais après un règne de trente-huit ans; et les amis de Justin, fils de Vigilantia (1), profitèrent de l'instant décisif. Vers le milieu de la nuit sa maison est éveillée par un assez grand nombre de gens qui frappaient à la porte; ils demandent à entrer, et l'obtiennent en se faisant connaître pour les principaux membres du sénat. Ces députés annoncent l'important secret de la mort de l'empereur; ils racontent, ou peut-être ils supposent que Justinien, avant d'expirer, a choisi pour son successeur celui de ses neveux qui est le plus chéri et qui a le plus de mérite, et ils supplient Justin de prévenir les désordres de la multitude, si elle s'aperçoit au point du jour qu'elle n'a point de maître. Justin, donnant à son maintien l'expression de la surprise, de la douleur et de la modestie, se rend, selon l'avis de Sophie son épouse, à l'autorité du sénat. On le conduit au palais à la hâte et en silence; les gardes saluent leur nouveau souverain, et à l'instant même les cérémonies martiales et religieuses de son couronnement s'accomplissent. Les officiers préposés à cet emploi le revêtent des habits impériaux, des brodequins

---

(1) Dans le récit de l'avénement au trône de Justin, j'ai traduit en prose simple et concise les huit cents vers des deux premiers livres de Corippe, *de Laudibus Justini* (*Appendix Hist. byzant.*, p. 401-416; Rome, 1777).

rouges, de la tunique blanche et de la robe de pourpre. Un heureux soldat, que Justin éleva au grade de tribun, passe au cou de l'empereur le collier militaire; quatre hommes robustes l'élèvent sur un bouclier; il s'y tient debout pour recevoir l'adoration de ses sujets et la bénédiction du patriarche, qui sanctifie leur choix en posant le diadême sur la tête d'un prince orthodoxe. L'hippodrome était déjà rempli de monde; et dès que l'empereur se montra sur son trône, on entendit retentir également les acclamations de la faction des Bleus et de celle des Verts. Dans les discours adressés au peuple et au sénat, Justin promit de réformer les abus qui avaient déshonoré la vieillesse de son prédécesseur; il professa les maximes d'une administration juste et bienfaisante, et déclara qu'aux calendes de janvier (1), dont on n'était pas éloigné, il ferait revivre dans sa personne le nom et la libéralité d'un consul romain. Il donna, en payant sur-le-champ les dettes de son oncle, un gage solide de sa bonne foi et de sa générosité : une longue file de porte-faix chargés de sacs remplis d'or s'avança au milieu de l'hippodrome, et les créanciers de Justinien, qui ne conservaient plus d'espoir, reçurent comme un don volontaire ce paie-

Règne de Justin II ou le Jeune.
A. D. 565, nov. 15.
A. D. 574, décembre.

Son consulat.
A. D. 566, janv. 1.

---

(1) On est étonné que Pagi (*Critica in Annal. Baron.*, t. II, p. 639), sur la foi de quelques chroniques, ait voulu contredire le texte clair et décisif de Corippe (*Vicina dona*, l. II, 354; *Vicina dies*, l. IV), et ne placer le consulat de Justin qu'à A. D. 567.

ment bien juste en lui-même. En moins de trois ans, l'impératrice Sophie imita et surpassa son exemple; elle releva de la détresse une foule de citoyens indigens, accablés sous le poids des dettes et de l'usure, genre de bienfaits justement assurés de la plus vive reconnaissance, puisqu'il fait cesser les maux les plus intolérables, mais qui expose souvent le prince trompé dans sa bonté à faire tomber ses faveurs sur le fourbe ou le prodigue (1).

Ambassade des Avares. A. D. 566.

Le septième jour de son règne, Justin donna audience aux ambassadeurs des Avares; et pour frapper les Barbares d'étonnement, de respect et de terreur, on eut soin de rendre cette cérémonie très-pompeuse. Depuis la porte du palais, ses cours spacieuses et ses longs portiques offraient de tous côtés les casques élevés et les boucliers dorés des gardes, qu'on voyait présenter leurs piques et leurs haches de bataille avec plus de confiance qu'ils ne l'auraient fait un jour de combat. Les officiers chargés de quelque partie du pouvoir du prince ou du service de sa personne, revêtus de leurs plus magnifiques habits, étaient placés selon l'ordre militaire et civil de la hiérarchie. Lorsqu'on leva le voile du sanctuaire, les ambassadeurs virent l'empereur d'Orient sur son trône, placé sous un dais ou dôme soutenu de quatre colonnes, et surmonté d'une figure ailée de la Vic-

---

(1) Théophane, *Chronograph.*, p. 205. Il est inutile d'alléguer le témoignage de Cedrenus et de Zonare, lorsqu'ils ne sont que compilateurs.

toire. Dans le premier mouvement de leur surprise, ils se soumirent à la servile adoration de la cour de Byzance; mais du moment où ils se furent relevés, Targetius, leur chef, s'exprima avec la liberté et la fierté d'un Barbare. Il vanta, par la bouche de son interprète, la grandeur du chagan, à la clémence duquel les royaumes du Midi devaient leur existence, dont les sujets victorieux avaient traversé les rivières glacées de la Scythie, et couvraient alors les bords du Danube de leurs innombrables tentes. Justinien avait cultivé à grands frais, par des largesses annuelles, l'amitié d'un prince reconnaissant, et les ennemis de Rome avaient respecté les alliés des Avares. Les mêmes motifs de prudence devaient exciter son neveu à prendre cette libéralité pour modèle, et à acheter la paix que lui offrait un peuple invincible et sans égal dans les exercices de la guerre, dont il faisait ses délices. La réponse de l'empereur portait le même caractère de hauteur et de provocation que le discours des ambassadeurs : il fondait, disait-il, sa confiance sur la protection du Dieu des chrétiens, l'antique gloire de Rome et les triomphes récens de Justinien. « L'empire, poursuivit-il, est rempli d'hommes et de chevaux, et il a des armes en assez grand nombre pour défendre ses frontières et châtier les Barbares. Vous nous offrez des secours, vous nous menacez de la guerre; nous méprisons votre inimitié et vos secours. Les vainqueurs des Avares sollicitent notre alliance : craindrons-nous un peuple d'exilés qui prend la fuite devant eux (1)? Mon oncle accorda des largesses à votre misère et à vos humbles supplications ; je veux vous rendre un service plus important, je vous ferai connaître votre faiblesse. Éloignez-vous de ma présence : la vie des ambassadeurs est en sûreté ; et si vous revenez me demander pardon, vous goûterez peut-être les fruits de ma bienveillance (2). » Sur le récit de ses ambassadeurs, le chagan redouta la fermeté apparente d'un empereur romain dont il ignorait le caractère et les ressources. Au lieu d'exécuter ses menaces contre l'empire d'Orient, il se porta sur les contrées pauvres et sauvages de la Ger-

---

(1) Corippe, l. III, 390. Il s'agit incontestablement des Turcs vainqueurs des Avares ; mais le mot *scultor* ne paraît pas avoir de sens ; et le seul manuscrit existant de Corippe, d'après lequel on a publié la première édition de cet écrivain (1581, *apud* Plantin), ne se trouve plus. Le dernier éditeur, Foggini de Rome, a conjecturé que ce mot devait être corrigé par celui de *soldan*; mais les raisons qu'allègue Ducange (Joinville, *Dissertat.*, 16, p. 238-240) pour prouver que les Turcs et les Persans ont employé ce titre de très-bonne heure, sont faibles ou équivoques ; et je suis plus disposé en faveur de d'Herbelot (*Bibl. orient.*, p. 825), qui donne à ce mot une origine arabe et chaldéenne, et qui le fait commencer au onzième siècle, époque où le calife de Bagdad l'accorda à Mahmud, prince de Gazna et vainqueur de l'Inde.

(2) Comparez sur ces discours caractéristiques les vers de Corippe (l. III, 251-401) avec la prose de Ménandre (*Excerpt. legat.*, p. 102, 103). Leur diversité prouve qu'ils ne se sont pas copiés l'un l'autre, et leur ressemblance, qu'ils ont puisé à la même source.

manie, soumises à la domination des Francs; mais, après deux batailles douteuses, il consentit à se retirer, au moyen de quoi la disette de son camp fut soulagée par des convois de grains et de bétail que lui fournit le roi d'Austrasie (1). Tant d'espérances trompées avaient abattu le courage des Avares, et leur puissance se serait évanouie au milieu des déserts du pays des Sarmates, si l'alliance d'Alboin, roi des Lombards, n'eût pas offert un nouvel objet à leur valeur, et, par un établissement solide, fixé à la fin leur fortune lassée.

Au temps où Alboin servait sous les drapeaux de son père, il rencontra au milieu d'une bataille le prince des Gépides, contre lesquels il combattait, et le perça de sa lance. Les Lombards, frappés de cet exploit, demandèrent à son père, par des acclamations unanimes, que le jeune héros qui avait partagé les dangers du combat pût assister au banquet de la victoire. « Vous n'avez pas oublié, leur répondit l'inflexible Audoin, les sages coutumes de nos aïeux : quel que soit le mérite d'un prince, il ne peut s'asseoir à la table de son père sans avoir été armé de la main d'un roi étranger. » Alboin se soumit avec respect aux institutions de son pays ; il choisit quarante guerriers et se rendit hardiment à la

<small>Alboin, roi des Lombards. Sa valeur, son amour et sa vengeance.</small>

---

(1) *Voy.* sur la guerre des Avares contre les Austrasiens, Ménandre (*Excerpt. legat.*, p. 110), saint Grégoire de Tours (*Hist. Franc.*, l. IV, c. 29) et Paul-Diacre (*de Gest. Langob.*, l. II, c. 10).

cour de Turisund, roi des Gépides, qui, soumis aux lois de l'hospitalité, embrassa et traita avec distinction le meurtrier de son fils. Au milieu du repas, où Alboin occupait la place du jeune prince qu'il avait tué, un tendre souvenir vint frapper Turisund. Incapable de commander à son indignation, il ne put s'empêcher de s'écrier en soupirant : « Que cette place m'est chère ! que celui qui l'occupe m'est odieux ! » Sa douleur enflamma le ressentiment national des Gépides; et Cunimund, son dernier fils, échauffé par le vin ou par la tendresse fraternelle, sentit s'allumer dans son cœur le désir de la vengeance. « Les Lombards, dit-il rudement, ont la figure et l'odeur des jumens de nos plaines de Sarmatie. » Allusion grossière aux bandelettes blanches dont leurs jambes étaient enveloppées. « Tu peux ajouter quelque chose à cette ressemblance, s'écria audacieusement un des Lombards ; car vous savez comme ils ruent. Va reconnaître la plaine d'Asfeld, cherches-y les ossemens de ton frère; ils s'y trouvent confondus avec ceux des plus vils animaux. » Les Gépides, peuple de guerriers, s'élancèrent de leurs siéges; l'intrépide Alboin et ses quarante compagnons mirent l'épée à la main. L'intervention du respectable Turisund apaisa le tumulte. Il sauva son honneur et la vie de son hôte; et, après avoir accompli les rites solennels de l'investiture, il le renvoya couvert des armes ensanglantées de son fils, présent d'un père affligé. Alboin revint triomphant; et les Lombards, en célébrant son incomparable valeur, ne purent refuser des éloges aux vertus d'un ennemi (1). Il vit probablement dans cette étrange visite la fille de Cunimund, qui bientôt après monta sur le trône des Gépides. Elle s'appelait Rosamonde, nom bien convenable à la beauté, et que l'histoire ainsi que les romans ont consacré aux récits d'amour. Alboin, devenu peu après roi des Lombards, devait épouser la petite-fille de Clovis; mais les liens de la bonne foi et de la politique cédèrent bientôt à l'espoir de posséder la belle Rosamonde, et d'insulter sa famille et sa nation. Il employa sans succès l'art de la persuasion; mais son impatiente ardeur, à l'aide de la force et de la ruse, lui procura l'objet de ses désirs. Il prévoyait que la guerre serait la suite de cet attentat; il la désirait; mais les Lombards ne purent soutenir l'attaque furieuse des Gépides qu'appuyait une armée romaine. L'offre d'épouser Rosamonde fut rejetée avec mépris; il se vit contraint d'abandonner sa proie et de partager le déshonneur qu'il avait imprimé sur la maison de Cunimund (2).

Lorsque des injures particulières enveniment une querelle publique, les coups qui ne sont pas mortels

<small>Les Lombards et les Avares tuent le roi des Gépides, et détruisent ce royaume. A. D. 566.</small>

---

(1) Paul Warnefrid, diacre de Frioul (*de Gest. Langob.*, l. 1, c. 23; 24). Ses tableaux des mœurs nationales, quoique grossièrement esquissés, sont plus animés et plus fidèles que ceux de Bède ou de saint Grégoire de Tours.

(2) Cette histoire est racontée en détail par un imposteur (Theophylact. Simocat., l. VI, c. 10); mais cet imposteur a eu l'adresse d'établir ses fictions sur des faits publics et notoires.

ou décisifs ne produisent qu'une trêve de peu de durée, pendant laquelle on aiguise ses armes pour combattre de nouveau. Alboin n'ayant pas assez de force pour satisfaire son amour, son ambition et sa vengeance, implora les formidables secours du chagan; et les raisons qu'il fit valoir montrent l'art et la politique des Barbares. S'il avait attaqué les Gépides, c'était, disait-il, dans le dessein d'anéantir un peuple que son alliance avec l'empire romain rendait l'ennemi commun des nations et l'ennemi personnel du chagan; les Avares et les Lombards unis dans cette glorieuse querelle, la victoire était sûre et la récompense inestimable; le Danube, l'Èbre, l'Italie et Constantinople, se trouvaient exposés sans barrière à leurs armes invincibles; mais si le chagan hésitait ou différait de prévenir l'exécution des odieux projets des Romains, le même esprit qui avait insulté les Avares menaçait de les poursuivre jusqu'aux extrémités de la terre. Le chagan écouta avec froideur et avec dédain ces raisons spécieuses; il retint dans son camp les ambassadeurs d'Alboin; il prolongea la négociation, et allégua successivement son peu d'inclination et son défaut de moyens pour une si grande entreprise. Il déclara enfin le prix qu'il mettait à cette alliance; il demanda que les Lombards lui payassent sur-le-champ la dîme de leurs troupeaux, que les dépouilles et les captifs fussent partagés également; mais que les terres des Gépides devinssent le patrimoine des seuls Avares. Alboin, dominé par ses passions, ne balança point à souscrire à des conditions si rigoureuses ; et Justin, mécontent des Gépides dont il avait éprouvé l'ingratitude et la perfidie, abandonna ce peuple incorrigible à sa destinée, et demeura tranquille spectateur de cette lutte inégale. Cunimund, réduit au désespoir, n'en était que plus actif et plus dangereux. Il apprit que les Avares se trouvaient sur son territoire ; mais, convaincu qu'après la défaite des Lombards il repousserait aisément ces étrangers, il marcha d'abord contre l'implacable ennemi de son nom et de sa famille. L'intrépidité des Gépides ne leur valut qu'une mort honorable. Les plus braves d'entre eux demeurèrent sur le champ de bataille ; le roi des Lombards reçut avec joie la tête de Cunimund ; et pour rassasier sa haine ou suivre les barbares coutumes de son pays, il fit monter son crâne en forme de coupe (1). Après cette victoire, aucun obstacle ne s'opposait plus aux progrès des alliés, et ils exécutèrent avec fidélité les articles de leur convention (2). Une nouvelle colonie de Scythes s'établit

---

(1) Il paraît, d'après les remarques de Strabon, de Pline et d'Ammien-Marcellin, que c'était un usage commun chez les tribus des Scythes. (Muratori, *Script. rer. italicar.*, t. I, p. 424.) Les chevelures de l'Amérique septentrionale sont aussi des trophées de valeur ; les Lombards conservèrent plus de deux siècles le crâne de Cunimund ; et Paul lui-même fut du festin où le duc Ratchis fit paraître cette coupe destinée aux grandes solennités (l. II, c. 28).

(2) Paul, l. I, c. 27 ; Ménandre, *in Excerpt. legat.*, p. 110, 111.

sans trouver de résistance dans les belles contrées de la Valachie, de la Moldavie, de la Transylvanie, ainsi que dans la portion de la Hongrie qui est au-delà du Danube, et le règne des chagans dans la Dacie subsista avec splendeur plus de deux cent trente ans. La nation des Gépides disparut; mais lors du partage des captifs, les esclaves qui tombèrent au pouvoir des Avares furent moins heureux que ceux qui eurent les Lombards pour maîtres : la générosité de ceux-ci adoptait un ennemi valeureux, et leur liberté se trouvait incompatible avec une tyrannie froide et réfléchie. La moitié du butin introduisit dans le camp des Lombards plus de richesses qu'ils n'en pouvaient compter par les lents et grossiers calculs de leur arithmétique. La belle Rosamonde se laissa engager ou forcer à reconnaître les droits d'un amant victorieux, et la fille de Cunimund parut oublier des crimes qu'on pouvait imputer à ses irrésistibles charmes.

Alboin entreprend la conquête de l'Italie. A. D. 567.

La destruction d'un puissant royaume établit la réputation d'Alboin. Au temps de Charlemagne, les Bavarois, les Saxons et les autres tribus qui parlaient la langue teutonique, chantaient encore les ballades qui rappelaient les vertus héroïques, la valeur, la générosité et la fortune du roi des Lombards (1). Mais son ambition n'était pas satisfaite, et

---

(1) *Ut hactenus etiam tam apud Bajoariorum gentem quam et Saxonum sed et alios ejusdem linguæ homines.... in eorum carminibus celebretur.* (Paul., l. 1, c. 27.) Il mourut A. D.

des bords du Danube le vainqueur des Gépides tourna les yeux vers les fertiles rivages du Pô et du Tibre. Quinze ans auparavant, ses sujets alliés de Narsès, avaient visité le beau climat de l'Italie; ses montagnes, ses rivières et ses grands chemins, étaient encore présens et familiers à leur mémoire : le bruit de leurs succès, peut-être la vue du butin qu'ils avaient rapporté, excitaient dans la génération actuelle l'émulation et le goût des entreprises. La valeur et l'éloquence d'Alboin échauffèrent leurs désirs; et on assure que pour parler plus puissamment à leurs sens, il fit servir dans un banquet les fruits les plus beaux et les plus exquis de ceux qui croissent spontanément dans ce jardin de l'univers. Dès qu'il eut arboré son étendard, l'entreprenante jeunesse de la Germanie et de la Scythie vint en foule grossir son armée. Les robustes paysans de la Norique et de la Pannonie avaient repris les mœurs des Barbares ; et les races des Gépides, des Bulgares, des Sarmates et des Bavarois, peuvent se retrouver d'une manière

---

799. (Muratori, *in Præfat.*, t. 1, p. 397.) Ces chansons des Germains, dont quelques-unes pouvaient remonter au temps de Tacite (*de Morib. Germ.*, c. 2), furent compilées et transcrites par ordre de Charlemagne. *Barbara et antiquissima carmina, quibus veterum regum actus et bella canebantur, scripsit memoriæque mandavit.* (Éginhard, *in Vit. Car. Magn.*, c. 29, p. 130, 131.) Les poëmes dont Goldast fait l'éloge (*Animad. ad* Éginhard, p. 207), paraissent être des romans modernes, qui ne sont dignes que du mépris.

distincte dans les différentes provinces de l'Italie (1). Les Saxons étaient d'anciens alliés des Lombards, et vingt mille de leurs guerriers, suivis de leurs femmes et de leurs enfans, acceptèrent l'invitation d'Alboin. Leur bravoure contribua à ses succès ; mais tel était le nombre de ses troupes, qu'on s'y apercevait peu de leur présence ou de leur absence. Chacun y professait librement sa religion. Le roi des Lombards avait été élevé dans l'hérésie d'Arius ; mais on permettait aux catholiques de prier publiquement dans leurs églises pour sa conversion, tandis que les Barbares, plus opiniâtres, sacrifiaient une chèvre ou peut-être un captif aux dieux de leurs ancêtres (2). Les Lombards et leurs alliés étaient unis par leur commun attachement pour un chef doué au plus haut degré de toutes les vertus et de tous les vices d'un héros sauvage. La vigilance d'Alboin avait préparé pour son expédition un immense magasin d'armes offensives et défensives. Tout ce que les Lombards purent emporter de leurs richesses suivait l'armée ; et, s'exilant volontairement, ils abandonnèrent joyeusement leurs terres aux Avares, d'après une promesse solennelle faite et reçue sans sou-

---

(1) Paul (l. II, c. 6-26) parle des autres nations. Muratori (*Antich. Ital.*, t. I, *Dissert.* 1, p. 4) a découvert à trois milles de Modène le village des Bavarois.

(2) Grégoire le Romain (*Dialog.*, l. III, c. 27, 28, *apud* Baron., *Annal. eccles.*, A. D. 579, n° 10) suppose qu'ils adoraient aussi la chèvre. Je ne connais qu'une religion où le dieu soit en même temps la victime.

rire, que s'ils échouaient dans la conquête de l'Italie, ces exilés volontaires rentreraient dans leurs anciennes possessions.

Ils n'auraient peut-être pas réussi, s'ils avaient eu à combattre Narsès; et les vieux guerriers d'Alboin qui avaient eu part à la victoire de ce général romain sur les Goths, se seraient présentés avec répugnance contre un ennemi qu'ils redoutaient et qu'ils estimaient. Mais la faiblesse de la cour de Byzance seconda les projets des Barbares, et ce fut pour la ruine de l'Italie que l'empereur écouta une fois les plaintes de ses sujets. L'avarice souillait les vertus de Narsès, et durant les quinze années qu'il avait gouverné l'Italie, il avait accumulé, soit en or, soit en argent, un trésor fort au-dessus de la fortune qui convient à un particulier. Son administration était tyrannique ou du moins odieuse au peuple; et les députés de Rome à Constantinople énoncèrent avec liberté le mécontentement général. Ils déclarèrent hautement, au pied du trône, que leur servitude, sous les Goths, avait été plus supportable que le despotisme d'un eunuque grec; et que si on ne se hâtait de déposer leur tyran, ils ne songeraient qu'à leur bonheur dans le choix d'un maître. L'envie et la calomnie, qui avaient triomphé depuis peu du mérite de Bélisaire, surent accroître cette crainte d'une révolte. Un nouvel exarque, Longin; remplaça le vainqueur de l'Italie; et la lettre insultante de l'impératrice Sophie lui révéla les vils motifs qui déterminaient son rappel. Elle lui

Mécontentement de Narsès et sa mort.

écrivit « qu'il devait laisser à des *hommes* l'exercice des armes, et revenir dans la place qui lui convenait parmi les filles du palais, où on mettrait de nouveau une quenouille dans sa main. » On dit que dans son indignation le héros, pénétré du sentiment de sa force, laissa échapper ces paroles : « Mes fils seront tissus de manière qu'elle ne les débrouillera pas aisément. » Au lieu d'aller se présenter comme un esclave ou comme une victime à la porte du palais de Byzance, il se retira à Naples, d'où, si l'on s'en rapporte à l'opinion de ses contemporains, il excita les Lombards à punir l'ingratitude du prince et du peuple (1). Mais les passions du peuple sont mobiles autant que furieuses, et les Romains ne tardèrent pas à se rappeler le mérite ou à redouter la colère de leur général victorieux. Ils employèrent la médiation du pape, qui, étant allé trouver Narsès à Naples, lui fit agréer leur repentir ; il adoucit la sévérité de son maintien, la fierté de son langage, et

---

(1) Les reproches que le diacre Paul (l. II, c. 5) fait à Narsès, peuvent être sans fondement; mais les meilleurs critiques rejettent la faible apologie qu'a publiée le cardinal Baronius (*Annal. eccles.*, A. D. 567, n⁰ˢ 8-12). J'indiquerai parmi ces critiques Pagi (tom. II, p. 639, 640), Muratori (*Annal. d'Ital.*, t. V, p. 160-163) et les derniers éditeurs, Horace Blancus (*Script. rer. Italic.*, t. I, p. 427, 428) et Philippe Argelatus (Sigon., *Opera*, t. II, p. 11, 12). Il est clair que le Narsès qui assista au couronnement de Justin (Corippe, l. III, 221.) était une autre personne du même nom.

consentit à fixer sa résidence au Capitole; mais quoiqu'il eût atteint le dernier terme de la vieillesse (1), sa mort, arrivée bientôt après, put être regardée comme prématurée; car son génie seul pouvait réparer la fatale erreur des derniers temps de sa vie. La réalité ou le bruit d'une conspiration désarma et désunit les Italiens. Les soldats avaient été irrités de la disgrâce de leur général, et ils déplorèrent sa perte. Ils ne connaissaient pas leur nouvel exarque; et Longin ignorait aussi l'état de l'armée et celui de la province. L'année précédente, la peste et la famine avaient désolé l'Italie; et le peuple mécontent attribuait les calamités de la nature aux crimes ou à l'imprudence de ses administrateurs (2).

Quels que fussent les motifs de sa sécurité, Alboin comptait bien ne pas trouver une armée romaine devant lui, et cette espérance ne fut pas trompée. Lorsqu'il fut au sommet des Alpes Juliennes, il regarda avec avidité et avec mépris ces fertiles plaines auxquelles ses victoires ont donné le nom de *Lom-*

Les Lombards font la conquête d'une grande partie de l'Italie. A. D. 568-570.

---

(1) Paul (l. II, c. 11), Anastase (*in Vit. Johan.*, III, p. 43), Agnellus (*Liber pontifical. Raven. in Script. rer. Ital.*, t. II, part. 1, p. 114-124), font mention de la mort de Narsès. Mais je ne puis croire, avec Agnellus, que ce général fût âgé de quatre-vingt-quinze ans. Est-il probable que l'âge de quatre-vingts ans ait été l'époque de ses exploits?

(2) Paul-diacre expose dans le dernier chapitre de son premier livre et les sept premiers chapitres du second, les desseins de Narsès et des Lombards, relativement à l'invasion de l'Italie.

bardie. Il plaça un commandant fidèle et une troupe choisie au Forum Julii, le Frioul de la géographie moderne, pour garder les défilés des montagnes. Il ne voulut point se hasarder contre les forces de Pavie, et il écouta les prières des Trévisans : suivi de cette multitude, retardée dans sa marche par un lourd bagage, il vint occuper le palais et la ville de Vérone; et six mois après son départ de la Pannonie, il investit avec toute son armée Milan qui renaissait de ses cendres. La terreur le précédait ; il trouvait déserts les cantons où il portait ses pas, ou bien il en faisait une effrayante solitude, et les pusillanimes Italiens le jugeaient invincible, sans vouloir s'en assurer par leur expérience. On les voyait dans leur effroi se réfugier au milieu des lacs, des rochers et des marais, avec quelques débris de leurs richesses, et ils différaient ainsi le moment de leur servitude. Paulin, patriarche d'Aquilée, retira ses trésors sacrés et profanes dans l'île de Grado (1); et ses successeurs furent adoptés par la naissante république

---

(1) L'île de Grado fut appelée, d'après cette transaction, la Nouvelle Aquilée. (*Chron. venet.*, p. 3.) Le patriarche de Grado ne tarda pas à devenir le premier citoyen de la république (p. 9, etc.); mais son siége ne fut transféré à Venise qu'en 1450. Il est maintenant chargé de titres et d'honneurs. Mais le génie de l'Église s'est abaissé devant celui de l'État, et le gouvernement de Venise catholique est presbytérien à la rigueur. Thomassin, *Discipl. de l'Église*, t. 1, 156, 157, 161-165; Amelot de La Houssaye, *Gouvernement de Venise*, t. 1, p. 256-261.

de Venise, qui s'enrichissait sans cesse des calamités publiques. Honorat remplissait le siége de saint Ambroise ; il avait eu la simplicité de souscrire à la trompeuse capitulation qu'on lui proposa ; et la perfidie d'Alboin força bientôt l'archevêque, le clergé et les nobles de Milan, à chercher un asile dans les remparts moins accessibles de la ville de Gênes. Le courage des habitans était soutenu par leur situation sur le rivage de la mer, qui leur donnait la facilité de recevoir des vivres, l'espoir d'être secourus, et les moyens de prendre la fuite ; mais des collines de Trente aux portes de Ravenne et de Rome, les Lombards s'approprièrent l'intérieur de l'Italie, sans livrer une bataille et sans former un siége. La soumission du peuple engagea le Barbare à revêtir le caractère de légitime souverain ; et l'exarque, hors d'état de résister, se vit réduit à la triste fonction d'aller annoncer à l'empereur Justin la perte rapide et irréparable de ses provinces et de ses villes (1). Une place que les Goths avaient fortifiée avec soin arrêta les progrès du conquérant ; et tandis que des détachemens de Lombards subjuguaient le reste de l'Italie, le camp du roi demeura plus de trois ans devant la porte occidentale de *Ticinum* ou Pavie. Cette valeur, qui obtient l'estime d'un ennemi civi-

---

(1) Paul a donné une description de l'Italie d'après les dix-huit régions qu'elle contenait alors (l. II, c. 14-24). La *Dissertatio chorographica de Italiâ medii œvi*, par le père Beretti, religieux bénédictin et professeur royal à Pavie, a été consultée avec fruit.

lisé, provoque la fureur d'un sauvage; et Alboin fit l'épouvantable serment de confondre dans un massacre général les âges, les sexes et les dignités. La famine lui permit enfin d'accomplir ce vœu sanguinaire ; mais en passant sous la porte de Pavie, son cheval fit un faux pas, et tomba sans qu'on pût le relever. La compassion ou la piété déterminèrent un de ceux qui accompagnaient Alboin, à interpréter cet événement comme un indice miraculeux de la colère du ciel. Alboin s'arrêta et s'adoucit ; il remit son épée dans le fourreau, vint tranquillement se reposer dans le palais de Théodoric, et annonça à la multitude tremblante qu'elle vivrait pour obéir. Le roi des Lombards, charmé de la position de cette ville, que la longueur du siége avait rendue plus chère à son orgueil, dédaigna l'antique gloire de Milan; et Pavie fut, durant quelques générations, la capitale du royaume d'Italie (1).

Alboin est assassiné par sa femme Rosamonde.
A. D. 573, juin 28.

Le règne d'Alboin fut brillant et de peu de durée; et avant d'avoir pu régler ses nouvelles conquêtes, ce prince périt victime d'une trahison domestique et de la vengeance de sa femme. Il célébrait une orgie avec ses compagnons d'armes dans un palais près de Vérone, qui n'avait pas été bâti pour les Barbares;

---

(1) *Voyez* sur la conquête de l'Italie, les matériaux rassemblés par Paul (l. II. c. 7-10, 12, 14, 25, 26, 27), le récit éloquent de Sigonius (t. II, *de Regno Italiæ*, l. 1, p. 13-19), et les Discussions exactes et critiques de Muratori (*Annali d'Italia*, t. v, p. 164-180.)

l'ivresse était la récompense de la valeur, et le roi fut entraîné par le plaisir de la table, ou par la vanité, à passer la mesure ordinaire de son intempérance. Après avoir vidé des coupes sans nombre de vin de Rhétie ou de Falerne, il demanda le crâne de Cunimund, l'ornement le plus noble et le plus précieux de son échansonnerie. Les chefs lombards, qui se trouvaient à sa table, poussèrent d'horribles acclamations de joie, en voyant cette coupe de la victoire. « Remplissez-la de nouveau, remplissez-la jusqu'au bord, s'écria le vainqueur inhumain ; portez-la ensuite à la reine, et priez-la de ma part de se réjouir avec son père. » Rosamonde, prête à suffoquer de douleur et de rage, eut cependant la force de répondre : « Que la volonté de mon seigneur soit faite, » et, touchant la coupe de ses lèvres, prononça au fond de son cœur le serment de laver cette injure dans le sang d'Alboin. Si elle n'eût pas été déjà coupable comme femme, on pourrait accorder quelque indulgence au ressentiment qu'elle dut éprouver en qualité de fille ; mais, implacable dans sa haine ou inconstante dans ses amours, la reine d'Italie avait prodigué ses faveurs à un de ses sujets ; et Helmichis, le porte-armes du roi, fut le ministre secret de sa vengeance comme de ses plaisirs. Il ne pouvait plus combattre par des raisons de fidélité ou de reconnaissance le projet d'assassiner son prince ; mais il trembla en songeant au danger qu'il allait courir et au crime qu'on lui demandait, en se rappelant la force incomparable et l'intrépidité de ce guerrier, qu'il avait accompagné si souvent sur le champ de bataille. A force de sollicitations, il obtint qu'on lui donnerait pour second un des plus intrépides champions de l'armée des Lombards; on s'adressa au brave Pérédée, mais on ne put en tirer qu'une promesse de garder le secret sur cet attentat. Le moyen de séduction qu'employa Rosamonde, annonce à quel point d'effronterie elle portait le mépris de l'honneur et même de l'amour. Elle prit la place d'une de ses femmes qu'aimait Pérédée, et sut, au moyen de quelques prétextes, expliquer d'une manière plausible l'obscurité et le silence de leur entrevue, jusqu'au moment où elle put lui dire qu'il sortait des bras de la reine des Lombards, et que sa mort ou celle d'Alboin devait être la suite d'un pareil adultère. Dans cette alternative, il aima mieux devenir le complice que la victime de Rosamonde (1), également incapable de crainte et de remords : elle attendait un moment favorable, et elle le trouva bientôt. Le roi, chargé de vin, sortit de table et alla sommeiller comme il avait coutume de le faire, après midi. L'infidèle épouse, paraissant s'occuper de la santé et du repos du prince, ordonna de fermer les

---

(1) Le lecteur se rappellera l'histoire de la femme de Candaule et le meurtre de cet époux, qu'Hérodote raconte d'une manière si agréable au premier livre de son histoire. Le choix de Gygès, αιρεεται αυτος περιειναι, peut servir d'une sorte d'excuse à Pérédée; et ce moyen d'adoucir une idée odieuse a été suivi par les meilleurs écrivains de l'antiquité. Grævius, *ad Ciceron. Orat. pro Milone*, c. 10.

portes du palais et d'éloigner les armes ; elle renvoya les gens de service, et après avoir endormi Alboin en lui prodiguant les plus tendres caresses, elle ouvrit la porte de la chambre où il était, et pressa les conspirateurs d'exécuter sur-le-champ une promesse qu'ils ne remplissaient qu'à regret. A la première alarme, le guerrier s'élança de son lit ; il voulut tirer son épée, mais Rosamonde avait eu soin de l'enchaîner au fourreau ; et une petite escabelle, la seule arme qu'il trouva sous sa main, ne put le défendre long-temps contre le glaive des meurtriers. La fille de Cunimund sourit à sa chute : on l'enterra sous l'escalier du palais ; et long-temps après sa mort, la postérité des Lombards révéra le tombeau et la mémoire de leur chef victorieux.

L'ambitieuse Rosamonde aspirait à régner sous le nom de son amant : la ville et le palais de Vérone redoutaient son pouvoir, et une troupe dévouée de Gépides, ses compatriotes, se disposait à applaudir à la vengeance et à seconder les désirs de leur souveraine ; mais les chefs lombards, qui dans les premiers momens de la consternation et du désordre avaient pris la fuite, commençaient à retrouver leur courage et à réunir leurs forces ; et la nation, au lieu d'obéir à cette perfide épouse, demanda à grands cris le châtiment de la coupable Rosamonde et des assassins du roi. Elle se réfugia chez les ennemis de son pays, et les vues intéressées de l'exarque assurèrent son appui à une criminelle qui méritait l'exécration du monde entier : elle descendit l'Adige et

Fuite et mort de Rosamonde.

le Pô avec sa fille, héritière du trône des Lombards, avec ses deux amans, ses fidèles Gépides, et les dépouilles du palais de Vérone : un vaisseau grec la porta dans le havre de Ravenne. Longin sentit le pouvoir des charmes et des trésors de la veuve d'Alboin : la position et la conduite de cette femme autorisaient toutes les prétentions, et elle s'empressa de satisfaire la passion d'un ministre que, malgré le déclin de l'empire, on respectait à l'égal des rois. Elle lui sacrifia sans peine la vie d'un amant jaloux, et Helmichis, en sortant du bain, reçut de la main de sa maîtresse le breuvage mortel. Le goût de la liqueur, ses prompts effets, sa connaissance du caractère de Rosamonde, lui apprirent bientôt que le poison coulait dans ses veines; mettant alors le poignard sur la gorge de Rosamonde, il la força à boire le reste de la coupe, et expira peu de minutes après, avec la joie de penser qu'elle ne recueillerait pas les fruits de ce dernier attentat. La fille d'Alboin et de Rosamonde fut embarquée pour Constantinople avec les dépouilles les plus précieuses des Lombards. La force étonnante de Pérédée devint l'amusement et bientôt la terreur de la cour impériale ; sa cécité et sa vengeance rappelèrent ensuite d'une manière imparfaite les aventures de Samson. Les libres suffrages de l'assemblée de Pavie élevèrent à la royauté Cléphon, l'un des plus nobles généraux d'Alboin : mais dix-huit mois ne s'étaient pas écoulés, qu'un second meurtre souilla le trône des Lombards ; Cléphon fut assassiné par un de ses domestiques. Il y eut un interrègne de plus de dix ans durant la minorité de son fils Autharis, et une aristocratie de trente tyrans divisa et opprima l'Italie (1).

Le neveu de Justinien, en montant sur le trône, avait annoncé une nouvelle époque de bonheur et de gloire; mais la honte au dehors (2), la misère au dedans, ont marqué les annales de son règne. Du côté de l'occident, il perdit l'Italie, il vit ravager l'Afrique, et n'arrêta point les conquêtes des Perses. L'injustice dominait dans la capitale et les provinces; les riches tremblaient pour leur fortune, les pauvres pour leur sûreté; les magistrats ordinaires étaient ignorans ou corrompus; les remèdes apportés quelquefois à tant de maux paraissent avoir été arbitraires et violens, et la couronne ne se trouvait plus sur la tête d'un législateur et d'un conquérant qui imposât silence aux plaintes du peuple. Un historien peut appuyer comme une vérité sérieuse ou comme un préjugé salutaire l'opinion qui impute aux princes les calamités de leur temps; mais, pour être de bonne foi, il faut dire que Justin paraît avoir eu des intentions pures et bienfaisantes, et qu'il aurait pu

Faiblesse de l'empereur Justin.

---

(1) *Voy*. l'*Histoire de Paul*, l. II, c. 28-32. J'ai tiré quelques détails intéressans du *Liber pontificalis* d'Agnellus, *in Script. rer. Ital.*, t. II, p. 124. Muratori est le plus sûr de tous les guides sur la chronologie.

(2) Les auteurs originaux pour le règne de Justin le Jeune, sont Évagrius (*Hist. eccl.*, l. V, c. 1-12), Théophane (*Chronograph.*, p. 204-210), Zonare (t. II, l. XIV, p. 70-72), Cedrenus (*in Compend.*, p. 388-392).

porter le sceptre avec honneur, sans une maladie qui diminua les forces de sa tête, le priva de l'usage de ses pieds, et le retint dans son palais : il ne fut instruit ni des plaintes du peuple ni des vices de son gouvernement. S'apercevant, mais trop tard, de son impuissance, il abdiqua la couronne, et, dans le choix d'un digne successeur, montra quelques lueurs de discernement et même de magnanimité. Le seul fils qu'il eût eu de l'impératrice Sophie était mort en bas âge ; Arabia, leur fille, avait épousé Baduarius (1), d'abord surintendant du palais, et ensuite général des armées d'Italie, qui essaya vainement de faire confirmer les droits de son mariage par ceux de l'adoption. Aussi long-temps que l'empire avait été l'objet de ses désirs, Justin avait vu d'un œil de jalousie et de haine ses frères et ses cousins rivaux de ses espérances : il ne pouvait compter sur leur reconnaissance pour le don de la pourpre, qu'ils auraient reçu comme une restitution plutôt que comme un bienfait. L'un de ces compétiteurs avait d'abord

---

(1) *Dispositorque novus sacræ Baduarius aulæ;*
Successor soceri mox factus cura-palati. CORIPPUS.

Baduarius est compté parmi les descendans et les alliés de la maison de Justinien. Une famille noble de Venise (la casa Badoero) a bâti des églises et donné des ducs à la république dès le neuvième siècle ; et si sa généalogie est bien prouvée, il n'y a pas de rois en Europe qui puissent en produire une aussi ancienne et aussi illustre. Ducange, *Fam. Byzant.*, p. 99; Amelot de La Houssaye, *Gouvern. de Venise*, t. II, p. 555.

été exilé, et on lui avait ensuite donné la mort. L'empereur s'était porté envers un autre à de si cruelles insultes, qu'il devait craindre son ressentiment ou mépriser sa patience. Cette animosité domestique donna lieu à la généreuse résolution de chercher un successeur, non dans sa famille, mais dans la république, et l'adroite Sophie recommanda Tibère (1), fidèle capitaine des gardes du prince, qui pouvait chérir les vertus de cet officier et veiller à sa fortune avec cette affection qu'on a pour les objets de son choix. La cérémonie de son élévation au rang de César ou d'Auguste se fit dans le portique du palais, en présence du patriarche et du sénat. Justin rassembla alors le peu de forces qui lui restaient, et l'opinion populaire, qui attribua son discours à l'inspiration divine, indique assez quelle idée on avait de l'empereur dans son temps, et quelle idée nous devons avoir du temps (2). « Vous voyez, dit-il à Tibère,

Association de Tibère. A. D. 574, décembre.

---

(1) Les éloges accordés aux princes avant leur élévation au trône, sont les plus purs et les plus imposans. Corippe avait loué Tibère dans le temps de l'élévation de Justin au trône (l. 1, p. 212-222). Au reste, un capitaine des gardes pouvait exciter la flatterie d'un Africain exilé.

(2) Évagrius (l. v, c. 13) a ajouté le reproche de Justin à ses ministres. Il suppose que ce discours fut prononcé lors de la cérémonie où Tibère obtint le rang de César. C'est par le vague de leurs expressions, plutôt que par une véritable méprise, que Théophane et quelques autres ont donné lieu de penser qu'il fallait le rapporter à l'époque où Tibère fut revêtu du titre d'Auguste, c'est-à-dire immédiatement avant la mort de Justin.

les marques du pouvoir souverain. Vous allez les recevoir, non de ma main, mais de celle de Dieu. Rendez-les honorables, et elles vous honoreront. Respectez l'impératrice votre mère : vous étiez hier son serviteur, et vous êtes aujourd'hui son fils. Ne prenez pas plaisir à verser le sang des hommes ; abstenez-vous de la vengeance ; évitez les actions qui ont attiré sur moi la haine publique, et au lieu d'imiter votre prédécesseur, profitez de son expérience. Homme, j'ai dû pécher ; pécheur, j'ai été puni sévèrement, même dès cette vie : mais ces serviteurs (en montrant ses ministres), qui ont abusé de ma confiance et échauffé mes passions, paraîtront avec moi devant le tribunal de Jésus-Christ. L'éclat du diadême m'a ébloui : soyez modeste et sage ; n'oubliez pas ce que vous avez été, et songez toujours à ce que vous êtes. Vous avez sous les yeux vos esclaves et vos enfans : en prenant l'autorité, prenez la tendresse d'un père. Aimez votre peuple à l'égal de vous-même ; cultivez l'affection et maintenez la discipline de l'armée ; protégez la fortune des riches, et soulagez la misère du pauvre (1). » L'assemblée en silence ne put applaudir que par ses larmes aux conseils de l'empereur, et fut touchée de son repentir. Tibère reçut le diadême à genoux ; et Justin, que

---

(1) Théophylacte Simocatta (l. III, c. 11) déclare qu'il transmet à la postérité la harangue de Justin telle que ce prince la prononça, et sans vouloir corriger les fautes de langage et de rhétorique. Ce frivole sophiste n'aurait peut-être pas été en état d'en faire une pareille.

son abdication semble rendre digne du trône, adressa au nouveau monarque les paroles que voici : « Je vivrai si vous y consentez ; si vous l'ordonnez, je dois mourir. Puisse le Dieu du ciel et de la terre inspirer à votre cœur tout ce que j'ai négligé ou oublié ! » Justin passa les quatre dernières années de sa vie dans une obscurité paisible ; sa conscience cessa d'être tourmentée par le souvenir de ces devoirs qu'il était incapable de remplir, et son choix fut justifié par le respect filial et la reconnaissance de Tibère.

<small>Mort de Justin. A. D. 578, oct. 5.</small>

Tibère était parmi les Romains de son temps le plus remarquable par l'élévation de sa taille et les agrémens de sa figure : indépendamment de ses vertus (1), sa beauté put contribuer à lui valoir la bienveillance de Sophie, et la veuve de Justin crut pouvoir espérer, en l'épousant, de conserver sous le règne d'un plus jeune époux le rang et le crédit dont elle avait joui ; mais si l'ambition de Tibère l'avait porté à flatter, par sa dissimulation, les désirs de sa protectrice, il n'était plus en son pouvoir de satisfaire à l'espoir qu'elle avait conçu ou à la promesse qu'il lui avait faite. Les factions de l'hippodrome demandèrent avec impatience une impératrice, et le peuple, ainsi que Sophie, entendit avec surprise pro-

<small>Règne de Tibère II. A. D. 578, sept. 26. A. D. 582, août 14.</small>

---

(1) *Voy.* sur le caractère et le règne de Tibère, Évagrius (l. v, 13), Théophylacte (l. III, c. 12, etc.), Théophane (*in Chron.*, p. 210-213), Zonare (t. II, l. XIV, p. 72), Cedrenus (p. 392), Paul Warnefrid (*de Gestis Langobard.*, l. III, c. 11, 12). Le diacre du *Forum Julii* paraît avoir eu connaissance de quelques faits curieux et authentiques.

clamer en cette qualité Anastasie, l'épouse secrète mais légitime de l'empereur. Il accorda à Sophie tout ce qui pouvait calmer sa douleur : les honneurs d'impératrice, un magnifique palais et une nombreuse maison, prouvèrent l'affection de son fils adoptif. Dans les occasions importantes, il allait consulter la femme de son bienfaiteur ; mais l'ambition de celle-ci dédaigna le vain simulacre de la royauté ; et le respectueux titre de mère, que lui donnait l'empereur, irritait, au lieu de l'adoucir, une femme qui se croyait insultée. Tandis qu'elle recevait, avec un de ces sourires si familiers dans les cours, les témoignages du respect et de la confiance de Tibère, elle se liguait secrètement contre lui avec d'anciens ennemis, et Justinien, fils de Germanus, devint l'instrument de sa vengeance. L'orgueil de la maison régnante voyait avec peine un étranger sur le trône ; le jeune fils de Germanus jouissait de la faveur populaire et la méritait ; une faction tumultueuse avait prononcé son nom après la mort de Justin, et la soumission qu'il avait montrée alors, en offrant sa tête avec un trésor de soixante mille livres sterling, pouvait être regardée comme une preuve de son crime ou du moins de sa frayeur. Justinien avait reçu le pardon de l'empereur et le commandement de l'armée d'Orient. Le monarque de Perse prit la fuite devant lui, et les acclamations qui accompagnèrent son triomphe le déclarèrent digne de la pourpre. Son adroite protectrice choisit le mois des vendanges, époque de l'année où Tibère goûtait dans une solitude champêtre les plaisirs d'un sujet. Instruit des projets de Sophie, celui-ci revint à Constantinople, où sa présence et sa fermeté étouffèrent la conspiration. Il ôta à l'impératrice douairière la pompe et les honneurs dont elle avait abusé ; il la priva de son cortége, il intercepta ses lettres et la mit sous la garde d'un surveillant fidèle ; mais aux yeux de cet excellent prince, les services de Justinien n'aggravèrent point son crime : après lui avoir fait quelques reproches pleins de douceur, il lui pardonna sa trahison et son ingratitude, et chacun fut alors persuadé qu'il songeait à former une double alliance avec le rival de son trône. Selon une fable qui courut dans le temps, la voix d'un ange révéla à l'empereur qu'il triompherait toujours de ses ennemis domestiques ; mais Tibère comptait davantage sur l'innocence et la générosité de son propre cœur.

Il ajouta à l'odieux nom de Tibère le surnom plus populaire de Constantin, et imita toutes les vertus des Antonins. Après avoir raconté les vices ou les extravagances d'un si grand nombre d'empereurs, il est doux de s'arrêter un moment sur un prince distingué par son humanité, sa justice, sa tempérance et la force de son âme ; de contempler un souverain affable dans son palais, religieux au pied des autels, impartial dans ses fonctions de juge, et vainqueur, du moins par ses généraux, dans la guerre de Perse ; mais une multitude de captifs dont il prit des soins extrêmes, et qu'il renvoya dans leur patrie avec la charité d'un héros chrétien, après les avoir rachetés

Ses vertus.

de ses soldats et de ses officiers, fut le trophée le plus glorieux de sa victoire. Le mérite ou l'infortune de ses sujets excitaient toujours sa bienfaisance; et ses largesses, qu'il calculait d'après sa dignité, surpassaient communément leurs désirs. Cette maxime, dangereuse dans un dépositaire de la fortune publique, était contre-balancée toutefois par un principe d'humanité et d'équité qui lui faisait regarder comme la plus vile des richesses l'or qu'on tire des larmes des sujets. Dès qu'ils avaient souffert par une calamité de la nature ou par les ravages de la guerre, il se hâtait de leur remettre les arrérages des tributs, ou de les affranchir d'impôts. Si de lâches ministres venaient lui proposer ces ressources dix fois surpassées par les extorsions auxquelles elles donnent lieu, il les rejetait d'un air sévère, et ses sages lois excitèrent les éloges et les regrets des temps postérieurs. Constantinople croyait que l'empereur avait découvert un trésor : une noble économie et le mépris de toutes les dépenses vaines ou superflues formaient son trésor. Les sujets de l'empire d'Orient auraient goûté le bonheur, si ce roi patriote, le plus beau présent que le ciel puisse faire au monde, fût toujours resté sur la terre; mais dès la quatrième année après la mort de Justin, Tibère fut attaqué d'une maladie mortelle, qui lui laissa à peine le temps de rendre le diadême au plus digne de ses concitoyens, ainsi qu'il l'avait reçu. Il choisit Maurice dans la foule; jugement plus précieux en lui-même que la pourpre. Il lui donna sa fille et l'empire, en présence du patriarche, et du sénat qu'il avait appelés à son lit de mort; il y ajouta des conseils par la voix du questeur, et sa dernière espérance fut que les vertus de son fils et de son successeur élèveraient à sa mémoire le plus noble monument dont elle pût être honorée. Elle fut environnée de l'affliction publique comme d'un encens précieux ; mais la douleur la plus sincère s'évapore au milieu du tumulte d'un nouveau règne, et les yeux et les acclamations de l'univers se tournèrent bientôt vers le nouvel astre qui commençait à paraître.

La famille de Maurice était originaire de l'ancienne Rome (1) ; mais son père et sa mère habitaient Arabissus dans la Cappadoce, et ils eurent le rare bonheur de voir et de partager la fortune de leur *auguste* fils. Il avait passé sa jeunesse dans le métier des armes : ayant obtenu le commandement d'une nouvelle légion de douze mille confédérés que Tibère venait de lever, il se signala par sa valeur et sa conduite dans la guerre de Perse, et revint à Constantinople, où l'héritage de l'empire devint la juste récompense de son mérite. Il monta sur le trône à l'âge de quarante-trois ans, et il en régna plus de vingt

Règne de Maurice.
A. D. 582, août 13.
A. D. 602, nov. 27.

---

(1) Il est assez singulier que Paul (l. III, c. 15) le donne pour le premier empereur grec, *primus ex Græcorum genere in imperio constitutus*. Il est vrai que ses prédécesseurs immédiats étaient nés dans les provinces latines de l'Europe : il faut peut-être lire dans le texte de Paul *in Græcorum imperio;* ce qui appliquerait l'expression à l'empereur plutôt qu'au prince.

sur l'empire et sur lui-même (1) : chassant de son cœur le tumulte démocratique des passions, et y établissant, selon l'expression recherchée d'Évagrius, l'aristocratie parfaite de la raison et de la vertu. Au reste, le témoignage d'un sujet inspire des soupçons, quoiqu'il déclare que ses éloges n'arriveront jamais à l'oreille de son souverain (2); et quelques fautes semblent placer Maurice au-dessous de son prédécesseur, dont la vertu fut si pure. Son maintien froid et réservé pouvait être attribué à l'arrogance; sa justice n'était pas toujours exempte de cruauté, sa clémence de faiblesse, et son économie rigoureuse l'exposa trop souvent au reproche d'avarice; mais les vœux raisonnables d'un monarque absolu doivent tendre au bonheur du peuple. Maurice était doué du discernement et du courage nécessaires pour les accomplir, et son administration fut dirigée par les principes et l'exemple de Tibère. La pusillanimité des Grecs avait établi une séparation si absolue entre

---

(1) *Voyez* sur le caractère et le règne de Maurice, les cinquième et sixième livres d'Évagrius, et en particulier le livre VI, c. 1; les huit livres de l'histoire prolixe et ampoulée de Théophylacte Simocatta; Théophane, p. 213, etc.; Zonare, t. II, l. XIV, p. 73; Cedrenus, p. 394.

(2) Αυτοκρατωρ οντως γενομενος την μεν οχλοκρατειαν των παθων εκ της οικειας εξηνλατησε ψυχης : αριστοκρατειαν δε εν τοις εαυτου λογισμοις καταστησαμενος. Evagrius composa son histoire la douzième année du règne de Maurice; et il avait été si sagement indiscret, que l'empereur connut et récompensa ses opinions (l. VI, c. 24).

les fonctions de roi et celles de général, qu'un soldat arrivé à la pourpre par son mérite se montrait rarement, ou ne se montrait jamais à la tête de ses armées ; cependant l'empereur Maurice eut la gloire de rétablir le roi de Perse sur le trône : ses lieutenans firent contre les Avares du Danube une guerre dont les succès furent douteux, et il jeta un œil de compassion, d'inutile compassion, sur l'abjection et la détresse de ses provinces d'Italie.

L'Italie exposait continuellement sa misère aux empereurs ; elle leur demandait sans cesse des secours qui les forçaient à l'humiliant aveu de leur faiblesse. La dignité de Rome expirait, et on ne la trouvait plus que dans la liberté et l'énergie de ses plaintes. « Si vous n'êtes pas en état, disait-elle, de nous délivrer du glaive des Lombards, sauvez-nous du moins des maux de la famine. » Tibère lui pardonna ses reproches, et la soulagea dans sa détresse : des blés de l'Égypte arrivèrent à l'embouchure du Tibre ; et le peuple romain, au lieu du nom de Camille, invoquant celui de saint Pierre, repoussa les Barbares qui vinrent attaquer ses murs ; mais ces secours furent passagers, et le danger était continuel et pressant. Le clergé et le sénat rassemblèrent une somme de six mille marcs d'or qui composaient les débris de leur antique richesse, et le patricien Pamphronius vint déposer ce présent et les plaintes de la ville au pied du trône de Byzance. La guerre de Perse occupait l'attention de la cour et les forces de l'Orient ; mais la justice de Tibère employa ces six

Misère et détresse de l'Italie.

mille marcs d'or à la défense de Rome : il dit à Pamphronius, en le renvoyant, que le meilleur avis qu'il pût lui donner, c'était de corrompre les chefs lombards, ou d'acheter le secours des rois de France. Malgré ce faible expédient, la détresse de l'Italie continua ; Rome fut assiégée de nouveau, et les troupes d'un simple duc de Spolette pillèrent et envahirent le faubourg de Classe, situé à trois milles de Ravenne. Maurice reçut une seconde députation de prêtres et de sénateurs ; le pontife de Rome retraçait avec énergie dans ses lettres les devoirs et les menaces de la religion, et le diacre Grégoire, son envoyé, était autorisé à parler au nom de Dieu et au nom des hommes. L'empereur adopta, mais avec plus de succès, les mesures de son prédécesseur : on détermina plusieurs chefs des Barbares à embrasser la cause des Romains, et l'un d'eux, d'un caractère doux et fidèle, vécut depuis cette époque et mourut au service de l'exarque : on livra aux Francs les défilés des Alpes, et le pape les excita à violer sans scrupule leur serment et leur foi envers des infidèles. Le don de cinquante mille pièces d'or engagea Childebert, arrière-petit-fils de Clovis, à envahir l'Italie ; mais le plaisir avec lequel il avait admiré plusieurs pièces de la monnaie de Byzance du poids d'une livre, lui fit stipuler que pour rendre le présent plus digne de lui, on y mêlerait un certain nombre de ces respectables médailles. Les ducs des Lombards avaient provoqué par des incursions fréquentes leurs voisins, les redoutables habitans des Gaules.

Du moment où ils eurent à craindre de justes représailles, ils renoncèrent à leur indépendance, source de faiblesse et de désordre ; ils reconnurent unanimement les avantages du gouvernement monarchique, tels que l'union, le secret et la vigueur, et ils se soumirent à Autharis, fils de Cléphon, qui avait déjà la réputation d'un habile guerrier. Les vainqueurs de l'Italie, rangés sous l'étendard de leur nouveau roi, soutinrent trois invasions successives, dont l'une était dirigée par Childebert, le dernier des princes mérovingiens qui ait passé les Alpes. La première fut déconcertée par les haines jalouses des Francs et des Allemands. Lors de la seconde, ils furent vaincus dans une bataille sanglante, avec plus de perte et de déshonneur qu'ils n'en avaient éprouvé depuis la fondation de leur monarchie. Enflammés par la vengeance, ils revinrent une troisième fois, avec un redoublement de forces ; et Autharis céda à la fureur de ce torrent. Les troupes et les trésors des Lombards furent distribués dans les villes murées, situées entre les Alpes et l'Apennin. Une nation moins sensible au danger qu'à la fatigue et aux délais, murmura bientôt contre l'imprudence de ses vingt chefs ; et le soleil ardent de l'Italie frappa de maladie ces corps habitués à d'autres climats, et qui avaient déjà souffert des alternatives de l'intempérance et de la famine ; mais les forces qui ne suffisaient pas pour conquérir le pays étaient plus que suffisantes pour le ravager, et les naturels épouvantés ne pouvaient distinguer leurs ennemis et leurs

Autharis, roi des Lombards.
A. D.
584 - 590.

libérateurs. Si la jonction des troupes du roi mérovingien et des troupes impériales s'était effectuée aux environs de Milan, elles auraient peut-être renversé le trône des Lombards; mais les Francs attendirent six jours le signal d'un village en flammes, dont on était convenu, et les Grecs s'amusèrent à réduire Modène et Parme, qu'on leur enleva après la retraite de leurs alliés. Le triomphe d'Autharis établit son droit à la possession de l'Italie. Il soumit, malgré sa résistance, une île du lac de Côme au pied des Alpes Rhétiennes, et s'empara des trésors qu'on y avait cachés. A l'extrémité de la Calabre, il toucha de sa lance une colonne placée près de Reggio, sur le bord de la mer (1), et déclara que cette ancienne borne serait à jamais celle de son royaume (2).

L'exarchat de Ravenne.

Le royaume des Lombards et l'exarchat de Ravenne divisèrent inégalement l'Italie durant une période de

---

(1) Les géographes anciens parlent souvent de la *columna rhegina*, placée dans la partie la plus étroite du phare de Messine, à cent stades de la ville de Reggio. *Voyez* Cluvier, (*Ital. antiq.*, t. II, p. 1295); Lucas Holsten. (*Annotat. ad Cluvier*, p. 301); Wesseling (*Itiner.*, p. 106).

(2) Les historiens grecs ne donnent que de faibles lumières sur les guerres d'Italie. (Ménandre, *in Excerpt. legat.*, p. 124-126; Théophylacte, l. III, c. 4.) Les Latins sont plus satisfaisans, et surtout Paul Warnefrid (l. III, c. 13-34), qui avait lu les histoires antérieures de Secundus et de saint Grégoire de Tours. Baronius rapporte quelques lettres des papes, etc., et on trouve les époques fixées dans la chronologie exacte de Pagi et de Muratori.

deux siècles. Justinien réunit les offices et les professions que la jalousie de Constantin avait séparés, et dix-huit exarques furent successivement revêtus, au déclin de l'empire, de toute l'autorité civile, militaire et même ecclésiastique, que conservait le prince qui régnait à Byzance. Le pays soumis à leur juridiction immédiate, consacré depuis sous le nom de patrimoine de Saint-Pierre, embrassait la Romagne actuelle, les marais ou les vallées de Ferrare et de Commachio (1), cinq villes maritimes, depuis Rimini jusqu'à Ancône, et cinq autres villes de l'intérieur, entre la mer Adriatique et les collines de l'Apennin. Les trois provinces de Rome, de Venise et de Naples, séparées du palais de Ravenne par des terres ennemies, reconnaissaient, soit dans la paix, soit dans la guerre, la suprématie de l'exarque. Il paraît que le duché de Rome comprenait les pays que, dans les quatre premiers siècles après sa fondation, Rome avait conquis dans l'Étrurie, le pays des Sabins et le Latium : on en peut clairement indiquer les limites le long de la côte de Civita-Vecchia à Terracine ; et en suivant le cours du Tibre, depuis Ameria et Narni

---

(1) Zacagni et Fontanini, défenseurs de la cause des papes, ont pu réclamer à juste titre la vallée et les marais de Commachio comme une partie de l'exarchat ; mais dans leur ambition ils ont voulu y comprendre Modène, Reggio, Parme et Plaisance, et ils ont obscurci une question de géographie, déjà douteuse et obscure par elle-même. Muratori lui-même, en qualité de serviteur de la maison d'Este, n'est pas exempt de partialité et de prévention.

jusqu'au port d'Ostie. Cette multitude d'îles répandues de Grado à Chiozza formaient l'empire naissant de Venise; mais les Lombards, qui voyaient avec une fureur impuissante une nouvelle capitale s'élever au milieu de la mer, renversèrent les villes que cette république possédait sur le continent. La puissance des ducs de Naples était resserrée par la baie et les îles adjacentes, par le territoire de Capoue, occupé par les ennemis, et par la colonie romaine d'Amalfi (1), dont les industrieux citoyens, par l'invention de la boussole, ont découvert à nos regards toute la face du globe. Les trois îles de Sardaigne, de Corse et de Sicile, obéissaient encore à l'empire; et l'acquisition de la Calabre ultérieure repoussa la borne des États d'Autharis de Reggio jusqu'à l'isthme de Cosenza. Les farouches montagnards de la Sardaigne conservaient la liberté et la religion de leurs aïeux; mais les cultivateurs de la Sicile étaient enchaînés à leur sol fertile. Rome gémissait sous le sceptre de fer des exarques, et un Grec, peut-être un eunuque, insultait impunément aux ruines du Capitole. Mais Naples acquit bientôt le privilége de nommer ses ducs (2); le commerce amena l'indépendance d'Amalfi, et l'affection volontaire de Venise pour les empereurs fut enfin ennoblie par une alliance sur le pied d'égalité. L'exarchat occupe très-peu d'espace

---

(1) *Voy*. Brenckmann, *Dissert. prima de republicâ Amalphitanâ*, p. 1-42, *ad calcem Hist. Pandect. Florent.*
(2) *Gregor. Magn.*, l. III, *epist.* 23, 25, 26, 27.

sur la carte de l'Italie; mais les richesses, l'industrie et la population, y refluaient alors en abondance. Les plus fidèles et les plus précieux des sujets de l'empire avaient fui le joug des Barbares; et ces nouveaux habitans de Ravenne déployaient, dans les différens quartiers de cette ville, les bannières de Pavie et de Vérone, de Milan et de Padoue. Les Lombards possé- daient le reste de l'Italie; et depuis Pavie, la résidence du prince, leur royaume se prolongeait à l'orient, au nord et à l'occident, jusqu'aux frontières du pays des Avares, des Bavarois et des Francs de l'Austrasie et de la Bourgogne. Il forme aujourd'hui la terre ferme de la république de Venise, le Tyrol, le Milanais, le Piémont, la côte de Gênes, les duchés de Mantoue, de Parme et de Modène, le grand duché de Toscane, et une portion considérable de l'État de l'Église, depuis Pérouse jusqu'à la mer Adriatique. Les ducs et enfin les princes de Bénévent sur- vécurent à la monarchie et perpétuèrent le nom des Lombards. De Capoue à Tarente, ils donnèrent des lois plus de cinq cents ans à la plus grande partie du royaume actuel de Naples (1).

Le royaume des Lombards.

---

(1) J'ai décrit l'état de l'Italie d'après l'excellente dissertation de Beretti. Giannone (*Istoria civile*, t. 1, p. 374-387) a suivi dans la géographie du royaume de Naples le savant Camillo Pellegrini. Lorsque l'empire eut perdu la Calabre proprement dite, la vanité des Grecs substitua à l'ignoble dénomination de Bruttium, celle de Calabre; et il paraît que cette altération eut lieu avant le règne de Charlemagne. Eginhard, p. 75.

Langue et mœurs des Lombards.

Les changemens d'idiome qui surviennent dans un pays subjugué par la conquête, sont les meilleurs indices qu'on puisse suivre sur la proportion des vainqueurs et des vaincus. Il paraît d'après cette règle que les Lombards de l'Italie et les Visigoths de l'Espagne étaient moins nombreux que les Francs ou les Bourguignons; et les vainqueurs de la Gaule doivent le céder à leur tour à la multitude de Saxons et d'Angles qui anéantirent presque l'idiome de la Bretagne. Le mélange des nations a formé peu à peu l'italien moderne; et le peu de discernement des Barbares dans l'emploi délicat des déclinaisons et des conjugaisons, les réduisit à l'usage des articles et des verbes auxiliaires; un assez grand nombre de nouvelles idées ont été exprimées par des termes teutoniques, mais le principal fond des mots techniques et familiers vient du latin (1); et si nous connaissions assez le dialecte rustique, le dialecte ancien de l'Italie et les divers dialectes de ses différentes villes municipales, nous remonterions à l'origine d'une foule de mots qu'aurait peut-être rejetés la pureté classique des auteurs de Rome. Une armée nombreuse ne forme qu'une petite nation, et la puissance des Lombards fut bientôt diminuée par la retraite de vingt mille

---

(1) Maffei (*Verona illust.*, part. 1, p. 310-321), et Muratori (*Antich. Ital.*, t. II, *Dissert.* 32, 33, p. 71-365) ont soutenu les prétentions de la langue latine; le premier avec enthousiasme, et le second avec modération; et dans cette discussion ils ont déployé l'un et l'autre du savoir, de l'esprit et de l'exactitude.

Saxons, qui, méprisant une situation dépendante, retournèrent dans leur patrie (1) à travers un grand nombre de périlleuses aventures. Le camp d'Alboin était d'une étendue formidable; mais une ville contiendrait aisément le camp le plus étendu, et, répandus dans une vaste contrée, les guerriers qui le composent ne peuvent être que clair-semés sur toute la surface du pays. Lorsque Alboin descendit des Alpes, il établit son neveu duc de Frioul, et lui donna le commandement de la province et du peuple; mais le sage Gisulf n'accepta ce dangereux emploi que sous la condition qu'on lui permettrait de choisir parmi les nobles Lombards un nombre de familles (2) suffisant pour former une colonie de soldats et de sujets. Dans le progrès de la conquête, on ne put accorder la même liberté aux ducs de Brescia ou de Bergame, de Pavie ou de Turin, de Spolette ou de Bénévent; mais chacun de ceux-ci et chacun de leurs collègues établit dans son district une bande de compagnons qui venaient se ranger sous son drapeau durant la guerre, et qui ressortissaient à son tribunal durant la paix. Cette dépendance était libre et honorable : en rendant ce qu'ils avaient reçu, ils pouvaient se retirer avec leurs familles dans le district d'un au-

---

(1) Paul, *de Gest. Langobard.*, l. III, c. 5, 6, 7.

(2) Paul, l. II, c. 9. Il donne à ces familles ou à ces générations le nom teutonique de *Faras*, qu'on trouve aussi dans les lois des Lombards. Le modeste diacre n'était pas insensible à la noblesse de sa race. *Voyez* l. IV, c. 39.

tre duc; mais leur absence du royaume passait pour une désertion militaire, et elle était punie de mort (1). La postérité des premiers conquérans s'attacha par de profondes racines à ce sol que l'intérêt et l'honneur l'obligeaient à défendre. Un Lombard naissait soldat de son roi et de son duc; et les assemblées civiles de la nation arboraient des drapeaux et prenaient le titre d'armée régulière. Les provinces conquises fournissaient à la solde et aux récompenses de cette armée, et l'injustice et la rapine présidèrent à la distribution des terres, qui n'eut lieu qu'après la mort d'Alboin. Un grand nombre de riches Italiens furent égorgés ou bannis; les autres furent partagés comme tributaires entre les étrangers, et on leur imposa, sous le nom d'hospitalité, l'obligation de payer aux Lombards le tiers des productions de la terre. En moins de soixante-dix ans on adopta sur les propriétés un système de redevance beaucoup plus simple et plus solide (2). Le Lombard, abusant de la force, dépouillait et chassait le propriétaire romain; ou bien celui-ci, pour se racheter du tribut du tiers des productions, cédait, par une transaction un peu plus équitable, une certaine quantité de terres. Sous ces maîtres étrangers, les blés, les vins et les olives, étaient cultivés par des esclaves

(1) Comparez le n° 3 et le n° 177 des lois de Rotharis.
(2) Paul, l. II, c. 31, 32; l. III, c. 16. Les lois de Rotharis, publiées A. D. 643, n'offrent aucun vestige de ce tribut du tiers des productions; mais elles présentent plusieurs détails curieux sur l'état de l'Italie et les mœurs des Lombards.

ou par les naturels, tous les jours moins habiles dans les travaux de l'agriculture ; mais la paresse des Barbares s'accommodait mieux des soins d'une vie pastorale. Ils rétablirent et améliorèrent dans les riches pâturages de la Vénétie, la race des chevaux qui avaient autrefois rendu cette province célèbre (1); et les Italiens virent avec étonnement la propagation d'une nouvelle race de bœufs et de buffles (2). La dépopulation de la Lombardie et l'augmentation des

---

(1) Les haras de Denys de Syracuse, et les victoires qu'il remporta si souvent aux jeux olympiques, avaient répandu chez les Grecs la réputation des chevaux de la Vénétie; mais leur race ne subsistait plus au temps de Strabon (l. v, p. 325). Gisulf obtint de son oncle *generosarum equarum greges*. (Paul, l. II, c. 9.) Les Lombards introduisirent ensuite en Italie *caballi sylvatici*, des chevaux sauvages. Paul, l. IV, c. 11.

(2) *Tunc* (A. D. 596) *primùm*, BUBALI *in Italiam delati Italiæ populis miracula fuére*. (Paul Warnefrid, l. IV, c. 11.) Les buffles, qui semblent originaires de l'Afrique et de l'Inde, sont inconnus en Europe, si l'on excepte l'Italie, où il y en a beaucoup et où ils sont d'une grande utilité : les anciens n'avaient aucune idée de ces animaux, à moins qu'Aristote (*Hist. anim.*, l. II, c. 1, p. 58; *Paris*, 1783) ne les ait voulu décrire sous le nom du bœuf sauvage d'Arachosie. (*V.* Buffon, *Hist. nat.*, t. XI, et *Suppl.*, t. VI; *Hist. gén. des Voyages*, t. I, p. 7; 481; II, 105; III, 291; IV, 234, 461; V, 193; VI, 491; VIII, 400; X, 666; Pennant's *Quadrupèdes*, p. 24; *Dictionn. d'Hist. nat.*, par Valmont de Bomare, t. II, p. 74.) Au reste, je ne dois pas dissimuler que Paul, d'après une erreur vulgaire, a pu donner le nom de *bubalus* à l'aurochs ou taureau sauvage de l'ancienne Germanie.

forêts ouvrirent une vaste carrière aux plaisirs de la chasse (1). L'industrie des Grecs et des Romains (2) ne s'était pas étendue jusqu'à cet art merveilleux qui rend les oiseaux dociles à la voix et obéissans à l'ordre de leur maître. La Scandinavie et la Scythie ont toujours produit les faucons les plus hardis et les plus faciles à apprivoiser (3). Les habitans de ces deux contrées, toujours à cheval et parcourant les campagnes, savaient les élever et les dresser. Les Barbares introduisirent dans les provinces romaines cet amusement favori de nos aïeux; et selon les lois de l'Italie, l'épée et le faucon ont, dans la main d'un noble Lombard, la même dignité et la même importance (4).

---

(1) *Voy.* la vingt-unième Dissertation de Muratori.

(2) Cela est prouvé par le silence des auteurs qui traitent de la chasse et de l'histoire des animaux. Aristote (*Hist. animal.*, l. IX, c. 36, t. 1, p. 586, et les *Notes* de M. Camus, son dernier éditeur, t. II, p. 314), Pline (*Hist. nat.*, l. X, c. 10), Ælien (*de Nat. animal.*, l. II, c. 42), et peut-être Homère (*Odyss.*, XXII, 302-306), parlent avec étonnement d'une ligue tacite et d'une chasse commune entre les faucons et les chasseurs de la Thrace.

(3) En particulier le gerfaut ou le *gyrfalcon*, qui est de la grandeur d'un petit aigle. *Voyez* la description animée qu'en fait M. de Buffon, *Hist. nat.*, t. XVI, p. 239, etc.

(4) *Script. rer. ital.*, t. I, part. II, p. 129. Il s'agit ici de la 16e loi de l'empereur Louis le Débonnaire. Des fauconniers et des chasseurs faisaient partie de la maison de Charlemagne son père. (*Mém. sur l'anc. Chevalerie*, par M. de Saint-Palaye, t. III, p. 175.) Les lois de Rotharis parlent de l'art de la fauconnerie à une époque antérieure

L'effet du climat et de l'exemple se fit si rapide- *Habille-*
ment sentir, que les Lombards de la quatrième gé- *ment et ma-*
nération regardaient avec curiosité et avec effroi les *riages.*
portraits de leurs sauvages ancêtres (1). Leur tête
était rasée par-derrière ; mais une chevelure en désordre tombait sur leurs yeux et sur leur bouche, et
une longue barbe indiquait le nom et les habitudes
de la nation. Ils portaient, comme les Anglo-Saxons,
de larges vêtemens de toile ornés, à leur manière, de
larges bandes de différentes couleurs. Une longue
chaussure et des sandales ouvertes couvraient leurs
jambes et leurs pieds ; et, même au milieu de la paix,
leur fidèle épée se trouvait toujours suspendue à leur
ceinture. Mais cet étrange costume et cet air effrayant
cachaient souvent un naturel doux et généreux ; et
dès que la fureur des combats s'était calmée, l'humanité du vainqueur étonnait quelquefois les captifs
et les sujets. Il faut attribuer leurs vices à la colère,
à l'ignorance et à l'ivrognerie : et leurs vertus méritent d'autant plus d'éloges, qu'ils n'étaient ni assu-

---

(n° 322); et dès le cinquième siècle, Sidonius-Apollinaris
le comptait parmi les talens du Gaulois Avitus (202-207).

(1) L'épitaphe de Droctulf (Paul, l. III, c. 19) peut être
appliquée à plusieurs de ses compatriotes.

Terribilis visu facies, sed corda benignus,
Longaque robusto pectore barba fuit.

On voit encore aujourd'hui les portraits des anciens Lombards, à douze milles de Milan, dans le palais de Monza,
qui fut bâti ou réparé par la reine Theudelinde (liv. IV,
22, 23).

jettis à l'hypocrisie des mœurs sociales, ni gênés par la contrainte des lois et de l'éducation. Je ne craindrais point de m'écarter de mon sujet, s'il était en mon pouvoir de décrire la vie privée des conquérans de l'Italie, et je raconterai avec plaisir une aventure amoureuse d'Autharis, où respire tout l'esprit romanesque de la chevalerie (1). Après la mort d'une princesse mérovingienne qu'il devait épouser, il demanda la main de la fille du roi de Bavière, et celui-ci, Garibald, consentit à s'allier au monarque de l'Italie. Impatienté de la lenteur de la négociation, le bouillant Autharis partit en secret et se rendit à la cour de Bavière, à la suite de ses ambassadeurs. Au milieu d'une audience publique, il s'avança jusqu'au pied du trône, et dit à Garibald que l'ambassadeur des Lombards était ministre d'État, mais que lui seul avait l'amitié d'Autharis, qui l'avait chargé de la délicate commission de lui rendre un compte fidèle des charmes de celle qu'il devait épouser. Theudelinde reçut ordre de se soumettre à cet important examen. Ravi à son aspect, après un moment de silence, il la salua reine d'Italie, et la supplia d'offrir au premier de ses nouveaux sujets une coupe remplie de vin, selon la coutume de la nation. Elle

---

(1) Paul (l. III, c. 29, 34) raconte l'histoire d'Autharis et de Theudelinde; et le moindre fragment des anciennes annales de la Bavière, excitant les infatigables recherches du comte du Buat, cet auteur a soin d'en parler. *Histoire des Peuples de l'Europe*, tom. XI, pag. 595-635; tom. XII, pag. 1-53.

le fit d'après un ordre de son père : Autharis reçut la coupe à son tour ; en la rendant à la princesse, il lui toucha secrètement la main, et porta ensuite ses doigts sur ses lèvres. Le soir, Theudelinde raconta à sa nourrice la familiarité indiscrète de l'étranger. La vieille la rassura : elle lui dit que cette hardiesse ne pouvait venir que du roi son mari, qui par sa beauté et son courage semblait digne de son amour. Les ambassadeurs partirent ; mais dès qu'ils furent sur la frontière de l'Italie, Autharis, s'élevant sur ses étriers, lança sa hache de bataille contre un arbre avec une force et une dextérité merveilleuses : « Voilà, dit-il aux Bavarois étonnés, les coups que porte le roi des Lombards. » Les approches d'une armée française forcèrent Garibald et sa fille à se réfugier sur les terres de leur allié, et le mariage se consomma dans le palais de Vérone. Autharis mourut une année après ; mais les vertus de Theudelinde (1) l'avaient rendue chère à la nation, qui lui permit de donner avec sa main le sceptre et le royaume d'Italie.

Ce fait et d'autres pareils (2) démontrent que les

Gouvernement.

---

(1) Giannone (*Istoria civile di Napoli*, t. 1, p. 263) relève avec raison l'impertinence de Boccace (*Giorn.* III, *Nov.* 2), qui, sans aucun titre, sans aucun prétexte, et contre toute vérité, met la pieuse reine Theudelinde dans les bras d'un muletier.

(2) Paul, l. III, c. 16. On peut consulter sur l'état du royaume d'Italie, les premières Dissertations de Muratori et le premier volume de l'histoire de Giannone.

Lombards avaient le droit d'élire leur souverain, et assez de bon sens pour ne pas user trop souvent de ce dangereux privilége. Leur revenu public venait des productions de la terre et des émolumens de la justice. Lorsque les ducs indépendans permirent à Autharis de monter sur le trône de son père, ils attachèrent à la couronne la moitié de leurs domaines respectifs. Les plus fiers d'entre les nobles aspiraient aux honneurs de la servitude auprès de la personne de leur prince : celui-ci récompensait précairement la fidélité de ses vassaux par des pensions et des *bénéfices*, et travaillait à expier les maux de la guerre par de magnifiques fondations d'églises et de monastères. Il exerçait les fonctions de juge durant la paix, celles de général pendant la guerre, et n'usurpa jamais les pouvoirs d'un législateur absolu. Il convoquait les assemblées nationales dans le palais de Pavie, ou, ce qui est plus vraisemblable, dans les champs voisins de cette ville : les personnages les plus éminens par leur extraction et leurs dignités, formaient son grand conseil ; mais la validité et l'exécution des décrets de ce sénat dépendaient de l'approbation du *fidèle* peuple et de l'armée *fortunée* des Lombards. Quatre-vingts ans environ après la conquête de l'Italie, on écrivit en latin teutonique (1) leurs coutumes traditionnelles ; elles furent ratifiées par le consentement du prince et du peu-

Lois. A. D. 643, etc.

―――――

(1) L'édition la plus exacte des lois des Lombards se trouve dans les *Scr. rer. ital.*, t. 1, part. 11, p. 1-181. Elle

ple; on établit de nouveaux réglemens plus analogues à la situation où ils se trouvaient alors; les plus sages des successeurs de Rotháris imitèrent son exemple, et des différens codes des Barbares, celui des Lombards a été jugé le moins imparfait (1). Assurés par leur courage de la possession de leur liberté, de pareils législateurs ne songeaient guère, dans leur imprévoyante simplicité, à balancer les pouvoirs d'une constitution, ou à discuter la difficile théorie des gouvernemens; ils condamnaient à des peines capitales les crimes qui menaçaient la vie du roi ou la sûreté de l'État, mais ils s'occupèrent surtout du soin de défendre la personne et la propriété des sujets. Selon l'étrange jurisprudence de ces temps-là, le crime du sang pouvait être racheté par une amende; au reste, le prix de neuf cents pièces d'or exigées pour le meurtre d'un simple citoyen, est une preuve de l'importance qu'on attachait à la vie d'un homme. On calculait avec des soins scrupuleux et presque ridicules les injures moins graves, une blessure, une fracture, un coup ou un mot insultant, et le législateur favorisait l'ignoble usage de renoncer, pour de l'argent, à l'honneur et à la vengeance. L'ignorance

---

a été collationnée sur le plus ancien manuscrit, et éclairée par les notes critiques de Muratori.

(1) Montesquieu (*Esprit des Lois*, l. XXVIII, c. 1) : « Les lois des Bourguignons sont assez judicieuses : celles de Rotharis et des autres princes lombards le sont encore plus. »

des Lombards, soit avant, soit après leur conversion au christianisme, faisait chez eux du crime de sorcellerie un objet de croyance absolue et de haine générale. Cependant les législateurs du dix-septième siècle auraient pu trouver leur devoir et leur condamnation dans les sages lois de Rotharis, qui, tournant en dérision des superstitions absurdes, protégeait les malheureuses victimes de la cruauté populaire ou juridique (1). On trouve de même dans Luitprand des idées de législation supérieures à celles de son siècle et de son pays; car il condamnait, en la tolérant, la coupable mais trop ancienne coutume des duels (2); et il observait, d'après son expérience, qu'un agresseur injuste et heureux avait souvent triomphé de la cause la plus juste. Tout le mérite des lois des Lombards appartient entièrement à la raison naturelle de ce peuple, qui n'admit jamais les évêques d'Italie dans son conseil de législation. La suite de ses rois se fit remarquer par des talens

---

(1) *Voyez* les lois de Rotharis, n° 379, p. 47. *Striga* y désigne une sorcière. Ce mot est de la latinité la plus pure. Horace, *Epod.* v, 20; Pétrone, c. 134. Un passage de ce dernier auteur, *Quæ striges comederunt nervos tuos?* semble prouver que ce préjugé était né en Italie plutôt que chez les Barbares.

(2) *Quia incerti sumus de judicio Dei, et multos audivimus per pugnam sine justâ causâ, suam causam perdere. Sed propter consuetudinem gentem nostram Langobardorum legem impiam vetare non possumus.* Voyez p. 74, n° 65 des *Lois de Luitprand,* promulguées A. D. 724.

et des vertus : les troubles dont se composent ses annales laissent briller des intervalles de paix, d'ordre et de bonheur intérieur; les Italiens jouirent d'un gouvernement plus modéré et plus équitable qu'aucun des autres royaumes qui s'établirent sur les ruines de l'empire d'Occident (1).

Au milieu des hostilités des Lombards, et sous le despotisme des Grecs, la condition de Rome (2), vers la fin du sixième siècle, avait atteint le dernier degré de l'humiliation. Le siége de l'empire transféré à Constantinople, et la perte successive des provinces, avaient tari la source de la fortune publique et de la richesse des individus : cet arbre élevé à l'ombre duquel s'étaient reposées les nations de la terre, n'offrait plus ni feuilles ni branches, et son tronc desséché approchait de la dissolution. Les courriers qui portaient les ordres de l'administration et les messagers de la victoire ne se rencontraient plus sur la voie Appienne ou sur la voie Flaminienne. On éprouvait souvent les funestes effets de l'approche des

Misère de Rome.

---

(1) Lisez l'histoire de Paul Warnefrid, et en particulier le livre III, c. 16. Baronius ne convient pas de ce fait, qui semble contredire les invectives du pape Grégoire le Grand ; mais Muratori (*Annali d'Italia*, t. v, p. 217) ose insinuer que le saint peut avoir exagéré les fautes imputées à des ariens et à des ennemis.

(2) Baronius a transcrit dans ses Annales (A. D. 590, n° 16; A. D. 595, n° 2, etc.) les passages des Homélies de saint Grégoire, qui peignent l'état misérable de la ville et de la campagne de Rome.

Lombards, et on les craignait toujours. Les paisibles habitans d'une grande capitale, qui parcourent sans inquiétude les jardins dont elle est environnée, se formeront difficilement une idée de la détresse des Romains : c'était en tremblant qu'ils fermaient et ouvraient leurs portes; du haut des murs, ils voyaient les flammes qui dévoraient leurs maisons des champs; ils entendaient les lamentations de leurs compatriotes, accouplés comme des chiens, qu'on menait en esclavage au-delà de la mer et des montagnes. Ces continuelles alarmes devaient anéantir les plaisirs et interrompre les travaux de la vie champêtre. Bientôt la campagne de Rome ne fut plus qu'un affreux désert où l'on ne trouvait qu'un sol stérile, des eaux impures et une atmosphère empestée. La curiosité et l'ambition n'amenaient plus les peuples dans la capitale du monde; et si le hasard ou la nécessité y conduisait les pas errans d'un étranger, il ne contemplait qu'avec horreur cette vaste solitude, et se sentait prêt à demander, où est le sénat? où donc est le peuple? Dans une année excessivement pluvieuse, le Tibre sortit de son lit, et se précipita avec une violence irrésistible dans les vallées des sept collines. La stagnation des eaux produisit une maladie pestilentielle; et la contagion fut si rapide, que quatre-vingts personnes expirèrent en une heure, au milieu d'une procession solennelle destinée à implorer la miséricorde divine (1). Une société où le mariage est encouragé

---

(1) Un diacre que saint Grégoire de Tours avait envoyé

et l'industrie en honneur, répare bientôt les malheurs qu'ont causés la peste ou la guerre; mais la plus grande partie des Romains se trouvant condamnée à la misère et au célibat, la dépopulation demeura constante et visible, et la sombre imagination des enthousiastes put y voir l'approche de la fin du monde (1). Cependant le nombre des citoyens excédait encore la mesure des subsistances : les récoltes de la Sicile ou de l'Égypte leur fournissaient des vivres qui manquaient souvent, et la multiplicité des disettes de grains montre l'inattention de l'empereur pour ces provinces éloignées. Les édifices de Rome n'annonçaient pas moins la décadence et la misère; les inondations, les orages et les tremblemens de terre, renversaient aisément ces fabriques tombant en ruines; et les moines, qui avaient eu soin de s'établir dans les positions les plus avantageuses, triomphaient bassement de la destruction des monumens de l'antiquité. On croit communément que le pape Grégoire Ier attaqua les temples et mutila les statues; que ce Barbare fit brûler

---

à Rome pour y chercher des reliques, décrit l'inondation et la peste. L'ingénieux député embellit son récit, et enrichit la rivière d'un grand dragon accompagné d'une suite de petits serpens. S. Grég. de Tours, l. x, c. 1.

(1) Saint Grégoire de Rome (*Dialog.*, l. II, c. 15) rapporte une prédiction mémorable de saint Benoît. *Roma à gentilibus non exterminabitur, sed tempestatibus, coruscis turbinibus ac terræ motu in semeptisâ marcescet.* Cette prophétie rentre dans le domaine de l'histoire en attestant le fait d'après lequel on l'a fabriquée.

la bibliothèque Palatine, et que l'histoire de Tite-Live fut en particulier l'objet de son absurde et funeste fanatisme. Ses écrits montrent assez sa haine implacable pour les ouvrages du génie des anciens; et il réprouve, avec la plus grande sévérité, le profane savoir d'un évêque qui enseignait l'art de la grammaire, étudiait les poëtes latins, et chantait d'une même voix les louanges de Jupiter et celles de Jésus-Christ (1); mais les témoignages que nous avons de sa fureur destructive sont incertains et d'une date bien plus moderne : c'est la succession des siècles qui a détruit le temple de la Paix et le théâtre de Marcellus, et une proscription formelle aurait multiplié les copies de Virgile ou de Tite-Live dans les pays qui ne reconnaissaient pas ce dictateur ecclésiastique (2).

Tombeaux et reliques des apôtres. Rome, ainsi que Thèbes, Babylone ou Carthage, aurait été effacée de dessus la terre, si cette cité n'a-

---

(1) *Quia in uno se ore cum Jovis laudibus, Christi laudes non capiunt, et quàm grave nefandumque sit episcopis canere, quod nec laico religioso conveniat ipse considera* (l. IX, epist. 4). Les écrits de saint Grégoire attestent qu'il n'avait pas à se reprocher le goût et la littérature des auteurs classiques.

(2) Bayle, *Dictionnaire critique*, tom. II, p. 598, 599. Dans un très-bon article sur Grégoire 1er, il cite Platine sur la destruction des bâtimens et des statues, reprochée à Grégoire 1er; sur la bibliothèque Palatine il cite Jean de Salisbury (*de Nugis curialium*, l. II, c. 26); et sur Tite-Live il cite Antoninus de Florence : le plus ancien de ces trois témoins vivait au douzième siècle.

vait pas été animée d'un principe de vie qui la fit renaître aux honneurs et à la puissance. Il se répandit une vague tradition, que deux apôtres juifs, l'un faiseur de tentes et l'autre pêcheur, avaient été jadis mis à mort dans le cirque de Néron; et cinq siècles après l'époque de cette exécution, on révéra leurs reliques, vraies ou supposées, comme le palladium de Rome chrétienne. Les pèlerins de l'Orient et de l'Occident venaient se prosterner au pied des autels qui les contenaient; mais leur châsse était défendue par des miracles et par un sentiment de terreur : ce n'était pas sans crainte que les pieux catholiques approchaient ces objets de leur culte. On ne touchait pas impunément les corps des deux saints, il était dangereux de les regarder : ceux même qui, déterminés par les motifs les plus purs, osaient troubler le repos de leur sanctuaire, se trouvaient épouvantés par des visions ou frappés de mort subite. On rejeta avec horreur la demande peu raisonnable d'une impératrice qui voulait priver les Romains de leur trésor sacré, la tête de saint Paul; et le pape assura, probablement avec une grande vérité, que la toile sanctifiée par le voisinage du corps du saint ou les particules de ses chaînes, qu'il était quelquefois aisé et quelquefois impossible d'obtenir, partageaient également le don des miracles (1); mais le pouvoir

---

(1) Saint Grégoire, l. III, *epist.* 24, indict. 12, etc. Les Épîtres de saint Grégoire et le huitième volume des Annales de Baronius, apprendront aux lecteurs pieux quelles parti-

Naissance et profession de saint Grégoire le Grand.

aussi bien que la vertu de ces apôtres respiraient avec énergie dans l'âme de leurs successeurs ; et Grégoire, le premier et le plus grand du nom, occupait sous le règne de Maurice la chaire de saint Pierre (1). Son grand-père Félix avait aussi porté la tiare, et les évêques se trouvant déjà astreints à la loi du célibat, sa consécration dut être postérieure à la mort de sa femme. Gordien, père de Grégoire, et Sylvia, sa mère, étaient des plus nobles familles du sénat, et on les mettait au nombre des personnes les plus pieuses de l'Église de Rome : il comptait des saintes et des

---

cules des chaînes de saint Paul, amalgamées avec de l'or, sous une forme de clef ou de croix, furent répandues dans la Bretagne, la Gaule, l'Espagne, à Constantinople et en Égypte. Le saint ouvrier qui conduisait l'opération a pu être parfaitement éclairé sur des miracles qu'il était en son pouvoir de faire ou d'empêcher, ce qui doit diminuer, aux dépens de la véracité de saint Grégoire, l'idée que nous pourrions avoir de sa superstition.

(1) Outre les Épîtres de saint Grégoire qui ont été mises en ordre par Dupin (*Bibl. ecclés.*, t. v, p. 103-126), nous avons trois Vies de ce pape. Les deux premières ont été écrites au huitième et au neuvième siècle (*de Triplici Vitâ S. Gregor.* Préface du 4ᵉ volume de l'édition des bénédictins) par les diacres Paul (p. 1-18) et Jean (p. 19-188) : elles sont authentiques ; mais les faits qu'on y trouve sont incertains. La troisième est une longue et pénible compilation des bénédictins éditeurs (p. 199-305). Les Annales de Baronius offrent aussi une histoire très-détaillée, mais très-partiale, des actions de saint Grégoire. Le bon sens de Fleury (*Hist. ecclés.*, t. VIII) tempère ses préjugés ultramontains, et Pagi et Muratori ont rectifié ses dates.

vierges parmi ses parentes; et sa figure, ainsi que celles de son père et de sa mère, subsista plus de trois siècles dans un tableau de famille qu'il donna au monastère de saint André (1). Le dessin et le coloris de ce portrait ont prouvé que les Italiens du sixième siècle cultivaient avec quelque succès l'art de la peinture; mais les Épîtres de saint Grégoire, regardé comme le premier érudit du siècle, ses sermons et ses dialogues, ne peuvent donner qu'une bien misérable idée de leur goût et de leur littérature (2). Sa naissance et ses lumières l'avaient élevé à l'emploi de préfet de la ville, et il eut le mérite de renoncer à la pompe et aux vanités de ce monde. Il employa son riche patrimoine à la fondation de sept couvens (3),

---

(1) Le diacre Jean parle de ce portrait qu'il avait vu (l. IV, c. 83, 84), et sa description est éclaircie par Angelo Rocca, antiquaire romain. (Saint Grégoire, *Opera*, t. IV, p. 312-326.) Ce dernier auteur dit qu'on conserve dans quelques vieilles églises de Rome (p. 321-323) des mosaïques des papes du septième siècle. Les murs où l'on voyait autrefois le tableau de la famille de saint Grégoire, offrent aujourd'hui le martyre de saint André, dans lequel le génie du Dominiquin a lutté contre le génie du Guide.

(2) *Disciplinis verò liberalibus, hoc est grammaticâ, rethoricâ, dialecticâ, ita à puero est institutus, ut quamvis eo tempore florerent adhuc Romæ studia litterarum, tamen nulli in urbe ipsâ secundus putaretur.* Paul-diacre, *in Vitâ S. Gregor.*, c. 2.

(3) Les bénédictins (*in Vit. sanct. Greg.*, liv. 1, pag. 105-208) s'efforcent de prouver que saint Grégoire adopta pour ses monastères la règle de leur ordre; mais, comme on a

un à Rome (1), et six en Sicile ; et il ne formait d'autre vœu que celui de mener une vie obscure, glorieuse seulement dans l'éternité. Cependant sa dévotion, quelque sincère qu'elle pût être, l'avait conduit dans la route la plus propre à remplir les vues d'un ambitieux et rusé politique. Les talens de Grégoire et l'éclat de sa retraite le rendirent cher et utile à l'Église : il fallait bien qu'il obéît aux ordres qu'on lui donnait, car une obéissance implicite a toujours été recommandée comme le premier devoir d'un moine. Aussitôt qu'il eut été revêtu du diaconat, il alla résider à la cour de Byzance en qualité de nonce ou de ministre du saint-siége, et il y prit, au nom de saint Pierre, un ton d'indépendance et de dignité que le plus illustre laïque de l'empire n'aurait pu prendre sans crime et sans danger. Il revint ensuite à Rome,

---

avoué que le fait paraissait douteux, il est clair que la prétention de ces puissans moines est tout-à-fait fausse. *Voyez* Butler, *Lives of the Saints*, vol. III, pag. 145, ouvrage de mérite, dont le bon sens et le savoir appartiennent à l'auteur, tandis que les préjugés qu'on y trouve sont ceux de sa profession.

(1) *Monasterium gregorianum in ejusdem beati Gregorii ædibus ad clivum Scauri propè ecclesiam SS. Johannis et Pauli in honorem S. Andræ.* (Jean, *in vit. S. Greg.*, liv. I, c. 6 ; saint Grégoire, l. VII, *epist.* 13.) Cette maison et ce monastère étaient situés sur le flanc du mont Cælius, qui fait face au mont Palatin. On y trouve aujourd'hui les Camaldules. Saint Grégoire triomphe, et saint André s'est retiré dans une petite chapelle. Nardini, *Roma antica*, l. III, c. 6, p. 100 ; *Descrizzione di Roma*, t. I, p. 442, 446.

chargé d'un surcroît de réputation ; et après un court intervalle donné à l'exercice des vertus monastiques, les suffrages unanimes du clergé, du sénat et du peuple, l'arrachèrent du cloître pour l'élever sur le trône pontifical. Lui seul s'opposait ou semblait s'opposer à son élévation : il supplia Maurice de ne pas confirmer le choix des Romains, et cette humble supplication ne put servir qu'à le relever davantage encore aux yeux de l'empereur et dans l'opinion publique. Lorsque la fatale confirmation du prince arriva, il détermina des marchands à l'enfermer dans un panier, et à le conduire au-delà des portes de Rome : il se tint caché plusieurs jours au milieu des bois et des montagnes, jusqu'à ce qu'il fût découvert, dit-on, à la lueur d'un flambeau céleste.

Le pontificat de Grégoire le Grand, qui dura treize ans six mois et dix jours, est une des époques les plus édifiantes de l'Église. Ses vertus et même ses fautes, une réunion singulière de simplicité et d'astuce, d'orgueil et d'humilité, de bon sens et de superstition, convenaient beaucoup à sa position et à l'esprit de son temps. Il s'éleva contre le titre antichrétien d'évêque universel que se donnait le patriarche de Constantinople, son rival. Le successeur de saint Pierre était trop fier pour le lui laisser, et trop faible pour le prendre lui-même. Il n'exerça sa juridiction qu'en qualité d'évêque de Rome, de primat d'Italie et d'apôtre de l'Occident. Il prêcha souvent, et son éloquence grossière, mais pathétique, enflammait les passions de son auditoire. Il interpré-

<small>Pontificat de Grégoire le Grand, où Grégoire Ier.
A. D. 590, févr. 8.
A. D. 604, mars 12.</small>

<small>Ses fonctions spirituelles</small>

tait et appliquait le langage des prophètes juifs ; et tournait vers l'espoir et la crainte d'une autre vie l'esprit du peuple abattu par le malheur. Il détermina d'une manière fixe la liturgie romaine (1), la division des paroisses, le calendrier des fêtes, l'ordre des processions, le service des prêtres et des diacres, la variété et le changement des habits sacerdotaux. Il officia jusqu'au dernier jour de sa vie dans le canon de la messe, qui durait plus de trois heures. Le chant qu'il introduisit, et qu'on appela chant *Grégorien* (2), conserva la musique vocale et instrumentale du théâtre ; et les voix rauques des Barbares essayèrent vainement d'imiter la mélodie de l'école romaine (3). L'expérience lui avait appris l'efficacité

---

(1) La *Pater noster* est composée de cinq ou six lignes. Le *sacramentarius* et l'*antiphonarius* de saint Grégoire remplissent 880 pages in-fol. (t. III, part. 1, p. 1-880); toutefois ils ne forment qu'une partie de l'*Ordo romanus* que Mabillon a développé, et qui a été abrégé par Fleury. (*Hist. ecclés.*, t. VIII, p. 139-152).

(2) L'abbé Dubos (*Réflexions sur la poésie et la peinture*, t. III, p. 174, 175) observe que la simplicité du chant ambrosien n'employait que quatre tons, et que l'harmonie plus parfaite de celui de saint Grégoire comprenait les huit tons ou les quinze cordes de l'ancienne musique. Il ajoute (p. 332) que les connaisseurs admirent la préface et plusieurs morceaux de l'office grégorien.

(3) Jean le Diacre (*in Vit. S. Greg.*, l. II, c. 7) nous fait connaître le mépris que montrèrent de bonne heure les Italiens pour le chant des ultramontains. *Alpina scilicet corpora vocum suarum tonitruis altisona perstrepentia, susceptæ modulationis dulcedinem propriè non resultant : quia*

des cérémonies pompeuses et solennelles pour soulager les détresses, affermir la foi, adoucir la férocité et dissiper le sombre enthousiasme du vulgaire ; et il leur pardonna volontiers de favoriser l'empire des prêtres et de la superstition. Les évêques de l'Italie et des îles adjacentes reconnaissaient le pontife de Rome pour leur métropolitain particulier. L'existence, l'union ou la translation des évêchés, dépendaient de lui, et ses heureuses incursions dans les provinces de la Grèce, de l'Espagne et de la Gaule, autorisèrent à quelques égards les prétentions plus élevées de ses successeurs : il interposa son autorité pour empêcher les abus des élections populaires ; il conserva la pureté de la foi et de la discipline, et de son siége apostolique veilla avec soin à ce qu'elles se conservassent chez les pasteurs soumis à sa suprématie. Les ariens de l'Italie et de l'Espagne se réunirent, sous son pontificat, à l'Église catholique, et la Bretagne conquise n'a pas attaché autant de gloire au nom de César qu'à celui de Grégoire le Grand. Au lieu de six légions, quarante moines s'embarquèrent pour cette île, et on le vit regretter que ses austères devoirs ne lui permissent pas de partager

---

bibuli gutturis barbara feritas dum inflexionibus et repercussionibus mitem nititur edere cantilenam, naturali quodam fragore quasi plaustra per gradus confusè sonantia rigidas voces jactat, etc. Sous le règne de Charlemagne, les Francs convenaient, un peu malgré eux, de la justesse de ce reproche. Muratori, *Dissert.* 25.

les dangers de la guerre spirituelle qu'ils allaient entreprendre. En moins de deux ans, il annonça à l'évêque d'Alexandrie que ses missionnaires avaient baptisé le roi de Kent et dix mille Anglo-Saxons, et cela, ainsi que la primitive Église, sans autre secours que celui des armes spirituelles et surnaturelles. La crédulité ou la prudence de Grégoire était toujours disposée à confirmer la vérité de la religion par des apparitions, des miracles et des résurrections (1); et la postérité a payé à sa mémoire le tribut qu'il accordait facilement à la vertu de ses contemporains, ou à celle des générations qui l'avaient précédé. Les papes ont libéralement distribué les honneurs du ciel; mais Grégoire est le dernier pontife de Rome qu'ils aient osé inscrire sur le calendrier des saints.

Son gouvernement temporel.

Le malheur des temps augmenta peu à peu le pouvoir temporel des papes; et les évêques de Rome, qui, depuis saint Grégoire, ont inondé de sang l'Europe et l'Asie, étaient alors réduits à exercer leur pouvoir en qualité de ministres de paix et de charité. 1° L'Église de Rome, ainsi que je l'ai observé ailleurs, possédait de riches domaines en Italie, en Sicile et dans les provinces les plus éloignées, et ses agens, qui étaient ordinairement des sous-diacres, avaient

---

(1) Un critique français (P. Gussainv., *Op.*, tom. II, p. 105-112) a prouvé que saint Grégoire pouvait réclamer comme sienne toute l'absurdité des Dialogues. Dupin (t. v, p. 138) ne pense pas que personne veuille garantir la vérité de tous ces miracles; je serais curieux de savoir *combien* il en adoptait.

acquis une juridiction civile et même criminelle sur ses vassaux et ses colons. Le successeur de saint Pierre administrait son patrimoine avec les soins d'un propriétaire vigilant et modéré (1). Les épîtres de saint Grégoire sont remplies des plus salutaires recommandations, telles que celles d'éviter les procès douteux ou vexatoires, de maintenir l'intégrité des poids et des mesures, d'accorder tous les délais raisonnables, et de réduire la capitation des esclaves de la glèbe, qui, au moyen d'une somme fixée arbitrairement, achetaient le droit de se marier (2). Le revenu ou les productions de ces domaines arrivaient à l'embouchure du Tibre, aux risques et aux frais du pape: il usait de ses richesses en fidèle intendant de l'Église et des pauvres, et consacrait à leurs besoins les inépuisables ressources qu'il trouvait dans son abstinence

Ses domaines.

---

(1) Baronius ne veut donner aucun détail sur ces domaines de l'Église, de peur, sans doute, de montrer qu'ils étaient composés de *fermes* et non pas de *royaumes*. Les écrivains français, les bénédictins (t. IV, l. III, p. 272, etc.), et Fleury (t. VIII, p. 29, etc.), ne craignent pas d'entrer dans ces modestes mais utiles détails ; et l'humanité de ce dernier insiste sur les vertus sociales de saint Grégoire.

(2) Je suis bien tenté de croire que cette amende pécuniaire sur le mariage des *vilains* a produit le droit fameux et souvent fabuleux de *cuissage*, de *marquette*, etc. Peut-être que, dans ces temps grossiers, une belle épousée se livrait à son jeune maître, de l'aveu de son mari, pour s'affranchir de la dette ; et cet accord mutuel aura pu servir d'exemple pour autoriser quelques actes de tyrannie locaux et non pas légaux.

et son économie. On a gardé durant plus de trois siècles, dans le palais de Latran, le compte volumineux de ses recettes et de ses dépenses, comme modèle de l'économie chrétienne. Aux quatre grandes fêtes de l'année, il distribuait des largesses au clergé, à ses domestiques, aux monastères, aux églises, aux cimetières, aux aumôneries et aux hôpitaux de Rome, ainsi qu'au reste du diocèse. Le premier jour de chaque mois, il faisait distribuer aux pauvres, selon la saison, des portions réglées de blé, de vin, de fromage, de végétaux, d'huile, de poisson, de provisions fraîches, des habits et de l'argent; et outre ces distributions, ses trésoriers recevaient sans cesse de lui des ordres pour subvenir extraordinairement aux besoins de l'indigence et du mérite. Des libéralités de tous les jours, de toutes les heures, venaient au secours des malades et des pauvres, des étrangers et des pélerins; et le pontife ne se permettait un repas frugal qu'après avoir envoyé des plats de sa table à quelques infortunés dignes de compassion. La misère des temps avait réduit des nobles et des matrones à recevoir sans rougir les aumônes de l'Église. Il logeait et nourrissait trois mille vierges; et plusieurs évêques d'Italie, échappés aux mains des Barbares, vinrent demander l'hospitalité au Vatican. Saint Grégoire mérita le surnom de père de son pays; et telle était l'extrême sensibilité de sa conscience, qu'il s'interdit plusieurs jours les fonctions sacerdotales, parce qu'un mendiant était mort dans la rue.

2° Les malheurs de Rome remettaient entre les mains

du pontife les soins de l'administration et les affaires de la guerre ; et peut-être ne savait-il pas bien lui-même si la piété ou l'ambition le déterminait à exercer l'autorité de son souverain absent. Il tira l'empereur de sa léthargie ; il exposa les crimes ou l'incapacité de l'exarque et de ses ministres ; il se plaignit de ce qu'on avait fait sortir de Rome les vétérans pour les envoyer à la défense de Spolette ; il excita les Italiens à défendre leurs villes et leurs autels ; et, dans un moment de crise, il consentit à nommer des tribuns et à diriger les opérations des troupes de la province. Mais les scrupules de l'humanité et de la religion tempéraient son esprit martial ; il déclara odieuse et tyrannique toute espèce d'impôts, même ceux qu'on employait à la guerre d'Italie ; et il protégeait en même temps, contre les édits de l'empereur, la pieuse lâcheté des soldats qui abandonnaient leurs drapeaux pour embrasser la vie monastique. Si nous l'en croyons, il avait en son pouvoir les moyens d'exterminer les Lombards par leurs factions domestiques, sans y laisser un roi, un duc ou un comte qui pût soustraire cette malheureuse nation à la vengeance de ses ennemis. En qualité d'évêque chrétien, il aima mieux travailler à la paix : sa médiation apaisa le tumulte des armes ; mais il connaissait trop bien l'artifice des Grecs et les passions des Lombards, pour garantir l'exécution de la trève. Trompé dans l'espoir qu'il avait conçu d'un traité général et permanent, il osa sauver son pays sans l'aveu de l'empereur ou de l'exarque. L'éloquence et les largesses de ce pontife, respecté des hérétiques et des Barbares, détournèrent le glaive des Lombards suspendu sur Rome. Ce fut par des reproches et des insultes que la cour de Byzance récompensa les services de saint Grégoire ; mais il trouva dans l'affection d'un peuple reconnaissant la plus douce récompense que puisse obtenir un citoyen, et le meilleur titre de l'autorité d'un prince (1).

---

(1) Sigonius développe très-bien le gouvernement temporel de Grégoire 1er. *Voyez* le premier livre *de Regno Italiæ*, t. II du recueil de ses ouvrages, p. 44-75.

CHAPITRE XLVI.

Révolution de la Perse après la mort de Chosroès ou Nushirwan. Le tyran Hormouz, son fils, est déposé. Usurpation de Bahram. Fuite et rétablissement de Chosroès II. Sa reconnaissance envers les Romains. Le chagan des Avares. Révolte de l'armée contre Maurice. Sa mort. Tyrannie de Phocas. Avénement d'Héraclius au trône. La guerre de Perse. Chosroès subjugue la Syrie, l'Égypte et l'Asie-Mineure. Siége de Constantinople par les Persans et les Avares. Expéditions de Perse. Victoires et triomphe d'Héraclius.

LA lutte de Rome avec le royaume de Perse s'est prolongée depuis Crassus jusqu'au règne d'Héraclius. Une expérience de sept siècles aurait dû convaincre les deux nations de l'impossibilité de garder leurs conquêtes au-delà du Tigre et de l'Euphrate; mais les trophées d'Alexandre excitèrent l'émulation de Trajan et de Julien, et les souverains de la Perse se livrèrent à l'ambitieux espoir de rétablir l'empire de Cyrus (1). Ces grands efforts de la puissance et du courage obtiennent toujours l'attention de la posté-

<small>Querelle de l'empire de Rome et de celui de Perse.</small>

---

(1) *Missis qui...... reposcerent..... veteres Persarum ac Macedonum terminos, seque invasurum possessa Cyro et post Alexandro, per vaniloquentiam ac minas jaciebat.* (Tacite, *Annales*, VI, 31.) Tel était le langage des *Arsacides*. J'ai rappelé en plusieurs endroits les hautes prétentions des *Sassaniens*.

rité; mais les événemens qui n'ont pas changé d'une manière complète le sort d'un peuple, laissent une faible impression sur les pages de l'histoire; et la répétition des mêmes hostilités, entreprises sans motifs, suivies sans gloire et terminées sans effet, ne servirait qu'à épuiser la patience du lecteur. Les princes de Byzance pratiquaient avec soin cet art de la négociation, étranger à la grandeur simple du sénat et des premiers Césars; et les relations de leurs perpétuelles ambassades (1) n'offrent jamais qu'un retour prolixe et monotone du langage de la fausseté et de la déclamation, du tableau de l'insolence des Barbares et des serviles dispositions des Grecs tributaires. Déplorant la stérile abondance des matériaux que j'avais à employer, j'ai travaillé à resserrer la narration d'un si grand nombre d'entreprises peu intéressantes; mais j'ai cru devoir m'arrêter sur le règne de Nushirwan le Juste, qu'on regarde encore comme le modèle des rois de l'Asie, et sur Chosroès, son petit-fils, qui prépara cette révolution exécutée si peu de temps après par les armes et la religion des successeurs de Mahomet.

Conquête de l'Yémen par Nushirwan. A. D. 570, etc.

Dans le cours de ces vaines altercations qui précèdent et justifient les querelles des princes, les Grecs et les Barbares s'étaient accusés mutuellement d'avoir violé la paix conclue entre les deux empires en-

---

(1) *Voyez* les ambassades de Ménandre, extraites et recueillies dans le onzième siècle par ordre de Constantin Porphyrogénète.

viron quatre années avant la mort de Justinien. Le souverain de la Perse et de l'Inde voulait subjuguer la province d'Yémen ou l'Arabie Heureuse (1), terre éloignée qui produit l'encens et la myrrhe, et qui avait échappé plûtôt qu'elle n'avait résisté aux vainqueurs de l'Orient. Après la défaite d'Abrahah sous les murs de la Mecque, la discorde de ses fils et de ses frères facilita l'invasion des Perses : ils poussèrent au-delà de la mer Rouge les étrangers établis dans l'Abyssinie; et un prince du pays et de la race des anciens Homérites fut remis sur le trône en qualité de vassal ou de vice-roi de Nushirwan (2). Le neveu de Justinien déclara qu'il vengerait les injures qu'avait reçues son allié chrétien le prince d'Abyssinie : elles lui fournirent un prétexte décent pour cesser

---

(1) L'indépendance générale des Arabes, qu'on ne peut admettre sans beaucoup de restrictions, est soutenue aveuglément dans une dissertation particulière des auteurs de l'*Histoire universelle*, t. xx, p. 196-250. Ils supposent qu'un miracle continuel a maintenu la prophétie en faveur des fils d'Ismaël; et ces dévots savans ne craignent pas de compromettre la vérité du christianisme en l'appuyant sur cette base fragile et glissante.

(2) D'Herbelot, *Biblioth. orient.*, p. 477; Pococke, *Specimen Hist. Arabum*, p. 64, 65. Le père Pagi (*Critica*, t. II, p. 646) a prouvé qu'après dix ans de paix, la guerre de Perse, qui avait duré vingt ans, recommença A. D. 571. Mahomet était né A. D. 569, l'année de l'éléphant ou de la défaite d'Abrahah (Gagnier, *Vie de Mahomet*, t. I, p. 89, 90, 98), et selon ce calcul, deux années furent employées à la conquête de l'Yémen.

le tribut annuel, mal déguisé sous le titre de pension. L'esprit intolérant des mages opprimait les églises de la Persarménie ; elles invoquèrent en secret le protecteur des chrétiens ; et les rebelles, après avoir pieusement égorgé leurs satrapes, furent avoués et soutenus comme les frères et les sujets de l'empereur des Romains. La cour de Byzance ne fit aucune attention aux plaintes de Nushirwan : Justin céda à l'importunité des Turcs qui lui proposaient une alliance contre l'ennemi commun; et les forces de l'Europe, de l'Éthiopie et de la Scythie, menacèrent au même instant la monarchie de Perse. Agé de quatre-vingts ans, le souverain de l'Asie eût peut-être désiré pouvoir jouir en paix de sa gloire et de sa grandeur ; mais aussitôt qu'il vit que la guerre était inévitable,

Sa dernière guerre contre les Romains. A. D. 572, etc.

il entra en campagne avec l'ardeur d'un jeune homme, tandis que l'agresseur tremblait dans son palais de Constantinople. Nushirwan ou Chosroès dirigea lui-même le siége de Dara ; et quoique cette forteresse importante eût été laissée dégarnie de troupes et vide de magasins, la valeur des habitans résista plus de cinq mois aux archers, aux éléphans et aux machines de guerre du grand roi. Sur ces entrefaites, Adarman, son général, partit de Babylone pour venir le joindre : il traversa le désert, passa l'Euphrate, insulta les faubourgs d'Antioche ; brûla la ville d'Apamée, et vint apporter les dépouilles de la Syrie aux pieds de son maître, dont la persévérance, résistant aux rigueurs de l'hiver, renversa enfin le boulevard de l'Orient. Mais ces pertes, qui étonnèrent la cour et les provinces, produisirent un effet salutaire, puisqu'elles amenèrent le repentir et l'abdication de l'empereur Justin. Le courage reparut dans les conseils de la cour de Byzance, et le sage Tibère obtint une trève de trois ans. Cet intervalle fut employé en préparatifs de guerre; et la renommée publia dans le monde entier que cent cinquante mille soldats venus des Alpes et des bords du Rhin, de la Scythie, de la Mœsie, de la Pannonie, de l'Illyrie et de l'Isaurie, avaient renforcé la cavalerie impériale. Cependant, peu effrayé ou peut-être peu convaincu, le roi de Perse résolut de prévenir l'attaque de l'ennemi; il repassa l'Euphrate et renvoya les ambassadeurs de Tibère en leur ordonnant insolemment de l'attaquer à Césarée, métropole des provinces de la Cappadoce. Les deux armées se livrèrent bataille à Mélitène : les Barbares, qui obscurcissaient l'air de leurs traits, prolongèrent leur ligne et étendirent leurs ailes sur toute la plaine, tandis que les Romains, formés en colonnes profondes et solides, attendaient le moment où, dans un combat plus rapproché, ils pourraient triompher par la pesanteur de leurs lances et de leurs épées. Un chef scythe, qui commandait leur aile droite, tourna tout à coup le flanc des Perses; il attaqua leur arrière-garde en présence de Chosroès; il pénétra jusqu'au milieu de leur camp, pilla la tente du roi, profana le feu éternel; et, traînant à sa suite une multitude de chameaux chargés des dépouilles de l'Asie, il s'ouvrit un passage à travers l'armée ennemie, et rejoignit, en poussant les cris de la victoire, ses alliés, qui avaient consumé cette journée en combats singuliers ou en inutiles escarmouches. L'obscurité de la nuit et les campemens séparés des Romains offrirent au monarque de Perse une occasion de se venger : il fondit avec impétuosité sur un de leurs camps qu'il enleva ; mais l'examen de ses pertes et le sentiment du danger le déterminèrent à une retraite prompte ; il brûla sur sa route la ville de Mélitène qu'il trouva déserte, et, sans s'inquiéter des moyens de faire passer ses troupes, traversa hardiment l'Euphrate à la nage sur le dos d'un éléphant. Après cette entreprise malheureuse, le défaut de magasins, et peut-être quelques incursions des Turcs l'obligèrent à licencier ou à diviser ses forces : les Romains demeurèrent maîtres de la campagne : Justinien, leur général, s'avança au secours des rebelles de la Persarménie et arbora son drapeau sur les rives de l'Araxe. Le grand Pompée s'était arrêté jadis à trois journées de la mer Caspienne (1) ; une escadre ennemie (2) reconnut pour la première fois cette

---

(1) Pompée avait vaincu les Albaniens entrés en campagne, au nombre de douze mille cavaliers et soixante mille fantassins ; mais il fut arrêté par l'opinion unanime que ce pays renfermait une multitude de reptiles venimeux, dont l'existence est cependant fort douteuse, ainsi que celle des Amazones, qu'on plaçait dans le voisinage. Plutarque, *Vie de Pompée*, t. II, p. 1165, 1166.

(2) Je ne trouve dans les annales de l'histoire que deux escadres qui aient paru sur la mer Caspienne : 1° celle des Macédoniens, lorsque Patrocle, amiral de Seleucus et d'An-

mer placée dans l'intérieur du continent, et soixante-dix mille captifs furent transplantés de l'Hyrcanie dans l'île de Chypre. Au retour du printemps, Justinien descendit dans les fertiles plaines de l'Assyrie : le feu de la guerre approcha de la résidence de Nushirwan, qui descendit au tombeau rempli d'indignation, et qui, par sa dernière loi, défendit à ses successeurs d'exposer leur personne dans une bataille contre les Romains. Toutefois le souvenir de cet affront passager se perdit dans la gloire d'un long règne ; et ses redoutables ennemis, après s'être livrés à de vaines idées de conquête, demandèrent de nouveau à respirer un moment des malheurs de la guerre (1).

Sa mort.
A. D. 579.

Chosroès Nushirwan transmit sa couronne à Hormouz ou Hormisdas, l'aîné de ses enfans ou celui qu'il aimait le plus. Outre les royaumes de la Perse et de l'Inde, il lui laissait son exemple et l'héritage de sa gloire, d'habiles et valeureux officiers de tous les rangs, et un système général d'administration

Tyrannie et vices de Hormouz, son fils.
A. D. 579-590.

---

tiochus, roi de Syrie, arriva des frontières de l'Inde, après avoir descendu une rivière, qui est vraisemblablement l'Oxus. (Pline, *Hist. nat.*, VI, 21.) 2° Celle des Russes, lorsque Pierre le Grand conduisit une escadre et une armée des environs de Moscou à la côte de Perse. Bell's *Travels*, vol. II, pag. 325-352. Bell observe, avec raison, que le Volga n'avait jamais vu un pareil spectacle.

(1) *Voy.* sur la guerre de Perse et les traités avec cette nation, Ménandre, *in Excerpt. legat.*, p. 113-125; Théophane, de Byzance, *apud* Photium, *Cod.* 64, p. 77, 80, 81; Évagrius, l. v, c. 7-15; Théophylacte, l. III, c. 9-16; Agathias, l. IV, p. 140.

consolidé par le temps, et calculé par Chosroès pour le bonheur du prince et celui du peuple. Hormouz jouit d'un avantage encore plus précieux ; l'amitié d'un sage qui avait dirigé son éducation, qui préféra toujours l'honneur de son élève à ses intérêts, et ses intérêts à ses goûts. Buzurg (1), c'est le nom de ce sage, avait soutenu autrefois, dans une discussion avec les philosophes de la Grèce et de l'Inde, que le plus grand malheur que puisse avoir à supporter l'homme, c'est une vieillesse privée des souvenirs de la vertu ; et nous devons croire que ce fut d'après ce principe qu'il consentit à diriger trois ans les conseils de la Perse. Il fut récompensé de son zèle par la reconnaissance et la docilité d'Hormouz, qui reconnut devoir plus à son précepteur qu'à son père. Mais lorsque l'âge et les travaux eurent diminué la force et peut-être les facultés de Buzurg, il s'éloigna de la cour et abandonna le jeune monarque à ses passions et à celles de ses favoris. Selon la fatale vicissitude des choses humaines, on vit à Cté-

---

(1) Buzurg-Mihir, d'après son caractère et sa position, peut être regardé comme le Sénèque de l'Orient. Ses vertus et peut-être ses fautes sont moins connues que celles du philosophe romain, qui semble avoir été beaucoup plus parleur. C'est Buzurg qui apporta de l'Inde le jeu des échecs et les fables de Pilpay. Tel a été l'éclat de sa sagesse et de ses vertus, que les chrétiens le réclament comme un sectateur de l'Évangile, et que les musulmans le révèrent comme ayant embrassé d'avance la doctrine du grand prophète. D'Herbelot, *Bibl. orient.*, p. 218.

siphon ce qu'on avait vu à Rome après la mort de Marc-Aurèle. Les ministres de la flatterie et de la corruption, qu'avait bannis le père, furent rappelés et accueillis par le fils ; la disgrâce et l'exil des amis de Chosroès favorisèrent leur tyrannie ; et la vertu s'éloigna par degrés du cœur d'Hormouz, de son palais et de son gouvernement. De fidèles agens, institués pour être les yeux et les oreilles du prince, voulurent l'instruire des progrès du désordre ; ils lui représentèrent les gouverneurs des provinces fondant sur leur proie avec la rapacité des lions et des aigles ; ils lui montrèrent la rapine et l'injustice s'étudiant à faire abhorrer aux plus fidèles sujets le nom et l'autorité du souverain. La sincérité de cet avis fut punie de mort. Le despote méprisa les murmures des villes ; il étouffa les émeutes par des exécutions militaires : il abolit les pouvoirs intermédiaires qui se trouvaient entre le trône et le peuple ; et cette même vanité puérile, qui ne lui permettait pas de se montrer autrement que la tiare sur la tête, le porta à déclarer qu'il voulait être le seul juge comme le seul maître de son royaume. Chacune des paroles et chacune des actions du fils de Nushirwan, annonçait à quel point il avait dégénéré des vertus de son père. Son avarice fraudait les troupes de leur solde ; ses caprices jaloux avilissaient les satrapes ; le sang de l'innocent souillait le palais, les tribunaux et les eaux du Tigre ; et le tyran s'enorgueillissait des souffrances de treize mille victimes qu'il avait fait expirer dans les tourmens. Il daignait quelquefois justifier sa cruauté en disant que la crainte des Persans enfantait la haine, et que leur haine devait les conduire à la révolte ; mais il oubliait que ces sentimens étaient la suite des crimes et des folies qu'il déplorait, et avaient préparé l'orage qu'il appréhendait avec tant de raison. Les provinces de Babylone, de Suze et de Carmanie, irritées d'une longue oppression sans espérance, arborèrent l'étendard de la révolte ; et les princes de l'Arabie, de l'Inde et de la Scythie, refusèrent à l'indigne successeur de Nushirwân le tribut accoutumé. Les armes des Romains désolèrent les frontières de la Mésopotamie et de l'Assyrie par de longs siéges et des incursions fréquentes ; un de leurs généraux témoigna vouloir imiter Scipion ; et les soldats furent excités par une image miraculeuse de Jésus-Christ, dont les traits pleins de douceur n'auraient jamais dû se montrer à la tête d'une armée (1). Le khan passa l'Oxus avec trois ou quatre cent mille Turcs, et envahit dans le même temps les provinces orientales de la Perse. L'imprudent Hormouz accepta leur redoutable et perfide secours ; les villes du Khorasan et de la Bactriane eurent ordre d'ouvrir leurs portes : la marche des Turcs vers les montagnes

---

(1) *Voyez* cette imitation de Scipion dans Théophylacte, l. 1, c. 14 ; et au livre II, c. 3, il parle de l'image de Jésus-Christ. Je traiterai plus bas, et assez au long, des images des chrétiens ; j'ai pensé dire des *idoles*. Celle-ci fut, si je ne me trompe, le plus ancien αχειροποιητος de manufacture céleste ; mais dans les dix siècles qui ont suivi il en est sorti beaucoup de la même fabrique.

de l'Hyrcanie révéla leur intelligence avec les Romains, et leur union aurait dû renverser le trône de la maison de Sassan.

La Perse avait été perdue par un roi; elle fut sauvée par un héros. Varanes ou Bahram put dans la suite, après sa révolte, être flétri par le fils d'Hormouz du nom d'esclave ingrat, sans que ce reproche prouvât autre chose que l'orgueil du despote; car Bahram descendait des anciens princes de Rei (1), l'une des sept familles qui, par leurs éclatantes et utiles prérogatives, se trouvaient au-dessus de la noblesse de Perse (2). Au siége de Dara, il signala sa

<small>Exploits de Bahram. A. D. 590.</small>

---

(1) Le livre apocryphe de *Tobie* cite Ragæ ou Rei, déjà florissante sept siècles avant Jésus-Christ, sous l'empire des Assyriens. Les Macédoniens et les Parthes l'embellirent successivement sous les noms étrangers d'Europus et d'Arsacia. Cette ville était située à cinq cents stades au sud des portes Caspiennes (Strabon, liv. XI, p. 796). Ce qu'on dit de sa grandeur et de sa population au neuvième siècle est absolument incroyable; au reste, les guerres et l'insalubrité de l'atmosphère l'ont ruinée depuis. Chardin, *Voyag. en Perse*, tom. I, p. 279, 280; d'Herbelot, *Bibliot. orientale*, pag. 714.

(2) Théophylacte, l. III, c. 18. Hérodote parle dans son troisième livre des sept Persans qui furent les chefs de ces sept familles. Il est souvent question de leurs nobles descendans, en particulier dans les fragmens de Ctésias. Au reste, l'indépendance d'Otanes (Hérodote, l. III, c. 83, 84) est contraire à l'esprit du despotisme, et on peut trouver peu vraisemblable que les sept familles aient survécu aux révolutions de onze siècles. Toutefois elles ont pu être représentées par les sept ministres (Brisson, *de Regno Pers.*,

valeur sous les yeux de Chosroès; Nushirwan et Hormouz l'élevèrent successivement au commandement des armées, au gouvernement de la Médie et à la surintendance du palais. Une prédiction répandue parmi le peuple l'indiqua comme le libérateur de la Perse; peut-être avait-elle été inspirée par le souvenir de ses victoires passées, et en même temps par son étrange figure. L'épithète de *Giubin*, par laquelle on le désignait, exprime la qualité de *bois sec;* il avait la force et la stature d'un géant, et on comparait sa physionomie farouche à celle d'un chat sauvage. Tandis que la nation tremblait, qu'Hormouz déguisait ses terreurs sous le nom de soupçons, et que ses serviteurs cachaient leur peu d'affection sous le masque de la crainte, Bahram seul montrait un courage intrépide et une fidélité apparente; voyant qu'il ne pouvait rassembler que douze mille soldats pour marcher à l'ennemi, il déclara habilement que les honneurs du triomphe étaient réservés au nombre de douze mille hommes. La descente escarpée et étroite du Pule Rudbar (1) ou rocher Hyrcanien, est le seul passage qui puisse conduire une armée dans le territoire de Rei et les

---

l. 1, p. 190), et quelques nobles Persans, ainsi que les rois de Pont (Polybe, l. v, p. 540) et de la Cappadoce (Diodore de Sicile, l. xxxi, tom. ii, p. 517), pouvaient se dire issus des braves compagnons de Darius.

(1) *Voyez* une description exacte de cette montagne par Olearius (*Voyage en Perse*, p. 997, 998), qui la monta avec beaucoup de peine, et qui courut des dangers en revenant d'Ispahan à la mer Caspienne.

plaines de la Médie. Une petite troupe d'hommes courageux, placée sur les hauteurs, pouvait, à coups de pierres et de dards, écraser l'immense armée des Turcs. L'empereur et son fils furent percés de traits, et les fuyards furent abandonnés, sans conseils et sans provisions, à la fureur d'un peuple maltraité. L'affection du général persan pour la ville de ses aïeux anima son patriotisme : au moment de la victoire chaque paysan devint soldat, et chaque soldat fût un héros. Leur ardeur fut encore excitée par le magnifique spectacle des lits, des trônes et des tables d'or massif dont brillait le camp ennemi. Un prince d'un caractère moins odieux n'aurait pas pardonné aisément à son bienfaiteur; et la haine secrète d'Hormouz s'augmenta par des délateurs qui lui rapportèrent que Bahram avait gardé la partie la plus précieuse du butin fait sur les Turcs : mais l'approche d'une armée romaine du côté de l'Araxe força cet implacable tyran à un sourire d'approbation ; et Bahram obtint, pour récompense de ses travaux, la permission d'aller combattre un nouvel ennemi que son habileté et sa discipline rendaient plus formidable qu'une horde de Scythes. Enorgueilli par la victoire, il envoya un héraut dans le camp des Romains ; il les laissa les maîtres de fixer le jour de la bataille, et leur demanda s'ils voulaient eux-mêmes passer la rivière ou laisser un libre passage aux troupes du grand roi. Le général de l'empereur Maurice se décida pour le parti le plus sûr ; et cette circonstance locale, qui aurait augmenté l'éclat de la victoire des

Perses, rendit leur défaite plus meurtrière et leur fuite plus difficile. La perte de ses sujets et le danger de son royaume furent contre-balancés dans l'esprit d'Hormouz par la honte de son ennemi personnel. Dès que Bahram eut réuni ses forces dispersées, un messager du prince lui apporta en présent une quenouille, un rouet et un vêtement de femme. Selon la volonté de son souverain, il se montra aux soldats revêtu de cet indigne habit : irrités d'un outrage qui rejaillissait sur eux, ils poussèrent de toutes parts des cris de révolte, et Bahram reçut le serment qu'ils prononcèrent de lui demeurer fidèles et de le venger. Un second messager, qui avait ordre d'enchaîner le rebelle, fut foulé aux pieds d'un éléphant; et l'on fit de toutes parts circuler des manifestes exhortant les Perses à défendre leur liberté contre un tyran odieux et méprisable. La défection fut rapide et universelle : le petit nombre des sujets demeurés fidèles à Hormouz et à l'esclavage tombèrent victimes de la fureur publique ; les soldats se réunirent sous le drapeau de Bahram, et les provinces saluèrent une seconde fois le libérateur de leur pays.

Sa rebellion.

Comme les passages étaient bien gardés, Hormouz ne pouvait connaître le nombre de ses ennemis que par les remords de sa conscience, et par le calcul journalier des défections de ceux de ses courtisans que l'heure de sa détresse avertissait de venger les injures ou d'oublier les bienfaits qu'ils avaient reçus. Il voulut orgueilleusement déployer les signes de la royauté ; mais la ville et le palais de Modaïn

Déposition et emprisonnement d'Hormouz.

ne reconnaissaient déjà plus le tyran. Bindoès, prince de la maison de Sassan, avait été une des victimes de sa cruauté ; il l'avait fait jeter dans un cachot : délivré par le zèle et le courage d'un de ses frères, Bindoès se présenta devant le monarque, à la tête des gardes qu'on avait choisis pour assurer sa détention, peut-être pour lui donner la mort. Effrayé par l'arrivée et les reproches du captif, Hormouz chercha vainement autour de lui des conseils ou des secours ; il découvrit qu'il n'avait de force que l'obéissance de ses sujets, et il céda au seul bras de Bindoès, qui le traîna du trône dans le même cachot où peu de temps auparavant il se trouvait lui-même. Chosroès, l'aîné des fils d'Hormouz, se sauva de la ville, au commencement de l'émeute. Les instances pressantes et amicales de Bindoès, qui lui promit de l'établir sur le trône et qui comptait régner sous le nom d'un jeune prince sans expérience, le déterminèrent à revenir. De plus, convaincu avec justice que ses complices ne pouvaient ni pardonner ni espérer leur pardon, et qu'il pouvait s'en fier à la haine des Perses de leur décision contre un tyran, Bindoès soumit Hormouz à un jugement public dont on ne trouve que ce seul exemple dans les annales de l'Orient. Hormouz, qui suppliait qu'on lui permît de se justifier, fut amené comme un criminel dans l'assemblée des nobles et des satrapes (1). On l'écouta avec toute l'attention convenable tant qu'il s'étendit

---

(1) Les Orientaux supposent que ce fut Bahram qui con-

sur les bons effets de l'ordre et de l'obéissance, le danger des innovations, et le tableau des inévitables discordes auxquelles doivent finir par se livrer ceux qui se sont mutuellement excités à fouler aux pieds leur légitime souverain : implorant ensuite, d'un ton pathétique, l'humanité de ses juges, il les força à cette compassion qu'on ne refuse guère à un roi détrôné. En considérant l'humble posture, l'air défait de leur prisonnier, ses larmes, ses chaînes, et les ignominieuses cicatrices des coups de fouet qu'il avait reçus, il leur était impossible d'oublier que peu de jours auparavant ils adoraient la divine splendeur de son diadême et de sa pourpre ; mais lorsqu'il essaya de faire l'apologie de sa conduite, et de relever les victoires de son règne, un murmure d'indignation s'éleva dans l'assemblée ; les nobles Persans l'entendirent avec le sourire du mépris définir les devoirs des rois, et ne purent retenir leur indignation lorsqu'il osa outrager la mémoire de Chosroès. Ayant proposé indiscrètement d'abdiquer la couronne en faveur du second de ses fils, il souscrivit à sa propre condamnation, et sacrifia ce prince innocent qu'il désignait comme l'objet de ses affections. On exposa en public les corps déchirés de cet enfant et de la mère qui lui avait donné le jour. On creva les yeux à Hormouz avec un fer ardent, et ce châtiment fut suivi du couronnement de son fils aîné.

Avénement au trône de Chosroès, son fils.

---

voqua cette assemblée et proclama Chosroès ; mais Théophylacte est ici plus clair et plus digne de foi.

Chosroès, parvenu sur le trône sans crime, s'efforça d'adoucir les malheurs de son père : il tira Hormouz du cachot où on le retenait, et lui donna un appartement dans le palais : il fournit libéralement à ses plaisirs, et souffrit avec patience les saillies furieuses de son ressentiment et de son désespoir. Il pouvait mépriser la colère d'un tyran aveugle et détesté : mais la tiare ne pouvait être affermie sur sa tête qu'il n'eût renversé la puissance ou gagné l'amitié de l'illustre Bahram, qui refusait avec indignation de reconnaître la justice d'une révolution sur laquelle on n'avait consulté ni lui ni ses soldats, les véritables représentans de la Perse. On lui offrit une amnistie générale et la seconde place du royaume ; il répondit par une lettre, où il se qualifiait d'ami des dieux, de vainqueur des hommes, d'ennemi des tyrans, de satrape des satrapes, de général des armées de la Perse, et de prince doué de onze vertus (1). Il ordonnait à Chosroès d'éviter l'exemple et le sort de son père, de remettre en prison les traîtres dont on avait brisé les chaînes, de déposer dans un lieu saint le diadème qu'il avait usurpé, et d'accepter de son gracieux bienfaiteur le pardon de ses fautes et le gouvernement d'une province. Cette correspondance ne peut être regardée que comme une preuve de

---

(1) Voici les paroles de Théophylacte (l. IV, c. 7) : Βαραμ φιλος τοις θεοις, νικητης επιφανης, τυραννων εχθρος, σατραπης μεγιστανων, της Περσικης αρχων δυναμεως, etc. Dans sa réponse, Chosroès se qualifie de τη νυκτι χαριζομενος ομματα.... ο τους Ασωνας (les génies) μισθουμενος. C'est le style oriental dans toute son enflure.

l'orgueil de Bahram et surtout de l'humilité du roi; mais l'un sentait sa force et l'autre connaissait si bien sa faiblesse, que le ton modeste de sa réplique n'anéantit pas l'espoir d'un traité et d'une réconciliation. Chosroès entra en campagne, à la tête des esclaves du palais et de la populace de sa capitale. Ils virent avec terreur les bannières d'une armée de vétérans; ils furent environnés et surpris par les évolutions de Bahram, et les satrapes qui avaient déposé Hormouz furent punis de leur révolte, ou expièrent leur trahison par un second acte d'infidélité plus criminel que le premier. Chosroès parvint à sauver sa vie et sa liberté; mais il se trouvait réduit à chercher des secours ou un asile dans une terre étrangère; et l'implacable Bindoès, pour lui assurer un titre incontestable, retourna en hâte au palais, et avec la corde d'un arc termina la misérable existence du fils de Nushirwan (1).

Mort d'Hormouz.
A. D. 590.
Chosroès se réfugie chez les Romains.

Tandis que Chosroès faisait les préparatifs de sa retraite, il délibéra, avec le peu d'amis qui lui restaient (2), s'il demeurerait caché et épiant l'occasion

---

(1) Théophylacte (l. IV, c. 7) impute la mort d'Hormouz à son fils, par les ordres duquel il expira, si on l'en croit, sous le bâton. J'ai suivi le récit moins odieux de Khondemir et d'Eutychius, et je serai toujours disposé à adopter le témoignage le plus léger, lorsqu'il s'agira de diminuer l'atrocité d'un parricide.

(2) Après la bataille de Pharsale, Pompée, dans le poëme de Lucain (l. VIII, 256-455) élève une discussion du même genre. Il voulait se réfugier chez les Parthes; mais les com-

dans les vallées du mont Caucase, s'il se réfugierait dans le camp des Turcs, ou s'il solliciterait la protection de l'empereur de Constantinople. La longue rivalité des successeurs d'Artaxercès et de Constantin augmentait sa répugnance à paraître en suppliant dans une cour ennemie; mais, calculant les forces des Romains, il jugea prudemment que le voisinage de la Syrie rendrait son évasion plus facile et leurs secours plus efficaces. Suivi seulement de ses concubines et de trente gardes, il partit en secret de la capitale, suivit les bords de l'Euphrate, traversa le désert, et s'arrêta à dix milles de Circésium. Le préfet romain fut instruit de son approche à la troisième veille de la nuit; et dès la pointe du jour, il introduisit dans la forteresse cet illustre fugitif. De là le roi de Perse fut conduit à Hiéropolis, séjour plus honorable, et à la réception des lettres et des ambassadeurs du petit-fils de Nushirwan, Maurice dissimula son orgueil et déploya sa bienveillance. Chosroès lui rappelait humblement les vicissitudes de la fortune et les intérêts communs des princes; il exagérait l'ingratitude de Bahram, qu'il peignait comme l'agent du mauvais principe, et représentait à l'empereur d'une manière spécieuse qu'il était avanta-

---

pagnons de sa fortune abhorraient cette alliance antipatriotique; et les mêmes préjugés peuvent avoir agi avec autant de force sur l'esprit de Chosroès et de ses compagnons, qui ont pu dépeindre avec autant de véhémence la différence de lois, de religion, de mœurs, qui sépare l'Orient et l'Occident.

geux aux Romains eux-mêmes de soutenir deux monarchies qui tenaient le monde en équilibre, et deux astres dont l'heureuse influence vivifiait et embellissait la terre. Les inquiétudes de Chosroès ne tardèrent pas à se dissiper : l'empereur lui répondit qu'il embrassait la cause de la justice et de la royauté ; mais il se refusa sagement aux dépenses et aux délais qu'aurait entraînés un voyage du prince fugitif à Constantinople. Chosroès reçut de son bienfaiteur un riche diadême, et un inestimable présent en or et en pierreries. Maurice assembla une puissante armée sur les frontières de la Syrie; il en donna le commandement au brave et fidèle Narsès (1) ; ce général eut ordre de passer le Tigre, et de ne pas remettre son épée dans le fourreau qu'il n'eût rétabli Chosroès sur le trône de ses aïeux. Cette entreprise si éclatante était moins difficile qu'elle ne le paraissait. La Perse se repentait déjà de la fatale imprudence avec laquelle elle avait livré l'héritier de la

Son retour en Perse.

---

(1) Il y eut dans ce siècle trois généraux du nom de *Narsès*; qu'on a souvent confondus (Pagi, *Critica*, tom. II, p. 640) : 1º un Persarménien, frère d'Isaac et d'Armatius, qui, après une bataille heureuse contre Bélisaire, abandonna les drapeaux du roi de Perse, son souverain, et servit ensuite dans les guerres d'Italie; 2º l'eunuque qui conquit l'Italie; 3º celui qui rétablit Chosroès sur le trône, et est célébré dans le poëme de Corippe (liv. III, 220-227), comme *excelsus super omnia vertice agmina.... habitu modestus.... morum probitate placens, virtute verendus, fulmineus, cautus, vigilans*, etc.

maison de Sassan à l'ambition d'un sujet rebelle ; et le refus des mages de consacrer l'usurpateur, avait déterminé Bahram à s'emparer du sceptre en dépit des lois et des préjugés de sa nation. Le palais fut bientôt troublé par des conspirations, la capitale par des émeutes, les provinces par des soulèvemens : la cruelle exécution des coupables ou de ceux qu'on soupçonnait, loin d'affaiblir le mécontentement public, ne servit qu'à l'irriter. Dès que le petit-fils de Nushirwan eut arboré au-delà du Tigre ses bannières et celles des Romains, la noblesse et le peuple coururent en foule grossir chaque jour son armée ; et, à mesure qu'il avançait, il recevait avec joie de toutes parts les clefs de ses villes et les têtes de ses ennemis. Aussitôt que Modain fut délivré de la présence de l'usurpateur, les habitans obéirent aux premières sommations de Mébodes, arrivé seulement à la tête de deux mille hommes de cavalerie, et Chosroès accepta les ornemens précieux et sacrés du palais comme un gage de leur bonne foi, et un présage de ses prompts succès. Après la jonction des troupes impériales, que Bahram s'efforça vainement d'empêcher, la querelle se décida en deux batailles, l'une sur les bords du Zab, et l'autre sur les frontières de la Médie. Les Romains, réunis aux fidèles sujets de la Perse, formaient une armée de soixante mille hommes, et l'usurpateur n'en avait pas quarante mille : les deux généraux signalèrent leur valeur et leur habileté ; mais la supériorité du nombre et de la discipline détermina enfin la victoire. Bahram se réfugia avec le

Victoire décisive.

Mort de Bahram.

reste de ses troupes vers les provinces orientales de l'Oxus : la haine de la Perse le réconcilia avec les Turcs ; mais ses jours furent abrégés par le poison, peut-être par le plus incurable de tous, l'aiguillon du remords, et le désespoir et l'amer souvenir de la gloire perdue. Au reste, les Persans modernes célèbrent encore les exploits de Bahram, et d'excellentes lois ont prolongé la durée de son règne si court et si orageux.

Rétablissement de Chosroès sur le trône, et sa politique.
A. D. 591-603.

Des fêtes et des exécutions signalèrent le rétablissement de Chosroès ; et les gémissemens des criminels qu'on multipliait ou qu'on faisait expirer dans les tortures troublèrent souvent la musique du banquet royal. Un pardon général aurait calmé et consolé un pays ébranlé par les dernières révolutions ; mais avant de condamner les dispositions sanguinaires de Chosroès, il faudrait savoir si les Persans n'étaient pas accoutumés à l'alternative de craindre la sévérité ou de mépriser la faiblesse de leur souverain. La justice et la vengeance du conquérant punirent également la révolte de Bahram et la conspiration des satrapes ; les services de Bindoès lui-même ne purent faire oublier qu'il avait trempé ses mains dans le sang du dernier roi, et le fils d'Hormouz voulut montrer son innocence et affermir le respect dû à la personne sacrée des monarques. Durant la vigueur de la puissance romaine, les armes et l'autorité des premiers Césars avaient établi plusieurs princes sur le trône de la Perse. Mais les Persans étaient bientôt révoltés des vices ou des vertus adoptés par leurs maîtres dans une terre étrangère, et l'instabilité de leur pouvoir donna lieu à cette remarque vulgaire, que la légèreté capricieuse des esclaves de l'Orient sollicitait et rejetait avec la même ardeur les princes désignés par le choix de Rome (1). Mais la gloire de Maurice reçut un grand éclat du règne heureux et long de son fils et de son allié. Une troupe de mille Romains, qui continua à garder la personne de Chosroès, annonçait la confiance de ce prince dans la fidélité des étrangers : l'accroissement de ses forces lui permit d'éloigner ce secours désagréable au peuple ; mais il montra toujours la même reconnaissance et le même respect pour son père adoptif, et jusqu'à la mort de Maurice, les deux empires remplirent fidèlement les devoirs de la paix et de l'alliance. Cependant des cessions importantes avaient payé la mercenaire amitié de l'empereur : le roi de Perse lui rendit les forteresses de Martyropolis et de Dara, et les Persarméniens devinrent avec joie sujets de l'empire, qui se prolongea vers l'Orient, au-delà des anciennes bornes, jusqu'aux rives de l'Araxe et aux environs de la mer Caspienne. Les âmes pieuses espéraient que l'Église, ainsi que l'État, gagnerait à cette révolution ; mais si Chosroès avait

---

(1) *Experimentis cognitum est Barbaros malle Româ petere reges quàm habere.* Tacite fait un tableau admirable de l'invitation et de l'expulsion de Vonones (*Ann.*, II, 1-3), de Tiridate (*Annal.*, VI, 31-44), et de Meherdate (*Annal.*, XI, 10 ; XII, 10-14). L'œil de son génie semble avoir percé tous les secrets du camp des Parthes et des murs du harem.

écouté de bonne foi les évêques chrétiens; le zèle et l'éloquence des mages effacèrent cette impression : s'il n'eut jamais qu'une indifférence philosophique, il adapta sa croyance, ou plutôt sa profession de foi, aux circonstances où il se trouvait, et le fugitif devenu souverain ne s'exprima plus de la même manière. La conversion imaginaire du roi de Perse se réduisit à une dévotion locale et superstitieuse pour Sergius (1), l'un des saints d'Antioche, qui, dit-on, exauçait ses prières et lui apparaissait en songe. Ses offrandes en or et en argent enrichirent la châsse du saint; il attribua à ce protecteur invisible le succès de ses armes et la grossesse de Sira, chrétienne fervente, et celle de ses femmes qu'il aimait le plus (2). La beauté de Sira ou *Schirin* (3), son esprit, ses ta-

---

(1) On dit que Sergius et Bacchus son compagnon, obtinrent la couronne du martyre durant la persécution de Maximien; on leur rendit les honneurs divins en France, en Italie, à Constantinople et dans l'Orient. Leur tombeau, qu'on voyait à Rasaphe, était célèbre par ses miracles; et on donna à cette ville de Syrie le nom plus honorable de Sergiopolis. Tillemont, *Mém. ecclés.*, tom. v, p. 491-496; Butler's *Saints*, vol. x, p. 155.

(2) Évagrius (l. vi, c. 21) et Théophylacte. Simocatta (l. v, c. 13, 14) ont conservé les lettres originales de Chosroès, écrites en grec, signées de sa main, et inscrites ensuite sur des croix et des tables d'or, qu'on déposa dans l'église de Sergiopolis. Elles avaient été adressées à l'évêque d'Antioche, en qualité de primat de la Syrie.

(3) Les Grecs disent seulement qu'elle était d'extraction romaine, et qu'elle avait embrassé le christianisme. Mais

lens pour la musique, sont célèbres dans l'histoire ou plutôt dans les romans de l'Orient; son nom, dans la langue persane, signifie la douceur et la grâce, et l'épithète de *Parviz* fait allusion aux charmes du roi son amant. Au reste, Sira ne partagea point la passion qu'elle inspirait : le bonheur de Chosroès fut empoisonné par ses craintes jalouses, et par l'idée que, tandis qu'il possédait la personne de Sira, un amant d'un rang moins élevé possédait toutes ses affections (1).

---

les romans de la Perse et de la Turquie la donnent pour la fille de l'empereur Maurice : ils décrivent les amours de Khosrou pour Schirin, et celles de Schirin pour Ferhad, le plus beau des jeunes hommes de l'Orient. D'Herbelot, *Bibl. orient.*, p. 789, 997, 998.

(1) L'histoire complète de la tyrannie d'Hormouz, de la révolte de Bahram, de la fuite et du rétablissement de Chosroès, est racontée par deux Grecs contemporains; par Évagrius, avec plus de concision (l. xi, c. 16, 17, 18, 19), et par Théophylacte Simocatta (liv. III, c. 6-18; liv. IV, chap. 1-16; l. v, c. 1-15) d'une manière très-diffuse. Les compilateurs qui les ont suivis, comme Zonare et Cedrenus, n'ont pu que transcrire et abréger. Les Arabes chrétiens, tels qu'Eutychius (*Ann.*, t. II, p. 200-208) et Abulpharage (*Dynast.*, p. 96-98), semblent avoir consulté des mémoires particuliers. Je ne connais Mirkond et Khondemir, les deux grands historiens persans du quinzième siècle, que par les extraits imparfaits de Schikard (Tarikh, p. 150-155), de Texeira ou plutôt de Stevens (*Hist. de Perse*, p. 182-186) d'un manuscrit turc, traduit par l'abbé Fourmont (*Hist. de l'Acad. des Inscript.*, t. VII, p. 325-334), et de d'Herbelot, aux mots *Hormouz* (p. 457, 459), *Bahram*

Fierté politique et puissance du chagan des Avares. A. D. 570-600, etc.

Tandis que la majesté du nom romain se relevait en Orient, l'aspect de l'Europe offrait bien moins de bonheur et de gloire. Le départ des Lombards et la ruine des Gépides avaient détruit sur le Danube la balance du pouvoir, et les Avares s'étaient formé un empire permanent depuis le pied des Alpes jusqu'aux rives de l'Euxin. Le règne de Baian est l'époque la plus brillante de leur monarchie. Leur chagan, qui occupait le rustique palais d'Attila, semble avoir imité le caractère et la politique de ce prince (1). Mais comme on revit les mêmes scènes sur un théâtre moins étendu, une description minutieuse de la copie n'aurait pas la grandeur et la nouveauté de l'original. La fierté de Justin II, de Tibère et de Maurice, fut humiliée par un Barbare plus prompt à commencer les ravages de la guerre qu'exposé à les

---

(pag. 174), *Khosrou Parviz* (p. 996). Si j'étais plus convaincu de l'autorité de ces écrivains orientaux, je désirerais qu'ils fussent en plus grand nombre.

(1) On peut avoir une idée générale de la fierté et de la puissance du chagan, en lisant Ménandre (*Excerpt. legat.*, pag. 117, etc.) et Théophylacte (liv. 1, chap. 3; liv. VII, chap. 15), dont les huit livres font plus d'honneur au chef des Avares qu'à l'empereur d'Orient. Les prédécesseurs de Baian avaient éprouvé les libéralités de Rome, et Baian survécut au règne de Maurice. (Du Buat, *Hist. des Peuples barbares*, t. XI, p. 545.) Le chagan, qui fit une invasion en Italie, A. D. 611 (Muratori, *Annali*, t. V, p. 365) était alors *juvenili ætate florens* (Paul Warnefrid, *de Gest. Langobard.*, l. V, c. 38) : c'était le fils ou peut-être le petit-fils de Baian.

souffrir ; et toutes les fois que les armes de la Perse menaçaient l'Asie, l'Europe était accablée par les dangereuses incursions ou la dispendieuse amitié des Avares. Lorsque les envoyés de Rome approchaient du chagan, on leur ordonnait d'attendre à la porte de sa tente ; et ce n'était quelquefois qu'au bout de dix ou douze jours qu'on leur permettait d'entrer. Si le ton ou le sujet de leur discours blessait l'oreille du chagan, alors, dans un accès de fureur réelle ou simulée, il insultait les ambassadeurs et leur maître ; il faisait piller leurs bagages, et ils ne pouvaient même racheter leur vie que par la promesse qu'ils faisaient d'apporter de plus riches présens et de s'exprimer d'un ton plus respectueux. En même temps ses ambassadeurs, toujours respectés, abusaient jusqu'à la licence de la liberté illimitée dont on les laissait jouir au milieu de Constantinople. Leurs importuns clameurs ne cessaient de demander un accroissement de tributs ou des restitutions de captifs et de déserteurs ; et la majesté de l'empire était presque également avilie par une basse condescendance ou par les fausses et timides excuses au moyen desquelles on éludait leurs insolentes demandes. Le chagan n'avait jamais vu d'éléphant, et les récits singuliers, peut-être fabuleux, qu'on lui faisait sur cet étonnant animal, avaient excité sa curiosité. D'après ses ordres on équipa richement un des plus gros éléphans des écuries impériales, et une suite nombreuse le conduisit au village situé au milieu des plaines de la Hongrie, qu'habitait le chef des Barbares. Celui-ci vit l'énorme quadrupède avec étonnement, avec dégoût, peut-être avec frayeur; et il sourit de la frivole industrie des Romains, qui allaient aux extrémités de la terre et de l'Océan chercher ces inutiles raretés. Il voulut se coucher dans un lit d'or aux dépens de l'empereur. Sur-le-champ l'or de Constantinople et l'habileté de ses artistes furent employés à satisfaire sa fantaisie; et lorsque le lit fut achevé, il rejeta avec dédain un présent si indigne de la majesté d'un grand roi (1). Telles étaient les saillies de l'orgueil du chagan; mais son avarice était plus constante et plus traitable. On lui envoyait exactement une quantité considérable d'étoffes de soie, de meubles et de vaisselle bien travaillés, et les élémens des arts et du luxe s'introduisirent sous les tentes des Scythes : le poivre et la cannelle de l'Inde stimulaient leur appétit (2) : le subside ou tribut annuel fut porté de quatre-vingts à cent vingt mille pièces d'or; et quand il avait été suspendu par des hostilités, le paiement des arrérages, avec un intérêt exorbitant, était toujours la première condition du nouveau traité. Le prince des Avares,

---

(1) Théophylacte, l. 1, c. 5, 6.

(2) Même lorsqu'il était à la guerre, le chagan aimait à user de ces aromates. Il demandait qu'on lui fît présent de Ινδικας καρυχιας, et il reçut πεπερι και φυλλον Ινδων, κασιαν τε και τον λεγομενον κοστον. (Théophylacte, l. VII, c. 13.) Les Européens des siècles d'ignorance consommaient plus d'épices dans leur viande et leur boisson, que n'en souffrirait la délicatesse d'un palais moderne. *Vie privée des Français*, t. II, p. 162, 163.

prenant le ton d'un Barbare qui ne sait point tromper, affectait de se plaindre de la mauvaise foi des Grecs (1); mais il était aussi habile dans l'art de la dissimulation et de la perfidie que les peuples les plus civilisés. Le chagan réclamait, en qualité de successeur des Lombards, la ville importante de Sirmium, l'ancien boulevard des provinces de l'Illyrie (2). La cavalerie des Avares couvrit les plaines de la Basse-Hongrie, et on construisit dans la forêt Hercynienne de gros bateaux qui devaient descendre le Danube et porter dans la Save les matériaux d'un pont. Mais la nombreuse garnison de Singidunum, qui dominait le confluent des deux rivières, pouvant arrêter le passage et renverser ses projets, il sut, par un serment solennel, ôter à cette garnison toute défiance de ses intentions. Il jura par son épée, symbole du dieu de la guerre, que ce n'était pas comme ennemi de Rome qu'il songeait à élever un pont sur la Save. « Si je viole mon serment, continua l'intrépide Baian, que j'expire sous le glaive avec le dernier des individus de ma nation; que le firmament et le feu, la divinité du ciel, tombent sur nos têtes; que les

---

(1) Théophylacte, l. vi, c. 6; l. vii, c. 15. L'historien grec convient de la vérité et de la justice du reproche du chagan.

(2) Ménandre (*in Excerpt. legat.*, p. 126-132, 174, 175) rapporte le parjure de Baian et la reddition de Sirmium. Nous avons perdu son histoire du siége, dont Théophylacte parle avec éloge (l. 1, c. 3), το δοπως Μενανδρω τω περιφανει σαφως διηγορευται.

forêts et les montagnes nous ensevelissent sous leurs ruines ! et que la Save, remontant vers sa source, malgré les lois de la nature, nous engloutisse dans ses ondes courroucées ! » Après cette imprécation barbare, il demanda tranquillement quel était le serment le plus respectable et le plus sacré chez les chrétiens, celui qu'ils regardaient comme le plus dangereux de violer. L'évêque de Singidunum lui présenta l'Évangile ; le chagan le reçut à genoux, et ajouta : « Je jure par le Dieu qui a parlé dans ce livre saint, que je n'ai ni fausseté sur les lèvres ni trahison dans le cœur. » Et se relevant aussitôt, il courut hâter les travaux du pont, et un envoyé alla annoncer de sa part ce qu'il ne cherchait plus à cacher. « Informez l'empereur, dit le perfide Baian, que Sirmium est investi de tous côtés ; conseillez à sa sagesse d'en retirer les citoyens avec leurs effets, et de livrer une place qu'il ne peut plus ni secourir ni défendre. » Sirmium se défendit plus de trois ans sans espoir d'être secouru : les murailles étaient encore dans leur entier, mais la famine habitait dans leur enceinte. Les habitans, exténués et dépouillés, obtinrent par une capitulation favorable la liberté de se retirer. Singidunum, situé à cinquante milles, eut une destinée plus cruelle ; ses édifices furent rasés, et ses habitans condamnés à la servitude et à l'exil. Cependant il ne reste aucun vestige de Sirmium ; mais la situation avantageuse de Singidunum y a bientôt attiré une nouvelle colonie d'Esclavons, et le confluent de la Save et du Danube est encore gardé aujourd'hui par les fortifications de Belgrade ou de la Ville-Blanche, que les chrétiens et les Turcs se sont disputée si souvent et avec tant d'opiniâtreté (1). De Belgrade aux murs de Constantinople la distance est de six cents milles ; le fer et la flamme ravagèrent tout ce pays. Les chevaux des Avares se baignaient alternativement dans l'Euxin et dans la mer Adriatique ; et le pontife de Rome, alarmé de l'approche d'un ennemi plus farouche (2), se vit forcé de regarder les Lombards comme les protecteurs de l'Italie. Un captif, désespéré de n'avoir point été racheté, enseigna aux Avares l'art de fabriquer et d'employer les machines de guerre (3) : ils ne mirent d'abord ni beaucoup d'industrie à les construire, ni beaucoup d'adresse à s'en servir ; et la résistance de Dioclétianopolis, de Berée, de Philippopolis et d'Andrinople, épuisa promptement le savoir et la patience des assiégeans. Baian faisait la guerre en Tartare, mais il était susceptible

---

(1) *Voyez* d'Anville, *Mém. de l'Acad. des Inscriptions*, t. XXVIII, p. 412-443. Constantin Porphyrogénète employait au dixième siècle le nom de *Belgrade*, qui est esclavon. Les Francs se servaient au neuvième siècle de la dénomination latine d'*Alba Græca* (p. 414).

(2) Baronius, *Ann. eccles.*, A. D. 600, n° 1. Paul Warnefrid (l. IV, c. 38) raconte l'incursion des Avares dans le Frioul, et (c. 39) la captivité de ses ancêtres, A. D. 632. Les Esclavons traversèrent la mer Adriatique, *cum multitudine navium*, et firent une descente sur le territoire de Sipontum (c. 47).

(3) Il leur enseigna même l'usage de l'hélépolis ou de la tour mobile. Théophylacte, l. II, c. 16, 17.

d'humanité et de sentimens élevés : il épargna Anchialus, dont les eaux salutaires avaient rétabli la santé de celle de ses femmes qu'il chérissait le plus ; et les Romains avouent que leur armée, épuisée par la disette, fut épargnée et nourrie par la générosité de leur ennemi. Il donnait des lois à la Hongrie, à la Pologne et à la Prusse, depuis l'embouchure du Danube jusqu'à celle de l'Oder (1), et sa politique jalouse divisa ou transplanta les nouveaux sujets qu'il venait de conquérir (2). Des colonies d'Esclavons peuplèrent les parties orientales de la Germanie, demeurées désertes par l'émigration des Vandales. On découvre les mêmes tribus dans les environs de la mer Adriatique et de la Baltique, et les villes illyriennes de Neyss et de Lissa se retrouvent, avec le nom de Baian lui-même, au centre de la Silésie. S'in-

---

(1) Les armes et les alliances du chagan allèrent jusqu'aux environs d'une mer située à l'occident, et éloignée de Constantinople de quinze mois de marche. L'empereur Maurice conversa avec quelques musiciens ambulans de ce pays lointain, et il semble avoir pris pour un peuple une classe d'hommes d'une certaine profession. Théophylacte, l. vi, c. 2.

(2) C'est une des conjectures les plus vraisemblables et les plus lumineuses du savant comte du Buat (*Histoire des Peuples barbares*, t. xi, p. 546-568). On retrouve les Tzechi et les Serbi confondus ensemble près du mont Caucase, dans l'Illyrie et sur la partie basse de l'Elbe. Les traditions les plus bizarres des Bohémiens, etc., paraissent confirmer son hypothèse.

téressant peu à la vie de ses vassaux (1), le chagan les exposait au premier choc dans la disposition de son armée ou de ses provinces, et le glaive de ses ennemis était émoussé avant même d'avoir eu à résister à la valeur naturelle des Avares.

L'alliance avec la Perse rendit les troupes de l'Orient à la défense de l'Europe; et Maurice, qui avait souffert dix années l'insolence du chagan, déclara qu'il marcherait en personne contre les Barbares. Dans un intervalle de deux siècles, aucun des successeurs de Théodose n'avait paru sur le champ de bataille; leurs jours s'écoulaient mollement dans le palais de Constantinople, et les Grecs ne savaient plus que le nom d'empereur désignait, selon son acception primitive, le chef des armées de la république. Les graves flatteries du sénat, la superstition pusillanime du patriarche et les pleurs de l'impératrice Constantine, s'opposèrent à l'ardeur guerrière de Maurice; on le supplia de charger un général moins important des fatigues et des périls d'une campagne de Scythie. Sourd à leurs conseils et à leurs prières, il se porta fièrement en avant jusqu'à sept milles (2) de sa capitale; l'étendard sacré de la

<small>Guerres de Maurice contre les Avares. A. D. 595-602.</small>

---

(1) *Voyez* Fredegaire dans les Historiens de France, t. II, p. 432. Baian ne cachait point son orgueilleuse insensibilité. Οτι τοιουτους (non pas τοσουτους, selon une ridicule correction) επαφησω τη Ρωμαικη, ως ει και συμβαιη γε σφισι θανατω αλωναι, αλλ' εμοι γε μη γενεσθαι συναισθησιν.

(2) *Voy.* la marche et le retour de Maurice dans Théophylacte, l. V, c. 16; l. VI, c. 1, 2, 3. Si cet écrivain avait

croix flottait à la tête de ses troupes; il passa en revue, avec un sentiment d'orgueil, ces nombreux vétérans qui avaient combattu et vaincu au-delà du Tigre. Anchialus fut le terme de ses expéditions; il sollicita vainement une réponse miraculeuse à ses prières nocturnes : son esprit fut troublé par la mort d'un cheval qu'il aimait beaucoup, par la rencontre d'un sanglier, par un orage suivi d'une pluie abondante, enfin par la naissance d'un enfant monstrueux, et il oublia que le meilleur de tous les présages est de s'armer pour son pays (1). Il revint à Constantinople sous prétexte de recevoir les ambassadeurs de la Perse : des idées de dévotion remplacèrent ses idées de guerre; son retour et le choix de ses lieutenans trompèrent l'espoir de l'empire. L'aveugle prévention de l'amour fraternel peut l'excuser d'avoir donné un commandement à son frère Pierre, qu'on vit fuir également devant les Barbares, devant ses propres soldats et devant les habitans d'une ville romaine. Cette ville, si nous en croyons la ressemblance du nom et celle du caractère des

---

du goût ou de l'esprit, on supposerait qu'il s'est permis une ironie délicate; mais Théophylacte n'a sûrement pas cette malice à se reprocher.

(1) Εις οιωνος αριστος αμυνεσθαι περι πατρης.
Iliade, xii, 243.

Ce beau vers, où l'on retrouve le courage d'un héros et la raison d'un sage, prouve bien qu'Homère était à tous égards supérieur à son siècle et à son pays.

habitans, était la célèbre Azimuntium (1), qui seule avait repoussé l'impétueux Attila. Le courage que fit paraître alors la brave jeunesse d'Azimuntium se communiqua aux générations suivantes, et l'un des deux Justin avait accordé aux habitans de cette ville l'honorable privilége de réserver leur valeur pour la défense de leur séjour natal. Le frère de Maurice voulut attenter à ce privilége, et mêler une troupe de patriotes avec les mercenaires de son camp : ils se retirèrent dans l'église ; et la sainteté du lieu n'en imposa point au général ; le peuple se souleva, il ferma les portes, il parut armé sur les remparts, et la lâcheté de Pierre égala son arrogance et son injustice. Le caractère guerrier de Commentiolus (2) doit être l'objet de la satire ou de la comédie plutôt que de l'histoire, puisqu'il n'avait pas même la qualité si vulgaire du courage personnel. Ses conseils tenus avec appareil, ses étranges évolutions et ses ordres secrets, avaient toujours pour objet de lui fournir un prétexte de fuite ou de délai. S'il marchait contre l'ennemi, les agréables vallées du mont Hémus lui opposaient une barrière insurmontable;

---

(1) Théophylacte, l. vii, c. 3. D'après ce fait, qui ne s'était pas présenté à ma mémoire, le lecteur voudra bien excuser et corriger la note 36 du chapitre xxxiv, où j'ai raconté trop tôt la ruine d'Azimus ou Azimuntium. Ce n'est pas payer trop cher que d'acheter par un tel aveu un siècle de plus de valeur et de patriotisme.

(2) *Voyez* la honteuse conduite de Commentiolus dans Théophylacte, l. ii, c. 10-15 ; l. vii, c. 13, 14 ; l. viii, c. 2-4.

mais dans les retraites, son intrépide curiosité découvrait des sentiers si difficiles et tellement abandonnés, que les plus anciens habitans du pays en avaient presque laissé échapper le souvenir. Les seules gouttes de sang qu'il avait perdues en sa vie lui furent tirées par la lancette du chirurgien, dans une maladie réelle ou simulée ; le repos, la sûreté de l'hiver, ne manquaient jamais de rétablir sa santé, toujours sensiblement altérée par l'approche des Barbares. Le prince capable d'élever et de soutenir cet indigne favori ne doit retirer aucune gloire du mérite accidentel de Priscus, qu'il lui avait donné pour collègue (1). En cinq batailles, qui semblent avoir été conduites avec habileté et avec courage, Priscus fit prisonniers dix-sept mille deux cents Barbares ; il leur tua près de soixante mille hommes, parmi lesquels se trouvaient les quatre fils du chagan; il surprit un paisible canton des Gépides, qui se croyait en sûreté sous la protection des Avares ; et c'est sur les bords du Danube et de la Theiss qu'il érigea ses derniers trophées. Depuis la mort de Trajan, les armes de l'empire n'avaient pas pénétré si avant dans l'ancienne Dacie : cependant les victoires de Priscus furent passagères et infructueuses ; il fut bientôt rappelé dans la crainte que Baian ne vînt, avec son indomptable intrépidité et de nouvelles forces, venger sa défaite sous les murs de Constantinople (2).

---

(1) *Voyez* les exploits de Priscus, l. viii, c. 2, 3.
(2) On peut suivre les détails de la guerre contre les Avares

Les camps de Justinien et de Maurice (1) connais- État des armées romaines.
saient la théorie de la guerre aussi bien que ceux de
César et de Trajan. Le fer de la Toscane ou du Pont
recevait toujours des ouvriers de Byzance la trempe
la plus fine et la meilleure. Les arsenaux étaient
remplis d'armes offensives et défensives de toute
espèce. Dans la construction et l'usage des navires,
des fortifications et des machines de guerre, les Barbares admiraient la supériorité d'un peuple dont ils
triomphaient si souvent sur les champs de bataille.
Les livres des Grecs et des Romains enseignaient l'art
de la tactique, les évolutions et les stratagêmes de
l'antiquité ; mais des provinces désertes ou des peuples dégénérés ne pouvaient plus fournir des hommes
en état de manier ces armes, de défendre ces murs,
de faire manœuvrer ces vaisseaux, et dont le courage
sût réduire avec succès en pratique la théorie de
la guerre. Le génie de Bélisaire et de Narsès s'était
formé sans maître, et ne laissa point de disciples.

---

dans les premier, second, sixième, septième et huitième
livres de l'Histoire de l'empereur Maurice, par Théophylacte Simocatta. Il écrivait sous le règne d'Héraclius, et il
ne pouvait avoir la tentation de flatter ; mais son défaut de
jugement le rend diffus sur des bagatelles, et concis sur les
faits les plus intéressans.

(1) Maurice lui-même composa douze livres sur l'art
militaire, qui subsistent encore, et qui ont été publiés
(Upsal, 1664) par Jean Schæffer, à la fin de la Tactique
d'Arrien (Fabricius, *Bibl. græca*, l. IV, c. 8, t. III, p. 278,
qui promet de s'étendre davantage sur cet ouvrage quand
il en trouvera l'occasion convenable).

L'honneur, le patriotisme, ou une superstition généreuse, ne pouvait plus donner la vie à ces corps composés d'esclaves et d'étrangers admis aux honneurs de la légion. Ce n'est que dans le camp que l'empereur aurait dû exercer un pouvoir despotique, et c'est là qu'on lui désobéissait et qu'on l'insultait : il calmait et excitait avec de l'or la licence des troupes; mais leurs vices tenaient à la constitution militaire ; leurs victoires étaient accidentelles, et leur solde dispendieuse épuisait un État qu'elles ne pouvaient défendre. Après une longue et pernicieuse indulgence, Maurice essaya de guérir ce mal invétéré; mais sa téméraire entreprise le perdit et ne fit qu'accroître les abus. Un réformateur ne doit pas être soupçonné d'intérêt, et il faut qu'il ait la confiance et l'estime de ceux qu'il veut réformer. Les soldats de Maurice auraient peut-être écouté la voix d'un général victorieux ; ils dédaignèrent les avis des politiques et des sophistes; lorsqu'ils reçurent l'édit qui prélevait sur la solde le prix des armes et des vêtemens, ils maudirent l'avarice d'un prince insensible aux dangers et aux fatigues dont il s'était affranchi. Des séditions violentes et multipliées agitèrent les camps de l'Asie et de l'Europe (1). La garnison d'Édesse, furieuse, accabla de reproches, de menaces et de blessures, ses généraux tremblans; elle renversa les statues de l'em-

---

(1) *Voyez* le détail des émeutes sous le règne de Maurice dans Théophylacte, l. III, c. 1-4; l. VI, c. 7, 8, 10; l. VII, c. 1; l. VIII, c. 6, etc.

pereur, assaillit de pierres l'image miraculeuse du Christ, et rejeta le joug des lois civiles et des lois militaires, ou se soumit à une subordination volontaire aussi dangereuse que le désordre. Le monarque, toujours éloigné et souvent trompé, ne pouvait céder ou résister à propos. La crainte d'une révolte générale le déterminait trop tôt à oublier un soulèvement en considération d'une action de valeur ou d'une expression de fidélité : il revint sur la nouvelle réforme aussi précipitamment qu'il l'avait entreprise; et les troupes qui s'attendaient à des châtimens, à un régime plus sévère, furent agréablement surprises lorsqu'on leur annonça des immunités et des récompenses : mais elles ne furent point reconnaissantes de ces largesses tardives que l'empereur accordait malgré lui; la découverte de sa faiblesse et de leur force augmenta leur insolence; et, de part et d'autre, la haine s'éleva au point que le souverain ne songeait plus à pardonner, et que l'armée n'avait plus d'espoir de conciliation. Les historiens du temps ont adopté le soupçon vulgaire que Maurice s'efforça de détruire les troupes qu'il avait voulu réformer; ils imputent à ce dessein malveillant la mauvaise conduite et la faveur de Commentiolus; et tous les siècles doivent flétrir l'inhumanité ou l'avarice (1) d'un prince qui laissa massacrer, plutôt que de les racheter pour le

---

(1) Théophylacte et Théophane paraissent ignorer la conspiration et la cupidité de Maurice. On rencontre pour la première fois ces accusations, si défavorables à la mémoire

prix modique de six mille pièces d'or, douze mille prisonniers qui se trouvaient au pouvoir du chagan. Dans un juste mouvement d'indignation, on ordonna aux troupes du Danube d'épargner les magasins de la province, et d'établir leurs quartiers d'hiver dans le pays des Avares. Ce dernier ordre lassa leur patience : elles déclarèrent Maurice indigne du trône; elles chassèrent ou égorgèrent ceux qui lui demeuraient fidèles; et, commandées par un simple centurion nommé Phocas, elles revinrent à marches précipitées aux environs de Constantinople. Les désordres militaires du troisième siècle recommencèrent après un grand nombre de successions autorisées par les lois; mais la nouveauté de l'entreprise étonna leur audace. Elles balancèrent à revêtir de la pourpre l'objet de leur choix; et tandis qu'elles rejetaient toute espèce de négociation avec Maurice, elles entretenaient une correspondance amicale avec Théodose son fils, et avec Germanus, beau-père du jeune prince. Telle était l'obscurité de Phocas, que l'empereur ignorait le nom et le caractère de son rival; mais dès qu'il apprit que le centurion, audacieux au milieu des soulèvemens, se montrait timide dans les dangers : « Hélas! s'écria le prince découragé, si c'est un lâche, ce sera sûrement un assassin. »

---

de cet empereur, dans la Chronique de Paschal (p. 379, 380); c'est de là que Zonare (t. II, l. XIV, p. 77, 78) les a tirées. Cedrenus (p. 399) a suivi un autre calcul sur la rançon des douze mille prisonniers.

Cependant si Constantinople était demeurée fidèle, Phocas aurait épuisé sa fureur contre les murs de cette place, et la sagesse de l'empereur aurait détruit ou ramené peu à peu l'armée des rebelles. Maurice, au milieu des jeux du cirque qu'il eut soin de renouveler avec une pompe extraordinaire, cacha l'inquiétude de son cœur par des sourires de confiance; il daigna solliciter les applaudissemens des factions, et flatta leur orgueil en recevant, de leurs tribuns respectifs, une liste de neuf cents Bleus et de quinze cents Verts, qu'il parût estimer comme les fermes appuis de son trône. Leurs efforts perfides ou languissans montrèrent sa faiblesse et précipitèrent sa chute. Les Verts étaient d'intelligence avec les rebelles, et les Bleus recommandaient la douceur et la modération dans une lutte entre les citoyens du même empire. Les vertus rigides et parcimonieuses de Maurice avaient aliéné dès long-temps le cœur de ses sujets. Comme il marchait pieds nus à la tête d'une procession religieuse, une grêle de pierres tomba sur lui, et ses gardes furent obligés de présenter leurs masses de fer pour garantir sa personne. Un moine fanatique courait les rues, l'épée à la main, en déclarant que Dieu irrité avait condamné l'empereur; un vil plébéien, revêtu des ornemens impériaux, fut assis sur un âne et poursuivi par les imprécations de la multitude (1). Le prince conçut quelque inquiétude de

Révolte de Constantinople.

---

(1) Le peuple de Constantinople, dans ses clameurs contre

l'affection que portaient à Germanus les soldats et les citoyens; il craignait, il menaçait, mais il différait de frapper : Germanus se réfugia dans une église, le peuple se souleva en sa faveur : les gardes abandonnèrent les murs, et durant le tumulte de la nuit, la ville, où l'on ne connaissait plus de frein, fut livrée aux flammes et au pillage. L'infortuné Maurice se jeta avec sa femme et ses neuf enfans dans une petite barque; il voulut se sauver sur la côte d'Asie, mais la force du vent le réduisit à débarquer près de l'église de Saint-Autonomus (1), aux environs de Chalcédoine; Théodose, son fils aîné, implora la reconnaissance et l'amitié du roi de Perse. Quant à lui, il refusa de prendre la fuite; il éprouvait de vives douleurs de sciatique (2), et la superstition affaiblissait

---

Maurice, le flétrit du nom de marcionite ou de marcioniste; hérésie, dit Théophylacte (l. VIII, c. 9.), μετα τινος μωρας ευλαβειας, ευηθης τε και καταγελαστος. Était-ce un reproche vague, ou bien Maurice avait-il réellement écouté quelque obscur prédicant de la secte des anciens gnostiques?

(1) L'église de Saint-Autonomus, que je n'ai pas l'honneur de connaître, était située à cent cinquante stades de Constantinople. (Théophylacte, l. VIII, c. 9.) Gyllius (*de Bosphoro Thracio*, l. III, c. 11) parle du port d'Eutrope, où Maurice et ses enfans furent assassinés, comme de l'un des deux havres de Chalcédoine.

(2) Les habitans de Constantinople étaient généralement sujets à des νοσοι αρθρητιδες; et Théophylacte insinue (l. VIII, c. 9) que si les règles de l'histoire le lui permettaient, il pourrait assigner la cause de cette maladie. Une pareille

son esprit ; il attendit patiemment l'issue de la révolution, et adressa en public et avec ferveur une prière au Dieu tout-puissant, pour que ses péchés fussent punis dans ce monde plutôt que dans l'autre. Après l'abdication de Maurice, les deux factions se disputèrent le droit d'élire un empereur : les Verts rejetèrent le favori des Bleus, et Germanus lui-même fut entraîné par la multitude qui se précipitait au palais d'Hebdomon, à sept milles de Constantinople, pour y adorer la majesté du centurion Phocas. Celui-ci voulut modestement, cédant à la dignité et au mérite de Germanus, lui abandonner la pourpre. Cette offre fut repoussée par le refus plus obstiné et tout aussi sincère de Germanus : le sénat et le clergé se rendirent à ses ordres ; et dès que le patriarche fut assuré de l'orthodoxie de l'usurpateur, il le sacra dans l'église de Saint-Jean-Baptiste. Le troisième jour, Phocas fit son entrée publique sur un char traîné par quatre chevaux, au milieu des acclamations d'un peuple insensé. La révolte des troupes fut récompensée par d'abondantes largesses ; et le nouvel empereur, après s'être arrêté quelques momens au palais, assista sur son trône aux jeux de l'hippodrome. Dans une dispute de préséance qu'eurent les deux factions, son jugement parut favoriser les Verts. « Souvenez-vous que Maurice vit toujours, » s'écrièrent les Bleus ; cette

---

digression n'aurait pas été plus déplacée que ses recherches (l. VII, c. 16, 17) sur les inondations périodiques du Nil, et les opinions des philosophes grecs sur cette matière.

clameur indiscrète avertit et excita la cruauté du tyran. Des ministres de la mort, envoyés par lui à Chalcédoine, arrachèrent Maurice du sanctuaire qu'il avait choisi pour asile, et ses cinq fils furent égorgés sous les yeux de cet infortuné père. Dans la douleur de son agonie, à chacun des coups qui pénétraient jusqu'à son cœur, il retrouvait cependant assez de force pour s'écrier avec un sentiment de piété : « Tu es juste, ô mon Dieu ! et tes jugemens sont remplis d'équité. » Et tel fut, jusque dans ses derniers momens, son rigoureux attachement à la vérité et à la justice, qu'il révéla aux soldats la pieuse supercherie d'une nourrice qui avait substitué son fils au jeune prince (1). Cette scène tragique se termina par la mort de l'empereur lui-même, qui fut égorgé dans la vingtième année de son règne, et la soixante-troisième de son âge. On jeta dans la mer son corps et celui de ses cinq enfans ; on exposa leurs têtes sur les murs de Constantinople aux outrages ou à la pitié de la multitude ; et ce ne fut que lorsqu'on aperçut des signes de putréfaction, que Phocas se prêta à ce que ces restes vénérables reçussent en secret la sépulture. La générosité publique ensevelit dans ce tombeau les fautes et les erreurs de Maurice ; on ne

---

(1) Cette généreuse tentative a fourni à Corneille l'intrigue compliquée de sa tragédie d'*Héraclius*, qu'on ne saisit qu'après l'avoir vue plus d'une fois (*Corneille de Voltaire*, t. v, p. 300), et qui, dit-on, embarrassa l'auteur lui-même après quelques années d'intervalle. *Anecdot. dramat.*, t. 1, p. 422.

se souvint plus que de ses malheurs; et vingt ans après, sa déplorable histoire, racontée par Théophylacte, arracha les larmes d'une nombreuse assemblée (1).

Ces larmes coulèrent sans doute en secret; une telle compassion eût été criminelle sous le règne de Phocas, reconnu souverain par les provinces de l'Orient et de l'Occident. Son portrait et celui de Léontia, son épouse, furent exposés à la vénération du clergé et du sénat dans la basilique de Latran, et déposés ensuite dans le palais des Césars, entre ceux de Constantin et de Théodose. En qualité de sujet et de chrétien, Grégoire devait se soumettre au gouvernement établi; mais les joyeuses félicitations par lesquelles il applaudit à la fortune de l'assassin, ont attaché au caractère de ce saint une inévitable flétrissure. Le successeur des apôtres pouvait faire sentir à Phocas, avec une fermeté décente, le crime qu'il avait commis et la nécessité du repentir : il se contente de célébrer la délivrance du peuple et la chute du tyran; il se réjouit de ce que la Providence a élevé jusqu'au trône impérial la piété et la bonté de Phocas; il prie le ciel de lui accorder de la force contre ses ennemis, et il désire pour lui, s'il ne le prédit même pas, un règne glorieux et de longue

Phocas, empereur.
A. D. 602, nov. 23.
A. D. 610, octob. 4.

---

(1) Théophylacte Simocatta (l. VIII, c. 7-12), la *Chronique de Paschal* (p. 379-380), Théophane (*Chronograph.*, p. 238-244.), Zonare (t. II, l. XIV, p. 77-80) et Cedrenus (p. 393-404), racontent la révolte de Phocas et la mort de Maurice.

durée, la promotion d'un royaume temporel à un royaume éternel (1). J'ai raconté les crimes d'une révolution, selon le pontife de Rome, si agréable au ciel et à la terre; on va voir que Phocas ne fut pas moins odieux dans l'exercice du pouvoir que dans la manière dont il l'avait acquis. Un historien impartial le peint comme un monstre (2) : il décrit la petite taille et la difformité de sa personne, ses épais sourcils, qui n'étaient séparés par aucun intervalle, ses cheveux roux, son menton sans barbe, et une de ses joues que défigurait et décolorait une large cicatrice. Ne connaissant ni les lettres, ni les lois, ni même le métier des armes, il ne voyait dans le rang suprême qu'un moyen de se livrer davantage à la débauche et à l'ivrognerie ; chacun de ses plaisirs brutaux était une insulte pour ses sujets ou un trait d'ignominie pour lui-même : il renonça aux fonctions de soldat sans remplir celles de prince; et son règne accabla l'Europe d'une paix honteuse, et l'Asie de

[en marge : Son caractère.]

----

(1) Saint Grégoire, l. xi, *epist.* 38, *indict.* 6. *Benignitatem vestræ pietatis ad imperiale fastigium pervenisse gaudemus. Lætentur cœli et exultet terra, et de vestris benignis actibus universæ reipublicæ populus, nunc usque vehementer afflictus hilarescat,* etc. Cette lâche flatterie, qui a excité les invectives des protestans, est critiquée avec raison par le philosophe Bayle. (*Dictionnaire critique*, Grégoire 1er, note H, t. II, p. 597, 598.) Le cardinal Baronius justifie le pape aux dépens de l'empereur détrôné.

(2) On détruisit les portraits de Phocas ; mais ses ennemis eurent soin de soustraire aux flammes une copie d'une pareille caricature. Cedrenus, p. 404.

tous les ravages de la guerre. Des mouvemens de colère enflammaient son caractère sauvage, qu'endurcissait la crainte et qu'aigrissait la résistance ou le reproche. Ses émissaires, soit par la rapidité de leur poursuite, soit par quelque message trompeur, arrêtèrent Théodose qui allait chercher de l'assistance à la cour de Perse ; le jeune prince fut décapité à Nicée : les consolations de la religion et le sentiment de son innocence adoucirent ses derniers instans ; mais son fantôme troubla le repos de l'usurpateur ; on répandit le bruit que le fils de Maurice vivait encore : le peuple attendait son vengeur, et la veuve et les filles du dernier empereur auraient adopté le dernier des hommes pour leur fils et pour leur frère. Lors du massacre de la famille de Maurice (1), Phocas avait épargné ces malheureuses femmes, par compassion ou plutôt par des vues politiques ; on les gardait avec quelques égards dans une maison particulière ; mais l'impératrice Constantina se souvenait toujours de son père, de son mari et de ses fils, et elle aspirait à la liberté et à la vengeance. Une nuit, elle vint à bout de se sauver dans l'église de Sainte-Sophie ; mais ses larmes et l'or distribué par Germa-

---

(1) Ducange (*Fam. byzant.*, p. 106, 107, 108) donne des détails sur la famille de Maurice; Théodose, son fils aîné, avait été couronné empereur à l'âge de quatre ans et demi, et saint Grégoire l'accolle toujours à son père dans ses complimens. Parmi ses filles, je suis surpris de trouver à côté des noms chrétiens d'Anastasie et de Théocteste le nom païen de Cléopâtre.

nus, qui était d'intelligence avec elle, ne purent exciter une révolte. Elle allait être sacrifiée à la vengeance et même à la justice; mais le patriarche obtint sur sa caution un serment d'épargner sa vie : on l'enferma dans un monastère, et la veuve de Maurice consentit à profiter et à abuser de la clémence de son assassin. Elle fut convaincue ou soupçonnée d'une nouvelle conspiration : Phocas ne se crut plus engagé par le serment qu'il avait fait, et reprit toute sa fureur. On voulut connaître les projets et les complices de Constantina. Une matrone, fille, femme et mère d'empereurs, qui devait inspirer des égards et de la pitié, fut mise à la torture comme le plus vil des malfaiteurs. Elle fut décapitée à Chalcédoine, ainsi que ses trois innocentes filles, à l'endroit même où avait été versé le sang de son époux et celui de ses cinq fils. Il serait superflu d'indiquer les noms et les tourmens des victimes d'une classe ordinaire qu'immola l'usurpateur. Leur condamnation fut rarement précédée des formalités d'un jugement, et on eut soin d'augmenter la douleur de leurs supplices par les raffinemens de la cruauté. On perça les yeux, on arracha la langue, on coupa les pieds et les mains de plusieurs; quelques-uns de ces infortunés expirèrent sous le fouet des bourreaux; d'autres furent jetés au milieu des flammes ou percés de flèches, et ils obtinrent rarement la faveur d'une prompte mort. Des têtes, des parties de corps et des cadavres souillèrent l'hippodrome, cet asile des plaisirs et de la liberté des Romains; les anciens camarades de Pho-

Sa tyrannie.

cas sentirent bien que sa faveur ou leurs services ne pouvaient les garantir de la fureur d'un tyran (1), digne rival des Caligula et des Domitien du premier siècle de l'empire.

Phocas n'eut qu'une fille, qui épousa le patricien Crispus (2) : on eut l'indiscrétion de placer dans le cirque, à côté de l'empereur, les bustes des deux époux. Le père désirait sans doute que sa postérité recueillît le fruit de ses crimes; mais cette association prématurée et agréable au peuple, offensa le monarque : les tribuns de la faction des Verts, qui voulurent se justifier sur une méprise des sculpteurs, furent sur-le-champ condamnés à la mort; les prières du peuple obtinrent leur grâce, mais Crispus eut lieu de douter qu'un usurpateur jaloux pût jamais oublier cette concurrence involontaire. L'ingratitude de Phocas indisposa la faction des Verts, qu'il dépouilla de leurs priviléges; toutes les provinces de l'empire étaient mûres pour la rebellion; et Héra-

Sa chute et sa mort.
A. D. 610, octob. 4.

---

(1) Théophylacte (l. VIII, c. 13, 14, 15) rapporte quelques-unes des cruautés de Phocas. George de Pisidie, poëte d'Héraclius, l'appelle (*Bell. Abaricum*, p. 46; Rome, 1777) της τυραννιδος ο δυσκαθεκτος και βιοφθορος δρακων. La dernière épithète est juste; mais le *corrupteur de la vie* fut aisément vaincu.

(2) Les auteurs et leurs copistes sont tellement incertains entre les noms de *Priscus* et de *Crispus* (Ducange, *Famil. byzant.*, p. 111), que j'ai été tenté de réunir dans une même personne le gendre de Phocas et le héros qui triompha cinq fois des Avares.

clius, exarque de l'Afrique, avait refusé, durant plus de deux ans, toute espèce de tribut ou d'obéissance au centurion qui déshonorait le trône de Constantinople. Des envoyés secrets de Crispus et du sénat excitèrent cet exarque à sauver et à gouverner son pays; mais son ambition se trouvant amortie par la vieillesse, il chargea de cette dangereuse entreprise son fils Héraclius, et Nicétas, fils de Grégoire, son ami et son lieutenant. Ces jeunes guerriers armèrent l'Afrique; l'un d'eux se chargea de conduire la flotte de Carthage à Constantinople, tandis que l'autre traverserait l'Égypte et l'Asie à la tête d'une armée : il fut convenu que la pourpre impériale serait le prix de la diligence et du succès. Un faible bruit de leur entreprise arriva aux oreilles de Phocas, qui arrêta la femme et la mère d'Héraclius, afin d'avoir un gage de sa fidélité; mais l'artificieux Crispus vint à bout d'affaiblir les craintes d'un danger éloigné : on négligea ou on différa les moyens de défense; et le tyran se croyait en sûreté, lorsque les vaisseaux de l'Afrique mouillèrent dans l'Hellespont. Les fugitifs et les exilés, respirant la vengeance, joignirent Héraclius à Abydos : ses navires portaient au sommet de leurs mâts les symboles sacrés de la religion (1); ils traversèrent la Propontide en triomphe, et Phocas

---

(1) Selon Théophane, ils portaient κιϐωτια, et εικονα θεομητορος. Cedrenus ajoute un αχειροποιητον εικονα του κυριου, dont Héraclius se servit comme d'une bannière dans la première expédition de Perse. *Voy.* George Pisid. Acroas, 1, 140; il paraît que la manufacture prospérait. Foggini, l'éditeur

vit des fenêtres de son palais approcher l'orage qu'il ne pouvait plus éviter. Il détermina, par des promesses et des présens, la faction des Verts à opposer une faible et inutile résistance au débarquement des troupes de l'Afrique; mais le peuple et même les gardes furent entraînés par Crispus, qui se déclara sur ces entrefaites, et le tyran fut saisi par un simple citoyen, qui, seul, osa pénétrer dans le palais désert. Après l'avoir dépouillé du diadême et de la pourpre, et l'avoir revêtu de l'habit le plus vil, on le chargea de chaînes, et on le mena dans un canot à la galère d'Héraclius, qui lui reprocha les forfaits de son règne abominable. Phocas lui répondit : « Et le tien, sera-t-il meilleur? » Ce furent les derniers mots que laissa échapper son désespoir. Après lui avoir fait souffrir tous les genres d'outrages et de tortures, on lui coupa la tête; son corps en lambeaux fut jeté dans les flammes. On traita ensuite de la même manière les statues qu'avait multipliées la vanité de l'usurpateur et le drapeau séditieux des Verts. Le clergé, le sénat et le peuple, engagèrent Héraclius à monter sur le trône, qu'il venait de purifier des souillures du crime et de l'ignominie. Après avoir hésité aussi long-temps que l'exigeait la décence, il se rendit à leurs prières. Son couronnement fut suivi de celui de sa femme Eudoxie; et leur postérité régna sur l'empire d'Orient jusqu'à la quatrième généra-

---

romain (p. 26) est embarrassé pour déterminer si c'était un original ou une copie.

tion. La navigation d'Héraclius avait été très-heureuse, comme on vient de le voir; la marche de Nicétas fut pénible, et quand il arriva, la révolution se trouvait consommée : mais il se soumit sans murmure à la fortune de son ami; et, pour le récompenser de ses louables intentions, on lui accorda une statue équestre et la fille de l'empereur. Il était plus difficile de compter sur la fidélité de Crispus, auquel on donna le commandement de l'armée de Cappadoce. Son arrogance provoqua bientôt et parut excuser l'ingratitude de son nouveau souverain. Le gendre de Phocas fut condamné, en présence du sénat, à embrasser la vie monastique; et l'arrêt fut justifié par cette remarque judicieuse d'Héraclius, que l'homme qui avait trahi son père ne pouvait être fidèle à son ami (1).

Les crimes de Phocas eurent, même après sa mort, des suites funestes pour l'empire, contre lequel il avait excité les plus formidables de ses ennemis à reprendre les armes comme vengeurs d'une cause sacrée. Selon les formes d'amitié et d'égalité établies entre la cour de Byzance et celle de Perse, il avait annoncé à Chosroès son avénement au trône; et Lilius, qui lui avait présenté les têtes de Maurice et de ses en-

---

(1) On trouve des détails sur la tyrannie de Phocas et l'avénement d'Héraclius au trône, dans la Chronique de Paschal (p. 380-383), dans Théophane (p. 242-250), dans Nicéphore (p. 3-7), dans Cedrenus (p. 404-407), dans Zonare (t. II, l. XIV, p. 80-82).

fans, lui parut le plus propre à décrire les circonstances de cette scène tragique (1). Quels que fussent les fictions et les sophismes dont il prit soin d'embellir son récit, Chosroès détourna avec horreur ses regards de dessus l'assassin ; il emprisonna ce prétendu envoyé : il déclara qu'il n'aurait plus de liaisons avec l'usurpateur, et qu'il vengerait son bienfaiteur et son père adoptif. Tous les mouvemens de douleur et de colère que pouvait inspirer l'humanité et que pouvait dicter l'honneur, se réunissaient pour animer le roi de Perse ; les préjugés nationaux et religieux des mages et des satrapes augmentèrent encore cette disposition. Par une flatterie d'autant plus adroite qu'elle semblait prendre le langage de la liberté, ils osèrent blâmer l'excès de son amitié et de sa reconnaissance pour les Grecs, nation, disaient-ils, avec laquelle il était dangereux de signer un traité de paix ou d'alliance, qui dans sa superstition ne connaissait ni la vérité ni la justice, et qui devait être incapable de toute vertu, puisqu'en poussant l'impiété jusqu'au meurtre de ses souverains, elle se rendait coupable

---

(1) Théophylacte, l. VIII, c. 15. La vie de Maurice fut composée vers l'an 628 (l. VIII, c. 13) par Théophylacte Simocatta, ex-préfet, né en Égypte. Photius, qui donne un long extrait de cet ouvrage (*Cod.* 65, p. 81-100), critique doucement l'affectation et l'allégorie qui règnent dans le style. La préface est un dialogue entre la Philosophie et l'Histoire ; elles s'asseyent sous un platane, et l'Histoire touche sa lyre.

du plus atroce des forfaits (1). Les provinces de l'empire romain furent accablées des maux de la guerre pour le crime du centurion ambitieux qui les opprimait ; et vingt ans après, les Romains se vengèrent et rendirent avec usure ces mêmes maux aux Persans (2). Le général qui avait rétabli Chosroès sur le trône, commandait toujours en Orient ; et en Assyrie les mères épouvantaient leurs enfans du terrible nom de Narsès. Il n'est pas hors de vraisemblance que Narsès, né en Perse, encouragea son maître et son ami à délivrer et à envahir les provinces d'Asie ; il est encore plus probable que Chosroès put animer ses soldats par cette assurance, que le glaive qu'ils redoutaient le plus demeurerait dans le fourreau ou n'en sortirait qu'en leur faveur. Le héros ne pouvait comp-

---

(1) *Christianis nec pactum esse, nec fidem, nec fœdus.... Quòd si ulla illis fides fuisset, regem suum non occidissent.* Eutychius, *Annal.*, t. II, p. 211, vers. Pococke.

(2) Nous sommes obligés de quitter ici pour quelques siècles les auteurs contemporains, et de descendre, si cela s'appelle descendre, de l'affectation de la rhétorique à la grossière simplicité des chroniques et des abrégés. Les ouvrages de Théophane (*Chronograph.*, p. 244-279) et de Nicéphore (p. 3-16) donnent la suite de la guerre de Perse, mais d'une manière imparfaite. Lorsque je rapporterai des faits qu'ils n'indiquent pas, je citerai des autorités particulières. Théophane, courtisan qui se fit moine, naquit A. D. 748 ; Nicéphore, patriarche de Constantinople, qui mourut A. D. 829, était un peu plus jeune ; ils souffrirent tous les deux pour la cause des images. Hankius, *de Script. byzantinis*, p. 200-246.

ter sur la foi d'un tyran, et le tyran devait sentir combien il méritait peu l'obéissance d'un héros. Narsès fut dépouillé du commandement; il arbora le drapeau de l'indépendance à Hiérapolis, ville de Syrie; mais, attiré par de trompeuses promesses, il fut brûlé vif au milieu de Constantinople. Les soldats qu'il avait menés à la victoire, privés du seul général qu'ils pussent craindre ou estimer, furent rompus deux fois par la cavalerie, écrasés sous les pieds des éléphans, et percés par les traits des Barbares : un grand nombre de captifs furent décapités sur le champ de bataille par ordre du vainqueur, qui pouvait avec justice condamner ces mercenaires séditieux comme les auteurs ou les complices de la mort de Maurice. Sous le règne de Phocas, le monarque de Perse assiégea, réduisit et renversa successivement les fortifications de Merdin, Dara, Amida et Édesse; il passa l'Euphrate, s'empara d'Hiérapolis, de Chalcis et de Berrhée ou Alep, ville de la Syrie, et environna bientôt les murs d'Antioche de ses irrésistibles armes. Ses rapides succès montrent la décadence de l'empire, l'incapacité de Phocas et le peu d'affection de ses sujets. Un imposteur, qui se disait le fils de Maurice (1) et l'héritier légitime de l'empire, suivait le camp de Chosroès,

---

(1) Les historiens de Perse ont eux-mêmes été trompés sur ce point; mais Théophane (p. 244) reproche à Chosroès cette supercherie et ce mensonge; et Eutychius croit (*Ann.*, t. ii, p. 211) que le fils de Maurice, qui échappa aux assassins, se fit moine sur le mont Sinaï, où il mourut.

qui offrait ainsi aux provinces un prétexte de soumission ou de révolte.

<small>Sa conquête de la Syrie.
A. D. 611.</small>

Les premières lettres qu'Héraclius reçut de l'Orient (1) lui apprirent la perte d'Antioche; mais cette vieille métropole, si souvent renversée par les tremblemens de terre ou pillée par l'ennemi, offrit aux Persans peu de trésors à piller et de sang à répandre. Le sac de Césarée, capitale de la Cappadoce, leur fut aussi facile et plus avantageux; à mesure qu'ils s'avancèrent au-delà des remparts de la frontière, limites que jusqu'alors n'avait point passées la guerre, ils trouvèrent moins de résistance, et le butin fut plus considérable. Une ville royale a de tout temps embelli l'agréable vallée de Damas; son obscure félicité a jusqu'ici échappé à l'historien de l'empire romain. Chosroès fit reposer ses troupes dans ce paradis avant de monter les collines du Liban ou d'envahir les villes de la côte de Phénicie. La conquête de Jérusalem (2), qu'avait méditée Nushirwan, fut exécutée

<small>De la Palestine.
A. D. 614.</small>

---

(1) Eutychius place toutes les pertes de l'empire sous le règne de Phocas, erreur qui sauve la gloire d'Héraclius. Il fait venir ce général, non de Carthage, mais de Salonique, avec une flotte chargée de végétaux pour Constantinople. (*Annal.*, t. II, p. 223, 224.) Les auteurs chrétiens de l'Orient, Barhebræus (*ap.* Asseman., *Bibl. orient.*, t. III, p. 412, 413), Elmacin (*Hist. Saracen.*, p. 13-16), Abulpharage (*Dynast.*, p. 98, 99), sont de meilleure foi et plus exacts. Pagi indique les diverses années de la guerre de Perse.

(2) *Voyez* sur la conquête de Jérusalem, événement si intéressant pour l'Église, les Annales d'Eutychius (tom. II,

par le zèle et l'avidité de son petit-fils. L'esprit intolérant des mages demandait à grands cris la ruine de l'édifice le plus imposant du christianisme; et Chosroès vint à bout d'enrôler pour cette sainte guerre une armée de vingt-six mille Juifs, qui suppléèrent en quelque sorte par la fureur de leur zèle au défaut de valeur et de discipline. Jérusalem fut prise d'assaut après la réduction de la Galilée et du pays qui est au-delà du Jourdain, dont la résistance semble avoir différé le sort de la capitale. Le saint-sépulcre et les belles églises d'Hélène et de Constantin, furent consumés ou du moins endommagés par les flammes : le conquérant pilla en un jour tout ce que la piété des fidèles y avait apporté durant trois siècles. On conduisit en Perse le patriarche Zacharie et la *vraie croix*; et on impute le massacre de quatre-vingt-dix mille chrétiens aux Juifs et aux Arabes, qui augmentèrent les désordres dont fut accompagnée la marche de l'armée persane. La charité de Jean, archevêque d'Alexandrie, que son glorieux surnom d'*Aumônier* (1) distingue dans la

---

p. 212-223) et les lamentations du moine Antiochus (*apud* Baron., *Annal. eccles.*, A. D. 614, n°^{s} 16, 26), dont cent vingt-neuf homélies subsistent encore, si toutefois on peut dire qu'elles existent, puisque personne ne les lit.

(1) La vie de ce digne prélat a été composée par l'évêque Léontius, son contemporain. On trouve dans Baronius (*Ann. eccles.*, A. D. 610, n° 10, etc.) et dans Fleury (tom. VIII, p. 235, 242) des extraits suffisans de cet édifiant ouvrage.

foule des saints, accueillit les fugitifs de la Palestine : ce digne prélat rendit les revenus de son église et un trésor de trois cent mille livres sterling à leurs véritables propriétaires, c'est-à-dire aux pauvres de tous les pays et de toutes les dénominations. Mais les successeurs de Cyrus subjuguèrent l'Égypte elle-même, le seul État qui, depuis le temps de Dioclétien, eût été exempt de toute guerre, soit civile, soit étrangère. Les cavaliers persans surprirent Péluse, la clef de cet impénétrable pays; ils passèrent impunément les innombrables canaux du Delta, et reconnurent la longue vallée du Nil, depuis les pyramides de Memphis jusqu'aux frontières de l'Éthiopie. Alexandrie aurait pu recevoir des secours du côté de la mer; mais l'archevêque et le préfet se réfugièrent dans l'île de Chypre, et Chosroès pénétra dans la seconde ville de l'empire, encore florissante par les restes de son industrie et de son commerce. La limite de ses conquêtes du côté de l'occident fut non pas le rempart de Carthage (1), mais les environs de Tripoli : les colonies grecques de Cyrène furent enfin anéanties, et le vainqueur, marchant sur les traces d'Alexandre, revint en triomphe par les sables du désert

---

(1) L'erreur de Baronius et de beaucoup d'autres écrivains qui ont étendu les conquêtes de Chosroès jusqu'à Carthage au lieu de Chalcédoine, est fondée sur la ressemblance des mots grecs Καλχηδονα et Καρχηδονα, qu'on trouve dans le texte de Théophane, etc. Ils ont été confondus quelquefois par les copistes, et d'autres fois par les critiques.

de la Libye. Dans la même campagne, une autre armée marcha de l'Euphrate vers le Bosphore de Thrace : Chalcédoine se rendit après un long siége, et les Persans demeurèrent campés plus de dix ans à la vue de Constantinople. La côte du Pont, la ville d'Ancyre et l'île de Rhodes, sont mises au nombre des dernières conquêtes du grand roi; et si Chosroès avait eu des forces maritimes, son ambition, qui ne connaissait point de bornes, aurait répandu l'esclavage et la désolation sur les provinces de l'Europe.

De l'Asie-Mineure.
A. D. 626, etc.

Des rives si long-temps disputées du Tigre et de l'Euphrate, la domination du petit-fils de Nushirwan s'étendit tout à coup jusqu'à l'Hellespont et au Nil, anciennes limites de la monarchie persane; mais les provinces, façonnées par six siècles d'habitude aux vertus et aux vices du gouvernement romain, supportaient malgré elles le joug des Barbares. Les institutions, ou du moins les écrits des Grecs et des Romains, maintenaient l'idée d'une république, et les sujets d'Héraclius savaient, dès leur enfance, prononcer les mots de liberté et de loi. Mais les princes de l'Orient ont toujours mis leur orgueil et leur politique à étaler les titres et les attributs de leur pouvoir despotique, à rappeler aux peuples esclaves leur servitude et leur abjection, et à soutenir, par d'insolentes et cruelles menaces, la rigueur de leurs ordres absolus. Le culte du feu et la doctrine des deux principes scandalisèrent les chrétiens de l'Orient. Les mages n'étaient pas moins intolérans que les évêques; et on regarda le martyre de quelques Persans qui avaient

Son règne et sa magnificence.

abandonné la religion de Zoroastre (1), comme le prélude d'une persécution générale et cruelle. Les lois tyranniques de Justinien rendaient les adversaires de l'Église ennemis de l'État; l'alliance des Juifs, des nestoriens et des jacobites, avait contribué aux succès des Chosroès, et sa partialité en faveur de ces sectaires excita la haine et les craintes du clergé catholique. Chosroès, n'ignorant ni ces craintes ni cette haine, gouverna ses nouveaux sujets avec un sceptre de fer; et, comme s'il se fût défié de la stabilité de son pouvoir, il épuisa leurs richesses par des tributs exorbitans et par des rapines arbitraires; il dépouilla ou démolit les temples de l'Orient, et transporta dans ses États héréditaires l'or, l'argent, les marbres précieux, les monumens des arts et les artistes des villes de l'Asie. Dans cet obscur tableau des calamités de l'empire (2), il n'est pas aisé d'apercevoir la figure de Chosroès, de séparer ses actions de celles de ses lieutenans, et de marquer, au milieu de tant de gloire et de magnifi-

---

(1) Les Actes *originaux* de saint Anastase ont été publiés parmi ceux du septième concile général, d'où Baronius (*Annal. eccles.*, A. D. 614, 626, 627) et Butler (*Lives of the Saints*, vol. 1, pag. 242-248) ont tiré leur récit. Ce saint martyr quitta les drapeaux du roi de Perse et passa dans l'armée romaine; il se fit moine à Jérusalem, et insulta le culte des mages, qui était alors établi à Césarée, ville de la Palestine.

(2) Abulpharage, *Dynast.*, pag. 99; Elmacin, *Hist. Sarac.*, p. 14.

cence, le degré de son mérite personnel. Il jouissait avec ostentation des fruits de la victoire, et abandonnait souvent les travaux de la guerre pour se livrer à la mollesse de son palais ; mais des idées superstitieuses ou le ressentiment l'empêchèrent, durant vingt-quatre ans, d'approcher des portes de Ctésiphon ; et Artemita ou Dastagerd, où il se plaisait à résider, était située au-delà du Tigre, environ soixante milles au nord de la capitale (1). Les pâturages des environs étaient couverts de troupeaux ; des faisans, des paons, des autruches, des chevreuils et des sangliers, remplissaient le paradis ou parc de son palais ; et on y lâchait des lions et des tigres lorsqu'il voulait goûter les plaisirs d'une chasse plus hasardeuse. On entretenait neuf cent soixante éléphans pour le service ou la pompe fastueuse du grand roi. Douze mille grands chameaux et huit mille plus petits (2) portaient à l'armée ses tentes et son bagage ; on trouvait dans les écuries du prince six mille mulets ou chevaux, parmi lesquels se distinguaient les noms de Shebdiz et de Barid, renommés

---

(1) D'Anville, *Mém. de l'Acad. des Inscript.*, t. XXXII, p. 568-571.

(2) L'une de ces races a deux bosses, et l'autre n'en a qu'une. La première est proprement le chameau ; la seconde est le dromadaire. Le chameau est plus grand, et vient du Turkestan ou de la Bactriane ; on ne trouve le dromadaire qu'en Arabie et en Afrique. Buffon, *Hist. nat.*, t. XI, p. 211, etc. ; Aristote, *Hist. animal.*, t. I, l. II, c. 1; t. II, pag. 185.

pour leur vitesse et leur beauté. Six mille gardes veillaient tour à tour à la porte du palais; douze mille esclaves étaient chargés du service des appartemens ; et Chosroès pouvait se consoler de la vieillesse ou de l'indifférence de Sira, en choisissant parmi trois mille vierges les plus belles de l'Asie, qui composaient son sérail. Cent voûtes souterraines renfermaient ses trésors en or, en argent, en pierreries, en soie et en parfums; et la chambre *Badaverd* contenait le butin fait sur Héraclius, dont le vent avait poussé les vaisseaux dans un havre de la Syrie qui appartenait à son rival. La voix de la flatterie, ou peut-être celle de la fiction, n'a pas rougi de compter les trente mille tapisseries précieuses qui ornaient les murs du palais de Chosroès ; les quarante mille colonnes d'argent, ou, ce qui est plus vraisemblable, de marbre ou de bois recouvert de lames d'argent, qui en soutenaient le toit, et les mille globes d'or suspendus au dôme, et par lesquels on avait voulu imiter le mouvement des planètes et les constellations du zodiaque (1). Tandis que le grand roi contemplait les merveilles de son art et de sa puissance, il reçut une lettre d'un obscur citoyen de la Mecque, qui l'engageait à reconnaître Mahomet en qualité

---

(1) Théophane, *Chronograph.*, p. 268; d'Herbelot, *Bibl. orient.*, p. 997. Les Grecs décrivent Dastagerd au moment de son déclin, et les Perses au moment de sa splendeur; mais les premiers parlent d'après le rapport sincère de leurs yeux, et les seconds d'après les récits vagues parvenus à leurs oreilles.

d'apôtre de Dieu. Il dédaigna ce conseil et déchira la lettre. « C'est ainsi, s'écria le prophète arabe, que Dieu déchirera le royaume et rejettera les supplications de Chosroès (1). » Placé sur les limites des deux vastes empires de l'Orient, Mahomet observait avec une joie secrète les progrès de leur destruction mutuelle, et il osa prédire, au milieu des triomphes de la Perse, qu'en peu d'années la victoire repasserait sous les drapeaux des Romains (2).

Le moment où l'on prétend que fut faite cette prédiction était assurément celui où il devait paraître le plus difficile de croire à son accomplissement; puisque les douze premières années du règne d'Héraclius semblèrent indiquer la dissolution pro-

{.sidenote}
Détresse d'Héraclius.
A. D.
610-622.

---

(1) Les historiens de Mahomet, Abulféda (*in Vitâ Mohammed*, p. 92, 93) et Gagnier (*Vie de Mahomet*, tom. II, p. 247), placent cette ambassade dans la septième année de l'hégire, qui commença A. D. 628, le 11 mai. Leur chronologie est fautive, puisque Chosroès mourut au mois de février de la même année (Pagi, *Critica*, t. II, p. 779.) Le comte de Boulainvilliers (*Vie de Mahomet*, p. 327, 328) la place vers l'an 615, peu de temps après la conquête de la Palestine. Cependant Mahomet ne dut pas hasarder si tôt une pareille démarche.

(2) *Voyez* le trentième chapitre du Koran, intitulé *les Grecs*. L'honnête et savant Sale, qui a traduit le Koran en anglais, expose très-bien (p. 330, 331) cette conjecture, cette prédiction ou cette gageure de Mahomet; mais Boulainvilliers (p. 329-344) s'efforce, dans les plus mauvaises intentions, d'établir la vérité de cette prophétie, qui devait, selon lui, embarrasser les écrivains polémiques du christianisme.

chaine de l'empire. Si les intentions de Chosroès eussent été honorables et pures, il eût fait la paix à la mort de Phocas, et aurait embrassé, comme le meilleur de ses alliés, l'heureux Africain qui avait vengé si noblement Maurice, son bienfaiteur. La continuation de la guerre révéla le véritable caractère de ce Barbare ; il rejeta avec un silence dédaigneux ou avec d'insolentes menaces les ambassades suppliantes d'Héraclius, qui le conjurait d'épargner les innocens, d'accepter un tribut, et de donner la paix à l'univers. Les armes de la Perse subjuguèrent la Syrie, l'Égypte et les provinces de l'Asie, tandis que les Avares, que la guerre d'Italie n'avait pas rassasiés de sang et de rapine, dévastaient l'Europe depuis les confins de l'Istrie jusqu'à la longue muraille de la Thrace. Ils avaient massacré de sang-froid tous les captifs mâles dans les champs sacrés de la Pannonie ; ils réduisaient en servitude les femmes et les enfans, et les vierges des plus nobles familles étaient livrées à la brutalité des soldats. L'amoureuse Romilda, qui ouvrit la porte de Frioul, ne passa qu'une nuit dans les bras du roi son amant ; elle fut condamnée le lendemain à subir les caresses de douze Avares : le troisième jour, cette princesse, de la race des Lombards, fut empalée à la vue du camp, tandis que le chagan observait, avec un sourire cruel, que ses débauches et sa perfidie méritaient un pareil époux (1).

---

(1) Paul Warnefrid, *de Gest. Langobard.*, l. iv, c. 38, 42 ; Muratori, *Annali d'Italia*, t. v, p. 305, etc.

Ces implacables ennemis insultaient et resserraient Héraclius de toutes parts. L'empire romain se trouvait réduit aux murs de Constantinople, à quelques cantons de la Grèce, de l'Italie et de l'Afrique, et au petit nombre des villes maritimes de la côte d'Asie qu'on trouvait de Tyr à Trébisonde. Après la perte de l'Égypte, la famine et la peste désolèrent la capitale. L'empereur, hors d'état d'opposer de la résistance, et ne se flattant point d'être secouru, avait résolu de transporter et sa personne et son gouvernement à Carthage, où il espérait se trouver plus à l'abri du danger. Ses navires étaient déjà chargés des trésors du palais; mais il fut arrêté par le patriarche qui, déployant en faveur de son pays l'autorité de la religion, conduisit le prince à l'autel de Sainte-Sophie, et exigea de lui le serment solennel de vivre et de mourir avec le peuple que Dieu avait confié à ses soins. Le chagan campait dans les plaines de la Thrace; mais il dissimulait ses perfides desseins, et demandait à l'empereur une entrevue près de la ville d'Héraclée. Leur réconciliation fut célébrée par des jeux équestres; le peuple et les sénateurs, revêtus de leurs habits de fête, allèrent en foule prendre part aux réjouissances de la paix, et les Avares contemplèrent avec envie et cupidité le tableau du luxe romain. La cavalerie des Scythes, qui avait fait la nuit une marche secrète et forcée, environna tout à coup l'enceinte où se donnaient les jeux: le son terrible du fouet du chagan fut le signal de l'assaut; et Héraclius, attachant son diadème à son bras, dut son salut à l'extrême vitesse de son cheval. Les Avares poursuivirent les Romains d'une manière si rapide, qu'ils arrivèrent à la porte d'Or de Constantinople presqu'en même temps que la foule qui fuyait devant eux (1). Le pillage des faubourgs récompensa leur trahison, et ils transportèrent au-delà du Danube environ deux cent soixante-dix mille captifs. L'empereur eut sur le rivage de Chalcédoine une conférence plus sûre avec un ennemi plus honorable. Saïn, général persan, qui, avant même qu'Héraclius descendît de sa galère, plein de respect et de compassion, le salua avec les honneurs dus à la majesté impériale; il lui offrit amicalement de conduire une ambassade auprès du grand roi, ce que l'empereur accepta avec la plus vive reconnaissance; le préfet du prétoire, le préfet de la ville, et un des premiers ecclésiastiques de l'église patriarchale (2), demandèrent humblement une amnistie et la paix. Malheureusement Saïn s'était mépris sur les intentions de son maître. « Ce n'était pas une ambassade, dit le tyran de l'Asie, mais Héraclius enchaîné qu'il fallait amener au pied de mon trône; tant que l'empereur de Rome ne renon-

{{Il sollicite la paix.}}

---

(1) La Chronique de Paschal, qui place quelquefois des morceaux d'histoire au milieu d'une liste stérile de noms et de dates, décrit très-bien la trahison des Avares (p. 389, 390). Nicéphore donne le nombre des captifs.

(2) Des pièces originales, telles que la harangue ou la lettre des ambassadeurs romains (p. 386-388), rendent intéressante la Chronique de Paschal, qui fut composée sous le règne d'Héraclius, peut-être à Alexandrie.

cera pas à son Dieu crucifié, et qu'il n'embrassera pas le culte du Soleil, je ne lui accorderai jamais la paix. » Sain fut écorché vif, selon la barbare coutume de son pays ; et Chosroès, au mépris de la loi des nations et de la foi engagée par une stipulation formelle, fit plonger les ambassadeurs dans une étroite prison où on les tint séparés les uns des autres. Cependant six années d'expérience lui apprirent à la fin qu'il ne devait plus songer à la conquête de Constantinople : il demanda pour tribut annuel, ou pour la rançon de l'empire romain, mille talens d'or, mille talens d'argent, mille robes de soie, mille chevaux et mille vierges. Héraclius souscrivit à ces ignominieuses conditions : mais l'espace de temps qu'il avait obtenu pour rassembler ces trésors fut habilement employé à se préparer à une attaque hardie, dernière ressource du désespoir.

Parmi tous les princes qui jouent un rôle dans l'histoire, le caractère d'Héraclius est un des plus singuliers et un des plus difficiles à concevoir dans son ensemble. Durant les premières et les dernières années d'un long règne, on le voit, esclave indolent du plaisir ou de la superstition, se montrer le tranquille spectateur des calamités publiques ; mais entre ces brouillards du matin et du soir, le soleil parut au méridien dans tout son éclat. L'Arcadius du palais devint le César des camps, et les exploits et les trophées de six campagnes périlleuses rétablirent l'honneur de Rome et celui d'Héraclius. Les historiens de Byzance auraient dû nous révéler les causes de sa lé-

Ses préparatifs de guerre.
A. D. 621.

thargie et celles de son réveil. Au point de distance où nous sommes, on peut conjecturer seulement qu'il possédait plus de courage personnel que de résolution dans les affaires; qu'il fut retenu par les charmes et peut-être par les artifices de sa nièce Martina, avec laquelle, après la mort d'Eudoxie, il avait contracté un mariage incestueux (1); et qu'il se livra à de lâches conseillers, qui lui répétaient comme une loi fondamentale que l'empereur ne devait jamais exposer ses jours à la guerre (2). L'insolence de Chosroès l'éveilla peut-être enfin de sa léthargie; mais lorsque Héraclius se montra en héros, les Romains n'avaient plus d'espoir que dans les vicissitudes de la fortune, qui pouvait menacer l'orgueilleuse prospérité du roi de Perse, et devenir favorable aux Romains, arrivés au dernier degré de l'humiliation (3). Il chercha d'abord à pourvoir aux

---

(1) Nicéphore (p. 10, 11), qui flétrit ce mariage des noms de αθεσμον et de αθεμιτον, se plaît à raconter que les deux fils issus de ce mariage incestueux furent tous deux marqués du sceau de la colère divine : l'aîné, par l'immobilité de son cou; et le second, par la privation de l'ouïe.

(2) George de Pisidie (*Acroas.* 1, 112-125, p. 5), qui expose les opinions, dit que ses pusillanimes conseillers n'avaient pas de mauvaises intentions. Aurait-il donc excusé cet avis fier et dédaigneux de Crispus? Επιθωπταζων ουκ εξον βασιλει εφασκε καταλιμπανειν βασιλεια, και τοις ποῤῥω επιχωριαζειν δυναμεσιν.

(3) Ει τας επ' ακρον ηρμενας ευεξιας
Εσφαλμενας λεγουσιν ουκ απεικοτως.

frais de la guerre, et réclama pour cet objet la bienveillance des provinces de l'Orient; mais les sources du revenu étaient taries, et le crédit d'un monarque absolu se trouvant anéanti par son pouvoir, Héraclius eut d'abord à montrer son courage dans la demande qu'il osa faire d'emprunter les richesses des églises, après avoir juré solennellement de rendre avec usure tout ce qu'il serait obligé d'employer au service de la religion et de l'empire. Il paraît que le clergé lui-même se prêta à la misère publique; l'habile patriarche d'Alexandrie, qui ne voulait pas permettre un arrangement sacrilége dont on abuserait dans la suite, assista son souverain d'un trésor caché, qu'il avait connu sans doute d'une manière miraculeuse (1). De tous les soldats complices de Phocas, deux seulement avaient résisté aux coups du temps

---

Κεισθω το λοιπον εν κακοις τα Περσιδος
Αντιστροφως δε, etc.
Georg. Pisid., *Acroas.* 1, 51, etc., page 4.

Les Orientaux se plaisent également à rappeler cette étrange vicissitude; et je me souviens d'une histoire de Khosrou Parviz, qui diffère peu de celle de l'anneau de Polycrate de Samos.

(1) Baronius raconte gravement cette découverte, ou plutôt cette transmutation de plusieurs barils de miel en un baril d'or. (*Annal. eccles.*, A. D. 620, n° 3, etc.) Cependant le prêt fut arbitraire, puisqu'il fut levé par des soldats, auxquels on ordonna de ne laisser au patriarche d'Alexandrie que deux cents marcs d'or. Deux siècles après, Nicéphore (p. 11) parle avec humeur de cette contribution, dont l'Église de Constantinople pouvait se ressentir encore.

et au glaive des Barbares (1) : les nouvelles levées d'Héraclius suppléèrent d'une manière imparfaite aux troupes qu'avait perdues l'empire, et l'or de l'Église réunit sous les mêmes tentes les noms, les armes et les idiomes de l'Orient et de l'Occident. Il eût été satisfait de la neutralité des Avares ; cependant il conjura le chagan d'agir, non pas en ennemi, mais en défenseur de l'empire, prière qu'il accompagna, pour la rendre plus efficace, d'un présent de deux cent mille pièces d'or. Deux jours après la fête de Pâques, il quitta sa robe de pourpre pour le simple habit d'un pénitent et d'un guerrier (2), et donna le signal du départ. Il recommanda ses enfans à la fidélité du peuple, remit dans les plus dignes mains l'autorité civile et militaire, et autorisa le patriarche et le sénat à défendre ou à rendre Constantinople, si en son absence l'ennemi venait avec des forces supérieures accabler cette capitale.

Première expédition d'Héraclius contre les Perses. A. D. 622.

Des tentes et des armes couvraient les hauteurs des environs de Chalcédoine : mais si on avait mené sur-le-champ les nouvelles levées au combat, une victoire des Persans à la vue de Constantinople aurait

---

(1) Théophylacte Simocatta, l. VIII, c. 12. Ce fait ne doit pas étonner; même durant la paix, les soldats d'un régiment se renouvellent en entier en moins de vingt ou vingt-cinq ans.

(2) Il quitta ses brodequins de *pourpre*, et en prit de *noirs*, qu'il teignit ensuite dans le sang des Perses. George de Pisidie, *Acroas*. III, 118, 121, 122. *Voy.* les *Notes* de Foggini, p. 35.

été le dernier jour de l'empire romain. Il n'eût pas été plus sage de pénétrer dans les provinces de l'Asie, en laissant sur ses derrières une cavalerie innombrable, qui pouvait intercepter les convois, et harceler sans cesse une arrière-garde fatiguée et en désordre; mais les Grecs étaient toujours maîtres de la mer; des galères, des vaisseaux de transport et des barques d'approvisionnement se trouvaient rassemblés dans le port: les Barbares de l'armée d'Héraclius consentirent à s'embarquer; un bon vent les porta au-delà de l'Hellespont. Laissant à leur gauche la côte occidentale et méridionale de l'Asie-Mineure, Héraclius montra son courage au milieu d'une tempête, où ceux qui l'accompagnaient, même les eunuques de sa suite, furent encouragés par son exemple à la patience et au travail. Il débarqua ses troupes sur les frontières de la Syrie et de la Cilicie, dans le golfe de Scanderoon, où la côte tourne brusquement au sud (1), et le choix qu'il fit de ce poste important

---

(1) George de Pisidie (*Acroas.* II, 10, p. 8) a fixé ce point important des portes de la Syrie et de la Cilicie. Xénophon, qui les avait passées dix siècles auparavant, les décrit avec son élégance ordinaire. Un défilé de trois stades de largeur entre des rochers élevés et à pic ($\pi\varepsilon\tau\rho\alpha\iota$ $\eta\lambda\iota\beta\alpha\tau\alpha\iota$) et la Méditerranée, se trouvait fermé à chacune de ses extrémités par deux grosses portes imprenables du côté de la terre ($\pi\alpha\rho\varepsilon\lambda\theta\varepsilon\iota\nu$ $o\upsilon\kappa$ $\eta\nu$ $\beta\iota\alpha$), mais accessibles du côté de la mer. (*Retraite des dix mille*, l. 1, p. 35, 36, avec la Dissertation géogr. de Hutchinson, p. 6.) Les deux portes étaient à trente-cinq parasanges ou lieues de Tarse (*Ibid.*, l. 1, p. 33,

fut une nouvelle preuve de son discernement (1). Les garnisons dispersées des villes maritimes et des montagnes pouvaient se rendre en peu de temps, et sans danger, sous les drapeaux de l'empereur. Les fortifications naturelles de la Cilicie protégeaient et même cachaient le camp d'Héraclius, qui se trouvait près d'Issus, sur le terrain où l'armée de Darius avait été vaincue par Alexandre. L'angle qu'il occupait touchait au centre d'un vaste demi-cercle formé par les provinces de l'Asie, de l'Arménie et de la Syrie, et, sur quelque point de la circonférence qu'il voulût diriger son attaque, il lui était facile de dissimuler ses mouvemens et de prévenir ceux de l'ennemi. Dans son camp d'Issus, le général romain s'appliqua à corriger la paresse et la licence des vétérans, et à instruire ses nouvelles recrues dans la théorie et la pratique des vertus militaires. Arborant l'image miraculeuse de Jésus-Christ, il les exhorta à *venger* les saints autels profanés par les adorateurs du feu; il les appela des tendres noms de fils et de frères, et

---

34), et à huit ou dix d'Antioche. Comparez l'Itinéraire de Wesseling, p. 580, 581; l'*Index géographique* de Schultens, *ad calcem Vit. Saladen.*, p. 9; *Voyage en Turquie et en Perse*, par Otter, t. 1, p. 78, 79.

(1) Héraclius pouvait écrire à son ami les modestes paroles de Cicéron : *Castra habuimus ea ipsa quæ contra Darium habuerat apud Issum Alexander, imperator, haud paulo melior quàm tu aut ego.* (*Ad Atticum*, v., 20.) La prospérité d'Alexandrie ou de Scanderoon, située de l'autre côté de la baie, ruina Issus, qui était riche et florissante au temps de Xénophon.

déplora devant eux les malheurs publics et privés de la nation. Il sut persuader aux sujets d'un monarque absolu qu'ils combattaient pour la cause de la liberté; et cet enthousiasme se communiqua à des mercenaires étrangers, qui devaient voir avec une égale indifférence les intérêts de Rome ou ceux de la Perse. Héraclius, avec les connaissances et la patience d'un centurion, donnait lui-même des leçons de tactique, et exerçait assidument les soldats au maniement des armes et aux manœuvres des combats. La cavalerie et l'infanterie, armées pesamment ou à la légère, étaient divisées en deux parties : les trompettes placées au centre donnaient le signal de la marche, de la charge, de la retraite et de la poursuite; de la ligne droite ou de l'ordre oblique, de la formation de la phalange sur l'ordre mince ou sur l'ordre profond, et de tous les mouvemens par lesquels elles étaient instruites à représenter une véritable guerre. Héraclius s'assujettissait à toutes les fatigues qu'il imposait à ses troupes; l'inflexible règle de la discipline déterminait le temps du travail, celui des repas et celui du sommeil; et, sans mépriser leur ennemi, elles avaient appris à se reposer entièrement sur la bravoure et sur la sagesse de leur chef. Les Persans environnèrent bientôt la Cilicie; mais leur cavalerie balança à s'engager dans les défilés du mont Taurus. Héraclius, à force d'évolutions, vint à bout de les entourer; et tandis qu'il semblait leur présenter le front de son armée en ordre de bataille, il gagna peu à peu leurs derrières. Un mouvement simulé, qui paraissait menacer l'Arménie, les amena malgré eux à une action générale. Le désordre apparent de ses troupes excita leur confiance; mais lorsqu'ils s'avancèrent pour combattre, ils trouvèrent tous les désavantages que pouvaient leur donner le terrain et le soleil, une attente trompée et la juste confiance de leurs ennemis; les Romains répétèrent habilement sur le champ de bataille leurs exercices de guerre (1), et l'issue de la journée apprit au monde entier qu'on pouvait vaincre les Persans, et qu'un héros était revêtu de la pourpre. Fort de sa victoire et de sa renommée, Héraclius gravit hardiment les hauteurs du mont Taurus, traversa les plaines de la Cappadoce, et établit ses quartiers d'hiver dans une position sûre et dans un canton bien approvisionné, sur les bords de l'Halys (2). Son âme était bien au-dessus du vain désir d'étaler à Constantinople un triomphe imparfait; mais la capitale avait besoin de

---

(1) Foggini soupçonne (*Annotat.*, p. 31) que les Persans furent trompés par la φαλαγξ πεπληγμενη d'Élien (*Tactique*, c. 48), mouvement spiral et compliqué que faisaient les troupes. Il observe (p. 28) que les descriptions militaires de George de Pisidie se trouvent copiées dans la Tactique de l'empereur Léon.

(2) George de Pisidie, témoin oculaire, a décrit en trois *acroaseis*, ou chants, la première expédition d'Héraclius. (*Acroas.* II, 222, etc.) Son poëme a été publié à Rome en 1777; mais les vagues éloges et les déclamations qu'on y trouve sont bien loin de répondre aux belles espérances qu'avaient conçues Pagi, d'Anville, etc.

sa présence pour arrêter les mouvemens et les dévastations des Avares.

Depuis les jours de Scipion et d'Annibal, on n'avait rien vu d'aussi hardi que l'entreprise conçue par Héraclius pour la délivrance de l'empire (1). Permettant au roi de Perse d'accabler pour un temps les provinces de l'Orient, et même d'insulter sa capitale, il s'ouvrait une route périlleuse au milieu de la mer Noire (2) et des montagnes de l'Arménie; il pénétrait dans le centre de la Perse (3), et forçait les armées

<small>Sa seconde expédition.
A. D.
623, 624, 625.</small>

---

(1) Théophane (p. 256) porte Héraclius très-promptement (κατα ταχος) en Arménie. Nicéphore (p. 11) confond les deux expéditions; mais il désigne la province de Lazique. Eutychius (*Annal.*, t. II, p. 231) indique le nombre de cinq mille hommes, et leur station à Trébisonde, qui est assez probable.

(2) De Constantinople à Trébisonde le voyage était de quatre ou cinq jours avec un bon vent; de Trébisonde à Erzeroum, cinq jours; de là jusqu'à Érivan, douze jours; jusqu'à Tauris enfin, dix; c'est-à-dire trente-deux jours de marche en tout. Tel est l'itinéraire de Tavernier (*Voyages*, t. I, p. 12-56), qui connaissait parfaitement les chemins de l'Asie. Tournefort, qui voyageait avec un pacha, employa dix ou douze jours à se rendre de Trébisonde à Erzeroum (*Voyage du Levant*, t. III, Lettre XVIII); et Chardin (*Voyages*, t. I, p. 249-254) indique avec plus d'exactitude cinquante-trois parasanges de cinq mille pas chacune (mais de quel pas?) entre Érivan et Tauris.

(3) M. d'Anville a jeté beaucoup de jour sur l'expédition d'Héraclius dans la Perse. (*Mém. de l'Acad. des Inscriptions*, t. XXVIII, p. 559-573.) Il a montré, pour découvrir la position de Gandzaca, de Thebarma, de Dastagerd, etc., une

du grand roi à revoler à la défense de son pays désolé. Héraclius se rendit de Constantinople à Trébisonde avec cinq mille soldats d'élite; il rassembla les troupes qui avaient passé l'hiver dans le Pont; et depuis l'embouchure du Phase jusqu'à la mer Caspienne, il excita ses sujets et ses alliés à marcher avec le successeur de Constantin, sous la fidèle et triomphante bannière de la croix. Lorsque les légions de Lucullus et de Pompée passèrent l'Euphrate pour la première fois, elles rougirent de leurs faciles victoires sur les naturels de l'Arménie; mais une longue habitude de la guerre avait fortifié les esprits et les corps de ces peuples efféminés; ils prouvèrent leur zèle et leur bravoure pour la défense d'un empire penchant vers sa chute; ils abhorraient et craignaient les usurpations de la maison de Sassan, et le souvenir de la persécution aigrissait leur pieuse haine contre les ennemis de Jésus-Christ. L'Arménie, telle qu'on l'avait cédée à l'empereur Maurice, se prolongeait jusqu'à l'Araxe : cette rivière subit l'outrage d'un pont (1); et Héraclius, marchant sur les traces de Marc-Antoine, s'avança vers la ville de Tauris ou

---

sagacité et un savoir admirables; mais il passe sous silence l'obscure campagne de 624.

(1) *Et pontem indignatus Araxes.*
       Virgile, Énéide, viii, 728.

L'Araxe est bruyant, impétueux et rapide, et on ne peut lui résister à la fonte des neiges. Il renverse les ponts les plus forts et les plus lourds; les ruines d'un grand

de Gandzaca (1), capitale ancienne et moderne d'une des provinces de la Médie. Chosroès était revenu en personne, à la tête de quarante mille hommes, d'une expédition éloignée, pour arrêter les progrès des Romains; mais, évitant la généreuse alternative de la paix ou d'une bataille, il se retira à l'approche d'Héraclius. Au lieu d'un demi-million d'habitans qu'on a attribué à la ville de Tauris, sous le règne des sophis, cette ville ne contenait alors que trois mille maisons; mais les trésors du roi, qu'on y avait renfermés, passaient pour considérables : une tradition assurait que c'étaient les dépouilles de Crésus, que Cyrus y avait transportées de la citadelle de Sardes. L'hiver seul suspendit les rapides conquêtes d'Héraclius : la prudence ou la superstition (2) le déterminèrent à se retirer dans la province de l'Albanie, le long des bords de la mer Caspienne; et il est pro-

---

nombre d'arches qu'on voit près de l'ancienne ville de Zulfa, attestent son *indignation*. *Voyages de Chardin*, t. 1, p. 252.

(1) Chardin (t. 1, p. 255-259) attribue avec les Orientaux (d'Herbelot, *Bibl. orient.*, p. 834) la fondation de Tauris ou Tebris, à Zobéide, femme du célèbre calife Haroun-al-Raschid; mais il paraît qu'elle est plus ancienne, et les noms de Gandzaca, Gazaca et Gaza, indiquent qu'elle renfermait le trésor royal. Chardin, au lieu de suivre l'estimation populaire, qui était de onze cent mille âmes, réduit sa population à cinq cent cinquante mille.

(2) Il ouvrit l'Évangile, et appliqua au nom et à la position de l'Albanie le premier passage que le sort offrit à ses yeux. Théophane, p. 258.

bable qu'il dressa ses tentes dans les plaines de Mogan (1), campement favori des princes de l'Orient. Dans le cours de cette heureuse incursion, il signala le zèle et la vengeance d'un empereur chrétien; ses soldats éteignirent, par ses ordres, le feu des mages, et renversèrent leurs temples. Les statues de Chosroès, qui prétendait aux honneurs divins, furent livrées aux flammes, et la ruine de Thebarma ou Ormia (2), qui avait donné le jour à Zoroastre, expia, en quelque façon, la profanation du saint-sépulcre. Il suivit mieux l'esprit de la religion, lorsqu'il soulagea et délivra cinquante mille captifs : les larmes et les acclamations de leur reconnaissance le récompensèrent de son bienfait; mais cette sage opération, qui répandit au loin la renommée de sa bienfaisance,

---

(1) La bruyère de Mogan, entre le Cyrus et l'Araxe, a soixante parasanges de longueur et vingt de large. (Olear., p. 1023, 1024.) Elle a beaucoup d'eaux et de pâturages fertiles. (*Hist. de Nader-Shah*, traduite par M. Jones, sur un manuscrit persan, part. II, p. 2, 3.) *Voyez* les camps de Timur (*Hist.* par Skerefeddin-Ali, l. v, c. 37; l. vi, c. 13), le couronnement de Nader-Shah (*Hist. persane*, p. 3-13) et sa vie par M. Jones, p. 64 ; 65.

(2) D'Anville a prouvé que Thébarma et Ormia, près du lac Spauta, sont la même ville. (*Mém. de l'Acad. des Inscript.*, t. XXVIII, p. 564, 565.) Les Persans la révèrent comme la ville où Zoroastre a reçu le jour (Schultens, *Index geograph.*, p. 48), et M. Anquetil-Duperron (*Mém. de l'Acad. des Inscript.*, t. XXXI, p. 375) offre quelques textes de son Zend-Avesta ou du Zend-Avesta des Perses, qui appuient cette tradition.

excita les murmures des Persans contre l'orgueil et l'obstination de leur souverain.

Au milieu des triomphes de la campagne suivante, Héraclius disparaît presque entièrement à nos yeux et à ceux des historiens de l'histoire byzantine (1). Il paraît qu'en quittant les plaines vastes et fertiles de l'Albanie, il suivit la chaîne des montagnes de l'Hyrcanie pour descendre dans la province de la Médie ou de l'Irak, et porter ses armes victorieuses jusqu'aux villes royales de Casbin et d'Ispahan, dont n'avait jamais approché une armée romaine. Chosroès, inquiet sur le sort de ses États, avait déjà rappelé celles de ses troupes qui se trouvaient aux environs du Nil et du Bosphore; et sur une terre éloignée et ennemie, trois armées formidables environnaient le camp de l'empereur. Les habitans de la Colchide, alliés d'Héraclius, se disposaient à abandonner ses drapeaux, et le silence des braves vétérans exprimait plutôt qu'il ne cachait leur frayeur. « Que la multitude de vos ennemis ne vous épouvante pas, leur dit l'intrépide Héraclius; un Romain peut, avec l'aide du ciel, triompher de mille Barbares; mais si nous

---

(1) Je ne puis trouver la position de Salban, Tarantum, territoire des Huns, etc., dont parle Théophane (p. 260-262), et bien plus, M. d'Anville n'a pas essayé de la chercher. Eutychius (*Annal.*, t. II, p. 231, 232), auteur insuffisant, nomme Asphahan; et Casbin est vraisemblablement la ville de Sapor. Ispahan est à vingt-quatre journées de Tauris, et Casbin à mi-chemin entre ces deux villes. *Voyages de Tavernier*, t. I, p. 63-82.

perdons la vie pour sauver nos frères, nous obtiendrons la couronne du martyre, et Dieu et la postérité nous accorderont des récompenses immortelles. » Ces magnanimes sentimens furent soutenus par la vigueur de ses actions. Il repoussa la triple attaque des Persans; il profita de la mésintelligence de leurs chefs; et, par une suite bien combinée de marches, de retraites et de combats heureux, il leur fit abandonner la campagne et les relégua dans les villes fortifiées de l'Assyrie et de la Médie. Sarabaze, qui occupait Salban, se croyait, au milieu de l'hiver, en sûreté dans les murs de cette ville; il fut surpris par l'activité d'Héraclius, qui divisa ses troupes, et, dans le silence de la nuit, exécuta une marche laborieuse. La garnison défendit avec une valeur inutile, contre les dards et les torches des assiégeans, les terrasses aplaties qui surmontaient les maisons. Les satrapes et les nobles de la Perse, leurs femmes, leurs enfans et la fleur de leur jeunesse, tombèrent sous le glaive ou au pouvoir des vainqueurs. Une fuite précipitée sauva le général; mais son armure d'or fut le prix du conquérant, et les soldats d'Héraclius jouirent des richesses et du repos qu'ils avaient si bien mérités. Au retour du printemps, l'empereur traversa en sept jours les montagnes du Curdistan, et passa sans obstacle le rapide courant du Tigre. L'armée romaine, embarrassée du butin et des captifs qu'elle traînait à sa suite, s'arrêta sous les murs d'Amida, et Héraclius apprit au sénat de Constantinople qu'il était vivant et vainqueur, ce que cette ville avait déjà si heureusement senti par la retraite des assiégeans. Les Persans détruisirent les ponts de l'Euphrate ; mais dès que l'empereur eut découvert un gué, ils se retirèrent à la hâte pour défendre les bords du Sarus (1), rivière de la Cilicie, dont le cours forme un torrent d'environ trois cents pieds de large : le pont était fortifié par de grosses tours, et des archers garnissaient les rivages. Après une attaque meurtrière, qui dura jusqu'au soir, les Romains triomphèrent, et l'empereur tua de sa main et jeta dans le Sarus un Persan d'une taille gigantesque. Ses ennemis épouvantés se dispersèrent ; il continua sa marche jusqu'à Sébaste, en Cappadoce ; et au bout de trois ans, la même côte de l'Euxin qui l'avait vu partir, le vit avec joie revenir de cette longue et victorieuse expédition (2).

Au lieu d'escarmoucher sur les frontières, les deux monarques, qui se disputaient l'empire d'Orient, cherchaient à se porter des coups mortels dans le centre de leurs États. La Perse avait perdu beaucoup de monde dans les marches et les combats de vingt années, et plusieurs des vétérans, échappés au glaive et au climat, se trouvaient renfermés dans les forte-

Constantinople est délivrée des Persans et des Avares.
A. D. 626.

---

(1) L'armée du jeune Cyrus passa le Sarus, large de trois *plethres*, à vingt parasanges de Tarse. Le Pyrame, qui avait un stade de largeur, courait cinq parasanges plus à l'est. Xénophon, *Anabas*, l. 1, p. 33, 34.

(2) George de Pisidie (*Bell. Abaricum*, 246-265, p. 49) vante avec raison le courage persévérant des trois campagnes (τρεις περιδρομους) contre les Perses.

resses de l'Égypte et de la Syrie; mais la vengeance et l'ambition de Chosroès épuisèrent son royaume; de nouvelles levées, où furent également compris les sujets, les étrangers et les esclaves, lui fournirent trois redoutables armées (1). La première, composée de cinquante mille hommes, et désignée sous le nom de *lance d'or,* des lances de ce métal que portaient les guerriers qui la composaient, devait marcher contre Héraclius; la seconde fut chargée de prévenir sa jonction avec les troupes de son frère Théodore; et la troisième eut ordre d'assiéger Constantinople et de seconder les opérations du chagan, avec qui le roi de Perse avait signé un traité d'alliance et de partage. Sarbar, général de la troisième armée, traversa les provinces d'Asie, arriva au camp si connu de Chalcédoine, et s'amusa à détruire les édifices sacrés et profanes des faubourgs asiatiques de Constantinople, en attendant que les Scythes fussent rendus sous les murs de la capitale, de l'autre côté du Bosphore. Le 29 juin, trente mille guerriers, l'avant-garde des Avares, forcèrent la longue muraille, et repoussèrent dans Constantinople une multitude confuse de paysans, de citoyens et de soldats; le chagan s'avançait à la tête de quatre-vingt mille hommes (2) composés des Avares, ses sujets naturels,

---

(1) Petau (*Annotation. ad Nicephorum,* p. 62, 63, 64) distingue les noms et les actions de cinq généraux persans qui furent envoyés successivement contre Héraclius.

(2) George de Pisidie spécifie le nombre de huit myriades

des Gépides, des Russes, des Bulgares et des Esclavons, tribus dépendantes de son empire. On passa un mois en marches et en négociations; mais la ville fut investie le 31 juillet, depuis les faubourgs de Péra et de Galata jusqu'à Blachernæ et aux Sept-Tours, et les habitans observaient avec frayeur les signaux des côtes de l'Europe et de l'Asie. Les magistrats de Constantinople s'efforcèrent à diverses reprises d'acheter la retraite du chagan : celui-ci renvoya toujours leurs députés avec insulte. Il souffrit que les patriciens demeurassent debout devant son trône, tandis que les envoyés de Perse, revêtus de robes de soie, étaient assis à ses côtés. « Vous voyez, leur dit l'orgueilleux Barbare, des preuves de ma parfaite union avec le grand roi, et son général est prêt à envoyer dans mon camp trois mille guerriers d'élite. N'espérez plus tenter votre maître par une rançon partielle et insuffisante ; vos richesses et votre ville, voilà les seuls présens que je puisse trouver dignes d'être acceptés. Quant à vous, je vous permettrai de vous éloigner avec une soubreveste et une chemise ; et Sarbar, mon ami, ne refusera pas à ma prière de vous laisser passer dans ses lignes. Votre prince absent, aujourd'hui captif ou fugitif, a livré Constantinople à

(*Bell. Abar.*, 219). Ce poëte (50-88) indique clairement que le vieux chagan vécut jusqu'au règne d'Héraclius, et que son fils et son successeur était né d'une mère étrangère. Cependant Foggini (*Annotat.*, p. 57) a donné une autre interprétation à ce passage.

sa destinée; et vous ne pouvez échapper aux Avares et aux Persans, à moins que, semblables aux oiseaux, vous ne preniez votre vol dans les airs, ou qu'à l'exemple des poissons, vous ne sachiez plonger sous les vagues (1). » Pendant dix jours consécutifs, les Avares, qui avaient fait des progrès dans l'art d'attaquer les places, donnèrent chaque jour l'assaut aux murs de la capitale. A couvert sous l'impénétrable tortue, ils s'avançaient pour saper ou battre la muraille; leurs machines de guerre vomissaient une grêle continuelle de pierres et de dards, et douze grandes tours de bois élevaient les assiégeans à la hauteur des remparts voisins. Mais le courage d'Héraclius, qui avait détaché douze mille cuirassiers au secours de la capitale, animait le sénat et le peuple. Les assiégés se servirent du feu et des forces de la mécanique avec beaucoup d'habileté et de succès: des galères à deux et trois rangs de rames commandaient le Bosphore, et rendirent les Persans inutiles spectateurs de la défaite de leurs alliés. Les Avares furent repoussés ; une flotte de navires esclavons fut détruite dans le port : les vassaux du chagan mena-

---

(1) Le roi des Scythes envoya à Darius un oiseau, une grenouille, une souris et cinq traits. (Hérodote, l. IV, c. 131, 132.) « Substituez une lettre à ces signes, dit Rousseau avec beaucoup de goût; plus elle sera menaçante, moins elle effraiera : ce ne sera qu'une fanfaronnade dont Darius n'eût fait que rire. » (*Émile*, t. III, p. 146.) Mais je doute que le sénat et le peuple de Constantinople aient *ri* de ce message du chagan.

çaient de l'abandonner; ses munitions étaient épuisées : après avoir brûlé ses machines, il donna le signal de la retraite et s'éloigna lentement et toujours formidable. La dévotion des Romains attribua cette délivrance à la vierge Marie; mais la mère du Christ eût sans doute condamné l'assassinat des envoyés persans, qu'ils égorgèrent contre toutes les lois de l'humanité, qui, au défaut de la loi des nations, auraient dû les protéger (1).

Héraclius, après la division de son armée, se retira sagement sur les bords du Phase; il y soutint une guerre défensive contre les cinquante mille lances d'or de la Perse. Les nouvelles de Constantinople dissipèrent ses inquiétudes; une victoire de Théodore, son frère, confirma ses espérances, et à la ligue de Chosroès et des Avares il put opposer l'utile et honorable alliance des Turcs. La libéralité de ses offres détermina la horde des Chozares (2) à transporter ses tentes des plaines du Volga aux montagnes de la Géorgie; il les reçut aux environs de

Alliances et conquêtes d'Héraclius.

---

(1) La Chronique de Paschal (p. 392-397) fait un récit détaillé et authentique du siége et de la délivrance de Constantinople. Théophane (p. 264) y ajoute quelques faits; et on peut tirer quelques lueurs de la fumée de George de Pisidie, qui a composé un poëme (*de Bell. Abar.*, p. 45-54) pour célébrer cet heureux événement.

(2) La puissance des Chozares domina aux septième, huitième et neuvième siècles. Ils furent connus des Grecs, des Arabes, et, sous le nom de *Kosa*, des Chinois eux-mêmes. De Guignes, *Hist. des Huns*, t. II, p. 507-509.

Téflis. Si nous en croyons les Grecs, le khan Ziébel et ses nobles descendirent de cheval et se prosternèrent pour adorer la pourpre du César. Un pareil hommage et des secours si importans méritaient une extrême reconnaissance; l'empereur, ôtant son diadême, le plaça sur la tête du prince turc, qu'il embrassa et salua du nom de fils. Après un banquet somptueux, il donna à Ziébel la vaisselle, les ornemens, l'or, les pierreries et la soie dont on venait de faire usage, et distribua de sa main de riches joyaux et des boucles d'oreilles à ses nouveaux alliés. Dans une entrevue secrète, il lui montra le portrait d'Eudoxie sa fille (1), et daigna par sa promesse flatter le Barbare de l'espoir de posséder cette belle et *auguste* épouse. Il obtint sur-le-champ un secours de quarante mille cavaliers, et négocia une puissante diversion des armes turques du côté de l'Oxus (2). Les Persans à leur tour se retirèrent avec précipita-

---

(1) Épiphanie ou Eudoxie, la seule fille d'Héraclius et d'Eudoxie sa première femme, naquit à Constantinople le 7 juillet A. D. 611. Elle fut baptisée le 15 août, et couronnée dans la chapelle de Saint-Étienne du palais, le 4 octobre de la même année. Elle avait donc environ quinze ans. On l'envoya à cet effet au prince turc; mais elle apprit en route la mort du mari qui lui était destiné. Ducange, *Fam. byzant.*, p. 118.

(2) Elmacin (*Hist. Saracen.*, p. 13-16) rapporte des faits curieux et vraisemblables; mais ses évaluations arithmétiques sont trop considérables. Il suppose 300,000 Romains assemblés à Édesse, et 500,000 Persans tués à la bataille de Ninive. Le retranchement d'un zéro sur chaque nombre

tion : Héraclius, campé à Édesse, passa en revue son armée composée de soixante-dix mille Romains et étrangers, et il employa quelques mois à reprendre les villes de la Syrie, de la Mésopotamie et de l'Arménie, dont les fortifications avaient été mal réparées. Sarbar tenait toujours le poste important de Chalcédoine ; mais la méfiance de Chosroès ou les artifices de l'empereur indisposèrent bientôt ce puissant satrape contre son roi et contre son pays. On arrêta un messager chargé d'un ordre, soit réel, soit supposé, qui enjoignait au *cadarigan*, ou commandant en second, d'envoyer sans délai au pied du trône la tête d'un général ou malheureux ou coupable. Les dépêches furent portées à Sarbar lui-même ; et après y avoir lu son arrêt de mort, il y inséra adroitement les noms de quatre cents officiers. Il assembla ensuite un conseil de guerre, et demanda au cadarigan s'il se disposait à exécuter les ordres du tyran. Les Persans déclarèrent d'une voix unanime que Chosroès était déchu de la couronne : ils signèrent un traité particulier avec la cour de Constantinople ; et si l'honneur ou la politique empêcha Sarbar de joindre le drapeau d'Héraclius, l'empereur du moins eut la certitude de pouvoir suivre sans obstacles ses plans de victoire et de paix.

Privé de son plus ferme appui, doutant de la fidélité de ses sujets, Chosroès se montrait encore puis-

Sa troisième expédition. A. D. 627.

---

serait tout au plus suffisant pour donner à de pareils calculs un air de raison.

sant dans sa ruine. Ce n'est cependant que comme une métaphore orientale qu'il faut prendre ce que disent les auteurs contemporains, des cinq cent mille hommes, chevaux et éléphans, qui couvraient la Médie et l'Assyrie pour contenir Héraclius. Au reste, les Romains s'avancèrent hardiment de l'Araxe sur les bords du Tigre; et la timide prudence de Rhazates se contenta de les suivre par des marches forcées à travers une contrée désolée, jusqu'au moment où il reçut un ordre péremptoire de risquer le sort de la Perse dans une bataille décisive. A l'est du Tigre et à l'extrémité du pont de Mosul, s'était élevée jadis la fameuse Ninive (1); cette ville et même ses ruines avaient disparu dès long-temps (2) : son emplacement offrait un vaste terrain aux opérations des deux

(1) Ctésias (*apud* Diodore de Sicile, t. 1, l. 11, p. 115, édit. Wesseling) donne quatre cent quatre-vingts stades (peut-être trente-deux milles seulement) à la circonférence de Ninive. Jonas parle de trois journées de marche : les cent vingt mille personnes qui ne pouvaient y distinguer leur main droite de leur main gauche, dont parle le prophète, supposeraient environ sept cent mille personnes de tout âge pour la population de cette ancienne capitale (Goguet, *Origine des Lois*, etc., t. III, part. 1, p. 92, 93), qui cessa d'exister six cents ans avant Jésus-Christ. Le faubourg occidental subsistait encore au premier siècle des califes arabes, et les historiens en parlent sous le nom de Mosul.

(2) Niebuhr (*Voyage en Arabie*, etc., t. 11, p. 286) passa sur Ninive sans s'en apercevoir; il prit pour une chaîne de collines un vieux rempart de briques ou de terre. On dit que ce rempart avait cent pieds de hauteur, qu'il était flanqué de quinze cents tours, élevées chacune de deux cents pieds.

armées ; mais les historiens de Byzance ont négligé ces opérations ; et, comme les auteurs des poëmes épiques et des romans, ils attribuent la victoire, non pas aux heureuses combinaisons, mais à la valeur personnelle du héros qu'ils célèbrent. Dans cette journée mémorable, Héraclius, monté sur son cheval Phallas, surpassa ses plus braves guerriers : il reçut un coup de lance à la lèvre ; le coursier, blessé à la cuisse, porta son maître, sauf et victorieux, à travers la triple phalange des Barbares. Durant l'action, l'empereur tua de sa main trois des plus braves chefs ennemis : Rhazates, l'un des trois, mourut en bon soldat ; mais la vue de sa tête portée en triomphe répandit la douleur et le désespoir parmi les lignes découragées des Persans. Son armure d'or pur et massif, son bouclier de cent vingt plaques, son épée et son baudrier, sa selle et sa cuirasse, ornèrent le triomphe d'Héraclius ; et s'il n'eût pas été fidèle à Jésus-Christ et à la vierge Marie, il aurait pu offrir au Jupiter du Capitole les quatrièmes dépouilles opimes (1). On se battit avec acharnement depuis la pointe du jour jusqu'à la

---

(1) *Rex regia arma fero*, dit Romulus lors de la première consécration du Capitole.... *Bina posteà*, continue Tite-Live (1, 10), *inter tot bella, opima parta sunt spolia, adeò rara ejus fortuna decoris.* Si l'on avait accordé les dépouilles opimes au simple soldat qui avait tué le roi ou le général de l'ennemi, ainsi que le dit Varron (*apud Pomp. Festum*, p. 306, édit. Dacier), cet honneur eût été moins difficile et plus commun.

onzième heure : les Romains prirent aux Perses vingt-huit drapeaux, sans compter ceux qui purent être brisés ou déchirés ; la plus grande partie de l'armée persane fut taillée en pièces ; et les vainqueurs, cachant leur perte, passèrent la nuit sur le terrain où l'on venait de combattre. Ils avouèrent que dans cette occasion il leur avait été moins difficile de tuer que de vaincre les soldats de Chosroès. Le reste des cavaliers persans eut l'intrépidité de se tenir à deux portées de trait des Romains et au milieu des cadavres de leurs compatriotes jusqu'à la septième heure de la nuit. Vers la huitième heure, ils se retirèrent dans leur camp qu'on n'avait point pillé ; ils rassemblèrent leurs bagages, et se dispersèrent de tous côtés, faute d'ordre plutôt que de courage. Héraclius profita de la victoire avec une activité admirable : au moyen d'une marche de quarante-huit milles en vingt-quatre heures, son avant-garde occupa les ponts du grand et du petit Zab; et les villes et les palais de l'Assyrie s'ouvrirent pour la première fois devant les Romains. Les regards frappés d'une magnificence toujours croissante, ils pénétrèrent jusqu'à la résidence royale de Dastagerd; quoiqu'on eût enlevé une partie de ses trésors et qu'on y eût pris des sommes considérables pour fournir aux besoins publics, les richesses qu'on y trouva surpassèrent les espérances des vainqueurs et parurent même satisfaire leur cupidité. Ils brûlèrent tout ce qu'ils ne purent transporter aisément, afin que Chosroès connût par sa propre expérience quels étaient les maux dont il avait si souvent accablé les provinces de l'empire : la vengeance eût pu paraître excusable, si cette déprédation se fût bornée aux objets du luxe personnel du grand roi ; si la haine nationale, la licence des troupes et le fanatisme religieux, n'eussent pas ravagé les habitations et les temples de ses innocens sujets. La reprise de trois cents drapeaux romains, et la délivrance d'un grand nombre de captifs d'Édesse et d'Alexandrie qui se trouvaient au pouvoir des Persans, procurèrent à Héraclius une gloire plus pure. Du palais de Dastagerd, il continua sa marche et arriva à peu de milles de Modaïn ou de Ctésiphon ; mais il fut arrêté sur les bords de l'Arba par la difficulté du passage, par la rigueur de la saison, et peut-être par ce qu'il apprit de la force de cette capitale. Le nom moderne de la ville de Sherzour marque sa retraite ; il passa heureusement le mont Zara avant les neiges qui tombèrent durant trente-quatre jours, et les citoyens de Gandzaca ou Tauris furent contraints de recevoir et de nourrir ses soldats et leurs chevaux (1).

Lorsque Chosroès se vit réduit à défendre ses États héréditaires, l'amour de la gloire ou même le sentiment de la honte aurait dû le déterminer à chercher son rival sur un champ de bataille ; il aurait

Fuite de Chosroès.
A. D. 627,
déc. 29.

---

(1) Les faits, les lieux et les dates qu'indique Théophane (p. 265-271) dans le récit de cette dernière expédition d'Héraclius, sont si exacts et si vrais, qu'il doit avoir suivi les lettres originales de l'empereur, dont la Chronique de Paschal (p. 398-402) nous a conservé un échantillon curieux.

dû se trouver à la journée de Ninive, y conduire les Persans à la victoire, ou tomber avec honneur sous la lance d'Héraclius. Le successeur de Cyrus avait mieux aimé attendre de loin l'événement. Il avait assemblé les débris de son armée, et s'était retiré tranquillement devant l'empereur romain, jusqu'au moment où il aperçut en soupirant ce palais de Dastagerd, autrefois si chéri. Ses amis et ses ennemis avaient cru également que son projet était de s'ensevelir sous les ruines de cette ville; et comme les uns ou les autres se seraient également opposés à sa fuite, le monarque de l'Asie, accompagné de Sira et de trois concubines, s'était sauvé par un trou de muraille, neuf jours avant l'arrivée de ses vainqueurs. Un voyage rapide et secret remplaça ce magnifique appareil dans lequel il s'était montré à la foule prosternée devant lui; et la nuit de la première journée, il logea dans la chaumière d'un paysan, dont l'humble porte ne s'ouvrit qu'avec peine au grand roi (1). La peur triompha de la superstition; le troisième jour il entra avec joie dans les murs fortifiés de Ctésiphon; mais il ne se crut en sûreté que lorsqu'il eut mis le Tigre entre lui et les Romains. Son évasion remplit d'effroi et de tumulte le palais, la ville et le

---

(1) Les expressions de Théophane sont remarquables : Εισηλθε Χοσροης εις οικον γεωργου μηδαμινου μειναι, ου χωρηθεις εν τη τουτου θυρα ην ιδων εσχατον Ηρακλειος εθαμασε. (p. 269). Les jeunes princes qui montrent du goût pour la guerre devraient transcrire et traduire souvent de pareils passages.

camp de Dastagerd : les satrapes examinèrent s'ils devaient plus craindre leur souverain que l'ennemi, et les femmes de son sérail, étonnées et charmées, cessèrent d'être privées de la vue du genre humain, jusqu'au moment où le jaloux mari de trois mille femmes les renferma de nouveau dans un château plus éloigné. Il ordonna à l'armée de Dastagerd de se retirer dans un nouveau camp : son front était couvert par l'Arba et par une ligne de deux cents éléphans; les troupes des provinces éloignées arrivèrent successivement, et pour soutenir le trône par un dernier effort, on enrôla les plus vils domestiques du roi et des satrapes. Chosroès pouvait toujours obtenir une paix raisonnable; les députés d'Héraclius le pressèrent à diverses reprises d'épargner le sang de ses sujets, et de dispenser un conquérant humain du pénible devoir de porter le fer et la flamme dans les plus belles contrées de l'Asie; mais son orgueil n'était pas encore descendu au niveau de sa fortune : la retraite de l'empereur lui rendit un moment de confiance; il versa des pleurs de rage sur les ruines de ses palais d'Assyrie, et dédaigna trop long-temps les murmures de ses sujets, indignés de ce qu'on sacrifiait leur vie et leur fortune à l'obstination d'un vieillard. Les douleurs les plus vives d'esprit et de corps tourmentaient ce vieillard malheureux; voyant approcher sa fin, il résolut de placer la tiare sur la tête de Merdaza, celui de ses fils qu'il chérissait davantage; mais on ne respectait plus les volontés de Chosroès, et Siroès, qui s'enorgueillissait du rang et du mérite de Sira sa mère, avait conspiré avec les mécontens pour faire valoir et anticiper les droits de la primogéniture (1). Vingt-deux satrapes, qui se donnaient le nom de patriotes, furent séduits par la fortune et les honneurs d'un nouveau règne. Siroès promit aux soldats une augmentation de solde, aux chrétiens le libre exercice de leur religion, aux captifs la liberté et des récompenses, et à la nation en général une prompte paix et la réduction des impôts. Les conspirateurs décidèrent qu'il se montrerait dans le camp avec les marques de la royauté, et ils eurent soin, en cas de mauvais succès, de lui ménager une retraite à la cour impériale. Mais le nouveau monarque fut salué par un concert d'acclamations : on s'opposa violemment à la fuite de Chosroès ; et d'ailleurs où aurait-il pu fuir ? On massacra sous ses yeux dix-huit de ses fils, et il fut jeté dans un cachot où il expira le cinquième jour. Les Grecs et les Persans modernes décrivent très en détail tout ce que Chosroès eut à souffrir d'insultes, de misère et de tourmens de la part d'un fils qui porta la cruauté beaucoup plus loin que son père : mais à l'époque de sa mort, quelle langue aurait osé raconter l'histoire du parricide, et quel œil put pénétrer dans *la tour d'oubli ?* La religion miséricordieuse

Chosroès est déposé. A. D. 628, février 25.

---

(1) Le récit authentique de la chute de Chosroès en qualité de roi, se trouve dans la lettre d'Héraclius (*Chroniq.*, Paschal, pag. 398) et dans l'Histoire de Théophane, pag. 271.

des chrétiens, ses ennemis, l'a précipité sans retour dans un abîme beaucoup plus profond (1). Au reste, il faut avouer que c'est aux tyrans de tous les siècles et de toutes les sectes que doivent être particulièrement destinées ces infernales demeures. La gloire de la maison de Sassan finit avec Chosroès : son fils dénaturé ne jouit que huit mois du fruit de ses crimes ; et dans l'espace de quatre ans, le titre de roi fut usurpé par neuf compétiteurs, qui se disputèrent avec l'épée et le poignard les restes d'une monarchie épuisée. Chaque province, chaque ville de la Perse devint un théâtre d'indépendance, de discorde et de meurtre ; et l'anarchie se prolongea encore environ huit années, jusqu'au moment où les califes arabes firent taire les factions et les réunirent sous le même joug (2).

Il est assassiné par Siroès, son fils. Février 28.

---

(1) Au premier bruit de la mort de Chosroès, George de Pisidie (p. 97-105) publia à Constantinople une Héracliade en deux chants. Cet écrivain, prêtre et poète, se réjouissait de la damnation de l'ennemi public (εμπεσὼν εν ταρταρω, v. 56). Mais une si basse vengeance est indigne d'un roi et d'un conquérant ; et je suis fâché de trouver dans la lettre d'Héraclius cette joie d'une superstition grossière : Θεομαχος Χοσροης επεσε και επτωμα τισθη εις τα καταχθονια...... εις το πυρ ακατασβεστον, etc. Il applaudit presqu'au parricide de Siroès, comme à un acte de piété et de justice.

(2) Eutychius (*Ann.*, t. II, p. 251-256), qui pourtant dissimule le parricide de Siroès ; d'Herbelot (*Bibliot. orient.*, p. 789), et Assemanni (*Bibl. orient.*, t. III, p. 415-420) sont ceux qui donnent les détails les plus exacts sur cette dernière période des rois sassaniens.

Traité de paix entre les deux empires.
A. D. 628, mars, etc.

Dès que le chemin des montagnes fut devenu praticable, l'empereur reçut l'heureuse nouvelle du succès de la conspiration, de la mort de Chosroès et de l'avénement de son fils aîné au trône de la Perse. Les auteurs de la révolution, empressés de faire valoir à la cour et au camp de Tauris la part qu'ils y avaient eue, précédèrent les ambassadeurs de Siroès, qui remirent les lettres du nouveau monarque à son frère l'empereur des Romains (1). Selon le langage des usurpateurs de tous les temps, Siroès rejetait ses crimes sur la Divinité, et, sans renoncer à l'égalité, offrait de terminer la longue discorde des deux nations par un traité de paix et d'alliance, plus durable que le fer ou l'airain. Les conditions du traité furent réglées sans peine, et fidèlement exécutées. Héraclius eut soin, à l'exemple d'Auguste, de redemander les drapeaux et les prisonniers tombés au pouvoir des Persans. Les poëtes des deux époques ont également célébré le zèle des deux princes pour la dignité nationale : on peut juger de la décadence de l'esprit par la distance qui se trouve entre Horace et George de Pisidie. Les sujets et les frères d'armes d'Héraclius furent délivrés de la persécution, de l'esclavage et de l'exil ; mais au lieu des aigles romaines, ce fut le bois de la vraie croix qu'on accorda aux

---

(1) La lettre de Siroès, dans la Chronique de Paschal, finit malheureusement avant d'entamer aucune affaire. On peut deviner les articles du traité d'après ce que Théophane et Nicéphore racontent de son exécution.

pressantes sollicitations du successeur de Constantin. Le vainqueur ne désirait pas d'étendre la faiblesse de l'empire, et le fils de Chosroès abandonnait sans regret les conquêtes de son père. Les Persans qui évacuèrent les villes de la Syrie et de l'Égypte, furent conduits d'une manière honorable jusqu'à la frontière ; et une guerre qui avait attaqué dans les deux monarchies les sources de la vie et de la puissance, ne changea rien à leur situation extérieure et relative. Le retour d'Héraclius fut un triomphe continuel de Tauris à Constantinople : après les exploits de six campagnes glorieuses, il obtint enfin un jour de sabbat, où il put se reposer de ses travaux. Le sénat, le clergé et le peuple, allèrent à la rencontre du héros ; ils le reçurent avec des larmes et des acclamations, des branches d'olivier et une quantité innombrable de flambeaux : il fit son entrée dans la capitale sur un char traîné par quatre éléphans; et dès qu'il put se soustraire au tumulte de la joie publique, il goûta des plaisirs plus réels dans les bras de sa mère et de son fils (1).

---

(1) Ce refrain assommant de Corneille :

Montrez Héraclius au peuple qui l'attend,

conviendrait bien mieux à cette circonstance. *Voyez* son triomphe dans Théophane (pag. 272, 273) et Nicéphore (p. 15, 16). George de Pisidie atteste l'existence de la mère et la tendresse du fils. (*Bell. Abar.*, 255, etc., p. 49.) La métaphore du sabbat, qu'adoptèrent les chrétiens de Byzance, était un peu profane.

L'année suivante fut marquée par un triomphe d'un genre bien différent, le retour de la vraie croix au saint-sépulcre. Héraclius fit en personne le pélerinage de Jérusalem. Le prudent patriarche vérifia l'identité de la relique (1), et c'est en mémoire de cette auguste cérémonie que fut instituée la fête annuelle de l'exaltation de la croix. L'empereur, avant de porter ses pas sur les lieux consacrés par la mort de Jésus-Christ, fut averti de se dépouiller du diadême et de la pourpre, pompes et vanités de ce monde ; mais son clergé décida que la persécution des Juifs était beaucoup moins difficile à concilier avec les préceptes de l'Évangile. Il remonta sur son trône pour y recevoir les félicitations des ambassadeurs de la France et de l'Inde ; et dans l'opinion publique, le mérite supérieur et la gloire du grand Héraclius éclipsèrent la réputation de Moïse, d'Alexandre et d'Hercule (2) : mais le libérateur de l'Orient était faible et pauvre ; la portion la plus pré-

---

(1) *Voyez* Baronius (*Annal. eccles.*, A. D. 628, n°s 1-4), Eutychius (*Annal.*, t. II, p. 240-248), Nicéphore (*Brev.*, p. 15). Les sceaux de la caisse qui le renfermait n'avaient jamais été rompus, et on attribua cette conservation de la vraie croix (après Dieu) à la dévotion de la reine Sira.

(2) George de Pisidie, *Acroas.* III, *de Expedit. contra Persas*, 415, etc.; et *Heracleid. Acroas.* I, 65-138. Je néglige les autres parallèles moins imposans, tels que ceux de Daniel, Timothée, etc. Chosroès et le chagan furent, comme de raison, comparés, par les mêmes rhéteurs, à Belshazzar, à Pharaon, au vieux serpent, etc.

cieuse des dépouilles de la Perse avait été consommée dans la guerre, distribuée aux soldats, ou ensevelie par la tempête dans les vagues de l'Euxin. L'empereur, dominé par ses scrupules, se sentait tourmenté du désir de rendre à l'Église les richesses qu'il en avait empruntées pour la défendre, ainsi que le reste de ses États; un fonds perpétuel était nécessaire pour acquitter cette dette que les prêtres redemandaient vivement. Les provinces déjà dévastées par les armes et la cupidité des Persans se virent réduites à payer une seconde fois les mêmes impôts, et les arrérages que devait un simple citoyen, le trésorier de Damas, furent convertis en une amende de cent mille pièces d'or. Durant ces hostilités si longues et si destructives, la perte des deux cent mille soldats (1) qu'avait moissonnés la guerre, fut moins funeste que la décadence des arts, de l'agriculture et de la population; et quoiqu'une armée victorieuse se fût formée sous le drapeau d'Héraclius, il paraît que cet effort hors de nature épuisa plutôt qu'il n'exerça les forces de l'empire. Tandis que l'empereur triomphait à Constantinople ou à Jérusalem, une ville obscure des frontières de la Syrie était pillée par les Sarrasins : ceux-ci taillèrent en pièces quelques troupes qui marchaient à son secours; événement peu

---

(1) C'est le nombre indiqué par Suidas (*in Excerpt. Hist. byzant.*, p. 46). Mais au lieu de la guerre d'*Isaurie*, il faut lire la guerre de Perse, ou bien ce passage ne regarde pas l'empereur Héraclius.

important en lui-même, s'il n'eût été le prélude d'une grande révolution. Ces brigands étaient les apôtres de Mahomet ; leur valeur fanatique commençait à s'élancer hors du désert, et les Arabes enlevèrent à Héraclius, dans les huit dernières années de son règne, les mêmes provinces qu'il avait arrachées aux Persans.

FIN DU TOME HUITIÈME.

TABLE DES CHAPITRES

CONTENUS DANS LE HUITIÈME VOLUME.

Pages

CHAPITRE XLII. État du monde barbare. Établissement des Lombards sur le Danube. Tribus et incursions des Esclavons. Origine, empire et ambassades des Turcs. Fuite des Avares. Chosroès 1er ou Nushirwan, roi de Perse. Prospérité de son règne, et ses guerres avec les Romains. Guerre Colchique ou Lazique. Les Éthiopiens 1

CHAP. XLIII. Révoltes de l'Afrique. Rétablissement du royaume des Goths par Totila. Prise et reprise de Rome. Conquête définitive de l'Italie par Narsès. Extinction des Ostrogoths. Défaite des Francs et des Allemands. Dernière victoire, disgrâce et mort de Bélisaire. Mort et caractère de Justinien. Comète, tremblemens de terre et peste. 88

CHAP. XLIV. Idée de la jurisprudence romaine. Lois que publièrent les rois. Les Douze Tables des décemvirs. Les lois du peuple. Les décrets du sénat. Les édits des magistrats et des empereurs. Autorité des jurisconsultes. Code, Pandectes, Novelles et Institutes de Justinien. 1° Droits des personnes. 2° Droits des choses. 3° Injures et actions privées. 4° Crimes et peines. 180

CHAP. XLV. Règne de Justin le Jeune. Ambassade des Avares. Leur établissement sur les bords du Danube. Conquête de l'Italie par les Lombards. Adoption et règne de Tibère. Règne de Maurice. État de l'Italie sous les Lombards et les exarques de Ravenne. Malheurs de Rome. Caractère et pontificat de Grégoire 1er............................. 313

Chap. XLVI. Révolutions de la Perse après la mort de Chosroès ou Nushirwan. Le tyran Hormouz, son fils, est déposé. Usurpation de Bahram. Fuite et rétablissement de Chosroès II. Sa reconnaissance envers les Romains. Le chagan des Avares. Révolte de l'armée contre Maurice. Sa mort. Tyrannie de Phocas. Avénement d'Héraclius au trône. La guerre de Perse. Chosroès subjugue la Syrie, l'Égypte et l'Asie-Mineure. Siége de Constantinople par les Persans et les Avares. Expédition de Perse. Victoires et triomphe d'Héraclius.......................... 381

FIN DE LA TABLE DES CHAPITRES.

TABLE DES MATIÈRES

CONTENUES DANS CE VOLUME.

	Pages		Pages
Faiblesse de l'empire de Justinien. A. D. 527-565.	1	Conversion des Laziques. A. D. 522.	68
État des Barbares.	5	Révolte et repentir des habitans de la Colchide. A. D. 542-549.	69
Les Gépides.	6		
Les Lombards.	7		
Les Esclavons.	10	Siége de Pétra. A. D. 549-551.	72
Origine des Turcs, et leur empire en Asie. A. D. 545.	19	La guerre de Colchos, ou la guerre Lazique. A. D. 549-556.	74
Les Avares fuient devant les Turcs, et s'approchent de l'empire d'Orient.	25	Négociations et traités entre Justinien et Chosroès. A. D. 540-561.	78
Leur ambassade à Constantinople. A. D. 558.	26	Conquête de l'Abyssinie. A. D. 522.	82
Ambassades des Turcs et des Romains. A. D. 569-582.	28	Leur alliance avec Justinien. A. D. 533.	85
État de la Perse. A. D. 500-530.	34	Troubles de l'Afrique. A. D. 535-545.	88
Règne de Nushirwan ou Chosroès. A. D. 531-579.	36	Rebellion des Maures. A. D. 543-558.	93
Son amour pour les lettres.	40	Révolte des Goths. A. D. 540.	96
Paix et guerre avec les Romains. A. D. 533-539.	45	Victoire de Totila, roi d'Italie. A. D. 541-544.	98
Il envahit la Syrie. A. D. 540.	49	Contraste de vices et de vertus.	100
Ruines d'Antioche.	50		
Défense de l'Orient par Bélisaire. A. D. 541.	53	Bélisaire commande en Italie pour la seconde fois. A. D. 544-548.	104
Description de la Colchide, de la Lazique ou de la Mingrélie.	57	Rome assiégée par les Goths. A. D. 546, mai.	106
		Tentative de Bélisaire.	109
Mœurs des naturels du pays.	61	Rome prise par les Goths. A. D. 546, déc. 17.	111
Révolutions de la Colchide.	65		
Sous les Perses, avant Jésus-Christ 500.	Ibid.	Bélisaire reprend Rome. A. D. 547.	115
Sous les Romains, avant Jésus-Christ 60.	66	Dernier rappel de Bélisaire. A. D. 548, septembre.	118
Voyage d'Arrien. A. D. 130.	67	Rome prise de nouveau par les Goths. A. D. 549.	121

TABLE DES MATIÈRES.

	Pages		Pages
Préparatifs de Justinien pour la guerre contre les Goths. A. D. 549-551.	124	Succession des jurisconsultes.	206
Caractère et expédition de l'eunuque Narsès. A. D. 552.	127	Première période. A. U. C. 303-648.	207
Défaite et mort de Totila. A. D. 552, juillet.	131	Seconde période. A. U. C. 648-988.	209
Narsès s'empare de Rome.	136	Troisième période. A. U. C. 988-1230.	210
Défaite et mort de Teias, dernier roi des Goths. A. D. 553, mars.	138	Leur philosophie.	Ibid.
		Autorité.	213
		Sectes.	215
Invasion de l'Italie par les Francs et les Allemands. A. D. 553, août.	142	Réforme des lois romaines par Justinien. A. D. 527.	219
		Tribonien. A. D. 527-546.	220
Défaite des Francs et des Allemands par Narsès. A. D. 554.	145	Le Code de Justinien. A. D. 528, février 13. A. D. 529, avril 7.	222
L'Italie réduite en province de l'empire. A. D. 554-568.	148	Les Pandectes ou le Digeste. A. D. 530, déc. 15. A. D. 533, déc. 16.	223
Invasion des Bulgares. A. D. 559.	152	Éloge et censure du Code et des Pandectes.	225
Dernière victoire de Bélisaire.	155	Perte de l'ancienne jurisprudence.	229
Sa disgrâce et sa mort. A. D. 561.	157	Inconstance de Justinien en matière de législation.	233
Mort et caractère de Justinien. A. D. 565, nov. 4.	161	Seconde édition du Code. A. D. 534, nov. 16.	234
Comètes. A. D. 530-539.	165	Les Novelles. A. D. 534-565.	Ibid.
Tremblemens de terre.	169	Les Institutes. A. D. 533, nov. 21.	235
Peste, son origine et sa nature. A. D. 542.	172	Des personnes affranchies et esclaves.	236
Étendue et durée de la peste. A. D. 542-594.	176	Rapports des pères et des enfans.	240
La jurisprudence civile.	180	Restrictions mises à l'autorité paternelle.	243
Lois que publièrent les rois de Rome.	183	Rapport du mari et des femmes.	247
Les Tables des décemvirs.	185	Cérémonies religieuses du mariage.	Ibid.
Leur caractère et leur influence.	190		
Lois du peuple.	192	Liberté du contrat de mariage.	249
Décrets du sénat.	195		
Édits des préteurs.	Ibid.	Liberté et abus du divorce.	251
L'Édit perpétuel.	198	Restrictions à la liberté du divorce.	254
Constitution des empereurs.	Ibid.	Inceste, concubines et bâtards.	258
Leur pouvoir législatif.	201		
Leurs rescrits.	202	Tuteurs et pupilles.	261
Formes de la jurisprudence romaine.	204	Des choses. Droit de propriété.	263

TABLE DES MATIÈRES.

	Pages		Pages
Des héritages et des successions.	267	Alboin est assassiné par sa femme Rosamonde. A. D. 573.	332
Degrés civils de la parenté.	269		
Introduction et liberté des testamens.	271	Fuite et mort de Rosamonde.	335
		Cléphon, roi des Lombards. A. D. 573, août.	336
Legs.	274		
Codicilles et fidéicommis.	275	Faiblesse de l'empereur Justin.	337
Des actions.	277		
Des promesses.	278	Association de Tibère. A. D. 574, décembre.	339
Bienfaits.	279		
Dommages.	283	Mort de Justin. A. D. 578, octobre 5.	341
Peines et châtimens.	286		
Sévérité des Douze-Tables.	Ibid.	Règne de Tibère II. A. D. 578-582.	Ibid.
Abolition ou désuétude des lois pénales.	291		
		Ses vertus.	343
On rétablit les peines capitales.	294	Règne de Maurice. A. D. 582-602.	345
Mesure des délits.	297	Misère et détresse de l'Italie.	347
Vices contre nature.	298	Autharis, roi des Lombards. A. 584-590.	349
Sévérité des empereurs chrétiens.	300		
		L'exarchat de Ravenne.	350
Jugemens du peuple.	303	Le royaume des Lombards.	353
Juges choisis.	305	Langue et mœurs des Lombards.	354
Assesseurs.	307		
Exil et mort volontaire.	Ibid.	Habillement et mariages.	359
Abus de la jurisprudence civile.	309	Gouvernement.	361
		Lois. A. D. 643, etc.	362
Mort de Justinien. A. D. 565, novembre 14.	313	Misère de Rome.	365
		Tombeaux et reliques des apôtres.	368
Règne de Justin II ou le Jeune. A. D. 565, nov. 15.	315	Naissance et profession de saint Grégoire le Grand.	370
Son consulat. A. D. 566, janvier 1.	Ibid.	Pontificat de Grégoire le Grand ou Grégoire Iᵉʳ. A. D. 590-604.	373
Ambassade des Avares. A. D. 566.	316		
Alboin, roi des Lombards. Sa valeur, son amour et sa vengeance.	319	Ses fonctions spirituelles.	Ibid.
		Son gouvernement temporel.	376
		Ses domaines.	377
		Ses aumônes.	378
Les Lombards et les Avares tuent le roi des Gépides, et détruisent ce royaume. A. D. 566.	321	Querelle de l'empire de Rome et de celui de Perse.	381
		Conquête de l'Yémen par Nushirwan. A. D. 570, etc.	382
Alboin entreprend la conquête de l'Italie. A. D. 567.	324	Sa dernière guerre contre les Romains. A. D. 572.	384
		Sa mort. A. D. 579.	387
Mécontentement de Narsès et sa mort.	327	Tyrannie et vices d'Hormouz, son fils. A. D. 579-590.	Ibid.
Les Lombards font la conquête d'une grande partie de l'Italie. A. D. 568-570.	329		
		Exploits de Bahram. A. D. 590.	391

	Pages		Pages
Sa rebellion.	394	Chosroès fait une invasion sur le territoire de l'empire romain. A. D. 603.	432
Déposition et emprisonnement d'Hormouz.	Ibid.	Sa conquête de la Syrie. A. D. 611.	436
Avénement au trône de Chosroès, son fils.	396	De la Palestine. A. D. 614.	Ibid.
Mort d'Hormouz. A. D. 590.	398	De l'Égypte.	438
Chosroès se réfugie chez les Romains.	Ibid.	De l'Asie-Mineure. A. D. 626, etc.	439
Son retour en Perse.	400	Son règne et sa magnificence.	Ibid.
Victoire décisive.	401	Détresse d'Héraclius. A. D. 610-622.	443
Mort de Bahram.	402	Il sollicite la paix.	446
Rétablissement de Chosroès sur le trône, et sa politique. A. D. 591-603.	Ibid.	Ses préparatifs de guerre. A. D. 621.	447
Fierté politique et puissance du chagan des Avares. A. D. 570-600, etc.	406	Première expédition d'Héraclius contre les Perses. A. D. 622.	450
Guerre de Maurice contre les Avares. A. D. 595-602.	413	Sa seconde expédition. A. D. 623-624-625.	455
État des armées romaines.	417	Constantinople est délivrée des Persans et des Avares. A. D. 626.	461
Rebellion.	420	Alliances et conquêtes d'Héraclius.	465
Élection de Phocas. A. D. 602, octobre.	Ibid.	Sa troisième expédition. A. D. 627.	467
Révolte de Constantinople.	421	Fuite de Chosroès. A. D. 627, décembre 29.	471
Mort de Maurice et de ses enfans. A. D. 602, nov. 27.	424	Chosroès est déposé. A. D. 628, février 25.	474
Phocas, empereur. A. D. 602, novembre 23. A. D. 610, octobre 4.	425	Il est assassiné par Siroès, son fils, février 28.	475
Son caractère.	426	Traité de paix entre les deux empires. A. D. 628, mars, etc.	476
Sa tyrannie.	428		
Sa chute et sa mort. A. D. 610, octobre 4.	429		
Règne d'Héraclius. A. D. 610-642.	432		

FIN DE LA TABLE DES MATIÈRES.

ON TROUVE CHEZ LE MÊME LIBRAIRE :

ABRÉGÉ DE L'HISTOIRE GÉNÉRALE DES VOYAGES, par Laharpe, réduit aux traits les plus intéressans et les plus curieux, par Ant. C**., troisième édition; 2 forts vol. in-12, ornés de 8 jolies fig. 1826. 7 fr.

ABRÉGÉ DES VOYAGES MODERNES, réduit aux traits les plus intéressans et les plus curieux, faisant suite à l'Abrégé des Voyages de Laharpe, par Ant. C**., deuxième édition; 2 vol. in-12, ornés de 8 jolies figures. 7 fr.

ANECDOTES ET CONTES MORAUX, pour l'instruction de la jeunesse, traduits de l'italien des Novelle Morali de Soave, troisième et jolie édition; 2 vol. in-18, ornés de 12 jolies fig. 1823. 5 fr. 50 c.

ANNÉE (une) DE BONHEUR, ou les Récompenses méritées, Nouvelles Etrennes à mes Enfans, par l'auteur des Etrennes d'une Mère; troisième édition; 1 vol. in-18, orné de 11 jolies vignettes. 2 fr.

AVENTURES DE TÉLÉMAQUE, suivies des Aventures d'Aristonoüs, nouvelle édition, ornée de 30 jolies figures. *Paris, Gueffier;* 4 vol. in-18. 6 fr.

BEAUTÉS DES TROIS RÈGNES DE LA NATURE, Animal, Végétal et Minéral, recueillies des écrits des naturalistes modernes, par Ant. Caillot; 2 vol. in-12, ornés de 8 gravures. 7 fr.

BEAUTÉS NATURELLES ET HISTORIQUES des Iles, des Montagnes et des Volcans, pour servir à l'instruction et à l'amusement de la jeunesse, rédigées par Antoine Caillot; 1 fort vol. in-12, avec 6 jolies figures; deuxième édition. 3 fr. 50 c.

BÉLISAIRE, par Marmontel, nouvelle et jolie édition; 1 v. in-18, orné de 4 jolies fig. 1 fr. 80 c.

BONNE AMIE (la), ou la jeune Sous-Maîtresse; 1 vol. in-18, orné de 6 gravures. 1825. 1 fr. 50 c.

BONS (les) PETITS ENFANS, ou Portraits de mon Fils et de ma Fille, contes et dialogues à la portée du jeune âge, par Mme de Renneville, deuxième édition; 2 v. in-18, ornés de 8 figures en taille-douce. 3 fr.

CHEFS-D'ŒUVRE DE MORALE, ou Recueil en vers et en prose de ce qui a été dit ou écrit de plus utile aux mœurs par les hommes qui ont acquis une grande célébrité dans les temps anciens et modernes, tels que Plutarque, Cicéron, Sénèque, Fénelon, Pascal, Nicolle, J.-J. Rousseau, La Fontaine, Jean-Baptiste Rousseau, Voltaire, Corneille, etc., ouvrage à l'usage de la jeunesse des deux sexes, par M. H. Lemaire; 2 forts vol. in-12, ornés d'une jolie figure. 6 fr.

CONTES MORAUX, dédiés à la jeunesse, par Henri Lemaire; 2 v. in-12, imprimés sur beau pap., et ornés de 12 belles figures; deuxième édition, 1826, avec couvertures imprimées. 7 fr.

CONTES ET CONSEILS A MES JEUNES ENFANS, convenables à la première enfance, pour les deux sexes, ornés de 24 vignettes en taille-douce; par l'auteur d'une Année de Bonheur, deuxième édition; 1 vol. in-12. 2 fr. 50 c.

Paris.— Imprimerie de CASIMIR, rue de la Vieille-Monnaie, n° 12.

www.ingramcontent.com/pod-product-compliance
Lightning Source LLC
Chambersburg PA
CBHW060238230426
43664CB00011B/1692